외국어로서의

한국어 발음
교육론

허용 · 김선정 지음

도서
출판 박이정

머 리 말

 이 책은 효율적인 외국어로서의 한국어 발음교육을 위해 쓴 것이다. 이와 같은 목적으로 편찬된 책이 아주 없는 것은 아니지만, 한국어교육 현장에서의 실용성을 생각할 때 이 책은 기존의 책들과는 성격이 조금 다르다고 하겠다. 기존의 책들이 지나치게 이론 중심적이거나 또는 정반대로 활동 중심적으로 구성이 되어 있다면, 이 책은 한국어 발음의 원리에 대한 설명과 함께 효율적인 교육 방안과 교실에서의 활동도 포함하여 다루었다. 즉, 한국어 발음의 특징과 그 원리는 무엇이며, 외국인 학습자들에게 그것을 어떻게 효과적으로 가르칠 수 있을까 하는 것을 염두에 두고 쓴 책이다.

 이 책은 1988년 문교부에서 고시한 <표준 발음법>을 기본 틀로 삼아 썼다. 제1장을 제외한 대부분의 단원들은 특별한 경우가 아니면 <표준 발음법>의 순서에 따라 기술하였다. 그리고 <표준 발음법>에는 제시되어 있지 않지만 한국어의 음절구조나 억양 등 한국어를 가르치는 교사들이라면 기본적으로 알아야 할 내용들도 포함하였다. 그뿐만 아니라 필요에 따라서는 표준 발음은 아니지만 일상생활에서 널리 쓰이는 현실 발음을 포함시켜 규범과 현실 두 가지 모두를 아우르고자 하였다. 그리고 역시 <표준 발음법>에서는 다루어지지 않았지만 한국어 발음교육과 밀접한 관련이 있다고 생각되는 음성학·음운론적 주제들도 함께 다루어 발음교육의 이해를 돕고자 하였다.

 이 책은 각 장별 구성이 크게 둘로 나뉜다. 앞부분에서는 해당되는 발음의 규범에 대해 그 원리를 알기 쉽게 설명하였고, 뒷부분에서는 그러한 원리를 바탕으로 교실에서 필요로 하는 교육 방안과 교실 활동 유형을 다루었다.

제1장에서는 발음교육의 기초적인 원리와 방법에 대해 다루었다. 이 장에서는 발음교육의 필요성과 목적, 교수법에 따른 발음교육에 대한 시각, 발음교육 모형, 그리고 발음 평가 방법에 대해 기술하였다.

제2장과 제3장에서는 각각 한국어의 자음과 모음에 대해 다루었다. 이 두 장에서는 한국어의 분절음이 갖는 특성을 언어 일반적인 관점에서 다루었다. 제4장에서는 <표준 발음법>에 제시된 분절음의 어휘적 길이뿐만 아니라, 현실 발화 상황에서 나타나는 표현적 길이에 대해서도 다루었다. 또한 외국인 학습자들에게 하나의 모형으로 제시할 수 있는 문장의 종류에 따른 억양도 함께 제시하였다. 그리고 제5장에서는 한국어의 음절구조에 대해 다루었다. 음절구조는 외국인을 위한 한국어교육에서 상당히 의미 있는 부분이다. 그리고 제2장부터 제5장까지는 한국어의 자음, 모음, 초분절음, 음절구조를 영어, 일본어, 중국어, 러시아어와 대조하여 제시하였다.

제6장부터 마지막 13장까지는 발음의 변동에 대해 다루었다. 한국어에 나타나는 발음의 변동 현상은 다른 언어와 비교해 볼 때 매우 특이한 모습을 보인다. 단음절일 때는 발음이 그 어느 언어보다도 쉽고 간단하지만, 다음절일 경우에는 발음의 변동이 심하여 외국인 학습자들에게는 매우 낯설고 어렵다. 외국어 또는 제2언어로서 한국어를 배우는 학습자들이 한국어를 정확히 발음하기 위해서는 가르치는 교사들은 물론이고 학습자들도 발음 변동의 원리를 알아야 한다. 그러나 교사들조차도 한국어 발음 변동의 원리를 정확히 알지 못하여 바르게 가르치지 못하는 경우를 자주 본다. 기존의 음운론 책이나 발음교육 책은 한국어만을 다루거나 지나치게 표면적인 현상만을 다루어 그 원리를 알기 어렵고, 음운론과 관련된 논문은 일부 특정 이론들에 치우쳐 한국어교육 현장에서는 별다른 도움이 되지 못하는 경우도 있다. 이 책은 이러한 문제점들을 극복하기 위하여 한국어 발음의 변동을 언어 일반적인 관점에서 다루었다. 즉, 한국어에 나타나는 발음의 변동을 인간 언어의

발음에서 나타나는 보편적인 원리의 관점에서 접근하여, 외국인 학습자들도 자신의 모국어와 비교·대조하여 볼 수 있도록 하였다.

제6장과 제7장에서는 받침의 발음을 다루었다. 홑받침의 발음과 겹받침의 발음은 제6장에서 다루고, 받침 /ㅎ/의 발음과 연음의 발음은 제7장에서 다루었다. 어떻게 보면 매우 단순한 것처럼 보이는 받침의 발음을 두 장으로 나누어 기술한 것은 한국어에서 받침의 발음이 다른 언어와 비교해 볼 때 매우 특이하기 때문이다. 제8장과 제9장에서는 음의 동화에 대해 다루었다. 제8장에서는 한국어에서 가장 빈번하게 일어나고 있는 비음화와 유음화에 대해 다루었고, 제9장에서는 구개음화와 모음동화에 대해 다루었다. 제10장에서는 경음화와 유성음화에 대해 다루었다. 경음화는 필수적인 것과 소위 사잇소리 현상이라고 하는 수의적인 것으로 나누어 다루었다. 수의적인 경음화의 경우는 유성음화와 같은 환경에서 일어나므로 <표준 발음법>에는 없는 유성음화도 여기에서 함께 다루었다. 제11장에서는 /ㄴ/음 첨가와 /ㅅ/음 첨가와 같은 음의 첨가 현상을 다루었다. 제12장과 제13장에서는 <표준 발음법>에는 기술되어 있지 않지만, 한국어교육에 필요하다고 생각하는 요소들을 다루었다. 제12장에서는 모음조화와 모음충돌회피를 다루고, 제13장에서는 용언의 불규칙 활용을 다루었다. 그리고 부록에는 국립국어원에서 제작하여 배포한 '바른소리' CD에 대한 설명과 문교부에서 고시한 <표준 발음법>을 실었다.

이 책의 가장 큰 특징은 한국어의 발음에 대한 표면적인 기술이나 특정 음운 이론에 따른 접근을 지양하고 원리적인 면에서 설명하려고 한 점과 한국어교육 현장에서 활용할 수 있는 교육 방안과 교실 활동 유형을 함께 제시하였다는 점이다. 따라서 한국어교육 현장에서 유용하게 쓰일 수 있으리라고 생각한다. 또한 외국어로서의 한국어 발음교육에서 기본적으로 알아야 할 사항과 필수적인 내용들을 보다 쉽게 설명하고 보다 짜임새 있게 제시하려고 노력하였다는 점이다. 가능하면 그림이나 도표를 통해 간결하게 제시하여 이해를 돕고자 하였고, 실제 수업 자료로도 활용할 수 있도록 만들고자 노력하였다. 또한 다양한 교실 활동을 통하여 발음을 보다 재미있고 쉽게 가르칠 수 있는 활용 가능한 자료를 제공하고자 노력하였다. 이러한 노력에도 불구하고 이 책은 아직도 부족한 점이 많다. 이러한 점들은 앞으로 보다 많은 연구와 현장 적용을 통해 수정되고 보완될 것이다.

끝으로 이 책을 발간하는 데 도움을 주신 많은 분들께 감사를 드린다. 먼저 이 책의 바탕이 되는 내용들을 앞서 연구하신, 참고문헌에 제시되어 있는 여러 저자들께 고마움을 표한다. 많은 내용들이 그 분들의 연구에 힘입은 바 크다. 책의 성격상 일일이 참고문헌의 서지 사항을 밝히지 못하고 일괄적으로 처리한 점에 대해 양해를 구한다. 무엇보다도 이 책에 부록으로 제시되어 있는 '바른소리' CD에 대한 자료를 제공해주신 국립국어원 김선철 학예연구사께 감사드린다. 아울러 제4장의 '억양'에 해당하는 내용을 「국어음성학」에서 발췌하여 기술하도록 허락해 주신 서울대학교 언어학과 이호영 교수께도 감사를 드린다. 그리고 이 책의 출판이 가능하도록 여름 방학 내내 많은 고생을 하신 도서출판 박이정의 박찬익 사장님과 편집부 여러분께도 감사드린다. 또한 이 책을 읽어나가면서 일일이 교정을 하고, 현장 경험을 통해 교실 활동에 대한 아이디어를 제공해 주었을 뿐만 아니라 삽화와 사진 작업까지도 함께 해준 한국외국어대학교 대학원 국어국문학과 권화숙, 윤은경, 윤영해, 노채환, 정선주, 김민영 학생들에게도 고마움을 표한다.

이 책이 외국어로서의 한국어 발음교육에 귀한 주춧돌이 되기를 희망하며, 아울러 앞으로 더 훌륭한 책들이 나와 외국어로서의 한국어의 발음교육에 많은 도움을 줄 수 있기를 바란다.

2006년 9월
저자 씀

· 목   차 ·

제 1 장
발음교육의 원리와 방법

1.1 발음교육의 필요성과 목표

한국어를 가르쳐 본 경험이 있거나 외국어를 배워 본 경험이 있는 사람들은 한 번쯤 학습자의 모국어와 학습대상 언어 간의 관계에 관하여 생각해 보았을 것이다. 외국어 학습에 미치는 여러 가지 요인 중에서도 학습자의 모국어는 중요한 요인 중의 하나임에 틀림없다. 외국어를 배울 때에 학습자들의 모국어에 따라 나타나는 문제점이 다르다는 사실이 이를 뒷받침해 준다. 다시 말해, 외국어 학습에 있어 모국어의 간섭현상은 피할 수 없는 현실인 것이다. 특히, 발음은 외국어 학습에 있어 학습자의 모국어로부터 가장 많은 영향을 받는 분야로 알려져 있다. 예를 들어, 한국어 화자들은 영어 'good news'와 'pop music'을 'goo[n] news'와 'po[m] music'과 같이 발음한다. 이는 한국어에서는 위와 같은 음운환경에서 자음동화 현상이 필수적으로 일어나기 때문에 이를 영어에도 적용했기 때문이다. 이런 점에서 외국어 학습에 있어 발음교육은 매우 중요하며 필수적인 것이다.

발음은 언어 습득의 과정에서 가장 일찍 굳어진다. 어린이의 모국어 습득 과정과 마찬가지로 외국어 학습에 있어서도 발음은 학습의 초기 단계에 굳어지게 되므로 처음부터 단계를 정하여 체계적이고 계획적인 발음교육이 이루어지도록 해야 한다. 더욱이 한국어 발음은 다른 언어에 비해 독특한 특징을 가진 부분이 많아 외국인들이 배우기 힘들어하는 영역이어서 더욱 그러하다.

또한 발음은 학습하고 있는 외국어의 유창성에 관한 첫인상을 좌우한다. 다시 말해 우리는 외국인의 발음만 듣고도 한국어가 유창하다든지 부족하다든지를 판단하게 된다. 즉, 발음은 학습 대상 언어의 겉모습이나 다름없다.

발음교육의 목표는 학습자의 학습 목적에 따라 다르다. 예를 들어, 외국어 전문직에 종사하는 사람이나 외국에서 강의를 하는 사람, 또는 외교관과 같은 사람들의 경우에는 원어민 수준의 정확한 발음을 습득하는 데 그 목표를 두게 된다. 한편 일상생활에서의 기본적인 의사소통을 위해 외국어를 배우는 경우에는 의사소통식 교수법에서 말하는 바와 같이 상호 이해 가능한 정도의 발음을 습득하면 될 것이다. 발음교육의 목표를 어디에 두고 있든지 간에 일반적으로 발음교육이 지향해야 할 최소한의 목표는 다음과 같다.

(1) 명료하게 표현한다(functional intelligibility)

한국어로 의사소통을 하는 데 있어서 화자가 말하고자 하는 바를 청자가 아무런 불편함 없이 이해할 수 있는 수준으로 발음하는 것을 목표로 한다. 즉, 서로 의사소통이 단절되지 않고 자연스럽게 이야기를 이어갈 수 있다면 어느 정도 학습 목표를 달성했다고 할 수 있다.

(2) 의사소통 가능성에 중점을 둔다(functional communicability)

화자가 의사소통 능력에 대한 감각을 갖고 청자에게 전달하고자 하는 내용을 효과적으로 표현할 수 있는 수준의 언어능력의 습득을 목표로 한다.

(3) 자신감을 갖는다(increased self-confidence)

학습자에게 자기 자신에 대한 자신감과 긍정적인 자아의 모습을 심어주어 목표어의 구어를 편안하게 사용할 수 있도록 한다.

(4) 스스로 발음을 확인하고 교정한다(self-monitoring)

학습자가 주도적으로 자기 자신의 발음을 돌아보고 오류를 스스로 수정할 수 있는 능력과 전략을 개발시키도록 한다.

 여기서 잡깐!

발음에 영향을 미치는 요소

한국어 학습에서 학습자의 모국어가 발음에 영향을 미치는 요소에는 개별 음소의 발음에서 오는 차이, 모국어와 학습대상 언어의 음절구조의 차이, 상이한 음운현상이나 초분절적 요소 등이 있다.

① 개별 음소의 차이

외국인 학습자들이 한국어 낱말 '불-뿔-풀'이나 '달-딸-탈'을 구별할 때 겪는 어려움이나 한국어 화자들이 다른 언어의 유성장애음과 무성장애음을 구별할 때 겪는 어려움이 이에 속한다.

② 음절구조의 차이

일본어권 화자들이 받침으로 끝나는 한국어를 발음할 때에 자음 뒤에 모음을 첨가하여 발음하는 것이 이에 해당한다. 즉, '김치'를 '기무치'와 같이 발음하는 경우이다.

③ 음운현상의 차이

외국인 학습자들이 한국어의 '국물'이나 '압력'과 같은 낱말들을 자음동화 현상을 적용하지 않고 글자 그대로 발음하는 것이 이에 해당한다.

④ 초분절적 요소의 차이

다양한 통사적 기능을 담당하는 한국어의 문미 억양 때문에 겪는 외국인 학습자들의 어려움이 이에 해당한다.

1.2 언어 교수법과 발음교육

영어 교수법을 중심으로 한 외국어 교수법은 언어와 언어학습 이론에 따라 역사적으로 많은 변화를 겪어 왔다. 외국어 학습에서의 발음교육의 위상이 교수법의 변천에 따라 달라졌을 뿐만 아니라, 발음 지도 방법 또한 교수법의 시각에 따라 많이 달라져 왔다. 지금까지 영어교수법에서의 발음교육은 직관적·모방적 접근법(intuitive-imitative approach)과 분석적·언어적 접근법(analytic-linguistic approach)의 두 가지 방향으로 발전되어 왔다. 전자는 학습자들에게 명시적인 정보를 제공하지 않고 목표어의 소리와 리듬을 청취하고 모방하도록 하는 방법이다. 이에 반해 후자는 음성기호나 조음기술(articulatory description), 발성기관표 등과 같은 명시적인 도구와 정보를 활용하여 학습자들이 목표어의 소리와 리듬 등을 이해할 수 있도록 하는 방법이다. 다음으로 주요 교수법에서 발음교육이 어떻게 변천되어 왔는지에 대해 살펴보도록 한다.

1.2.1 문법번역식 교수법

전통적인 문법번역식 교수법(Grammar Translation Method)에서의 언어교육의 주된 목표는 학습대상 언어의 문법을 이해하고 독해를 하는 데 있었기 때문에 구두언어보다는 문자언어가 중요하게 다루어졌다. 따라서 이 교수법에서 발음이 차지하는 비중은 문법이나 어휘에 비해 훨씬 작았다.

1.2.2 직접교수법

직접교수법(Direct Method)은 구두언어 능력의 중요성을 강조하고 원어민과 같은 정확한 발음 습득을 중요하게 다루었다. 이 교수법에서는 모델이 되는 발음을 학습자들이 듣고 따라하면 자연스럽게 학습대상 언어의 발음을 습득하게 된다고 보았다. 다시 말해 외국어 학습자는 모국어 화자의 정확한 발음을 듣고 따라하는 방식을 통해 학습대상 언어의 발음을 익힐 수 있다고 보았다. 이 교수법은 이후의 발음지도 방법에 많은 영향을 주어 현재까지도 외국어 학습 현장에서 원어민 화자의 발음이나 녹음되어 있는 테이프를 듣고 따라하는 방식이 널리 쓰이고 있다.

1.2.3 청각구두식 교수법

청각구두식(Audiolingual Method) 교수법은 구조주의 언어학과 행동주의 심리학에 기초를 두고 있는 방법으로 언어학습을 모방과 반복에 의한 습관 형성으로 보았다. 이 교수법에서 발음은 언어 교육의 매우 중요한 요소로 간주되어 학습 단계의 초기부터 강조되었으며, 각각의 낱말을 명시적으로 정확하게 발음하도록 교수된다. 직접교수법에서와 마찬가지로 교사는 낱말의 모델음을 제시하고, 학습자들은 제시된 발음을 듣고 따라한다. 이 때 발음기호나 조음위치, 조음방법 등에 관한 음성학적 정보를 사용한다. 또한 대조분석이론의 영향으로 최소대립쌍(minimal pair)을 통한 연습 방법도 사용한다. 이 방법 또한 아직까지도 외국어 학습 현장에서 널리 사용된다.

1.2.4 인지주의적 접근법

인지주의적 접근법(Cognitive Approach)은 변형생성문법의 영향으로 대두된 교수법으로 언어학습을 습관으로 보기보다는 규칙에 제약을 받는 행동으로 본다. 따라서 구조주의와 행동주의 심리학과 관점을 달리하여 외국어 교육에서 모국어 화자와 같은 발음은 절대 불가능한 것으로 보았다. 따라서 발음교육은 문법교육이나 어휘교육에 비해 덜 중요한 것으로 다루어졌다.

1.2.5 전신반응법

전신반응법(Total Physical Response)은 모국어 습득에 연구 기반을 둔 제2외국어 습득에 관한 접근 방법 중 하나이다. 모국어 습득 시 아이들은 말하기 이전에 듣고 이해하면서 몸의 움직임을 통해 사고의 폭을 넓혀간다. 한편 어른들은 아이들이 준비되기 전까지는 말하기를 강요하지 않는다. 이처럼 전신반응법에서도 교사는 주로 명령어를 사용하여 지시하되 말로 대답하기를 강요하지 않으며, 학생들은 처음에는 신체적으로 행동해 보임으로써 답을 한다. 학생들이 구두로 답할 수 있으면 교사는 더 이상 명령어를 사용할 필요가 없게 된다. 학생들의 긴장감을 최소화하려는 인본주의적인 교수 방법인 전신반응법은 어린이나 초급 학습자들에게 적합한 교수법으로 알려져 있으나, 새로운 과정이나 낱말을 소개하는 데에서는 거의 모든 학습 단계에서 사용할 수 있다.

1.2.6 의사소통 중심 접근법

가장 최근에 개발되어 널리 사용되고 있는 의사소통 중심 접근법(Communicative Approach)은 언어의 구조보다는 기능에 관심을 두고 정확성보다는 유창성을 강조하는 교수법으로 언어교육의 목적을 의사소통 능력의 신장으로 보았다. 따라서 발음교육을 바라보는 시각도 기존의 이론들과는 다르다. 즉, 아무리 문법이나 어휘가 뛰어나더라도 발음을 알지 못하면 의사소통을 위한 입문 단계에 이르지 못한다는 이유로 발음교육의 필요성을 역설하였다. 하지만 이 교수법에서는 발음교육의 목표를 원어민 화자와 같은 수준의 정확한 발음을 습득하는 데에 두지 않고, 이해 가능한 발음의 습득에 두었다. 그 뿐만 아니라 발음지도의 중심 분야가 분절음이 아니라 강세, 리듬, 억양 등과 같은 초분절음소로 바뀌었고, 문장 자체보다는 담화 차원의 발화 상황이 중요하게 다루어졌다. 그러나 이 교수법에서는 발음이 전체 의사소통에서 차지하는 비중이 그다지 크지 않은 것으로 여겨진다.

최근 들어 전통적인 발음교육 방법에 의사소통 중심 접근법을 접목하여 개발된 여러 가지 발음 교수 전략이 제시되고 있다. 특히 초분절음소가 차지하는 비중보다는 분절음소가 차지하는 비중이 높은 한국어와 같은 언어를 교육할 때에는 여러 가지 교수법의 장점을 살린 최적의 발음 교수법을 개발하여야 할 것이다.

1.3 발음교육의 모형

발음교육의 모형은 일반적으로 접근 방식과 교육 단계에 따라 구분할 수 있다.

1.3.1 접근 방식에 따른 발음교육의 모형

접근 방식에 따른 발음교육의 모형은 상향식 모형과 하향식 모형으로 구분할 수 있다.

① 상향식 모형(Bottom-up model)

이 모형은 형태에 초점을 두는 방법으로 소리에서 낱말로, 낱말에서 구와 문장으로, 문장에서 전체의 의미에 이르도록 학습시키는 방식이다. 즉, 자음과 모음 등의 개별음에서 시작하여 강세, 리듬, 억양 등의 초분절음으로 지도해 가는 방식을 일컫는다. 이 모형은 한 언어에서 사용되는 개별음을 정확히 익힐 수 있지만 실제 언어생활에서 빚어지는 상황과는 유리될 수 있다는 단점이 있다.

② 하향식 모형(Top-down model)

이 모형은 형태보다는 상황과 의미에 초점을 두는 방법으로 담화 수준의 초분절적 요소에서 시작하여 개별음으로 지도해 가는 방식이다. 이 모형은 담화 수준의 의사소통능력을 배양할 수 있지만 자칫 개별음의 정확한 음가를 익히는 데 소홀하기 쉽다. 예를 들어, 한국어와 학습자 모국어 간의 차이에서 발생되는 언어적 어려움을 극복하기 어렵다.

상향식 모형이냐 하향식 모형이냐의 논의를 떠나 상호작용식 모형(integrated model) 즉, 두 모형을 학습자의 요구에 맞게 적절히 조절하여 균형 있게 가르치는 것이 발음교육의 효과를 높일 수 있는 방법이다. 이와 관련하여 효과적인 발음교육 방안과 활동 유형에 대해서는 제2장에서부터 설명하도록 한다.

1.3.2 교육 단계에 따른 발음교육의 모형

교육 단계에 따른 발음교육은 교사가 학습자들에게 "무엇을?", "왜?" 학습하고 있는지를 분명히 알도록 하는 제시 단계, 원어민의 자연스러운 발음을 듣고 따라하는 연습 단계, 그리고 학습자가 연습과 같은 인위적인 상황에서 벗어나 자연스러운 상황에서도 학습한 방법대로 발음할 수 있도록 하는 생성 단계로 이루어진다.

① 제시 단계(Presentation Stage)

이 단계는 학습자들에게 어떤 특정한 소리 및 그 소리의 특징과 관련된 사항을 제시함으로써 학습자들로 하여금 그 소리를 알게 하는 단계이다. 보통 설명과 분석, 그리고 듣고 구별하기의 활동으로 구성된다. 교사는 학습자들에게 어떤 특정한 발음과 음운규칙이 언제 어떻게 나타나는지에 관하여 명확한 설명을 제시한다. 또한 듣고 구별하기 활동을 통하여 학습자로 하여금 자연스러운 원어민의 발음에 노출되도록 한다. 학습자가 그동안 인식하지 못했던 발음을 집중적으로 들려주어 학습자가 스스로 규칙을 찾아내고 그 규칙을 이해할 수 있도록 해야 한다. 다양한 게임을 이용하여 교사와 학습자 또는 학습자끼리 듣고 구별하기나 반응하기 등의 활동을 할 수 있다.

② 연습 단계(Practice Stage)

이 단계에서는 제시 단계에서 학습한 내용을 학습자로 하여금 실제로 연습해 보도록 한다. 교사는 학습자가 학습 대상 언어의 발음을 모방할 수 있을 뿐만 아니라, 새로 습득한 발음을 연습을 통하여 자신의 발음으로 고정시킬 수 있는 수준까지 발전할 수 있도록 지도 해야 한다.

따라서 초기 단계에는 특정 소리나 소리 대립과 같은 형태에 초점을 두고, 주로 문맥에 나타난 요소를 이용하여 연습하도록 한다. 대본을 소리 내어 읽거나 문장, 시, 대화문 등을 따라하는 연습도 좋다. 그런 다음에는 형태에만 초점을 두는 단계에서 발전하여 의미, 문법, 의사소통 등에까지 초점을 맞추도록 한다. 역할 놀이를 하거나 미리 준비한 글을 사용하여 발표해 보도록 하는 것도 좋은 방법이다. 이때 학습자들에게 실제와 유사한 의사소통 상황에서 자신이 연습한 발음을 적용해 보도록 하는 것이 중요하다.

③ 생성 단계(Production Stage)

이 단계의 목표는 제시 단계와 연습 단계를 통해 습득한 새로운 발음을 학습자가 자연스러운 상황에서 즉흥적이고 창의적으로 발화할 수 있도록 하는 데 있다. 학습자의 언어학적, 담화적, 사회언어학적, 전략적 능력의 신장에 주안점을 두고 고정된 텍스트 없이 형태와 의미 모두를 말하게 하는 조사 활동, 역할 놀이, 인터뷰, 즉흥적인 연설, 패널 토의 등의 활동을 할 수 있다. 이 때 교사는 학습자들에게 목표 발음 외의 다른 요소들까지도 한꺼번에 주의를 기울이게 할 필요는 없다. 자칫 학습 목표를 흐리게 하거나 주의를 분산시킬 수 있기 때문이다. 즉, 학습자들에게 한 번에 한두 개 발음의 특징에만 주목하게 하면서 의사소통 활동을 하도록 하는 것이 중요하다. 예를 들어, 발음 활동의 목표가 동화현상이고, 의사소통 활동 연습으로 역할 놀이를 설정하였다면 학습자들에게 동화현상에 관심을 두면서 과제를 완수하도록 해야 한다.

 여기서 잠깐!

이렇게 하면 발음교육의 효과를 높일 수 있다!
- 가끔씩 발음을 평가하여 적절한 칭찬 또는 지적을 해 준다.
- 한국어의 복잡한 음운규칙을 자연스럽게 익히도록 받아쓰기를 자주 실시한다.

> • 학습자들이 유창하게 발음할 수 있도록 하기 위해서는 처음에는 천천히 말하게 하여 정확한 발음을 습득하게 한 후 점차 빠른 속도로 말하는 연습을 한다.

위에서 언급한 발음교육의 모형 중 교육 단계에 따른 발음교육 모형을 바탕으로 하여 파열음 발음교육의 실제를 보면 다음과 같다.

1.4 발음교육의 활동 유형

발음을 유창하게 하기 위해서는 다양한 활동을 통한 많은 연습이 필요하다. 발음 지도를 위해 활용할 수 있는 활동 유형을 제시하면 다음과 같다.

① 듣고 따라하기

학습자들로 하여금 원어민의 발음에 가능한 한 많이 노출되게 하여 그 발음을 듣고 따라하게 한다. 가장 기본이 되는 방법으로 이용하기 쉬워 널리 이용된다.

② 음성훈련하기

한국어에서 사용되는 각 소리를 여러 가지 방법을 활용하여 연습한다. 각각의 분절음을 조음위치나 조음방법 등과 함께 설명해 주고, 음성적 환경을 달리하여 발음해 보게 하며, 스스로 그 원리를 발견하도록 한다. 한국어에 필요한 모든 분절음들과 각 분절음의 이형태를 학습시킨다. 예를 들어, 한국어의 /ㄹ/를 학습할 때에 '달, 꿀, 술'에서와 같이 받침에서 쓰일 때와 '소리, 나라, 다리' 등에서와 같이 모음 사이에서 쓰일 때를 각각 설명해 주고, 정확하게 발음해 주어 그 차이를 분명히 인식하게 한다.

③ 문맥에 나타난 최소대립쌍 연습하기

최소대립쌍이란 '달-딸-탈'이나 '불-뿔-풀'과 같이 단 하나의 음소로 인해 뜻이 달라지는 말들이다. 이와 같이 최소대립쌍을 이용한 발음 연습은 학습자들에게 문제가 되는 개별 음소의 발음의 차이를 구별하는 데 효과적이다. 그러나 단순히 최소대립쌍이 되는 낱말들만을 제시하여 연습하는 것은 문맥이 결여되어 학습자에게 유의미한 학습을 이끌어내기 힘들다. 이런 점에서 낱말 차원의 제시는 한국어 수준이 낮은 학습자들에게 적용하고, 한국어 수준이 중급 이상인 경우에는 낱말 수준의 최소대립쌍이 아니라 아래와 같이 문맥에 나타난 최소대립쌍을 이용하는 것이 바람직하다.

문맥에 나타난 최소대립쌍 연습	
동일한 문장 내에 제시하는 경우	**두 문장의 동일한 위치에 제시하는 경우**
• 우리 **딸**은 달을 좋아한다.	• 공원에 **풀/불**이 났다.
• **굴** 맛이 **꿀**맛 같다.	• 나는 **굴/꿀**을 먹었다.
• **방**에 들어가서 **빵**을 먹자.	• 아저씨는 공장에서 **종/총**을 만든다.

④ 말꼬기 연습하기(tongue twisters)

이 방법은 유사한 발음이 섞여 혀가 잘 돌아가지 않는 문장을 반복적으로 연습하여 발음이 입에 익도록 하는 방법이다. 이 방법은 한국어 발음의 향상에는 실제적으로 큰 도움을 주지 못할지라도 유사한 발음 간의 차이를 인지할 수 있게 할 뿐만 아니라, 게임과 같은 여러 가지 활동으로 재미있게 활용될 수 있다.

🏮 여기서 잠깐!

말꼬기 연습을 위한 예문

- ㄱ-ㅋ-ㄲ

  거기 그 강낭콩 콩깍지는 깐 강낭콩 콩깍지이고,

  여기 이 강낭콩 콩깍지는 안 깐 강낭콩 콩깍지이다.

- ㄴ-ㅁ

  내가 만든 만두는 물만두이고, 네가 만든 만두는 군만두이다.

- ㄷ-ㅌ-ㄸ

  동그란 통에 든 떡은 꿀떡이고, 동그랗지 않은 통에 든 떡은 찰떡이다.

- ㅂ-ㅍ-ㅃ

  밥그릇에 빠진 파리는 프랑스 파리인가, 브라질 파리인가?

  보라색, 파란색, 빨간색 띠가 예쁜가, 분홍색, 파란색, 빨간색 띠가 예쁜가?

- ㅅ-ㅆ

  새로 산 신(발)은 싸구려 신이 아니고, 새로 사지 않은 신은 싸구려 신이다.

- ㅈ-ㅊ

  중앙청 창살 쇠창살, 검찰청 창살 쌍창살, 경찰청 창살 철창살

⑤ 소리 내어 읽기 및 역할극 하기

학습자들에게 대본을 나누어 주고 읽게 한다. 연극 대본을 암기하여 몸동작과 함께 하도록 지도함으로써 감정 표현이나 제스처 등과 같은 비언어적 요소도 함께 연습시킬 수 있다. 이 때 학습자의 한국어 수준에 따라 대화문의 수준을 결정할 수 있다. 예를 들어, 초급인 경우에는 교과서의 본문을 이용해도 좋고, 중급 이상의 경우에는 실생활에 필요한 광고 자료나 재미있는 만화를 이용해도 좋다. 고급 학습자인 경우에는 인기 있는 드라마나 영화의 실제 대본을 활용해도 좋다.

⑥ 학습자의 발화 녹음하기

학습자의 발음 연습, 자유로운 대화, 즉흥적인 연설 및 역할극을 녹음하여 자기 스스로 평가하도록 하거나, 동료들의 평가나 혹은 교사의 피드백을 얻을 수 있는 자료로 활용한다.

⑦ 드라마 더빙하기

고급 학습자의 경우에 사용할 수 있는 방법으로 드라마를 선별한 후 미리 준비해 놓은 드라마의 대본에 따라 역할을 정해 연습하도록 한다. 그런 다음 조별 과제로 녹음해 오도록 하여 수업 시간에 드라마를 틀어 소리를 제거한 다음 학습자들이 녹음한 것을 함께 듣는다. 학습자들의 흥미를 유발할 수 있을 뿐만 아니라 리듬이나 휴지(pause) 등의 연습에 효과적이다.

이 밖에도 동화 구연 방법이나 인터뷰 연습 또는 빙고 게임, 퍼즐 게임, 관련 정보 연결하기 등 다양한 학습활동을 통하여 한국어의 자음이나 모음, 그리고 동화현상이나 리듬 등을 지도할 수 있다.

1.5 발음 평가

1.5.1 발음 평가의 내용과 방법

발음은 기본적으로 듣기, 말하기와 통합하여 평가할 수 있다. 그리고 학습자가 한글을 읽을 수 있는 수준에 다다른 경우에는 읽기와도 연결하여 다양하게 평가할 수 있다. 학습자의 한국어 수준, 제반 여건 등을 고려하여 창의적인 평가 방법을 찾아 적용해야 할 것이다.

1.5.1.1 듣기를 이용한 발음 평가

듣기를 이용한 평가는 대개 분절음 및 각종 음운현상이 일어나는 음에 관한 청취력 평가로, 아래와 같은 방법이 있다.

① 듣고 따라하기

가장 손쉬운 평가 방법이다. 교사가 평가하고 싶은 발음의 각 요소에 맞는 문장을 준비한 후 학습자로 하여금 따라 하도록 한다. 이 때 주의할 점은 지시는 말로 하되 복잡하지 않게 하고, 문장 하나를 가지고 여러 가지 발음 요소를 평가하려고 하지 말아야 한다는 점이다. 문장을 읽어 줄 때는 보통의 속도나 혹은 가능한 한 보통 속도에 가깝도록 하고, 정상적인 리듬을 유지하도록 한다.

② 듣고 구별하기

초급 학습자들을 평가할 때는 시각 자료를 활용하여 비슷하게 소리 나는 낱말 간의 의미상의 차이를 구별하게 할 수 있다. 즉, 최소대립쌍을 이용하여 분절음 하나의 차이에서 오는 의미의 차이를 그림을 사용하여 평가할 수 있다. 예를 들어, "나무 옆에 불이 있다."와 "나무 옆에 뿔이 있다."를 대조시킬 수 있다. 학습자들은 바른 그림에 ○표를 하거나 틀린 그림에 ✕표를 할 수 있다. 적당한 그림을 준비하기가 어려울 때는 한 쌍의 문장을 이용할 수도 있다. 학생들에게는 두 개의 짧은 문장을 듣고 두 문장이 같은지 다른지를 결정하게 한다. 같은 경우에는 ○표를 하게하고, 다른 경우에는 ✕표를 하게 할 수 있다. 예를 들어, "나는 굴을 좋아한다."와 "나는 꿀을 좋아한다."와 같이 서로 다른 문장이 제시되는 경우에 ✕표를 하도록 한다.

1.5.1.2 말하기를 이용한 발음 평가

말하기를 이용한 발음 평가에는 개별 음소의 평가에 관한 것과 전체적 발화 속에서 나타나는 리듬이나 억양 등에 관한 것이 있다. 따라서 말하기와 통합하여 발음을 평가할 때는 개별 음소의 발음뿐만 아니라 학습자의 발음이 전체적인 의미를 효과적으로 전달하는지의 여부도 중요하게 다루어져야 할 것이다. 말하기를 통해 발음을 평가할 수 있는 유형에는 독백이나 토론, 묻고 대답하기 혹은 짝 활동 등이 있다. 말하기를 이용한 발음 평가는 평가의 목적이나 입력 자료에 따라 평가 유형이 달라질 수 있다. 말하기를 통한 발음 평가에 사용될 수 있는 입력 자료는 수험자의 모국어 지시문을 비롯하여, 한국어로 쓰인 지시문, 즉, 읽기 자료와 그림 자료, 비디오 자료 등 다양하게 제시될 수 있다. 일반적으로 많이 사용되는 방식은 평가자와의 인터뷰이다. 말하기를 이용한 발음 평가 유형에는 크게 대화식, 독백식, 토론식이 있는데 이를 좀 더 구체적으로 살펴보면 다음과 같다.

① 개인 인터뷰하기
② 짝 인터뷰하기
③ 학생이 교사 인터뷰하기
④ 그림이나 지도 설명하기
⑤ 토의하기
⑥ 시청각 자료 내용 이야기하기
⑦ 시청각 자료에 대해 토론하기
⑧ 토론하기
⑨ 역할극 하기
⑩ 발표하기
⑪ 통역하기

인터뷰를 하여 직접 평가를 할 수 없는 상황이라면 오디오 매체를 이용한 평가를 적극적으로 도입할 필요가 있다.

1.5.2 발음 평가의 실제

1. 듣기를 이용한 발음 평가

초급에서 많이 사용하는 것으로 한국어의 기본적인 음운이나 간단한 음운현상이 나타나 있는 낱말의 식별을 평가하는 것이다. 외국인 학습자들이 구분하기 어려운 음운들을 독립된 개별 음운이 아니라 문장 속에서 나타나는 음운을 평가 대상으로 삼는다.

※ 잘 듣고 맞는 번호를 고르십시오.

(1) 교사 : 증상은 어때요? 　　① 정상은 어때요?　　② 증상은 어때요?

(2) 교사 : 울면 안 돼요　　　　① 울면 안 돼요.　　② 얼면 안 돼요.

(3) 교사 : 가치가 있어요.　　　① 가치가 있어요.　　② 까치가 있어요.

(4) 교사 : 강이 멀어요.　　　　① 강이 멀어요.　　② 감이 멀어요.

(5) 교사 : 찌개가 짜서 맛이 없어요.　　① 짜서　　　　② 차서

(6) 교사 : (　) 좋아요.　　　　① 바다가　　　　② 파도가

2. 말하기를 이용한 발음 평가

말하기를 이용한 발음 평가에서는 무엇보다도 자연스러운 일상 언어로 의사소통할 수 있는가 하는 능력을 평가해야 한다. 학습자의 자연스러운 발음을 평가하기 위해서는 어느

발음 요소를 평가하고 있는지 학생에게 알리지 않는 것이 좋다. 그것은 학습자가 어떤 음을 의식적으로 정확하게 발음하는 것을 막고자 하는 이유 때문이다.

① **대화식 : 개인 인터뷰하기**

※ 저는 집주인입니다. 당신은 방을 구하러 왔습니다. 저에게 다음 사항에 대하여 물어 보십시오.

·위치	·주변 환경
·가격	·집세 지불 방법
·교통	·각종 편의 시설 등

② **독백식 : 그림 설명하기**

※ 무슨 일이 일어났습니까? 설명해 보십시오.

③ 토론식 : 찬·반 입장에 대해 토론하기

※ 컴퓨터의 발달로 자신이 사고 싶은 물건을 집에서 구입할 수 있는 홈쇼핑이 소개되었고, 많은 사람이 이를 이용한다고 합니다. 홈쇼핑을 이용해 물건을 사면 백화점에 나가야 하는 시간이나 번거로움을 줄일 수 있을 뿐만 아니라 무거운 짐을 들고 다닐 필요가 없기 때문에 아주 편리합니다. 그러나 어떤 사람들은 물건을 눈으로 직접 확인할 수 없기 때문에 품질 보장이 어렵고, 친구들과 어울려 쇼핑을 하는 데서 얻는 즐거움을 느낄 수 없다고 합니다. 이 두 가지 입장에 대한 자신의 의견을 말해 보십시오.

1.6 발음교육에서의 주의점

외국어 교육의 다른 영역과 마찬가지로 의사소통에 있어 정확한 발음은 매우 중요하다. 그러나 정확한 발음을 교육해야 한다고 하여 교사의 의욕만 앞서서는 안 된다. 또한 음성학이나 음운론 전공 수업과 비슷할 정도로 이에 관한 설명만을 늘어놓아서도 안 된다. 교사가 음성학이나 음운론에 관한 지식이 있을지라도 학습자들이 이에 관한 사전 지식이 없으면 아무런 소용이 없다. 다음은 발음을 교육할 때의 주의 사항을 요약해 놓은 것이다.

① 한국어 화자들도 구별하지 못하는 음의 구별을 지나치게 요구해서는 안 된다. 예를 들어, 모음 /ㅔ/나 /ㅐ/는 <표준 발음법>에서는 구별하여 사용하도록 하고 있지만, 실제 생활에서는 거의 구별하지 않고 사용한다. 어느 술자리에서 "맥주 새 잔 주세요."라고 말한 손님에게 종업원이 맥주 세 잔을 갖다 주었다는 우스갯소리가 있을 정도로 모음 /ㅔ/나 /ㅐ/는 한국인들조차도 구별하기 어려운 음이 되었다. 실제로 /게/와 /개/는 발음만으로는 의미 구별이 되지 않는다. 따라서 학습 초기에 두 모음의 조음방법에

따른 차이점은 구체적으로 설명해야 하지만 지나치게 두 음을 구별하도록 강조해서는
안 된다.

② 표기대로 발음하지 않도록 해야 한다. 한국어는 발음상 겹받침을 허용하지 않는 언어이
다. 따라서 겹받침의 경우 하나의 자음만 발음해야 하는 데도 불구하고 너무 조심스럽
게 발음하다보면, 표기대로 두 자음을 모두 발음하는 경우가 종종 눈에 띤다. 발음은
음운체계나 음운현상 등 발음법에 바탕을 두어야지 표기법에 바탕을 두어서는 안 된다.

③ 학생들에게 일단 전달된 음은 지속적으로 일관성 있게 유지되어야 한다. 교사는 학생
들에게 항상 역할 모델이 되므로 수업 시간 이외에도 바르게 발음하고 또 일관성
있게 발음하도록 노력해야 한다.

④ 학생들이 정확한 발음을 내려고 노력하고 있는가에 늘 관심을 가져야 한다. 의사소통
중심 교수법을 지향하는 수업에서는 정확성보다는 유창성을 강조하지만 학업 초기에
화석화된 발음은 고치기 어려우므로 초기에 정확한 발음을 할 수 있도록 지도해야
한다.

⑤ 발음을 연습할 때도 학습자가 문장의 의미를 이해하도록 해야 한다. 가능하면 낱말
차원보다는 문장이나 담화 차원의 상황맥락들 속에서 발음 연습을 하여 실제 활용할
수 있는 단계에까지 이르도록 한다.

⑥ 학습할 새로운 음을 결정할 때에 발음하기 어려운 것부터 하지 말고, 전체 음체계
속에서 상대적 난이도 등을 고려하여 결정한다. 특히 발음하기 어려운 음을 학습할
때는 비슷한 다른 음들로부터 시작하여 점차 목표로 하는 음으로 옮겨가면 훨씬 수월
하다. 예를 들어, 한국어의 경우 /ㅈ, ㅊ, ㅉ/와 같은 파찰음보다는 파열음 /ㄱ, ㅋ,
ㄲ/부터 먼저 학습하고, 기(aspiration)의 세기를 느끼게 하기 위하여서는 '격음, 평음,
경음'의 순서로 제시하는 것이 바람직하다.

⑦ 적절한 교육적 표기법과 시청각 보조 자료를 이용한다. 시청각 자료는 문장에서 글자
로만 적혀 있는 교재의 단점을 극복하기 위한 좋은 보조 자료가 된다. 보조 자료로는
혀의 움직임을 보여주는 그림, 구강 구조와 입모양을 찍은 사진, 다른 외국어와의
자모음 비교 도표, 대화 능력을 향상시키기 위한 비디오 등이 될 수 있다. 조음점을
설명하기 위해서는 구강의 측면 그림을 준비하는 것이 좋다. 그림에서 혀 사진은 오려

내고 교사가 직접 손에 장갑을 끼고 혀 모양을 하여 혀끝, 혓날, 전설, 후설 부분을 각각 다른 색깔로 표시하여 혀의 위치와 조음위치를 구체적으로 짚어가며 수업하는 것도 좋은 방법이 된다. 혹은 치과에서 교육용으로 사용하는 치아 모형 틀도 조음점을 교육하기에 좋은 보조 교재로 사용할 수 있다. 그리고 부록에서 소개할 국립국어원에서 개발하여 배포한 '바른 소리' CD를 이용해 보는 것도 좋은 방법이다.

⑧ 표준이 되는 발음을 충분히 들려주어야 한다. 물론 너무 여러 번 반복하여 지루하지 않도록 한다. 이 때 주의 깊게 발음한다고 하여 지나치게 천천히 발음해서는 안 된다. 일반적인 속도로 된 발화를 모방하도록 해야 한다.

⑨ 간단한 조음법을 설명해 주기 위하여 교사는 음성학에 대한 충분한 지식을 갖고 있어야 한다. 특히 직접적인 용어를 사용하여 조음점을 설명하지 않더라도 용어에 친숙해야 쉽게 설명해 줄 수 있다. 교사가 학습자의 모국어와 목표어인 한국어를 대조하여 설명해 줄 수 있으면 학습에 도움이 된다.

제 **2** 장
자 음

이 장에서부터는 <표준 발음법>의 내용을 중심으로 한국어 표준 발음의 원리와 교육 방법에 대해 살펴보도록 한다. 먼저 이 장에서는 <표준 발음법>에 나타난 순서에 따라 한국어의 자음에 대해 살펴보도록 한다. <표준 발음법>에 제시된 한국어의 자음에 대한 규정을 보면 아래와 같다.

제2항 표준어의 자음은 다음 19개로 한다.

| ㄱ | ㄲ | ㄴ | ㄷ | ㄸ | ㄹ | ㅁ | ㅂ | ㅃ | ㅅ |
| ㅆ | ㅇ | ㅈ | ㅉ | ㅊ | ㅋ | ㅌ | ㅍ | ㅎ | |

2.1 자음과 모음

자음과 모음은 사람들의 언어생활에 사용되는 소리로, 낱말의 뜻을 구별하는 음소적 기능을 가지고 있다. 자음과 모음은 대체적으로 폐에서 내쉬는 숨을 이용하여 만들어지는

데, 자음(consonant)은 공기가 폐에서부터 입 밖으로 나올 때 장애를 받는 소리인 반면, 모음(vowel)은 장애를 받지 않고 나는 소리이다. 예를 들어, /ㅂ/나 /ㅅ/('비읍, 시옷'과 같은 말은 해당 자음의 이름일 뿐 그 자체가 발음은 아니므로 소리의 발음을 말할 때에는 /ㅡ/ 모음을 넣어 '브, 스'처럼 발음하는 것이 좋다.)와 같은 자음을 발음하기 위해서는 두 입술이 닫히거나 혀와 입천장 사이에 좁은 공간을 형성하여 공기의 자연스러운 흐름에 장애를 받게 된다. 그러나 /ㅏ/와 같은 모음은 아무런 장애 없이 그대로 발음이 된다. 이처럼 자음과 모음은 음성적인 면에서 장애 유무의 차이가 있다.

자음과 모음의 또 하나의 차이점은 모음이 독립적으로 음절을 구성할 수 있는 반면, 자음은 그렇지 못하다는 것이다. 이것을 달리 말하면, 모음은 (1가)에서와 같이 자음 없이 홀로 발음이 가능하지만, 자음은 (1나)에서와 같이 모음 없이는 발음이 가능하지 않고, (1다, 라)에서와 같이 자음의 앞이나 뒤에서 모음의 도움을 받을 때 비로소 발음이 가능하다. 그리고 한 음절이 모음을 중심으로 하여 앞이나 뒤에 자음이 오는, '(자음)-모음-(자음)'과 같은 형태를 갖는다는 점에서 자음은 음절의 시작과 끝을 형성하며, 모음은 음절의 중심, 즉 음절핵을 이룬다.

(1) 음절과 자음·모음의 관계

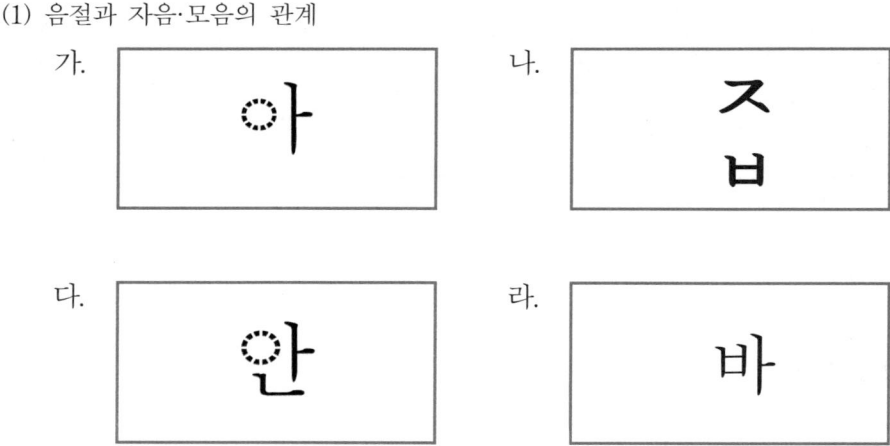

가. 아 나. 즈ㅂ

다. 안 라. 바

여기서 잠깐!

용어로서의 '자음'과 '모음'

　어머니 없이 아들이 존재할 수 없음을 볼 때 우리가 사용하는 '자음(子音, 아들 소리)'과 '모음(母音, 어머니 소리)'이라는 용어는 자음이 모음 없이 독립적인 음절을 구성하지 못한다는 사실을 잘 반영한다. 그리고 '안, 옷, 오이, 아우' 등과 같이 모음 앞에 사용하는 'ㅇ'은 자음 [ŋ]이 아니라, 아랍어의 알리프(Alif)처럼 자음이 비어 있거나 두 모음이 다른 음절에 속함을 보여주기 위한 부호라 할 수 있다.

2.2 한국어 자음의 체계

　먼저 한국어의 자음에 대해 살펴보도록 한다. 영어와 같은 언어에서는 낱글자와 발음이 1:1 대응을 이루지 못하는 경우가 있다. 예를 들어, 'fish, photo, cough' 등에서 보듯이 [f]가 여러 가지로 표기되는가 하면, 한국어의 /ㅇ/ [ŋ] 발음을 하나의 철자(spelling)로 표기하기 어려워 보통 'ng'로 표기한다. 반면 한국어에서는 원칙적으로 자음이나 모음과 같은 낱글자와 발음이 1:1 대응을 이룬다. 따라서 자음을 19개로 규정하는 것은 소리로서의 한국어의 자음이 기본적으로 19개로 구성된다는 것을 의미하며, 더 나아가 한국어 자음 발음은 기본적으로 표기법에 맞추어 발음하는 것을 원칙으로 한다는 의미가 된다.

　한국어 자음의 체계와 그에 따른 특성을 알기 위해서는 무엇보다 자음과 관련된 기본 원리, 즉 자음의 분류 체계에 대해서 알아야 한다. 자음은 공기가 입으로 빠져 나가느냐 코로 빠져 나가느냐에 따라 구강음과 비음(또는 비강음)으로 나눈다. 구강음은 아래 [그림 1-가]에서처럼 연구개와 목젓을 인두벽에 붙여 공기가 코로 빠져 나가는 길을 차단하여 입으로만 나가게 할 때 나는 소리이며, 비음은 [그림 1-나]에서처럼 연구개와 목젓을 내려

공기가 코로 빠져 나가게 함으로써 나는 소리이다. 따라서 코를 막아 공깃길을 막으면 비음의 발음이 제대로 되지 않는다. 한국어에서는 /ㄴ, ㅁ, ㅇ/를 제외한 모든 자음(모든 모음 포함)은 구강음이다. 참고로, 구강음과 비음의 분류는 모음도 포함된다는 점에서 자음만의 분류 기준이라고 하기는 어렵고 소리를 자음과 모음으로 나누는 것과 같은 일반적인 소리 분류 기준의 하나이다.

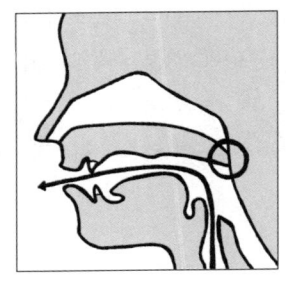

[그림 1-가] 구강음의 발음

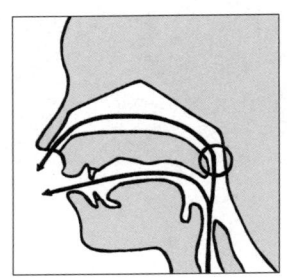

[그림 1-나] 비음의 발음

자음을 분류하는 가장 중요한 기준은 자음의 속성인 장애와 밀접한 관련이 있다. 그것은 앞에서 언급한 대로 장애를 통해서 자음이 형성되기 때문이다. 그 기준은 두 가지로, 하나는 조음위치이고 다른 하나는 조음방법이다. 조음위치(place of articulation)는 장애가 입 안의 어디(where)에서 일어나는가 하는 것이고, 조음방법(manner of articulation)은 장애가 어떻게(how) 일어나는가 하는 것이다. 일반적으로 인간 언어의 자음은 이 두 가지 기준으로 분류되고 그 외에 각 개별 언어의 특성에 의해 추가 분류된다.

2.2.1 조음위치에 따른 자음의 분류

자음은 장애가 일어나는 위치, 즉 조음위치가 달라짐에 따라 다른 소리가 난다. 예를 들어, 두 입술에서 장애가 일어나면 [ㅂ, ㅍ, ㅃ, ㅁ]와 같은 소리가 나고, 윗잇몸보다 조금 안쪽에서 장애가 일어나면 [ㄷ, ㄸ, ㅌ, ㅅ, ㅆ, ㄴ, ㄹ]와 같은 소리가 난다.

국제음성기호(International Phonetic Alphabet, IPA)에 의하면 자음의 발음이 가능한 조음위치가 10여 곳이나 되는데, 한국어의 경우는 다섯 곳으로 영어나 중국어 등의 언어보다 1~3개가 적다.

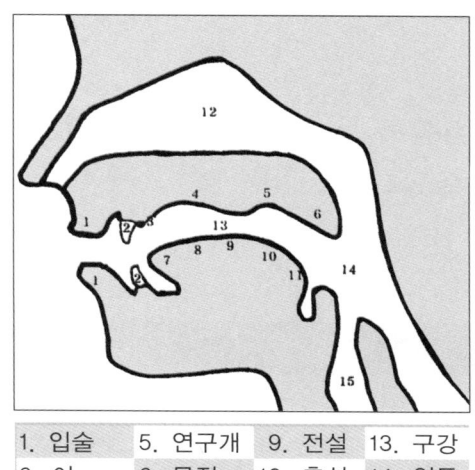

1. 입술	5. 연구개	9. 전설	13. 구강
2. 이	6. 목젖	10. 후설	14. 인두
3. 치조	7. 설첨	11. 설근	15. 성대
4. 경구개	8. 설단	12. 비강	

[그림 2] 발음기관

여기서 잠깐!

혀의 부위별 명칭

혀는 발화를 할 때 성대 다음으로 가장 바쁘게 움직이는 발음 기관이다. 발음을 이해하기 위해서는 혀의 각 부위별 명칭을 정확하게 아는 것이 필요하다. 옆의 그림에 혀의 부위별 명칭이 제시되어 있다. ①번은 혀의 뾰족한 끝부분으로 설첨

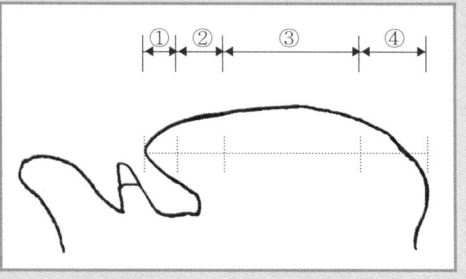

(혀끝)이라 부르고, ②번은 보통 입을 다문 자연스러운 상태에서 치조(또는 치경)와 닿아 있는 부분으로 설단(혓날), ③번은 혀의 표면 중 앞부분으로 전설(혀 앞부분), ④번은 혀의 뒷부분으로 후설(혀 뒷부분)이라고 부른다.

조음위치의 면에서 한국어 자음은 입의 제일 앞부분에서부터 양순음, 치조음, 경구개음, 연구개음, 후음으로 분류된다.

(2) 조음위치에 따른 자음의 분류

조음위치	양순음	치조음	경구개음	연구개음	후음
해당자음	ㅂ, ㅃ, ㅍ, ㅁ	ㄷ, ㄸ, ㅌ, ㅅ, ㅆ, ㄴ, ㄹ	ㅈ, ㅉ, ㅊ	ㄱ, ㄲ, ㅋ, ㅇ	ㅎ

첫째, 양순음(또는 입술소리)은 두 입술에서 장애가 일어나서 발음되는 소리이다. 한국어의 /ㅂ, ㅃ, ㅍ, ㅁ/와 같은 소리들이 여기에 속한다. 영어의 /p, b, m/와 같은 소리도 양순음이다. 특별히, 영어의 단일어에서는 'camp, simple, symbol, combination'에서처럼 /m/ 다음에 다른 자음(보다 정확히는 장애음)이 올 때에는 반드시 /p, b/이어야만 한다. 한국어에서도 '신문'과 같은 말은 일상 구어에서는 [심문]으로 발음되는데, 이는 연속되는 두 자음의 조음위치를 동일하게 하려는 성질 때문이다.

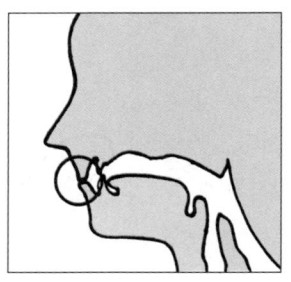

[그림 3] 양순음의 발음

둘째, 치조음(또는 혀끝소리)은 윗잇몸보다 조금 안쪽에 돌기가 있는 부분(이를 치조 또는 치경이라 한다.)과 혀끝 사이에서 장애가 일어나서 발음되는 소리이다. 한국어의 /ㄷ, ㄸ, ㅌ, ㅅ, ㅆ, ㄴ, ㄹ/가 이에 해당하는 소리로, 이들은 모두 혀의 끝부분이 치조에 닿거나 가까이 밀착하여 공기의 흐름에 장애를 일으킨다. 영어의 /t, d, s, z, n, r, l/와 같은 소리도 치조음이다.

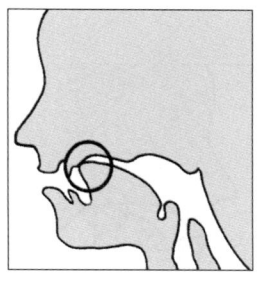

[그림 4] 치조음의 발음

셋째, 경구개음(또는 센입천장소리)은 치조보다 조금 더 안쪽인 딱딱한 입천장과 혀의 앞부분 사이에서 장애가 일어나서 발음되는 소리이다. /ㅈ, ㅉ, ㅊ/가 이에 해당하는 소리로, 이들은 모두 혀가 해당 부분에서 공기 흐름에 장애를 일으킨다. 이 때 혀의 끝부분은 치조에 닿는 경우가 많다. 이런 이유로 경구개음은 치조음과 비슷한 음운현상을 일으키기도 하는데 영어의 단일어에서는 'send, hint, sense, lens, bench, hinge'에서처럼 /n/ 다음에 다른 자음이 올 때에는 치조음 또는 경구개음이 온다. 한국어에서도 '낮, 낯'과 같은 말의 받침은 치조음인 [ㄷ]로 발음된다.

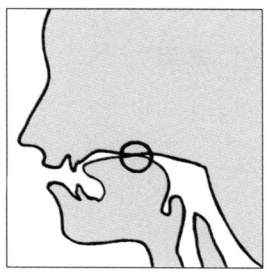

[그림 5] 경구개음의 발음

넷째, 연구개음(또는 여린입천장소리)은 경구개보다 조금 안쪽의 부드러운 입천장과 혀의 뒷부분 사이에서 장애가 일어나서 발음되는 소리이다. /ㄱ, ㄲ, ㅋ, ㅇ/가 이에 해당하는 소리로, 혀의 뒷부분이 입천장 뒤쪽의 부드러운 부분에 닿아 공기의 흐름에 장애를 일으킨다. 영어의 단일어에서도 'finger, bingo, sink, bank'에서처럼 /k, g/ 앞에서는 /n/가 [ŋ]으로 발음되며, 한국어에서도 '번개, 흔쾌히, 만끽' 등은 일상 구어에서는 [벙개, 홍쾌히, 망끽] 등과 같이 발음되는 경우가 많다.

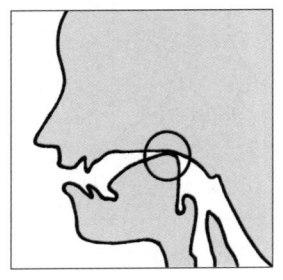

[그림 6] 연구개음의 발음

다섯째, 후음(또는 목청소리)은 목청에서 나는 소리이다. 한국어의 /ㅎ/ 또는 영어의 /h/가 여기에 해당하는 소리로, 성대 사이의 공간에서 공기 흐름에 장애가 일어난다.

한편, 한국어에는 영어의 'think, father'에서 볼 수 있는 /θ, ð/, 'flower, victory'에서 볼 수 있는 순치음 /f, v/와 같은 소리가 없으며, 중국어에서 볼 수 있는 권설음, 그리고 아랍어 등에서 많이 나타나는 목젖음이나 인두음이 없다.

2.2.2 조음방법에 따른 자음의 분류

자음은 장애를 일으키는 방법, 즉 조음방법에 따라서도 다른 소리가 난다. 예를 들어, /ㄷ, ㄸ, ㅌ/와 /ㅅ, ㅆ/의 차이는 혀를 입천장에 붙이느냐 안 붙이느냐에 있다.

조음방법은 두 차례에 걸쳐 분류가 되는데 일차적으로 장애음(obstruent)과 공명자음(sonorant) 또는 비장애음(non-obstruent)으로 나눈다. 이 둘의 공통점은 장애를 일으킨다는 것인데, 공명자음은 장애와 비장애가 동시에 일어나는 소리이다. 예를 들어, /ㅁ, ㄴ, ㅇ/와 같은 비음(nasal)은 입 안에서는 장애가 일어나지만, 또 다른 공깃길인 코에서는 아무런 장애가 일어나지 않는다. 이와 같이 장애와 비장애를 동시에 갖는 소리가 또 하나 있는데, 그것은 /ㄹ(l, r)/ 소리이다. 이 소리(들)는 혀끝과 치조 사이에서 장애가 일어나지만 혀의 양쪽 측면으로는 공기가 아무런 장애 없이 빠져 나간다. 이런 이유로 한국어의 /ㄹ/나 영어의 /r, l/과 같은 소리를 유음(liquid)이라 한다. 장애의 유무로 자음과 모음을 나누는 관점에서 본다면, 장애음은 순수 자음인 반면, 비음과 유음과 같은 공명자음은 자음이면서도 모음의 성질을 갖는 비(非)순수 자음이다. 따라서 모음과 마찬가지로 유성음이다. 공명자음의 이러한 특징은 영어에서 잘 나타나 'bottom, kitten, bottle, apple, hammer, sabre' 등과 같은 말에서 /m, n, l, r/ 등은 마치 모음처럼 음절을 형성하기도 한다.

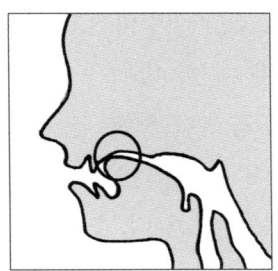

[그림 7] 파열음(/ㄷ, ㄸ, ㅌ/)의 발음

한편, 장애음은 위에서 본 대로 코를 공깃길로 사용하지 않는다는 점에서 비음과 다르고, 공기를 혀 옆으로 내보내지 않는다는 점에서 유음과 다르다. 다시 말해 장애음은 입 안에 공기를 가득 채운 후 내보내면서 발음한다. 입 안에 든 공기를 내보내는 방법에는 세 가지가 있는데, 첫째는 막았던 지점을 크게 벌려 한꺼번에 터뜨리듯이 내보내는 방법이다. /ㅂ, ㅃ, ㅍ/와 같은 소리를 낼 때 닫았던 두 입술을 한꺼번에 벌려 막았던 공기를 내보내는 방법을 사용하는데 이것이 그 예가 된다. 이러한 소리들을 파열음(또는 폐쇄음)이라 한다.

또 한 가지는 공기를 차단하는 지점을 완전히 막지는 않고 작은 틈을 두어 그 틈 사이로 공기가 빠져 나가게 하는 방법이다. /ㅅ, ㅆ/와 같은 소리를 낼 때 이 방법을 사용하는데, 혀가 치조 부분을 완전히 막지 않지만 가까이 접근하여 틈을 형성하는데 공기가 그 틈 사이로 빠져 나가면서 마찰을 일으키듯 [ㅅ, ㅆ] 소리가 난다. 이러한 소리들을 마찰음이라 한다.

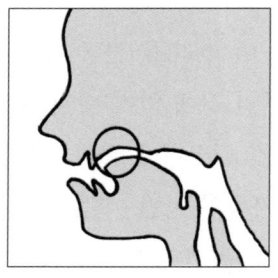

[그림 8] 마찰음(/ㅅ, ㅆ/)의 발음

그리고 마지막으로는 앞의 두 가지 방법을 섞는 것이다. 즉, 어느 지점을 완전히 막아 공기를 차단하였다가 뗄 때에는 조금만 떼어 마찰이 일어나게 하여 소리 나게 하는 방법이다. /ㅈ, ㅉ, ㅊ/와 같은 소리를 낼 때 이 방법을 사용하는데, 이 소리를 내기 위해서는 파열음을 발음할 때 처럼 일단 혀를 입천장에 붙여야 한다. 그런 다음 입천장으로부터 혀를 떼면서 공기를 입 밖으로 내보내는데, 파열음처럼 완전히 떼는 것이 아니라 마찰음처럼 조금만 뗀다. 파열음과 마찰음을 합한 이 소리들을 파찰음이라 한다.

지금까지 살펴본 조음위치와 조음방법의 면에서 한국어 자음을 분류하면 아래와 같다.

(3) 조음위치와 조음방법에 따른 자음의 분류

조음방법 \ 조음위치		양순음	치조음	경구개음	연구개음	후음
장애음	파열음	ㅂ ㅃ ㅍ	ㄷ ㄸ ㅌ		ㄱ ㄲ ㅋ	
	마찰음		ㅅ ㅆ			ㅎ
	파찰음			ㅈ ㅉ ㅊ		
공명음	비음	ㅁ	ㄴ		ㅇ	
	유음		ㄹ			

위의 표에서 보는 바와 같이 가로축은 조음위치이고 세로축은 조음방법이다. 외국인 학습자들에게 한국어의 음운변동을 교육할 때 이 표가 유용하게 사용될 수 있다. 예를 들어, 한국어의 국물[궁물]과 같은 말은 /ㄱ/가 /ㅁ/ 앞에서 [ㅇ]으로 바뀌는데, 위의 표에서 /ㄱ/의 세로축과 /ㅁ/의 가로축을 따라 선을 그어 보면 /ㅇ/에서 합쳐진다는 것을 보여주면 훨씬 더 쉽게 이해시킬 수 있다.

2.2.3 기의 세기에 따른 자음의 분류

위에서 우리는 언어 일반적인 자음의 분류 방법에 대해 살펴보았다. 이러한 방법 외에도 한국어 장애음은 기(氣; aspiration), 즉 공기를 내뿜는 정도에 따라 평음(예사소리), 경음(된 소리), 격음(거센소리)으로 재분류되는데, 이는 다른 언어에서는 잘 나타나지 않는 한국어 의 고유한 특징 중의 하나이다. /ㄱ, ㄷ, ㅂ, ㅅ, ㅈ/와 같은 소리는 평음이고, /ㄲ, ㄸ, ㅃ, ㅆ, ㅉ/와 같은 소리는 경음이며, /ㅋ, ㅌ, ㅍ, ㅊ/와 같은 소리는 격음이다. 치조마찰음의 경우는 평음 /ㅅ/와 경음 /ㅆ/만 있고 격음은 없다. 기의 관점에서 보면 격음이 가장 강하고, 그 다음이 평음이며, 경음이 가장 약하다. 지금까지 살펴본 조음위치와 조음방법, 그리고 기의 세기 면에서 한국어 자음을 분류하면 아래와 같다.

(4) 한국어 자음의 분류와 음가

조음방법		조음위치 기의 세기	양순음	치조음	경구개음	연구개음	후음
장애음	파열음	평음	ㅂ[p]	ㄷ[t]		ㄱ[k]	
		경음	ㅃ[p']	ㄸ[t']		ㄲ[k']	
		격음	ㅍ[pʰ]	ㅌ[tʰ]		ㅋ[kʰ]	
	마찰음	평음		ㅅ[s]			
		경음		ㅆ[s']			
		격음					ㅎ[h]
	파찰음	평음			ㅈ[ʧ]		
		경음			ㅉ[ʧ']		
		격음			ㅊ[ʧʰ]		
공명음	비음		ㅁ[m]	ㄴ[n]		ㅇ[ŋ]	
	유음			ㄹ[l/r]			

한국어 자음의 위와 같은 분류는 다른 언어와 비교해 볼 때 두 가지 면에서 차이가 있다. 첫째는 대립되는 소리의 수적(數的)인 차이다. 다른 언어는 장애음이 대개 두 종류로 분류되는데, 한국어는 세 종류로 분류된다는 것이다. 양순파열음을 예로 들어 보면, 영어와 일본어 모두 /p/와 /b/ 두 종류의 소리가 있는 반면, 한국어에는 /ㅂ/, /ㅃ/, /ㅍ/의 세 종류의 소리가 있다. 이러한 차이는 다른 음소에서도 마찬가지로 영어와 일본어에서 /k/와 /g/, /t/와 /d/ 두 소리의 대립만이 있는데 비해, 한국어에서는 위의 표에서 보는 것과 같이 파찰음에서도 세 소리의 대립을 이룬다.

둘째는 대립되는 소리의 질적(質的)인 차이이다. 영어와 일본어, 프랑스 어 등 대부분의 언어에서는 무성음(voiceless sounds)과 유성음(voiced sounds)의 대립이 있는데 비해, 한국어는 그러한 대립이 없고 앞에서 본 것과 같이 '평음, 경음, 격음'의 대립이 있다. 영어와 프랑스 어, 그리고 일본어에서 보이는 /p/와 /b/의 소리의 차이는 성대의 떨림이 있고 없음에 차이가 있어, /p/는 성대의 떨림이 없는 무성음이고, /b/는 성대의 떨림이 있는 유성음이다. 이것은 다른 소리의 대립에서도 마찬가지여서 /k/와 /t/ 같은 소리는 무성음이고, 그 짝이 되는 /g/와 /d/는 유성음이다. 그러나 한국어의 자음은 /b, d, g, z, ʤ/ 등과 같은 유성음이 없다. 한국어는 그 대신 '평음, 격음, 경음'의 대립이 있어, 이 소리들의 차이로 평음으로 발음되는 '달(/tal/)'과 격음으로 발음되는 '탈(/tʰal/)'과 경음으로 발음되는 '딸(/t'al/)'의 의미가 달라진다. 한국인이 영어나 프랑스 어의 /b, d/를 한국어의 /ㅂ, ㄷ/로 인식하는 것은 유성음과 무성음의 차이를 기의 세기로 인식하여 유성음의 경우는 기가 상대적으로 약한 평음으로 인식하고, 무성음의 경우는 기가 상대적으로 강한 격음으로 인식하기 때문이다.

 여기서 잠깐!

자음 분류의 기준

　세상의 모든 것이 그러하듯이 소리를 나누는 기준에도 모든 언어에 적용되는 기준이 있고, 몇몇의 특정 언어에만 적용되는 기준이 있다. 자음을 분류함에 있어 조음위치와 조음방법은 모든 인간 언어에 적용되는 보편적(language universal) 기준이다. 특별히 조음방법에 있어 파열음, 마찰음, 파찰음으로 나누는 것은 언어 보편적인 것이지만, 장애음을 유성음과 무성음으로 나누는 기준이나 평음과 경음, 격음으로 나누는 기준은 해당하는 언어에만 적용되는 특별한(language specific) 기준이다.

　한편 유성장애음과 무성장애음 중 기본이 되는 것은 무성장애음이다. 즉, 어떤 언어가 한 종류의 장애음만 가지고 있다면 그 장애음들은 모두 무성음들이다. 반면 유성 장애음은 선택적이어서 언어에 따라 있을 수도 있고 없을 수도 있다.

　참고로, 유성음과 무성음의 차이는 성대의 진동 유무에 있는데 유성음의 경우는 성대가 서로 거의 붙을 정도로 밀접해서 성대 사이의 틈(이것을 성문(glottis)이라 한다)이 매우 좁아 폐에서 나오는 공기가 이 좁은 틈을 빠져 나올 때 성대를 진동시킨다. 그러나 무성음의 경우는 성대가 서로 떨어져 있어(즉, 성문이 넓은 상태가 된다) 공기가 넓은 성문을 통해 성대의 진동 없이 나온다.

지금까지 자음의 여러 가지 분류를 통해 한국어 자음의 체계와 그에 따른 특성에 대해 살펴보았다. 다음 절에서는 한국어의 자음을 대조언어학적인 측면에서 영어, 일어, 중국어, 러시아 어와 비교하여 살펴보도록 한다.

2.3 다른 언어와의 비교

2.3.1 영어

2.3.1.1 영어의 자음

영어 자음은 24개로, 조음위치와 조음방법, 성대 진동의 유무에 따라 다음과 같이 분류된다.

(5) 영어의 자음체계

		양순음	순치음	치음	치조음	경구개 치조음	구개음	연구개음	성문음
파열음	무성	p			t			k	
	유성	b			d			g	
마찰음	무성		f	θ	s	ʃ			h
	유성		v	ð	z	ʒ			
파찰음	무성					ʧ			
	유성					ʤ			
비음		m			n			ŋ	
설측음					l				
접근음		w			r(ɹ)		y		

2.3.1.2 한국어 자음과의 비교

한국어 자음과 영어 자음의 공통점과 차이점을 살펴보면 아래와 같다.

① 조음위치

영어는 위의 표에서 보는 것과 같이 조음위치 면에서 한국어에서 사용하는 위치를 모두 사용하고 있어 원칙적으로 조음위치 면에서 영어권 화자들이 발음의 어려움을 느끼지는 않는다. 다만, 영어에서는 /ʃ, ʒ, ʧ, ʤ/가 경구개 치조음으로 분류되는데, 이 소리들은 한국어의 경구개음과 커다란 차이가 없다. 엄격히 말하면 한국어의 /ㅈ, ㅉ, ㅊ/도 경구개 치조음이라 할 수 있다.

② 조음방법

가. 장애음

조음방법의 면에서 한국어의 장애음과 영어 장애음의 두드러진 차이점으로 유성성의 차이를 들 수 있다. 영어의 장애음에는 유성음과 무성음의 대립이 있어 /b, d, g, v, z, ʒ, ʤ/는 유성음에 속하고, /p, t, k, f, s, ʃ, ʧ/는 무성음에 속한다. 그러나 한국어에는 이러한 유무성의 대립이 없는 대신 앞에서 본 바와 같이 평음, 경음, 격음의 대립이 있어 영어권 학습자들은 이 세 가지 부류의 소리를 잘 구별하지 못한다. 따라서 '달/딸/탈, 불/뿔/풀' 같은 최소대립어의 구별에 어려움을 느끼므로 이에 대한 발음교육이 필요하다. 이 외 조음 방법상에 나타나는 두 언어의 공통점과 차이점을 한국어를 중심으로 살펴보면 다음과 같다.

 여기서 잠깐!

앞에서 말한 대로 유성음과 무성음은 성대 진동의 차이에 따른 것이라 하였다. 이런 점에서 볼 때 영어의 유성장애음은 완전한 유성음이라 하기 어렵다. 영어의 유성음은 어두에서는 앞부분은 무성음이고 뒷부분은 유성음이다. 예를 들어, 'boy'의 /b/는 처음에는 성대의 진동이 없는 무성성의 유성음([b̥])으로 시작하다 후반부에 성대의 진동을 일으키는 유성음이 된다. 그리고 어말에서는 앞부분은 유성음인 반면 후반부에서는 무성성의 유성음으로 발음된다. 이는 처음부터 끝까지 유성음으로 발음되는 프랑스 어의 유성 장애음과 성격이 다르다.

· 파열음

파열음은 한국어나 영어 모두 양순음, 치조음(치경음), 연구개음의 세 가지가 있다는 점에서 공통적이다. 그러나 위에서 말한 바와 같이 영어에서의 유무성의 대립(p/b; t/d; k/g)과 한국어에서의 평음, 경음, 격음(ㅂ/ㅃ/ㅍ; ㄷ/ㄸ/ㅌ; ㄱ/ㄲ/ㅋ)의 대립으로 인한 차이가 있다. 한국어의 이 세 가지 소리를 영어권 학습자들이 배우기는 결코 쉽지 않지만 한국어에서는 의미 변별에 매우 중요한 소리들이므로 이에 대한 발음교육이 제대로 이루어져야 한다.

· 마찰음

음성학적인 면에서 볼 때 두 언어 사이에 가장 큰 차이가 마찰음에서 나타난다. 영어에는 위의 표에서 보는 것과 같이 9개의 마찰음이 있으나 한국어에는 /ㅅ, ㅆ, ㅎ/의 세 가지가 있다. 이중 /ㅆ/를 제외한 두 소리는 영어에도 있기 때문에 원리적인 면에서 볼 때 발음상의 어려움은 그리 많지 않다. 그러나 앞에서 언급한 대로 한국어의 /ㅅ/는 뒤에 오는 모음에 따라 발음이 달리 되는데, 특별히 /시, 샤, 셔, 쇼, 슈/ 등과 같은 경우의 /ㅅ/는 영어의 /s/와는 발음이 다르다. 이 소리는 오히려 'shop, issue, dash, push' 등에서 발음되는 /ʃ/와 비슷하다. 한편, 영어의 /s/는 'sink, soap, say, decide, receive, assert' 등과 같이 어두 또는 강세를 받는 모음 앞에서 한국어의 /ㅆ/와 같이 발음되는 경향이 있어, 영어권 화자들은 '산, 손, 술' 등과 같은 말들의 /ㅅ/를 경음으로 발음하려는 경향이 있다. 한국어의 /ㅅ/는 영어의 'slow, stick, small' 등과 같이 자음 앞에서 나는 소리와 흡사하다.

· **파찰음**

파찰음은 한국어나 영어 모두 경구개음(또는 경구개 치조음)이라는 점에서 매우 유사하다. 그러나 파열음에서와 같이 영어에서의 유성과 무성의 대립(ʧ/ʤ)과 한국어에서의 평음, 경음, 격음(ㅈ/ㅉ/ㅊ)의 대립으로 인한 차이가 있다. 한국어의 이 세 가지 소리는 파열음의 경우와 마찬가지로 영어권 학습자들이 배우기는 결코 쉽지 않고 한국어에서는 의미 변별에 매우 중요한 소리들이므로 이에 대한 발음교육이 제대로 이루어져야 한다.

나. 공명음

공명음에 나타나는 영어와 한국어의 조음방법상의 공통점과 차이점은 아래와 같다. 이들은 두 언어에서 모두 유성음이라는 공통점을 갖는다.

· **비음**

비음은 파열음의 경우와 마찬가지로 한국어나 영어 모두 양순음, 치조음(치경음), 연구개음의 세 가지가 있다는 점에서 공통적이다. 그리고 한국어의 받침에 오는 /ㅇ/이나 영어의 /ŋ/ 모두 어두나 첫소리에 오지 못한다는 점에서는 공통적이다. 그러나 영어의 비음이 한국어의 비음보다 비강에서의 공명이나 성대의 진동이 더 강하다. 반면, '날, 문' 등과 같이 첫소리에 오는 한국어의 비음은 상대적으로 비음성이 약하여 외국인 학습자들은 이 소리들을 자칫 [달, 분]과 같이 듣는 경우가 있다는 점에 유의하여야 한다. 그리고 영어의 비음은 경우에 따라 성절 자음이 되어 음절을 구성하기도 하지만(예 : 'chasm, cotton, sudden'), 한국어의 비음은 그렇지 못하다. 이런 이유로 영어권 학습자들은 '지금, 가끔, 모든' 등과 같은 말에서 /ㅡ/ 모음을 생략한 채 발음하는 경우도 있다.

· **유음(설측음 /l/과 접근음 /r/)**

한국어의 유음 /ㄹ/는 환경에 따라 [l]과 [r]의 두 가지로 발음되지만, 음소 면에서 볼 때에는 하나의 음소이다. 즉, 설측음 [l]와 탄설음 [r]는 변이음이다. 그리고 이 소리는 두음법칙에 의해 외래어나 외국어가 아닌 한 어두에 오지 못한다. 이런 이유로 한국인들은 'rice'와 'lice'를 구별하여 발음하지 못하고, 서로를 혼동하여 쓰는 경우가 많다. 그러나 영어에서

이 두 소리는 각각의 음소이어서 두 소리를 분명히 구별하여 사용한다. 그리고 이 두 소리는 소리 내는 방법도 조금의 차이가 있어 /l/는 설측음으로, /r/는 접근음으로 발음한다. 영어의 어두에 나타나는 설측음 /l/는 한국어의 '돌, 결국' 등에 나타나는 /ㄹ/[l]와 발음이 비슷하지만(이를 '밝은(light) /l/'라 한다), 'feel, doll' 등과 같이 어말에 오는 /l/나 'help, salt' 등과 같이 자음 앞에 오는 /l/(이를 '어두운(dark) /l/'라 하여 [ɫ]로 표기한다)은 한국어의 /ㄹ/[l]와 발음상 많은 차이가 있다. 따라서 이에 대한 발음교육이 필요하다.

한편, 영어의 /r/(또는 /ɹ/)는 접근음으로 발음되는데, 접근음은 그 자체로 일정한 음가를 갖지 못하고 뒤따르는 모음의 위치로 빠르게 이동하는 활음(glide)의 성격을 갖는다. 이런 이유로 접근음을 경과음 또는 전이음이라고도 한다. 영어의 /r/는 이런 점에서 한국어의 /r/(정확히 표기하면 [ɾ])와 조금 성격이 다르다. 한국어의 '노래, 소리' 등과 같이 모음 사이에 나타나는 /ㄹ/는 혀끝을 치조에 닿아 가볍게 한 번 두들겨 내는 탄설음이지만, 영어의 'road, mirror, sorry' 등에 나타나는 /r/는 권설음처럼 혀끝을 말아 올려 치조와 경구개 사이에 접근시켜 발음한다. 즉, 혀끝을 치조에 붙이지는 않고 발음한다. 특별히 미국 영어의 경우는 영국 영어의 경우보다 권설음의 성격이 강하다. 따라서 한국어의 /ㄹ[r]/ 발음을 교육할 때에는 조음위치 면에서는 치조음으로 발음하게 하고 조음방법 면에서는 권설음의 성격을 없애도록 하여야 한다.

· 접근음 /y/와 /w/

영어의 접근음으로 /r/ 외에 /y/와 /w/가 있다. 이 두 소리는 영어에서는 각각 'year, yield'와 'window, woman' 등에 나는 소리이다. 이 소리들은 영어에서 'a year, a window'에서와 같이 자음으로 분류되지만 한국어에서는 /ㅑ, ㅕ, ㅛ, ㅠ/나 /ㅘ, ㅝ/ 등과 같은 이중모음을 형성하는 (반)모음으로 분류된다(이에 대해서는 제3장에서 보다 자세히 다룬다). 한국어의 /y, w/는 모음 /ㅣ/와 /ㅜ/보다 짧고 약간은 불투명하게 발음되는 소리이다.

2.3.2 일본어

2.3.2.1 일본어의 자음

일본어의 자음은 13개로, 조음위치와 조음방법, 성대 진동의 유무에 따라 다음과 같이 분류된다.

(6) 일본어의 자음체계

		양순음	치조음	경구개음	연구개음	후음
파열음	무성	p	t		k	
	유성	b	d		g	
마찰음	무성		s			h
	유성		z			
파찰음	무성		č			
	유성					
비음		m	n			
유음(탄음)			r			

위의 표에서 알 수 있는 바와 같이 일본어(13개)는 한국어의 자음에(19개) 비해 그 수가 적다. 그리고 일본어에서는 장애음의 경우 유성음과 무성음이 변별적 기능을 갖는다.

2.3.2.2 한국어 자음과의 비교

한국어 자음과 일본어 자음의 공통점과 차이점을 살펴보면 아래와 같다.

① 조음위치

일본어는 위의 표에서 보는 것과 같이 경구개음이 없어 한국어보다 조음위치 면에서 하나가 적다. 이런 이유로 일본어권 화자들은 원칙적으로 한국어의 경구개음의 발음에 어려움을 갖게 되지만, 뒤따르는 모음에 따라 변이음이 경구개음으로 발음되기 때문에 몇몇 경우를 제외하고는 큰 어려움이 없다.

② 조음방법

가. 장애음

조음방법의 면에서 한국어와 일본어 장애음의 두드러진 차이점은 영어의 경우와 마찬가지로 유성성의 차이를 들 수 있다. 일본어의 장애음에는 유성음과 무성음의 대립이 있어 /b, d, g, z/는 유성음에 속하며, /p, t, k, s/는 무성음에 속한다. 그러나 한국어에는 이러한 유무성의 대립이 없는 대신 앞에서 본 바와 같이 평음, 경음, 격음의 대립이 있어 일본어권 학습자들은 이 세 가지 부류의 소리를 잘 구별하지 못한다.

· 파열음

파열음의 발음에서 특히 문제가 되는 것은 어두에 있어서의 평음의 발음인데, 이것을 일본어권 학습자들은 일본어의 청음(무성음으로 한국어의 평음과 격음의 중간 발음)과 같이 발음하기 때문에 격음과 혼동하여 발음하는 경우가 많다.

(7)　　[ㄱ] → [ㅋ] : 가치[카치]　　　　고추[코추]

　　　　[ㄷ] → [ㅌ] : 두 가지[투가지]　　대학[태학]

　　　　[ㅂ] → [ㅍ] : 바르다[파르다]　　보다[포다]

· 마찰음

한국어의 마찰음 /ㅅ/는 평음과 경음의 대립이 있으나 일본어는 무성음[s]와 유성음 [z]의 대립을 가지고 있다. 한국어의 [h]는 어중에서 약화되어 흔히 탈락하는 반면, 일본어의

[h]는 어중의 위치에서도 약화되지 않는다는 특징이 있다. 따라서 일본어권 학습자들은 한국어의 /ㅎ/를 매우 정확하게 발음하려고 하는데, 한국어에서 유성음 다음에 오는 [h]는 탈락 또는 약화되므로 이에 대한 발음교육이 필요하다(이에 대해서는 제7장 참조).

· 파찰음

한국어의 파찰음은 평음, 경음, 격음의 세 가지 대립이 있으나 일본어에는 치조파찰음 [ʨ]가 환경에 따라 [ʦ]와 [ʣ], 그리고 [ʧ], [ʥ]로 실현되는 유성과 무성의 이원대립을 갖는다. 따라서 일본어권 학습자들은 한국어의 파찰음 중 경음과 격음의 구별을 어려워한다.

나. 공명음

공명음에 나타나는 일본어와 한국어의 조음방법상의 공통점과 차이점은 아래와 같다. 이들은 두 언어에서 모두 유성음이라는 공통점을 갖는다.

· 비음

일본어의 비음은 한국어의 비음과 비슷하여 첫소리에서의 발음에는 문제가 없다. 그러나 비음을 음절말에서 발음할 때 일본어는 받침의 제약이 있어 [n]은 な、た、さ、ら、ざ행에만 제한적으로 쓰이고 [m]은 ば、ぱ、ま행에만, [ŋ]은 か、が행에만 제한적으로 쓰인다. 따라서 받침의 제약이 없는 한국어의 /ㅁ, ㄴ, ㅇ/의 발음에 어려움을 겪게 된다.

· 유음

일본어의 유음은 한국어의 유음과 비슷하다. 그러나 일본어에서는 음절말에 [l]가 없어 일본어권 학습자들은 한국어의 음절말 유음을 개음절화하는 경우가 많다.

(8)   날다[nalda] → [naruda]   말[mal] → [maru]   길[kil] → [kiru]

2.3.3 중국어

2.3.3.1 중국어의 자음

중국어의 자음은 24개로, 조음위치와 조음방법, 성대 진동의 유무, 기식의 유무에 따라 다음과 같이 분류된다.

(9) 중국어의 자음체계

		양순음	순치음	치음	치조음	권설음	경구개음	연구개음
파열음	무기·무성	/b/[p]		/d/[t]				/g/[k]
	유기·무성	/p/[p']		/t/[t']				/k/[k']
마찰음	무성		/f/[f]		/s/[s]	/sh/[ʂ]	/x/[ɕ]	/ŋ/[ŋ]
파찰음	무기·무성				/z/[ts]	/zh/[tʂ]	/j/[tɕ]	
	유기·무성				/c/[ts']	/ch/[tʂ']	/q/[tɕ']	/h/[x]
비음	유성	/m/[m]		/n/[n]				
유음	유성			/l/[l]		/r/[ɻ]		
활음	유성	/w/[w]					/y/[y]	

2.3.3.2 한국어 자음과의 비교

한국어 자음과 중국어 자음의 공통점과 차이점을 살펴보면 아래와 같다.

① 조음위치

중국어는 위의 표에서 보는 것과 같이 조음위치 면에서 한국어에서 사용되는 위치를 모두 사용하고 있어 원칙적으로 조음위치 면에서 중국어권 화자들이 발음에 어려움을 느끼지는 않는다. 다만, 중국어의 마찰음 /h/[x]는 한국어의 /ㅎ/보다 조음위치가 조금 앞에 위치한다. 즉, 한국어의 /ㅎ/는 성문음인데 반해 중국어의 /ㅎ/[x]는 연구개음이나 경우에 따라 목젖소리로 발음되기도 한다. 따라서 중국어권 화자들에게 한국어의 /ㅎ/음을 가르칠 때는 중국어의 /h/[x]보다 조금 뒤쪽의 성문에서 발음하도록 지도해야 한다.

② 조음방법

가. 장애음

조음방법의 면에서 한국어와 중국어 장애음의 두드러진 차이점은 기성의 차이이다. 중국어의 유기음은 한국어의 평음과 경음 중간 정도의 기식성을 지니고 있다. 따라서 한국어의 평음 발음에서 자주 오류가 발생한다. 중국어의 자음에는 한국어와 같은 평음이 없기 때문에 한국어의 /ㄱ, ㄷ, ㅂ, ㅅ, ㅈ/와 같은 평음을 가르칠 때는 특히 유의해야 한다. 이 외 조음방법상에 나타나는 두 언어의 공통점과 차이점은 다음과 같다.

· 파열음

중국어의 파열음은 유기음과 무기음의 대립만이 존재한다. 이는 한국어 파열음이 '평음, 경음, 격음'의 세 소리의 대립이 있는 것과 다르다. 중국어의 유기음은 한국어의 격음과 비슷하며 중국어의 무기음은 한국어의 경음과 비슷하다. 그러나 중국어의 유기음이 한국어의 평음과 격음 중간 정도의 기식성을 갖고 있어 한국어의 평음 발음은 중국어권 학습자들에게 어려운 발음이다. 따라서 한국어의 평음을 가르칠 때 유의해야 한다.

· 마찰음

한국어의 마찰음 중 /ㅆ/는 중국어의 무성치조마찰음인 [s']와 음가상 차이가 없으나 평음 /ㅅ/는 중국어에 존재하지 않는 소리이다. 따라서 중국어권 학습자들은 한국어의 /ㅅ/를 /ㅆ/로 발음하는 오류를 자주 일으킨다.

(10)   의사[이싸]   서울[써우르]   시간[씨깐]

그리고 중국어권 학습자들은 한국어의 성문 마찰음 /ㅎ/[h]를 연구개음화하는 경향이 있다. 중국어의 연구개 마찰음 /h/[x]는 /i, ü/ 계열의 모음이 후행할 수 없으므로 한국어 /ㅎ/가 모음 /ㅡ/ 앞에서 발음되는 변이음 [x](예를 들어 /흑/)와만 유사한 음가로 실현된다. 따라서 중국어권 학습자들은 한국어의 성문 마찰음 /ㅎ/[h] 뒤에 /ㅣ, ㅟ/ 계열의 모음이 후행할 경우 오류를 일으키게 된다.

(11)   휘파람/흐이파람 – 후이파람   향기/흐양기 – 후양기

· **파찰음**

중국어권 학습자들이 한국어의 파찰음을 발음할 때 /ㅉ, ㅊ/는 큰 어려움없이 발음하나 평음 /ㅈ/의 발음에는 어려움을 느낀다. 이는 중국어 자음에 한국어의 평음 파찰음인 /ㅈ/가 없기 때문이다.

나. 공명음

공명음에 나타나는 중국어와 한국어의 조음방법 상의 공통점과 차이점은 아래와 같다. 이들은 두 언어에서 모두 유성음이라는 공통점을 갖는다.

· **비음**

중국어와 한국어의 비음은 비슷하다. 그런데 중국어권 학습자들의 발음을 들어보면 비음이 많이 섞인 것을 알 수 있는데, 이는 중국어의 비음 중 /n/는 한국어의 /ㄴ/보다 비음성이 훨씬 강하기 때문이다. 따라서 한국어 /ㄴ/의 발음을 가르칠 때는 중국어 자음 /n/에서 비음을 약간 약하게 발음하도록 지도해야 한다.

· **유음**

한국어의 유음은 음절초나 음절말에서는 설측음 [l]로 발음되고 모음 사이에서는 탄설음 [r]로 발음되는 반면 중국어에는 [l]만이 존재한다. 중국어의 [l]은 음절초에만 나타난다. 따라서 한국어의 음절말에 오는 설측음 [l]을 중국어권 학습자들은 중국어에서 말음에 올 수 있는 유음인 권설음 [r]에 가깝게 발음하는 오류를 보인다.

· **활음**

중국어의 활음에는 /y, w/가 있다. 중국어의 활음은 한국어의 활음과 비슷하여 중국어권 학습자들이 한국어의 활음을 발음하는데 큰 어려움을 느끼지는 않는다.

2.3.4 러시아 어

2.3.4.1 러시아 어의 자음

러시아 어의 자음은 조음위치와 조음방법, 성대 진동의 유무에 따라 다음과 같이 분류한다.

(12) 러시아 어의 자음 체계

		양순음		순치음		치음		치경음		치경구개음	경구개음	연구개음	
		경	연	경	연	경	연	경	연	경	연	경	연
파열음	무성	p	p'			t	t'					k	k'
	유성	b	b'			d	d'					g	g'
마찰음	무성			f	f'	s	s'			š	š'	x	x'
	유성			v	v'	z	z'			ž	ž'	ɣ	
파찰음	무성							c			č'		
	유성							ʒ			ǯ'		
비음	유성	m	m'			n	n'						
유음	유성					l	l'						
진동음	유성							r	r'				
전이음	유성										y		

2.3.4.2 한국어 자음과의 비교

한국어 자음과 러시아 어 자음의 공통점과 차이점을 살펴보면 다음과 같다.

① 조음위치

러시아 어는 위의 표에서 보는 것과 같이 조음위치 면에서 한국어에서 사용하는 위치를 모두 사용하고 있어 원칙적으로 조음위치 면에서 러시아 어권 학습자들이 발음하는 데 어려움을 느끼지는 않는다. 다만, 러시아 어는 조음위치상으로 혀의 가운데 부분이 위로 상승하는 연자음과 그렇지 않은 경자음으로 구분된다.

② 조음방법

가. 장애음

러시아 어에서는 조음방법상 공명음을 제외한 모든 자음이 유성음과 무성음으로 대립된다. 그러나 한국어에는 이러한 유성과 무성의 대립이 없는 대신 평음, 경음, 격음의 대립이 있어 러시아 어권 학습자들은 이 세 가지 부류의 소리를 잘 구별하지 못한다.

· **파열음**

러시아 어의 /b, d, g/는 한국어의 평음에, /p, t, k/는 한국어의 격음에 비교될 수 있다. 그러므로 러시아 어권 학습자들은 한국어의 /ㅃ, ㄸ, ㄲ/를 러시아 어의 /p, t, k/로 대치하여 발음한다. 반면, 러시아 어의 /p, t, k/는 평음이라는 점에서는 한국어의 /ㅂ, ㄷ, ㄱ/와, 유기음이라는 점에서는 한국어의 /ㅍ, ㅌ, ㅋ/와 유사하기 때문에 대부분의 러시아 어권 학습자들은 한국어의 /ㅂ, ㄷ, ㄱ/와 /ㅍ, ㅌ, ㅋ/를 구별해서 발음하기 쉽지 않다.

러시아 어와는 달리 한국어에는 유성과 무성 대립이 존재하지 않으므로 러시아 어권 학습자들은 /달/과 /딸/, /달/과 /탈/ 같은 평음과 경음, 평음과 격음의 차이를 유성과 무성의 대립으로 인식하여 발음하게 된다. 그러므로 한국어 화자는 /배/, /빼/, /패/를 독립적으로 발음하는 데 아무런 어려움이 없지만 한국어를 배우는 러시아 어권 학습자들은 초급 단계에서 /배/와 /빼/, 혹은 /배/와 /패/만을 구분하여 발음하려고 한다.

· **마찰음**

마찰음의 경우 러시아 어에는 유성과 무성의 대립만 있다. 따라서 한국어의 마찰음 /ㅅ/와 /ㅆ/를 구별하여 발음하는 데 상당한 어려움을 겪을 수 있다.

· **파찰음**

러시아 어에는 치경음 계열과 경구개음 계열이 있다. 러시아 어의 파찰음은 유성과 무성의 대립만 있기 때문에 러시아 어권 학습자들은 한국어의 /ㅈ, ㅊ, ㅉ/를 구별해서 발음하는 데 어려움을 느낀다.

　나. 공명음

공명음에 나타나는 러시아 어와 한국어의 조음방법상의 공통점과 차이점은 아래와 같다. 이들은 두 언어에서 모두 유성음이라는 공통점을 갖는다.

· **비음**

한국어의 비음에는 양순음, 치조음, 연구개음의 세 가지가 있으나 러시아 어에는 양순음과 치조음만이 있다. 한국어의 연구개 비음 /ŋ/은 러시아 어에 존재하지 않기 때문에, 러시아 어권 학습자들은 /ng/라는 두 자음의 결합으로 받아들인다. 예를 들어, '삼성'을 발음할 때 러시아어권 학습자들은 [삼슨가]나 [삼숭가][samsun$ga]처럼 /n/(또는 /ŋ/)을 선행 음절의 받침으로, /g/를 후행 음절의 첫소리로 발음한다.

· **유음**

러시아 어의 유음에는 /l/가 있다. 그리고 이 소리에는 연음, 경음의 대립이 있다. 러시아 어의 유음 [l]는 한국어의 유음 [l]와 동일하여 한국어의 [l]를 발음하는 데 별 어려움을 느끼지 않는다. 그러나 한국어의 유음은 모음 사이에서 탄설음 [ɾ]로 소리 나는데 러시아 어권 학습자들은 이 소리를 [l]처럼 발음하는 경향이 있다.

2.4 한국어 자음의 교육 방안과 활동 유형

2.4.1 한국어 자음의 교육 방안

한국어의 자음이나 모음은 한국인에게는 매우 친숙하고 발음하기 쉬운 소리들이지만, 외국인들에게는 경우에 따라 낯선 소리들이다. 따라서 쉽게 인지되지 않으며 따라서 발음하기도 어렵다. 이것은 한국인이 영어의 'jew'와 'zoo'를 구별하여 발음하지 못하고, 'ear'와 'year'를 구별하여 발음하지 못하는 것과 같다.

한국어의 자음과 모음을 가르칠 때에는 무엇보다 먼저 듣기 활동이 강조되어야 한다. 듣기 활동을 통해 소리를 올바르게 인식할 때 비로소 바른 발음이 가능하기 때문이다. 그리고 듣기 활동은 학습자로 하여금 처음부터 발음을 해야 하는 심리적 부담감을 조금이나마 덜 수 있다. 따라서 다양한 듣기 활동을 통해 소리를 인식시키는 작업이 무엇보다 선행되어야 한다. 비슷한 소리를 구별하고자 할 때에는 먼저 교사가 두 소리가 다른 소리라는 것을 말해 주면 학습자들은 두 소리의 차이를 인식하려고 노력하게 된다. 이 경우에는 최소대립어를 사용하여 인식시키는 것이 유용한 방법이 될 수 있다.

듣기 활동에 이어 실제 발음해 보는 활동이 이루어져야 한다. 즉, 학습자들에게 위 (4)의 표에 있는 자음을 들은 대로 하나씩 따라 해 보도록 한다. 이 때 조음위치를 통한 설명이 매우 유용하나, 평면적인 그림만으로는 큰 효과를 볼 수 없으므로 제1장에서 말한 것과 같이 그림과 실제 손을 이용하여 설명하거나, 상자를 이용하여 입체적으로 입모양의 모형을 만들어 이용하는 것이 바람직하다. 조음위치와 조음방법은 그림을 이용하는 경우와 마찬가지로 장갑을 낀 손을 이용하여 구체적으로 설명해 준다. 이 때 상자의 한 쪽 면을 잘라내어 학습자들이 볼 수 있도록 한다.

조음위치를 고려해 볼 때 한국어의 자음은 영어나 중국어 등 다른 언어들보다 단순하다. 예를 들어, 한국어의 자음은 앞에서 말한 바와 같이 조음위치에 따라 양순음, 치조음, 경구개음, 연구개음, 후음으로 분류될 수 있는 반면에, 영어에는 한국어에는 없는 치음(예, think, father)과 순치음(예, feet, victory)이 더 있다. 중국어나 러시아 어에서도 순치음은 발견된다. 그렇기 때문에 조음위치만을 고려해 보면 영어나 중국어, 러시아 어를 모국어로 하는 사람들이 한국어를 학습할 때에는 특별한 어려움을 겪지 않을 것이다. 따라서 한국어의 자음을 가르칠 때에는 조음방법, 즉 소리가 만들어지는 방법에 따라 학습 방법을 달리 하는 것이 좋다.

① 파열음

· 공기 세기의 차이에 따른 교육 방안

  평음 계열, 경음 계열, 격음 계열로 구성되어 있는 한국어 파열음은 상당히 특이하다. 따라서 외국인들이 한국어를 학습할 때에 많은 어려움을 겪는다. 위에서 말한 바와 같이 공기의 세기에 따른 특징을 보면, 경음은 공기의 양이 가장 적은 소리이고, 격음은 공기의 양이 가장 많은 소리이다. 평음은 두 계열의 중간 정도의 소리이다. 따라서 파열음을 학습할 때에는 아래 그림처럼 학습자들에게 손바닥을 입 앞에 대고 '쁘, 브, 프'를 발음해 보도록 하여 공기의 세기를 직접 느껴보게 한다. 또는 A4 용지나 아래 그림처럼 얇은 휴지를 이용하여 발음해 보도록 하는 것도 좋다. 이 때 종이가 가장 많이 흔들리는 소리가 격음이고, 가장 적게 흔들리는 소리가 경음이다.

  그리고 파열음을 학습할 때에는 공기의 세기를 가장 확실하게 느낄 수 있는 양순음(ㅃ, ㅂ, ㅍ)부터 시작하는 게 좋다. 그런 다음 다른 위치에서 소리 나는 자음으로 넘어간다.

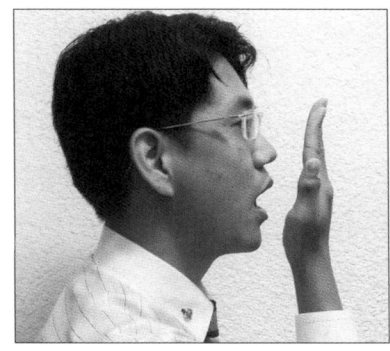 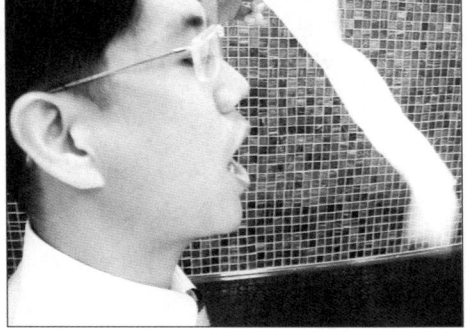

[그림 9] 파열음 연습

· 소리 높낮이의 차이에 따른 교육 방안

　평음, 경음, 격음은 소리의 높낮이에도 차이를 보이므로 이를 이용하는 것도 하나의 방법이다. 평음은 낮은 소리, 격음은 높은 소리, 경음은 그 중간 소리이다. 예를 들어, '달을 보세요'와 '탈을 보세요'를 발음할 때 '탈' 발음은 '달' 발음보다는 높은 소리이다. 음악적으로 볼 때, 격음은 평음보다 악보에서 한 옥타브 정도의 차이가 난다고 한다.

· 글자 모양의 차이에 따른 교육 방안

　경음은 평음을 겹쳐 표기하므로 시각적인 면에서는 평음 다음에 경음, 그리고 격음의 순으로 제시하는 것이 효과적일 수도 있다.

　이와 같은 방법으로 개별음에 대한 학습이 끝나면 여러 가지 최소대립쌍을 제시해 주며 듣고 고르기, 받아 적기, 발음하기 등의 방법으로 복습한다.

② 마찰음

　치조 마찰음 /ㅅ, ㅆ/는 입모양 상자를 이용하여 가르치면 효과적이다. 혀끝을 치조 부분에 아주 가깝게 두되 치조에 완전히 붙이지는 않는다. 혀의 양쪽은 윗니의 양쪽에 붙을 정도가 되도록 하고, 혀의 가운데로는 홈이 생기는 모양이 되도록 한다.

　/ㅅ/는 뒤따르는 모음에 따라 다르게 소리 나는 경우가 많으므로 특별히 주의하여 지도해야 한다. /ㅅ/는 전설 모음/ㅣ/나 반모음 /y/ 앞에서는 구개음화되어 [ɕ]로 발음되고, 원순 모음/ㅗ, ㅜ, ㅚ/나 반모음/w/ 앞에서는 원순음화되어 [sʷ]로 발음된다. 또한 원순·전설·고모음 /ㅟ/ 앞에서는 [ʃ]로 발음된다. 예를 들어, '사'와 같은 경우의 /ㅅ/ 소리는 [s]이지만 '시'나 '쉬', '수'와 같은 경우는 뒤에 있는 모음의 영향으로 각각 변이음인 [ɕ], [ʃ], [sʷ]로 소리 난다. 이 변이음들(특히, [ɕ, ʃ])은 언어에 따라 변이음이 아닌 각각 독립적인 음소가 되는 경우가 있어(예를 들어, 영어에서 'sue[suː]'와 'shoe[ʃuː]'는 의미가 다르다.) 학습자들이 다른 소리로 인식하기 쉽다. 따라서 /ㅅ, ㅆ/를 가르칠 때에는 뒤에 오는 모음을 잘 선택하여 일정한 순서에 따라 가르치는 것이 효과적이다.

　일반적으로 처음에는 변이음이 생기지 않는 '사, 서'와 같이 /ㅏ, ㅓ/ 가 결합된 발음으로 가르치고, 그 다음에 /소, 수/와 같이 /ㅗ, ㅜ/가 결합된 발음을 가르치며, /ㅣ/나 /y/가 결합한 '시, 셔'와 같은 경우는 맨 마지막에 가르치도록 한다. 특별히 '시, 쉬'와 같은 경우는 교사가 칠판에 'ㅅ + ㅣ', 'ㅅ + ㅟ'와 같이 써 준 다음 특별히 발음을 많이 해 주어 학습자들이 변이음임을 인식할 수 있도록 하는 등의 별도의 방법을 이용하는 것이 효과적이다.

한편, 영어권 학습자들의 경우에는 '소'와 같이 모음 앞에 오는 /ㅅ/[s]를 [쏘]처럼 한국어의 경음과 비슷하게 발음하는 경향이 있음도 유의해야 한다. 그러나 초급에서는 이러한 발음에 대해 지나치게 고쳐주려고 할 필요는 없다. 그리고 /ㅅ/와 /ㅆ/는 앞에서 말한 것과 같이 소리의 높낮이로 가르치면 효과적이다.

한국어의 /ㅎ/는 다른 언어의 /ㅎ/와 다른 면을 보인다. 어두에서는 글자대로 [ㅎ]로 발음되지만, 다른 위치에서는 축약되어 격음으로 발음되거나, 탈락 또는 약화되어 발음된다. 따라서 처음에는 어두에서의 /ㅎ/만 가르치고, 다른 위치의 경우는 해당하는 경우가 나올 때 가르치는 것이 좋다. 위치에 따른 /ㅎ/의 발음은 제7장에서 자세히 다룬다.

③ 파찰음

파찰음은 조음방법에 있어 파열과 마찰의 방법을 혼합한 것이다. 즉, 앞에서 설명한 것과 같이 파찰음 /ㅈ, ㅉ, ㅊ/를 발음할 때는 혀끝을 아랫니 잇몸에 닿게 하고 혓바닥을 입천장에 붙여 공기가 밖으로 나가지 못하도록 파열음처럼 폐쇄한 다음 마찰음을 발음할 때와 같이 혀를 조금만 떼어 공기를 입 밖으로 내 보낸다. 학습자들이 마찰음 /ㅅ/와 파찰음 /ㅈ/를 구별하지 못하여 잘못 발음하는 경우에는 입 안에서의 위치와 발음 방법의 차이를 정확히 설명하여 그 차이를 느낄 수 있도록 해야 한다. 따라서 입모양 상자를 이용하여 설명해 주는 것이 좋다.

평음, 경음, 격음의 구분과 연습은 파열음의 교육 방법에서 제시한 것과 같이 A4용지나 화장지를 이용해 공기의 세기를 느끼게 하거나 손바닥을 입 앞에 대고 직접 느껴보게 하는 것도 좋다. 그리고 '종을 주세요, 총을 주세요'와 같은 문장을 이용하여 음의 높낮이에 따른 차이로 설명해도 좋다. 이 때 '총'은 '종'을 발음할 때보다 높은 소리로 발음된다. 이와 같은 방법으로 개별 음소에 대한 학습이 끝나면 여러 가지 최소대립쌍을 제시해 주며 듣고 고르기, 받아 적기, 발음하기 등으로 복습한다.

④ 비음

한국어에는 언어학적으로 가능한 모든 종류의 비음, 즉 /ㅁ, ㄴ, ㅇ/가 있다. 그러나 어두에 올 수 있는 /ㅁ, ㄴ/는 음성학적으로 볼 때 영어 등 다른 언어에서 사용되는 비음과 상당히 다르다. 다시 말해, 비음들이 공통적으로 갖고 있는 비음성이 매우 적어 주의 깊게 발음하지 않으면 '누구, 나비, 노래, 모두, 모기' 등의 낱말들이 외국인들에게는 각각 [두구], [다비], [도래], [보두], [보기]로 들리기 쉽다. 즉, 비음과 같은 위치에서 나는 평음으로 들린다. 그러므로 외국인 학습자들에게 한국어의 비음을 교육할 때는 그들이 한국어 비음의 음성적인 특성에 익숙해질 때까지 교사는 의도적으로 비음성을 강조하여 발음해 줄 필요가 있다.

어말에 오는 비음의 구별도 일본어와 같이 상대적으로 적은 수의 비음을 사용하는 학습자들에게는 쉬운 일이 아니다. 이런 경우 '감, 강, 간' 등의 최소대립쌍을 이용해 집중적으로 연습시켜야 한다.

⑤ 유음

영어를 외국어로 배워 본 사람이면 누구나 영어의 /r/와 /l/를 구별하여 정확하게 발음하는 일이 쉽지 않음을 경험했을 것이다. 한국어를 배우는 외국인들도 한국어의 /ㄹ/를 발음하는 데 어려움을 겪는다. 한국어의 /ㄹ/는 환경에 따라 [l]로도 소리 나고 [r]로도 소리 난다. 다시 말해, 모음 사이에서는 [r]로 소리나고, 휴지 앞이나 자음 앞에서는 [l]로 소리 난다. 따라서 이 두 소리를 환경에 따라 구별하여 가르쳐야 한다. 즉, 모음 사이의 /ㄹ/는 자음을 교육할 때 가르치고 받침에서의 /ㄹ/는 받침 교육에서 가르치는 것이 좋다. 두 소리 중 모음 사이에서의 /ㄹ/소리를 먼저 가르치는 것이 좋다. 그것은 대부분의 언어에 이 소리가 있으며, 또 그 소리들이 크게 차이가 나지 않기 때문이다. 그런데 한국어에서 이 소리는 엄격하게 말하면 전동음 [r]가 아니라 탄설음 [ɾ]다. 이 두 소리를 구별하여 가르치기 위해서는 먼저 교사가 몇 번이고 전동음과 탄설음을 구별하여 발음함으로써(예; 전동음으로서의

'라'와 탄설음으로서의 '라') 학습자들이 두 소리가 차이가 남을 인식하게 해야 한다. 즉, 발음하기에 앞서 듣기를 통해 소리의 차이를 인식시키는 것이다. 만약 교사 스스로가 이 두 소리를 구별하여 발음하지 못한다면 연습을 통해 익혀야 한다.

 여기서 잠깐!

[r]와 [ɾ]의 발음상의 차이

전동음(trill)의 하나인 [r]는 전화벨 소리의 의성어인 '따르릉'과 같이 혀끝을 입천장에 대고 두세 번 떠는 소리인 반면, 탄설음 또는 설탄음(flap)인 [ɾ]는 혀끝을 입천장에 대고 한 번 튕겨서 발음하는 소리이다. 영어에서는 대개 전동음인 [r]로 발음되지만 한국어에서는 전동음으로 발음되는 경우가 거의 없다.

그 다음으로 '아래, 오리' 등과 같은 말을 사용하여 모음 사이에서의 /ㄹ/를 반복적으로 연습시킨다. 참고로 미국 영어에서 'water, city' 등과 같은 낱말에서 /t/가 약화될 때 나는 소리가 [ɾ]와 흡사하므로, 영어권 학습자의 경우는 이를 이용하여 가르쳐도 도움이 된다. 그러나 'carry, serious, royal' 등에서의 /r/는 전동음이므로 이를 예로 들어 가르쳐서는 안 된다.

2.4.2 한국어 자음 교육의 활동 유형

다음에 제시하는 활동들은 앞에서 말한 한국어 자음 교육 방안을 적용해서 학습자들에게 발음교육을 할 수 있는 여러 가지 예들이다. 교사는 교육 방안에 제시된 여러 가지 내용들에 다음의 활동들을 연결시켜 교육하면 효율적인 발음 교육이 이루어질 것이다.

2.4.2.1 파열음 교육의 활동 유형

■ **초급 학습자를 위한 파열음 교육의 활동 유형**

1. 한국어 파열음에 대한 인지도 알아보기

이 활동은 학습자들이 교사가 발음하는 한국어의 파열음을 듣고 자신의 모국어와 대조해 보는 활동이다. 이 활동을 통해 교사는 학습자들이 한국어의 파열음을 어떻게 인지하는지 알아볼수 있고, 또 파열음의 발음 지도를 좀 더 효율적으로 할 수 있다. 학습자는 교사의 발음을 듣고 자신의 모국어와 같은 발음으로 인식되면 ( ) 안에 ○, 다른 발음으로 인식되면 ×를 하면 된다.

(1) /ㅂ/ (   )   /ㅃ/ (   )   /ㅍ/ (   )

(2) /ㄷ/ (   )   /ㄸ/ (   )   /ㅌ/ (   )

(3) /ㄱ/ (   )   /ㄲ/ (   )   /ㅋ/ (   )

2. 듣고 따라하기

학습자가 교사의 정확한 발음을 듣고 따라하는 활동이다. 자음과 모음의 교육에서는 일반적으로 모음 교육부터 이루어지기 때문에 자음에 해당 언어에서 쉽게 사용되는 모음(예를 들어 중국어권 학습자들의 경우에는 /ㅓ/)을 붙이고 자음을 바꾸어 가면서 지도하는 것이 좋다. 파열음은 글자 모양에 따라, 공기의 세기에 따라, 소리의 높낮이에 따라 다음과 같이 제시하여 학습시킬 수 있다.

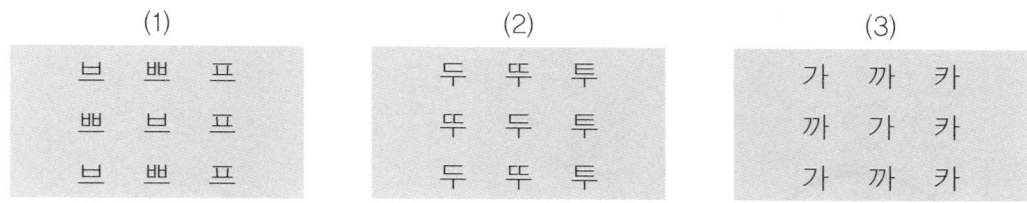

(1)	(2)	(3)
브 쁘 프	두 뚜 투	가 까 카
쁘 브 프	뚜 두 투	까 가 카
브 쁘 프	두 뚜 투	가 까 카

3. 듣고 그림 고르기

(1) 그림 카드로 음소 인지시키기

이 활동은 학습자들에게 첫소리에 오는 파열음을 정확하게 인지하기 위한 것이다. 교사가 앞면에는 그림이 그려져 있고 뒷면에는 그 그림에 해당하는 낱말이 적힌 카드를 준비한다. 그런 다음 그림을 보여주고 낱말의 발음을 정확하게 학습자들에게 들려준다. 이때 교사는 학습자가 모음이나 받침소리보다는 첫소리 자음을 정확하게 인지할 수 있도록 주의해서 발음해야 한다. 낱말의 뜻을 굳이 설명해줄 필요는 없으나 초급 수준의 기본 어휘를 어느 정도 습득한 학습자들의 경우에는 심화 학습단계에서 낱말의 뜻을 알려주는 것도 어휘 확장을 위한 좋은 방법이다. 해당 파열음에 빨간 펜으로 표시를 해서 학습자들의 파열음 인지를 도울 수도 있다.

바나나   빵   포도

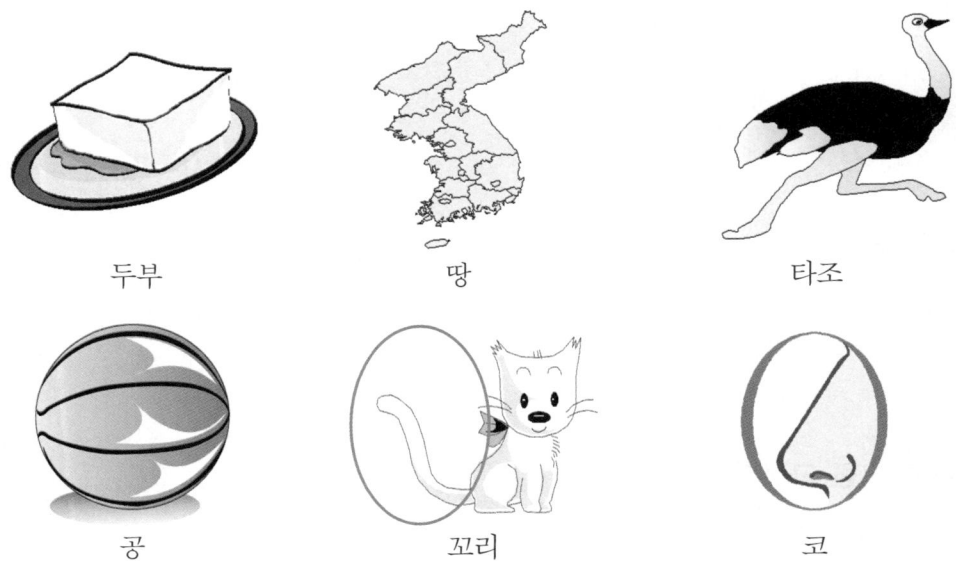

두부   땅   타조

공   꼬리   코

(2) 듣고 그림 카드 고르기

이 활동은 교사가 그림이 그려져 있는 낱말 카드를 제시하면서 정확한 발음을 들려주면 학습자가 따라하면서 개별음을 연습하는 활동이다. 학습자들이 한국어의 파열음을 어느 정도 인지하고 나면 교사는 낱말 카드를 펼쳐 놓고 학습자로 하여금 발음하는 음이 들어 있는 카드를 고르게 한다. 한 사람씩 해도 좋고 여러 사람이 같이 게임을 해도 좋다.

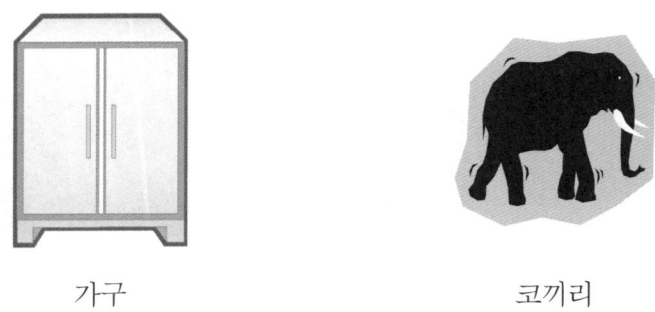

가구   코끼리

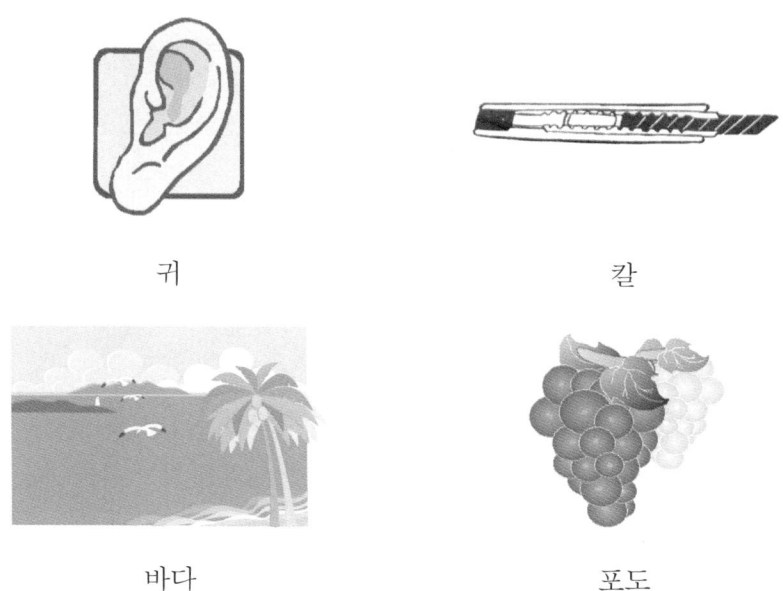

귀   칼

바다   포도

4. 듣고 어두 자음 쓰기

교사가 파열음이 첫소리로 들어 있는 음절을 발음하면 학습자는 그 발음을 듣고 첫소리 자음을 구별하여 쓰는 활동이다. 이 때 교사가 칠판에 기본 모음을 써 주어도 좋고 기본 모음이 쓰여 있는 종이를 주고 듣고 쓰게 해도 좋다.

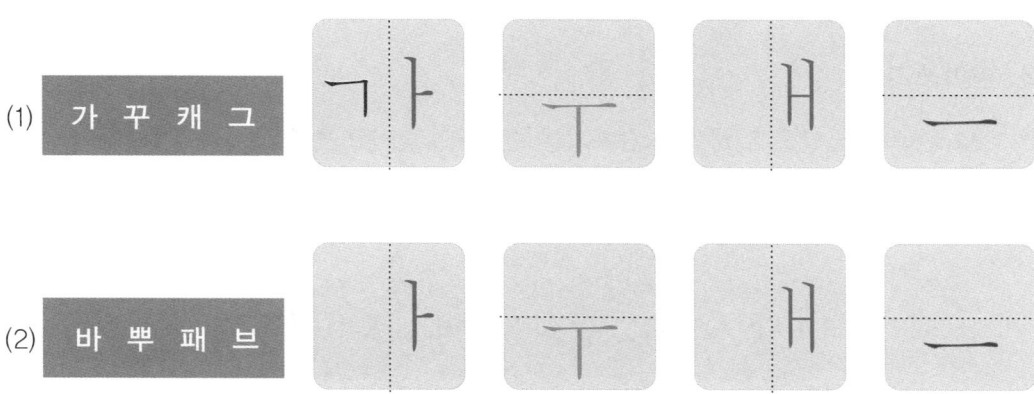

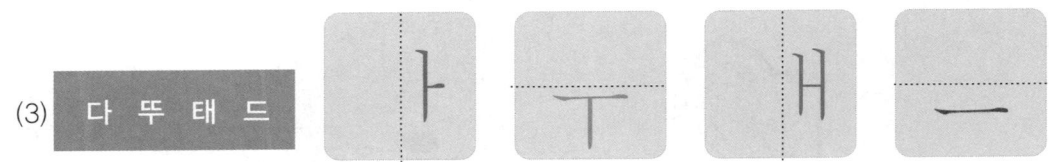

(3) 다 뚜 태 드

■ 중급 이상 학습자를 위한 파열음 교육의 활동 유형

1. 듣기

개별음에 대한 학습자들의 인지도를 확인하기 위한 활동으로 교사가 아래에 제시한 낱말 중 하나를 말하면 학습자들이 이를 듣고 교사가 발음한 낱말을 찾는 활동이다. 이 활동에서는 낱말의 의미에는 크게 신경 쓰지 않아도 된다.

(1)	바르다	빠르다	파르다
(2)	도로	또로	토로
(3)	가루	까루	카루

2. 받아쓰기

교사가 해당 낱말을 말하면 학습자가 이를 듣고 받아쓰는 활동이다. 이 활동은 듣기 연습과 함께 학습자가 개별음을 어떻게 인지하고 있는지 확인할 수 있는 유용한 활동이다.

바다 파도 탈춤 달밤 꼬리 고기

3. 낱말 읽기

　학습자들로 하여금 최소대립쌍이 들어 있는 낱말들을 읽게 하는 활동이다. 이때 교사는 외국인 학습자들이 평음, 경음, 격음을 정확하게 구분하여 발음할 수 있도록 주의해서 연습시켜야 한다.

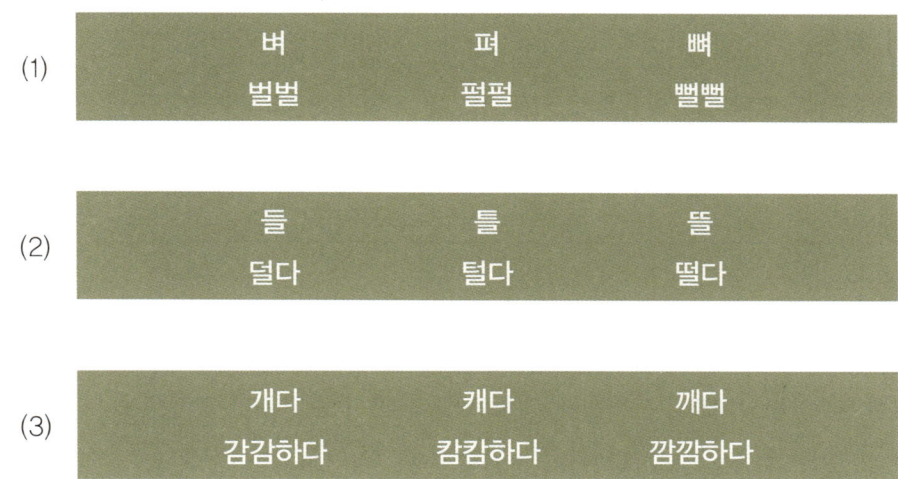

(1)	벼 벌벌	펴 펄펄	뼈 뻘뻘
(2)	들 덜다	틀 털다	뜰 떨다
(3)	개다 감감하다	캐다 캄캄하다	깨다 깜깜하다

4. 문장 읽기

　'낱말 읽기'에서 연습한 낱말이 들어 있는 문장을 읽어봄으로써 이를 실제 발화에서도 자연스럽게 발음할 수 있도록 하는 활동이다. 개별 낱말을 연습할 때는 학습자가 주의해서 발음하기 때문에 오류가 많이 나지 않는다. 그러나 문장 차원에서는 오류를 일으키기 쉽기 때문에 문장 내에서 정확한 발음을 할 수 있도록 교사는 주의해서 연습시켜야 한다. 이때 경음화와 같은 음은 변동이 일어나는 낱말을 배제하는 것이 좋다.

　(1) **보리**로 만든 **빵**을 **팝니다.**

　(2) 내 **딸**이 **달밤**에 **뜰**에서 **탈춤**을 연습하고 있습니다.

(3) **코끼리**는 **코**가 길어요? **꼬리**가 길어요?

(4) **돼지**는 **뚱뚱**하고 **토끼**는 **통통**합니다.

(5) 나는 **들**에 피는 꽃을 **틈틈이 뜰**에 심었어요.

5. 말꼬기 활동

유사한 발음들을 정확하게 발음하기 위해서는 다음과 같은 말꼬기 연습을 해 볼 수 있다. 이 연습을 통해 유사한 발음간의 차이를 알 수 있게 해 준다.

- 밥그릇에 빠진 파리는 프랑스 파리인가, 브라질 파리인가.

- 다람쥐 틀에 구운 과자가 뜨거운가, 다람쥐 틀에 안 구운 과자가 뜨거운가.

- 저 강낭콩 콩깍지는 깐 강낭콩 콩깍지, 이 강낭콩 콩깍지는 안 깐 강낭콩 콩깍지.

- 멍멍이네 꿀꿀이는 멍멍해도 꿀꿀하고, 꿀꿀이네 멍멍이는 꿀꿀해도 멍멍하네.

- 내가 그린 기린 그림은 키가 큰 기린 그림, 네가 그린 기린 그림은 키가 작은 기린 그림.

6. 낱말 전달하기 : 귓속말로 말해요…

3명~5명의 학습자들이 한 조가 되어 교사가 보여주는 카드에 적힌 낱말을 귓속말로 전달하여 마지막 사람이 들은 낱말을 종이에 적게 하는 활동이다. 각 조의 대표들에게 교사는 낱말 카드를 보여 주고 대표들은 각 조의 다음 사람에게 귓속말로 전달한다. 교사는 제시한 낱말을 학습자들이 어떻게 인지하여 전달하는지 확인한다.

코 고기 불 꼬리 아빠 토끼

7. 게임 활동 : 한글 타자 배우기

한글 타자를 치면서 자음(여기서는 파열음)을 익힐 수 있는 활동이다. 교사가 학생들에게 컴퓨터 한글 자판이 그려진 종이를 1장씩 나누어 준다. 그리고 교사가 파열음을 하나씩 발음하면 학습자는 듣고 해당하는 자판을 친다. 교사가 발음한 파열음을 칠판에 적고 맞는지 확인시킨다. 학습자가 어느 정도 한글 자판에 익숙해지면 낱말이나 문장을 연습하게 한다. 한글 자판을 칠판에 크게 만들어 붙이고 한 명씩 나와서 써 보게 해도 좋다. 이 활동은 파열음뿐만 아니라 다른 자음이나 모음을 익히기 위한 연습으로도 유용하게 활용할 수 있다.

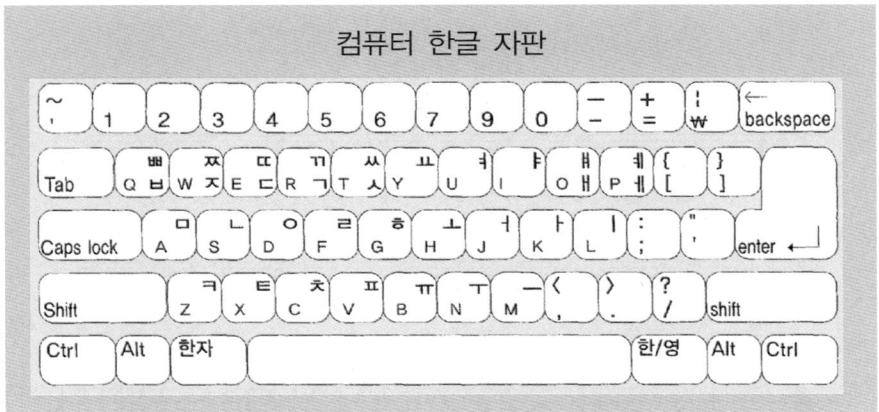

8. 노래 활동

노래를 통해 발음을 익히는 활동이다. 자칫 지루해지기 쉬운 발음 연습을 노래를 통해서 재미있고 쉽게 접근하게 할 수 있다. 학습자들에게 학습 동기를 부여하고 학습에 대한 흥미를 유발시키기에 효과적인 방법이다.

산토끼

산토끼 토끼야 어디를 가느냐 깡충깡충 뛰면서 어디를 가느냐.
산고개 고개를 나 혼자 넘어서 토실토실 알밤을 주워서 올 테야.

꼬부랑 할머니

꼬부랑 할머니가 꼬부랑 고갯길을 꼬부랑 꼬부랑 넘어가고 있네
꼬부랑 꼬부랑 꼬부랑 꼬부랑
고개는 열두 고개 고개를 고개를 넘어간다.

가위 바위 보

아 침 바 람 찬 바 람 에   울 고 가 는

저 기 러 기   우 리 선 생   계 실 적 에

엽 서 한 장 써 주 세 요   구 리 구 리 멍 텅 구 리 가 위 바 위 보

어린 음악대

2.3.2.2 마찰음, 파찰음 교육

■ 초급 학습자를 위한 마찰음, 파찰음 교육의 활동 유형

1. 한국어 자음에 대한 인지도 알아보기

학습자들이 교사가 발음하는 한국어의 마찰음과 파찰음을 듣고 자신의 모국어와 대조해 보는 활동이다. 이 활동을 통해 교사는 학습자들이 한국어의 마찰음과 파열음을 어떻게 인지하는지 알아볼수 있고, 또 마찰음과 파찰음의 발음 지도를 좀더 효율적으로 할 수 있다. 학습자는 교사의 발음을 듣고 자신의 모국어와 같은 발음으로 인식되면 ( ) 안에 ○, 다른 발음으로 인식되면 ✕를 하면 된다.

(1) /ㅅ/ (   )   /ㅆ/ (   )

(2) /ㅈ/ (   )   /ㅉ/ (   )   /ㅊ/ (   )

2. 듣고 따라하기

학습자가 교사의 정확한 발음을 듣고 따라하는 활동이다. 자음과 모음의 교육에서는 일반적으로 모음 교육부터 이루어지기 때문에 자음에 해당 언어에서 쉽게 사용되는 모음 (예를 들어 중국어권 학습자들의 경우에는 /ㅓ/)을 붙이고 자음을 바꾸어 가면서 지도하는 것이 좋다. 마찰음과 파찰음은 글자 모양에 따라, 공기의 세기에 따라, 소리의 높낮이에 따라 다음과 같이 제시하여 학습시킬 수 있다.

(1)

스	쓰
시	씨
쉬	쒸

(2)

즈	쯔	츠
쭈	주	추
지	찌	치

3. 듣고 그림 고르기

(1) 그림 카드로 음소 인지 시키기

교사는 먼저 그림 카드를 제시하면서 첫음절의 자음을 강조하면서 큰 소리로 읽어 준다. 가능하면 학습자들이 그 음을 인지하는 단계까지 제시한다. 이 활동은 '듣고 따라하기'에서 연습한 자음을 정확하게 인지하고 있는지를 알아보는 활동이기 때문에 낱말의 뜻에는 신경 쓰지 않아도 된다. 카드 앞면에는 그림(혹은 사진)을 그리고, 뒷면에는 해당 낱말을 쓴 다음 해당 음을 빨간 펜으로 표시해 두면 학습자들이 음을 인지하는 데 훨씬 효율적이다.

새   소   사과

주스	차	치마
혀	하마	허리띠

(2) 듣고 그림 카드 고르기

교사가 그림이 그려져 있는 낱말 카드를 제시하면서 정확한 발음을 들려주면 학습자가 따라하면서 개별음을 인지하는 활동이다. 학습자들이 어느 정도 자음을 인지하고 나면 교사는 낱말 카드를 펼쳐 놓고 학습자로 하여금 발음하는 음이 들어 있는 카드를 고르게 한다. 한 사람씩 해도 좋고 여러 사람이 같이 게임을 해도 좋다. 위에서 제시한 낱말들을 활용해도 좋고 다른 낱말들을 제시하여도 좋다.

4. 듣고 어두 자음 쓰기

교사가 자음을 발음하면 학습자가 그 발음을 듣고 어두 자음을 구별하여 쓰는 활동이다. 교사는 칠판에 기본 모음을 써 주어도 좋고 기본 모음이 쓰여 있는 종이를 주고 듣고 쓰게 해도 좋다.

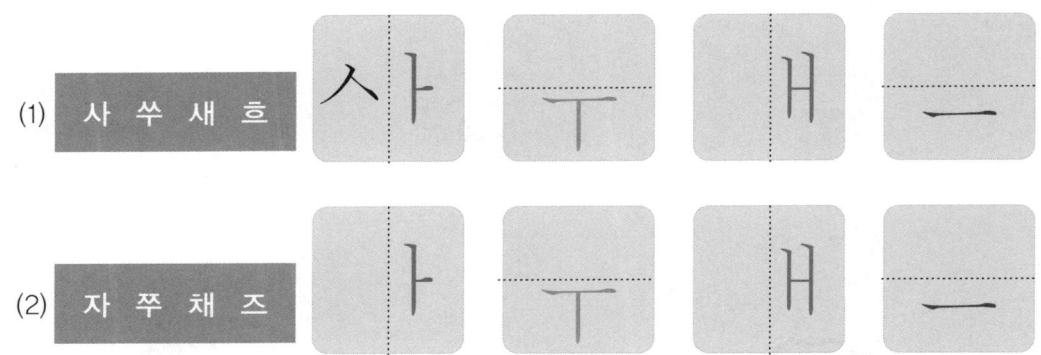

■ 중급 이상 학습자를 위한 마찰음, 파찰음 교육의 활동 유형

1. 낱말 듣기

개별음에 대한 인지도를 확인하기 위해 교사는 다음의 예 중의 한 낱말을 말하고 학습자들은 교사가 발음한 낱말을 찾는 연습이다. 이를 통해 학습자들이 개별음을 어떻게 인지하고 있는지를 확인할 수 있다.

(1)   소다   쏘다   초다

(2)   자다   짜다   차다

(3)   치다   시다   씨다

2. 받아쓰기

교사가 해당 낱말을 말하면 학습자가 이를 듣고 받아쓰는 활동이다. 이 활동은 듣기 연습과 함께 학습자가 개별음을 어떻게 인지하고 있는지 확인할 수 있는 유용한 활동이다.

사다 씨다 시다 자다 짜다 찬물 창살

3. 낱말 읽기

학습자들로 하여금 최소대립쌍이 들어 있는 낱말들을 읽게 하는 활동이다. 이때 교사는 외국인 학습자들이 평음, 경음, 격음을 정확하게 구분하여 발음할 수 있도록 주의해서 연습시켜야 한다.

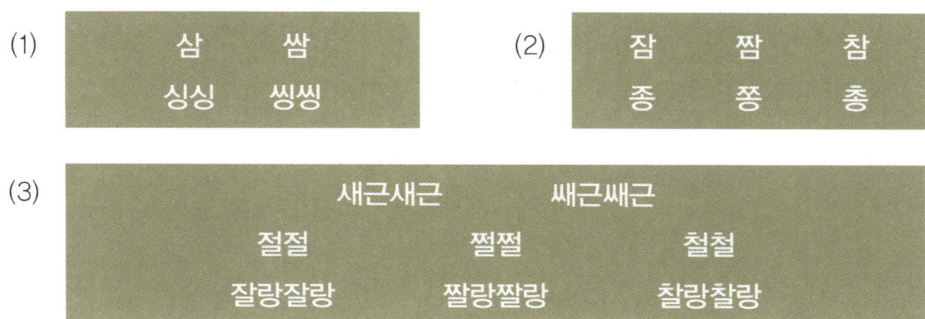

(1)

삼	쌈
싱싱	씽씽

(2)

잠	짬	참
종	쫑	총

(3)

새근새근	쌔근쌔근	
절절	쩔쩔	철철
잘랑잘랑	짤랑짤랑	찰랑찰랑

4. 문장 읽기

'낱말 읽기'에서 연습한 낱말이 들어 있는 문장을 읽어봄으로써 이를 실제 발화에서도 자연스럽게 발음할 수 있도록 하는 활동이다. 개별 낱말을 연습할 때는 학습자가 주의해서 발음하기 때문에 오류가 많이 나지 않는다. 그러나 문장 차원에서는 오류를 일으키기 쉽기 때문에 문장 내에서 정확한 발음을 할 수 있도록 교사는 주의해서 연습시켜야 한다. 이 때 경음화와 같은 음은 변동이 일어나는 낱말을 배제하는 것이 좋다.

(1) **선선**하던 날씨가 갑자기 **쌀쌀해졌어요.**

(2) **쌀**을 **사러 시장**에 갔더니 **쌀**은 없고 **싼** 보리만 있었어요.

(3) **점심**을 **짜**게 먹었는지 **찬**물만 먹고 싶어요.

(4) 시냇물은 **졸졸졸졸**, 바닷물은 **출렁출렁**.

(5) **침**도 맞고 **찜질**도 해서 많이 **좋아졌어요.**

5. 말꼬기 활동

유사한 발음들을 정확하게 발음하기 위해서는 다음과 같은 말꼬기 연습을 해 볼 수 있다. 이 연습을 통해 유사한 발음간의 차이를 알 수 있게 해 준다.

- 중앙청 창살 철창살은 쌍철창살, 경찰청 창살 철창살은 쇠철창살
- 싸게 산 사과는 신 사과, 비싸게 산 사과는 안 신 사과
- 저기 가는 저 상 장수가 새 상 장수냐 헌 상 장수냐.
- 작년에 온 솥 장수는 새 솥 장수이고, 금년에 온 솥 장수는 헌 솥 장수이다.

6. 낱말 전달하기 : 귓속말로 말해요…

3명~5명의 학습자들이 한 조가 되어 교사가 보여주는 카드에 적힌 낱말을 귓속말로 전달하면 마지막 사람이 들은 낱말을 종이에 적게 하는 활동이다. 맨 앞 사람에게 교사가 낱말 카드를 보여 주고 대표들은 각 조의 다음 사람에게 귓속말로 전달하게 한다. 교사는 제시한 낱말을 학습자들이 어떻게 인지하여 전달하는지 확인한다.

소   차   자   하하하   허리   싸다

7. 게임 활동 : 저녁 식사 초대하기

교사가 특정 상황을 설정한 다음 학습자로 하여금 그 상황에 맞는 낱말을 만들게 함으로써 마찰음, 파찰음 연습이 될 수 있도록 한다. 이 활동은 학습자의 어휘 확장에도 유용한 활동이다.

> **상황 ···** 철수와 순이가 친구들을 불러 파티를 하려고 합니다. /ㅅ/나 /ㅆ/가 들어가는
> 낱말의 음식을 준비하려고 합니다. 의견을 내어 식사 차림표를 짜 보세요.
>
> **예상되는 낱말 ···**   아침 : 쌀밥, 사골국, 시금치 등
> 점심 : 소면, 산나물, 스프 등
> 저녁 : 소라 볶음, 시래기국, 쌀밥 등

8. 노래 활동

노래를 통해 발음을 익히는 활동이다. 자칫 지루해지기 쉬운 발음 연습을 노래를 통해서 재미있고 쉽게 접근하게 할 수 있다. 학습자들에게 학습 동기를 부여하고 학습에 대한 흥미를 유발시키기에 효과적인 방법이다.

구슬비

제 **3** 장
모 음

이 장에서는 한국어의 모음에 대해 살펴보도록 한다. 먼저 <표준 발음법>에 제시된 한국어의 모음에 대한 규정을 보면 아래와 같다.

제3항 표준어의 모음은 다음 21개로 한다.

ㅏ ㅐ ㅑ ㅒ ㅓ ㅔ ㅕ ㅖ ㅗ ㅘ ㅙ
ㅚ ㅛ ㅜ ㅝ ㅞ ㅟ ㅠ ㅡ ㅢ ㅣ

제4항 'ㅏ ㅐ ㅓ ㅔ ㅗ ㅚ ㅜ ㅟ ㅡ ㅣ'는 단모음(單母音)으로 발음한다.

[붙임] 'ㅚ ㅟ'는 이중모음으로 발음할 수 있다.

제5항 'ㅑ ㅒ ㅕ ㅖ ㅘ ㅙ ㅛ ㅝ ㅞ ㅠ ㅢ'는 이중모음으로 발음한다.

다만 1. 용언의 활용형에 나타나는 '져, 쪄, 쳐'는 [저, 쩌, 처]로 발음한다.

    가지어→가져[가저]   찌어→쪄[쩌]   다치어→다쳐[다처]

다만 2. '예, 례' 이외의 'ㅖ'는 [ㅔ]로도 발음한다.

    계집[계:집/게:집]   계시다[계:시다/게:시다]
    시계[시계/시게](時計)   연계[연계/연게](連繫)
    몌별[몌별/메별](袂別)   개폐[개폐/개페](開閉)

혜택[혜ː택/혜ː택](惠澤)   지혜[지혜/지혜](智慧)

다만 3. 자음을 첫소리로 가지고 있는 음절의 'ㅢ'는 [ㅣ]로 발음한다.

| 늴리리 | 닁큼 | 무늬 | 띄어쓰기 | 씌어 |
| 틔어 | 희어 | 희떱다 | 희망 | 유희 |

다만 4. 낱말의 첫음절 이외의 '의'는 [ㅣ]로, 조사 '의'는 [ㅔ]로 발음함도 허용한다.

주의[주의/주이]   협의[혀븨/혀비]
우리의[우리의/우리에]   강의의[강ː의의/강ː이에]

3.1 단모음과 이중모음의 차이

    <표준 발음법>의 규정을 보면 모음은 단모음(monophthong)과 이중모음(diphthong)으로 나눌 수 있음을 알 수 있다. 단모음은 하나의 소리로 구성된 모음인 반면, 이중모음은 두 개 이상의 단모음이 결합된 소리이다. 단모음은 하나의 소리로 구성되어 있기 때문에 발음할 때 혀의 위치나 입 모양에 변화가 없으며, 두 개 이상의 모음이 결합된 이중모음은 혀의 위치나 입 모양이 변한다. 따라서 위의 규정 <제4항>에 단모음으로 제시된 /ㅏ, ㅐ, ㅓ, ㅔ, ㅗ, ㅚ, ㅜ, ㅟ, ㅡ, ㅣ/는 입 모양의 변화 없이 발음되고, <제5항>에 이중모음으로 제시된 /ㅑ, ㅒ, ㅕ, ㅖ, ㅘ, ㅙ, ㅛ, ㅝ, ㅞ, ㅠ, ㅢ/는 발음할 때 입 모양의 변화가 일어난다. 예를 들어, /ㅗ/는 발음할 때 입 모양의 변화가 없지만, /ㅝ/는 처음에는 /ㅜ/를 발음할 때의 모양이다가 나중에는 /ㅓ/를 발음할 때의 입 모양으로 바뀐다. 다만, 위의 규정에서 /ㅚ, ㅟ/는 단모음으로 발음하되 <제4항 [붙임]> 조항에 의해 이중모음으로 발음할 수 있다. 즉, 입 모양을 변화시키지 않고 발음하는 것과 입 모양을 변화시키면서 발음하는 두 가지 방법을 모두 허용하고 있다. 이러한 것은 현실적으로 두 가지 방법의 발음이 모두 존재하기 때문이다. 이 두 소리는 근대국어 이후 단모음으로 발음된 후 지금까지 노년층에

의해 계속되어 온 한편, 상대적으로 젊은 사람들 사이에서는 이중모음으로 발음되고 있기 때문에 두 발음 모두 인정하고 있다.

 여기서 잠깐!

발음과 맞춤법

　영어의 경우 표기법이 바뀌지 않는데 한국어는 맞춤법이 자주 바뀌어서 혼동을 가져온다고 말하는 사람들이 많다. 그러나 한글 맞춤법은 공식적으로는 1933년 한글 맞춤법이 제정된 후 1988년에 한 번 바뀌었다. 표기법을 바꾸는 이유는 우리의 실제 발음이 변화했기 때문이고, 가장 좋은 표기법은 발음대로 쓰는 것이기 때문이다. 예를 들어, 모든 사람이 '아름다워'라고 발음하는데 표기법을 '아름다와'로 쓰는 것은 발음과 표기가 맞지 않는다. 따라서 우리의 발음이 완전히 변한 경우에는 표기법도 그에 맞게 바꿔 주는 것이 발음과 문자 생활의 통일을 가져올 수 있다.

이제 한국어의 단모음과 이중모음에 대해 보다 자세히 살펴보도록 한다.

3.2 한국어 단모음의 체계

3.2.1 기본 모음

(1) 3모음 체계

위에서 본 대로 한국어의 단모음은 /ㅏ, ㅐ, ㅓ, ㅔ, ㅗ, ㅚ, ㅜ, ㅟ, ㅡ, ㅣ/의 10개이다. 이 중에는 거의 모든 언어에서 공통적으로 사용되는 것도 있고 그렇지 않은 것도 있다.

자연 언어 중에는 단지 두 개의 모음만을 갖는 2모음 체계의 언어가 있다는 보고도 있지만, 일반적으로 가장 흔한 경우가 3모음 체계와 5모음 체계이다. 실제적인 발음은 언어마다 조금씩 다를 수 있지만 3모음 체계는 대체로 /a, i, u/로 구성되고, 5모음 체계는 3모음 체계에 /e, o/를 더하여 이루어진다. 그리고 한국어와 같이 이들보다 더 많은 수의 모음을 가진 언어들은 대개 이들 5개의 모음을 포함하고 있다. 따라서 /a, i, u/ 세 모음이 모든 모음의 출발점이 된다. 다시 말해, /a, i, u/ 세 모음은 색의 삼원색, 빛의 삼원색과 같이 모든 모음의 기본이 된다. 그리고 다른 단모음들은 이 세 소리의 합성으로 만들어진다.

 여기서 잠깐!

/a, i, u/의 음성적 특성

/a, i, u/의 세 모음이 거의 모든 언어에 존재하는 것은 모음 발음상의 특이성 때문이다. 소리라는 것은 그 자체로서의 존재 의의보다는 낱말을 형성하는 구성 요소로서의 의의가 더 크다. 즉, 우리는 이 세상의 사물이나 사건을 낱말로 나타내는데 그러한 낱말들은 모두 소리의 결합으로 이루어진다. 그런데 서로 다른 사물이나 사건을 구별하는 데에는 서로 다른 소리를 사용하여야 할 것이다.(앞에서 음운을 뜻을 구별하는 최소 단위라고 한 것도 이러한 의미이다.) 그리고 서로 다른 소리를 사용한다 하더라도 비슷한 성격의 소리를 사용하기보다는 뚜렷이 구별되는 소리를 이용하여 표현하

는 것이 더 효과적이다. 뚜렷이 구별되는 소리가 어떤 것인가를 알기 위해 입을 다물고 있는 상태의 모습을 생각해 보자. 입을 다물고 있는 상태에서는 다음의 세 가지 특징이 나타난다.

첫째, 턱은 내려가 있지 않다.

둘째, 입술은 평평하다.

셋째, 혀의 뒷부분은 입천장에 붙어 있는 반면, 혀의 앞부분은 입천장에 붙거나 붙지 않을 수 있다.

위와 같은 상태에서 모음을 발음하기 위해 변화를 준다면 가장 대조적인 모습은 아래와 같다.

첫째, 턱을 완전히 내린다.

둘째, 입술은 둥글게 한다.

셋째, 혀의 앞부분을 뒷부분처럼 높인다.

턱을 완전히 내린 상태에서 발음하는 모음이 /a/이고, 입술을 가장 둥글게 하는 상태에서 발음하는 모음이 /u/이고, 혀의 앞부분을 높여 발음하는 것이 /i/이다. 이 세 모음은 위의 세 가지 특징을 하나씩 가진 모음으로 이 세 모음이 모음 중 가장 특징적인 소리이다. 그리고 위의 세 가지 신체적 특성이 아래에 제시된 단모음 분류의 음성학적 기준이 된다.

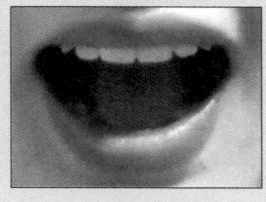
/a/ 발음

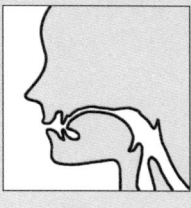
/i/ 발음

/u/ 발음

[그림 1] 기본 3모음 발음의 특징

여기서 잠깐!

단모음 분류의 음성학적 기준

① 입이 얼마나 벌어지는가(혀의 높낮이)에 따라

· 고모음(high vowel) : 입이 거의 벌어지지 않은 상태에서 발음되는 모음

· 저모음(low vowel) : 입이 많이 벌어진 상태에서 발음되는 모음

② 입술이 평평한가 둥근가(원순성)에 따라

· 평순모음(unrounded vowel) : 입술이 상대적으로 평평하게 되면서 발음되는 모음

· 원순모음(rounded vowel) : 입술이 상대적으로 동그랗게 되면서 발음되는 모음

③ 입천장 쪽으로 올라간 부분이 혀의 뒷부분인가 앞부분인가(혀의 앞뒤 위치)에 따라

· 후설모음(back vowel) : 상대적으로 혀의 뒷부분이 입천장에 가까이 가서 발음되는 모음

· 전설모음(front vowel) : 상대적으로 혀의 앞부분이 입천장에 가까이 가서 발음되는 모음

단모음을 분류하는 음성학적 기준은 언어에 따라 위에 제시된 것에 추가될 수 있다. 한국어와 같이 5모음 이상을 가진 언어에서는 대체적으로 혀의 높낮이 면에서 중모음이 있다. 위의 세 가지 기준 중에서 가장 대표적인 것이 혀의 높낮이로, 2모음 체계의 경우 예외 없이 이 기준이 적용되어 고모음과 저모음으로 분류된다.

혀의 높낮이와 혀의 앞뒤 위치에 따라 3모음 체계를 모음삼각도로 나타내면 오른쪽 상단의 그림과 같다.

한국어에도 /ㅏ, ㅣ, ㅜ/는 위에서 설명한 특징을 갖는 대표적인 기본 모음이다. 그런데 한국어에는 이러한 세 가지 특징을 하나도 갖지 않은 모음이 있다. 그것은 /ㅡ/[ɨ] 모음이다. 이 모음은 /a/가 갖는 저모음의 성질([저설성]), /i/가 갖는 전설모음의 성질([전설성]), /u/가

갖는 원순모음의 성질([원순성])을 단 하나도 가지고 있지 않다. 음성학적으로 볼 때 가장 특징이 없는 모음으로 흔히 약모음 또는 무표 모음이라 불린다. 색깔로 말하면 투명한 색이라 할 수 있다. 이런 이유로 음운론적으로도 가장 탈락이 잘 되고(예: 크 + 어 [커]) 외국어나 외래어를 차용할 때도 사용된다(예: strike[스트라이크]).

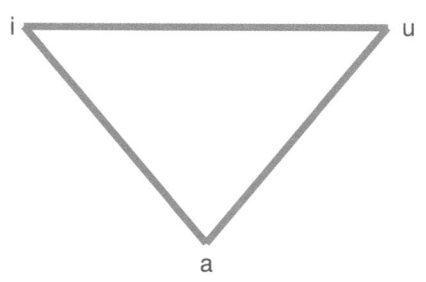

 여기서 잠깐!

한국어 화자들은 영어의 'milk'를 [milkʰi(밀크)]와 같이 2음절로 인식한다. 이는 한국어에서는 받침에 자음이 하나만 허용되는 음절구조를 가지고 있기 때문에 받침의 두 자음 중 /k/를 다음 음절의 첫소리로 인식을 하게 된다. 이는 /k/를 첫소리로 만들어 주는 모음이 존재한다는 것인데, 삽입된 /ㅡ/ 모음이 그 기능을 한다. 일반적으로 무표 모음(default vowel)이 그러한 기능을 하는데, 한국에서는 /ㅡ/, 영어에서는 /ə/, 일본어에서는 /ɯ/가 무표 모음이다. 따라서 일본에서는 /ɯ/가 삽입이 되어 'milk'를 [miɾɯku]와 같이 3음절로 인식하게 된다.

3.2.2 나머지 모음

/ㅏ, ㅣ, ㅜ/ 세 소리는 위에서 언급한 대로 모음 중 가장 독특한 색깔을 갖는 소리로, 모든 모음의 기본이 된다. 그리고 다른 소리들은 이 세 소리의 합성으로 만들어진다.

① /ㅐ, ㅔ, ㅚ/

먼저 /ㅐ/와 /ㅔ/ 그리고 /ㅚ/에 대해 살펴본다.

/ㅐ/[ɛ]는 /ㅏ/와 /ㅣ/의 결합으로 이루어진다. 다시 말해, 이 소리는 [저설성]과 [전설성]을 동시에 갖는 소리이다. 이와 같은 사실은 한국어의 /사이/와 /아이/가 각각 /새/와 /애/로 발음되는 경우를 보아도 쉽게 알 수 있으며, 현대 국어의 /개/라는 낱말도 역사적으로는 '가히 > 가이'를 거쳐 '개'가 된 것이다.

/ㅔ/[e]도 /ㅏ/의 [저설성]과 /ㅣ/의 [전설성]의 결합으로 이루어진다. 영어의 'said'의 발음도 /a/와 /i/가 합쳐져 /e/로 발음된다. 그리고 라틴어 어원의 스페인 어에서도 동일한 경우를 볼 수 있는데, 라틴어의 'aidifikium, aikwálem'와 같은 낱말의 어두 'ai-'가 스페인 어로 와서는 발음이 /e/로 바뀌었다. 그리고 한국어의 '것이'는 /ㅅ/가 탈락한 후 /ㅓ/와 /ㅣ/가 합쳐져 '게'가 된다. 이것은 물론 /ㅏ + ㅣ/가 아닌 /ㅓ + ㅣ/의 결합이다. 그러나 뒤에서 언급할 것이지만 /ㅓ/ 모음 안에 /ㅏ/ 모음의 특성인 [저설성]이 있기 때문에 이 [저설성]이 /ㅣ/의 [전설성]과 결합한 결과이다.

결국 /ㅐ/와 /ㅔ/는 같은 두 소리의 합성이다. 그러나 이 두 소리는 비슷하지만 다른 면이 있다. 이것은 마치 두 개의 색을 섞더라도 섞는 비율에 따라 결과적으로 나오는 색이 다른 것과 같다. 즉, 빨간색과 파란색을 섞을 때 빨간색을 더 많이 섞으면 자주색이 되고 파란색을 더 많이 섞으면 남색이 되는 것과 마찬가지다. [저설성]을 가진 /ㅏ/ 모음과 [전설성]을 가진 /ㅣ/를 합칠 때 [저설성]을 [전설성]보다 더 강조하면, 입은 /ㅏ/ 정도로 벌어진다. 이 때 혀의 위치는 /ㅣ/의 영향으로 약간 앞쪽으로 나온 상태에서 발음되어 /ㅐ/가 된다. 반면에 [전설성]이 [저설성]보다 더 강조되면, 혀의 앞부분이 올라가는 것은 /ㅣ/와 같지만 /ㅏ/의 영향을 조금 받아서 입은 /ㅣ/보다 조금 내려온 상태로 발음되어 /ㅔ/가 된다. 두 모음은 [전설성]과 [저설성]에서 차이가 나지만 모음의 분류 기준 중 입의 벌어짐이 가장 중요한 기준이 되므로, 결국 두 소리는 입이 얼마나 벌어지느냐에 따라 달라진다. 입의 벌어짐을 그림으로 보면 아래와 같다.

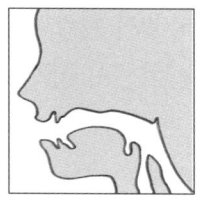

[그림 2-1] /ㅐ/의 혀의 위치

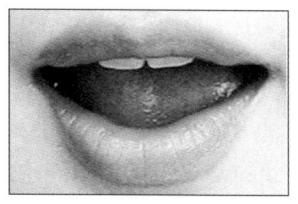

[그림 2-2] /ㅐ/의 입이 벌어지는 정도

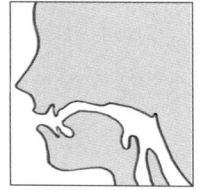

[그림 2-3] /ㅔ/의 혀의 위치

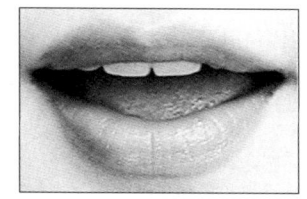

[그림 2-4] /ㅔ/의 입이 벌어지는 정도

이 두 소리를 입이 벌어지는 정도에 따라 모음삼각도로 나타내면 아래와 같다.

(2) /ㅣ, ㅔ, ㅐ, ㅏ/의 체계

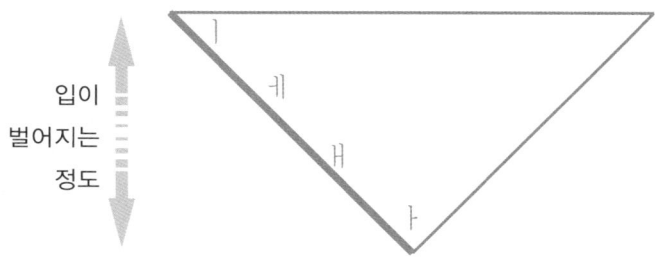

한편, /ㅗ/[o]는 /ㅏ/와 /ㅜ/의 결합으로 이루어진다. 다시 말해, 이 소리는 [저설성]과 [원순성]을 동시에 갖는 소리이다. 라틴 어원의 스페인 어에서 이러한 경우를 볼 수 있는데, 라틴 어의 'káusa, páupere'와 같은 낱말의 어두 'au-'가 스페인 어로 와서는 /o/로 바뀌었다. 그리고 한국어의 경우, '주어라'의 준말은 [줘라]로도 발음되지만 일상 구어에서는 [조]로도 발음한다. 이것은 앞에서와 마찬가지로, /ㅓ/ 모음 안에 /ㅏ/ 모음의 특성인 [저설성]이 있기 때문에 이 [저설성]이 /ㅜ/의 [원순성]과 결합하여서 이루어진 결과이다.

모음 /ㅏ/[a]와 /ㅜ/[u]의 결합으로 나타나는 또 하나의 모음이 있는데 그것은 영어 등의 발음에서 볼 수 있는 /ɔ/이다. 영어 낱말 중 /au/는 [aw]와 같이 이중모음으로 발음되기도 하지만, 'Australia, August, autumn, auto-, daughter, Paul' 등에서는 /ɔ:/로 발음된다. /o/와 /ɔ/의 차이는 위에서 본 것과 같이 [저설성]과 [원순성] 중 어느 것이 강조되느냐에 따라 결정된다. [원순성]이 강조되면 /o/로 실현되고, [저설성]이 강조되면 /ɔ/가 된다. 한국어의 모음 중 단모음 /ㅓ/는 /ʌ/ 또는 /ɒ/와 비슷한 발음이다(한국어의 /ㅓ/는 장단에 따라 혀의 위치나 입의 벌림 정도가 다르다.). /o/는 /u/가 갖는 원순성을 거의 그대로 갖는 한편, /a/의 영향으로 /u/의 위치보다 조금 아래로 내려온다. 반면에, /ɔ/는 입은 거의 /a/와 같은 정도로 벌어지는 한편, /u/의 영향으로 조금의 원순성을 갖는다. 즉, /ɔ/는 한국어의 /ㅗ/보다 입이 조금 더 벌어진 상태에서 발음되는 소리이다. 한국어의 단모음 /ㅓ/는 /ɔ/ 모음보다는 작지만 약간의 원순성을 갖는다. 이런 이유로 외국인 학습자들은 한국어의 /ㅓ/와 /ㅗ/를 자주 혼동한다. 보통 /ㅗ/는 엄지손가락을 감쌀 정도로 입술을 오므려 발음하고 /ㅓ/는 새끼손가락을 가볍게 물 정도로 입술을 벌려 발음한다. 이 두 소리는 간단히 말해 앞에서의 /ㅔ/와 /ㅐ/의 차이에서와 같이 입의 벌어짐으로 구별된다. 이를 그림으로 나타내면 아래와 같다.

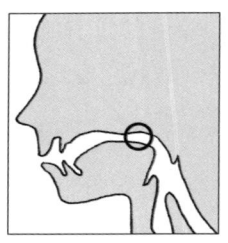

[그림 2-5] /ㅗ/의 혀의 위치

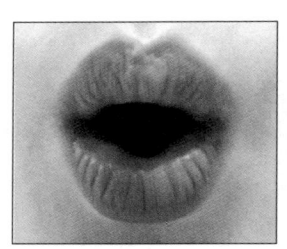

[그림 2-6] /ㅗ/의 입이 벌어지는 정도

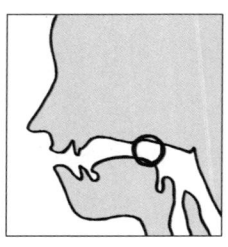

[그림 2-7] /ㅓ/의 혀의 위치

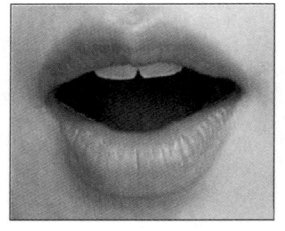

[그림 2-8] /ㅓ/의 입이 벌어지는 정도

이 두 소리를 입이 벌어지는 정도에 따라 모음삼각도로 나타내면 아래와 같다.

(3) /ㅜ, ㅗ, ㅓ, ㅏ/의 체계

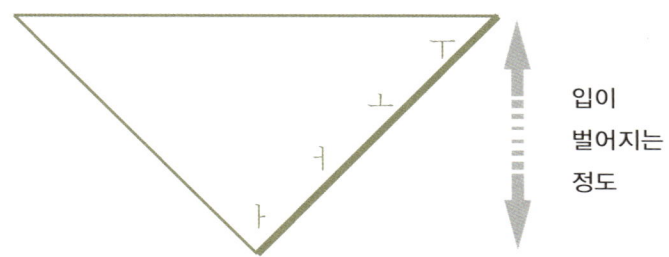

지금까지 /a/와 /i/의 결합과 /a/와 /u/의 결합에 대해 살펴보았다. 그 결과 4개의 모음이 추가되었는데, 5모음 체계는 3모음 체계에다 위의 각각의 결합에서 이루어진 모음을 하나씩 추가한 것이다. 이렇게 하여 이루어진 5개의 모음은 인간 언어 모음 체계에 있어 또 하나의 기본이 되어 음악에서 발성 연습을 할 때도 사용된다. 5모음 체계를 그림으로 나타내면 아래와 같다.

(4) 5모음 체계

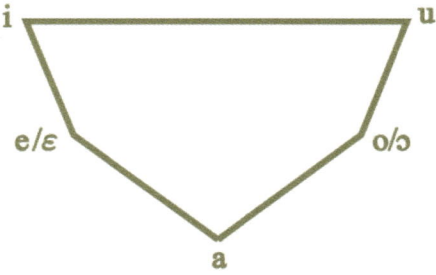

② /ㅟ, ㅚ, ㅓ:/

한국어의 /ㅟ, ㅚ/는 각각 /ㅜ/와 /ㅣ/ 그리고 /ㅗ/와 /ㅣ/의 결합으로 이루어진 소리이다. 이 두 모음은 입의 벌어짐에서는 차이를 보이지만, 공통적으로 전설모음이면서 원순모음이다. 그런데 인간의 신체 구조상 전설모음이면서 원순모음이기는 쉽지 않다. 아울러 모음의 구별은 기본적으로 입의 벌어짐이 우선하고 혀의 앞뒤 위치는 이차적인 것이다. 이러한 이유로 한국어의 /ㅟ/ 발음도 입 모양이 변하지 않는 단모음으로 발음되기보다는 이중모음으로 발음된다.

　한편, 한국어의 장모음 /ㅓ:/[ə:] 모음은 특이한 모음이다. 이 소리는 /ㅡ/ 모음에 /ㅏ/ 모음의 [저설성]을 더한 것이다. 즉, 고모음이고 후설모음이면서 평순모음인 /ㅡ/ 모음을 약간 아래로 끌어내린 소리이다. 그리하여 '정말, 거짓말, 더럽다' 등의 /ㅓ/ 모음은 일상 구어에서 [증말, 그짓말, 드럽다] 등과 같이 발음되는 경우가 많다. 그런데 이렇게 /ㅡ/ 모음으로 바뀌는 것은 대체로 [ㅓ:]처럼 장모음인 경우가 많다.

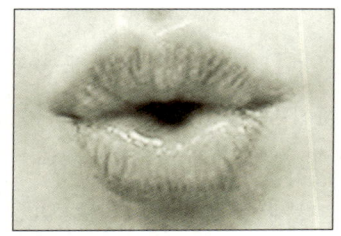 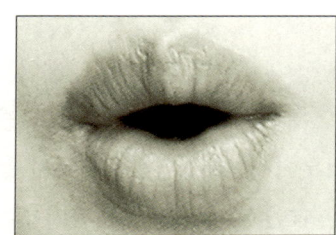 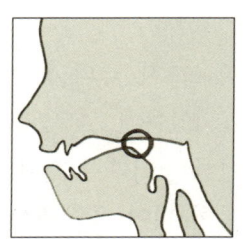

[그림 3-1] /ㅟ/의 입 모양　　　[그림 3-2] /ㅚ/의 입 모양　　　[그림 3-3] /ㅓ:/의 혀의 위치

이 세 소리를 입이 벌어지는 정도에 따라 모음삼각도로 나타내면 아래와 같다.

(5) /ㅟ, ㅚ, ㅓ:/의 체계

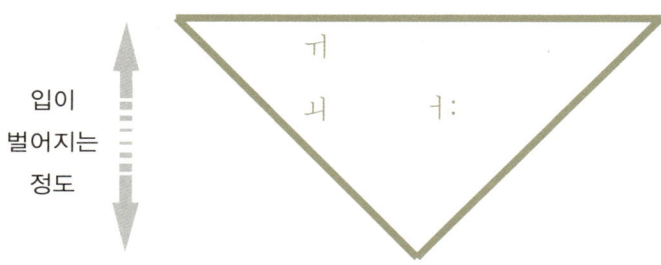

지금까지 한국어의 단모음에 대해 살펴보았다. 이 단모음들을 하나의 표로 나타내면 다음과 같다.

(5) 한국어의 단모음 체계와 음가

혀의 앞뒤 위치 입술모양 혀의 높낮이	전설모음		후설모음	
	평순모음	원순모음	평순모음	원순모음
고모음	ㅣ [i]	ㅟ [ü/wi]	ㅡ [ɨ]	ㅜ [u]
중모음	ㅔ [e]	ㅚ [ö/we]	ㅓ [ə:]	ㅗ [o]
저모음	ㅐ [ɛ]		ㅏ [a]	ㅓ [ʌ/ɒ]

3.3 한국어 이중모음

3.3.1 이중모음의 일반적 특성

'이겨라'와 '줘서'와 같은 낱말에는 /ㅕ/나 /ㅝ/와 같은 모음이 들어 있다. 이 소리들은 위에서 말한 단모음과 어떻게 다를까? 그것은 두 낱말이 각각 '이기+어라'와 '주+어서'의 준말이라는 사실에서 알 수 있는 것처럼 두 개의 모음이 합쳐졌다는 점이다. 이중모음은 이렇게 두 개 이상의 단모음이 합쳐진 것을 말한다. 그리하여 /ㅕ/의 발음에는 /ㅣ/와 /ㅓ/ 두 모음이 다 들어있다. 즉, 처음에는 /ㅣ/ 모음의 위치에서 발음이 시작하다가 나중에 /ㅓ/ 모음으로 발음된다. 이러한 이중모음에 나타나는 몇 가지 특징을 살펴보면 다음과 같다.

첫째, 두 개의 단모음이 결합하여 이중모음을 형성하는 데에는 일반적인 규칙이 있다. 그것은 대개의 경우 두 개의 단모음 중 하나는 고모음 /i(ㅣ), u(ㅜ)/ 이다. 다시 말해, 중모음끼리의 결합이나 저모음끼리의 결합, 또는 중모음과 저모음의 결합은 대체로 이중모음을 이루지 못한다.

둘째, 두 개의 모음이 각각 동등한 비율로 합쳐지는 것은 아니다. 즉, 두 소리의 길이가 다르다. /ㅣ/와 /ㅓ/의 결합인 /ㅕ/를 예로 들어 살펴보면, 뒷소리인 /ㅓ/는 단모음 /ㅓ/와 마찬가지로 발음되지만, 앞소리인 /ㅣ/는 단모음 /ㅣ/와는 길이가 조금 다르다는 사실을 알 수 있다. 즉, /ㅓ/는 분명하고 또 오래 지속되지만, 처음의 /ㅣ/는 상대적으로 불분명하고 아주 짧게 발음되면서 뒷소리인 /ㅓ/에 미끄러지듯이 합류하는 느낌을 준다. 이것은 /ㅝ/의 첫소리인 /ㅜ/의 경우도 마찬가지다. /ㅣ/와 /ㅜ/의 이러한 특성에 따라 이들 소리를 활음(滑音, glide)라고 하고, 이들에 대한 음성기호도 /i/나 /u/ 대신에 각각 /y/(또는 /j/)와 /w/로 표기한다.

셋째, 이중모음은 고모음이 어디에 오느냐에 따라 크게 상향 이중모음과 하향 이중모음의 두 가지로 나뉜다. 상향 이중모음은 한국어의 /ㅑ[ya], ㅘ[wa]/ 등과 같이 활음이 앞에 오고 다른 모음이 뒤에 오는 것이고, 하향 이중모음은 [ay, aw] 등과 같이 다른 모음이 먼저 오고 활음이 뒤에 오는 것이다.

3.3.2 한국어 이중모음의 특성

한국어 이중모음의 특성은 다음과 같다.

첫째, 한국어 이중모음은 /ㅢ[iy]를 제외하고는 모두 상향 이중모음이다. 이런 이유로 영어의 'young, war'에서의 상향 이중모음은 '영, 워'에서처럼 하나의 음절로 표기되지만, 'boy, cow'에서의 하향 이중모음은 '보이, 카우'에서처럼 모두 하나의 음절이 아닌 두 개의 별개 음절로 표기된다.

둘째, 한국어에서 이중모음은 표기상으로 하나의 단위처럼 보이며, 단모음과 마찬가지로 음절을 구성할 때 아래와 같이 중성의 단위로 쓰인다.

셋째, 한국어의 상향 이중모음은 활음이 /ㅣ/이냐 /ㅜ/(또는 /ㅗ/)이냐에 따라 아래와 같이 'ㅣ(=/y/)계 이중모음'과 'ㅜ/(=/w/)계 이중모음'으로 나뉜다. 그리고 하향 이중모음인 /ㅢ/가 있다. 이 소리는 두 개의 고모음의 결합이라는 점에서도 특이하다.

(6) 한국어의 이중모음

ㅣ(=/y/)계 이중모음	ㅑ; /ya/	ㅕ; /yə/	ㅛ; /yo/
	ㅠ; /yu/	ㅖ; /ye/	ㅒ; /yɛ/
ㅜ(=/w/)계 이중모음	ㅘ; /wa/	ㅝ; /wə/	ㅟ; /wi/
	ㅙ; /wɛ/	ㅞ; /we/	ㅚ; /we/
ㅡ(=/ɨ/)계 이중모음	ㅢ; /ɨy/		

 여기서 잠깐!

/ㅢ/의 발음

이중모음 /ㅢ/는 다양하게 발음되는데 표준어 규정을 보더라도 음운환경이나 문법적인 기능에 따라 아래와 같이 여러 가지로 발음된다는 것을 알 수 있다.

음운환경/문법요소	발음	예
첫음절	[ㅢ]	의지[의지], 의미[의미]
둘째 음절 이하	[ㅢ]/[ㅣ]	주의[주의/주이], 민주주의[민주주이]
자음 + ㅢ	[ㅣ]	희망[히망], 띄다[띠다]
조사 '의'	[ㅢ]/[ㅔ]	우리의[우리의/우리에]

'민주주의의 의의'는 몇 가지로 발음될까?

여기서 잠깐!

한국어 이중모음의 특성

1. 실제 언어생활에서 /ㅙ/, /ㅞ/, /ㅚ/의 세 모음은 구별하지 않고 사용한다. 이들은 모두 [ㅞ]로 발음된다.

2. 이중모음의 첫소리인 활음은 반모음(半母音, semivowel) 또는 반자음(半子音, semiconsonant)으로 불리기도 하는데, 이에는 음성학적, 음운론적 이유가 있다. 음성학적인 면으로 볼 때 이들은 기본적으로 /i, u/ 등과 같은 모음의 성격을 갖지만 스스로 독립적이지 못하여 반모음이라 부르기도 하고, 이들 소리의 앞이나 뒤에 모음이 와야 소리를 낼 수 있다는 점에서 자음과 비슷하다 하여 반자음이라 부르기도 한다. 음운론적인 면으로 볼 때 이 소리들은 언어에 따라 모음의 기능을 하기도 하고, 자음의 기능을 하기도 한다. 한국어의 경우에는 모음의 기능을 하지만, 영어와 같은 언어에서는 자음의 기능을 한다. 예를 들어, 'year'와 'window' 같은 경우 부정관사를 사용할 때 'an'을 사용하지 않고 'a'를 사용한다. 즉, 영어에서는 이들이 자음의 역할을 한다. 그리하여 영어에서는 'year'와 'ear'는 글자도 다르고 발음도 다르다. 그러나 한국어에서는 /yi/와 같은 이중모음이 없기 때문에 /i/와 구별하여 발음할 수 없고 표기로도 구별하여 쓸 수 없다. /w/와 같은 경우도 마찬가지다. 예를 들어, 'wolf [wulf]'는 발음기호에서 볼 수 있는 대로 [w]와 [u]가 연속되어 나타나는데, 영어에서는 이러한 발음이 가능하지만, 한국어에서는 [wu]와 같은 이중모음이 없기 때문에 그러한 발음이 가능하지 않다.

3.4 다른 언어와의 비교

3.4.1 영어

3.4.1.1 영어의 모음

영어의 단모음은 혀의 높낮이와 혀의 앞뒤 위치, 입술모양(원순성), 혀의 긴장성에 따라 아래와 같이 분류한다.

(7) 영어의 단모음 체계

		전설모음	중설모음	후설모음
고모음		i ɪ		u ʊ
중모음	중-고 중 중-저	e ɛ	ɝ　ɚ ə ʌ	o
저모음		æ	a	ɔ ɑ

영어의 이중모음에는 음절주음인 단모음 /a, e, o, ɪ, ɛ, ɔ, ʊ, ɑ/가 음절부음인 /ɪ, ʊ, ɚ/ 앞에 오는 하강 이중모음(falling diphthong)과 그 반대의 경우인 상승 이중모음(rising diphthong)이 있다. 영어에는 '음절주음 + 음절부음 + 음절부음'과 같이 음절주음 하나에 두 개의 음절부음이 붙는 삼중모음(triphthong)이 있다. 삼중모음의 마지막 음절부음에는 /ɚ/와 /ə/밖에 올 수 없다(eɪə, aɪɚ/aɪə, ɔɪɚ, aʊɚ/aʊə, oʊə 등).

3.4.1.2 한국어 모음과의 비교

한국어 모음에는 긴장과 이완의 대립이 없는 반면, 영어 모음에는 긴장모음과 이완모음이 존재한다. 긴장음은 혀에 힘이 더 가해져서 나는 소리이고, 이완음은 혀에 힘이 덜 가해져서 나는 소리이다. 영어에서 'bid, bed, bad, good, bud'와 같은 낱말의 모음은 각각 [ɪ, ɛ, æ, ʊ, ʌ]인데 이러한 모음을 이완모음이라고 한다. 나머지 모든 모음은 긴장모음이다. 이완모음이 낱말 말에 올 때는 강세를 받지 않는다.

영어 모음에는 한국어의 중설 고모음인 /ㅡ/[ɨ]가 없어 발음하기 어렵다. 한국어의 /ㅜ/ 모음을 발음할 때와 같은 위치에서 입술 모양을 평평하게 하도록 지도해야 한다. 한국어의 /ㅓ/를 영어권 학습자들은 /ɔ:/로 원순성이 강하게 발음하는 오류를 자주 범하는데 한국어의 /ㅗ/와 /ㅓ/의 차이를 느끼도록 발음 연습을 시키는 것이 필요하다.

한국어의 이중모음 중 /ㅢ/는 영어권 학습자들이 발음하기에 매우 어려운 발음이다. /ㅡ/와 /ㅣ/를 연이어 발음하되 /ㅡ/를 매우 짧게 발음하도록 훈련해야 한다.

3.4.2 일본어

3.4.2.1 일본어의 모음

일본어는 5모음 체계이다. 그러나 일반적인 5모음 체계와는 달리 원순성을 가진 /u/ 모음이 없고 대신 /ɯ/ 모음을 갖는데 이 모음은 원순성이 매우 약하다. 일본어의 단모음은 혀의 높낮이와 혀의 앞뒤 위치, 입술 모양(원순성)에 따라 아래와 같이 분류한다.

(8) 일본어의 단모음 체계

혀의 앞뒤 위치 / 입술모양 / 혀의 높낮이	전설모음		후설모음	
	평순모음	원순모음	평순모음	원순모음
고모음	イ [i]		ウ [ɯ]	
중모음	エ [e]			オ [o]
저모음			ア [a]	

일본어의 이중모음은 /y/계와 /w/계의 이중모음이 존재하는데 일본어의 경우에는 /y/계가 세 개, /w/계가 한 개 뿐으로 이중모음의 수가 적다.

(9) 일본어의 이중모음
/y/계 이중모음 : や(/ya/), よ(/yo/), ゆ(/yu/)
/w/계 이중모음 : わ(/wa/)

일본어 모음에는 장단음의 구별이 있어 의미 변별에 영향을 준다.

(10)   おばさん[obasaɴ](아주머니)   :   おばあさん[obaːsaɴ](할머니)
        おじさん[oʒisaɴ](아저씨)   :   おじいさん[oʒiːsaɴ](할아버지)

3.4.2.2 한국어 모음과의 비교

일본어는 5모음 체계이므로 한국어에 비해 모음의 숫자가 훨씬 적다. 이런 이유로 일본어권 학습자들은 한국어 모음을 발음할 때 자주 오류를 일으킨다. 일본어의 'ウ/u/'는 평순모음 [ɯ]인데 일본어권 학습자들은 원순모음 /ㅜ/[u]와 평순모음 /ㅡ/[ɨ]를 혼동하여 발음하는 경향이 있다.

(11)   [ㅜ] → [ㅡ] : 어두운[어드은]   후쿠오카[후크오카]

일본어에 없는 'ㅓ[ə], ㅡ[ɨ]'의 발음을 'ㅗ[o]'나 'ㅜ[u]'로 발음하는 경우가 많다.

(12)   어머니[오모니]   너구리[노구리]   가을[가울]   무슨[무순]

한편 일본어에는 이중모음이 /ya, yu, yo/와 /wa/의 4개밖에 없지만 한국어에는 이에 대응하는 /ㅑ, ㅠ, ㅛ, ㅘ/ 외에도 /ㅕ, ㅒ, ㅖ, ㅙ, ㅞ, ㅚ, ㅝ, ㅟ, ㅢ/의 이중모음이 존재하기 때문에 일본어권 학습자들이 이들을 발음하는 데 어려움을 겪는다.

3.4.3 중국어

3.4.3.1 중국어의 모음

중국어 모음(韻母)은 39개로, 개음(介音)·주요모음·꼬리음으로 구성된다. 중국어에서는 이를 운두(韻頭), 운복(韻腹), 운미(韻尾)라 칭하기도 한다. 세 개의 모음으로 구성된 복모음은 운두(개음), 운복(주요모음), 운미(꼬리음)로 나뉘고, 두 개의 모음으로 구성된 복모음은 운두와 운복 혹은 운복과 운미로 나뉜다. 중국어의 음절에서 운두나 운미는 없어도 되지만 운복은 반드시 있어야 하며 발음할 때 운복에 해당하는 음이 가장 강하다.

(13) 중국어의 단모음
설면단모음 : 혀의 등 부분을 사용하여 내는 소리이다.
a[A], o[oㅜ], e[ɤ], ê[E], i[i], u[u], ü[Y] (7개)

설첨단모음 : 혀의 끝부분을 이용하여 내는 소리이다.
i[ɿ], i[ʅ] (2개)

권설단모음 : 혀가 긴장된 상태에서 약간 위로 말리며 내는 소리
er[ər] (1개)

(14) 중국어의 복모음
복모음은 단모음과 달리 입 모양이 변하는 소리로 이중복모음과 삼중복모음이 있다.

이중복모음(二合元音複母音) : ai[aɪ], ei[eɪ], ao[aʊ], ou[oʊ], ia[iA], ie[iE], ua[uA], uo[uo], üe[yE] (9개)
삼중복모음(三合元音複母音) : iao[iɑʊ], iou[ioʊ], uai[uae], uei[ueɪ] (4개)

(15) 중국어의 비모음

　　설첨비모음 : an[an], ian[iɛn], uan[uan], üan[yɛn], en[ən], in[in], uen[uən], ün[yn]

　　설근비모음 : ang[aŋ], iang[iɑŋ], uang[uɑŋ], eng[əŋ], ing[iəŋ], ueng[uəŋ], ong[ʊŋ], iong[yʊŋ]

3.4.3.2 한국어 모음과의 비교

중국어권 학습자들은 중국어의 운복에 자주 쓰이는 /a[A], o[oᵀ], e[ɤ], ê[E], i[i], u[u], ü[y]/[1] 등 모음의 발음을 강하고 뚜렷하게 하려는 경향을 가지고 있다. 이러한 경향은 한국어를 학습할 때에도 나타나 중국어권 학습자들은 한국어 모음의 발음을 강하게 발음하려는 경향을 보인다.

중국어의 모음 체계에는 한국어의 모음 /ㅡ/, /ㅓ/, /ㅐ/, /ㅔ/, /ㅚ/, /ㅕ/, /ㅙ/, /ㅞ/, /ㅢ/ 등에 대응되는 음운이 없어 중국어권 학습자들은 이들을 발음할 때 많은 오류를 일으킨다.

중국어권 학습자들이 가장 어려움을 느끼는 한국어의 모음은 단모음 /ㅡ/와 이중모음 /ㅢ/다. 또한 /ㅗ/와 /ㅓ/ 발음의 구분도 잘 하지 못하고, 모두 /ㅓ/로 발음하는 경향이 강하다.

(16)　　힘들다[힘덜다]　　　처음[처엄, 츠음]　　　가을[가얼]　　　기름[기럼]

그리고 단모음과 마찬가지로 후설모음과 결합하는 /y/계의 한국어 이중모음과 /ㅡ/계 이중모음을 발음할 때에도 오류를 자주 일으킨다.

(17)　　기차역[기차약]　　　지하철역[지하철약]　　　　의사[으어사]

---

1) 중국어의 복모음에서 운복에 사용되는 모음은 주로 /a[A], o[oᵀ], e[ɤ], ê[E]/ 등이다. 복모음에 /a[A], o[oᵀ], e[ɤ], ê[E]/ 등 모음이 없을 경우에만 /i[i], u[u], ü[y]/가 운복이 된다.

3.4.4 러시아 어

3.4.4.1 러시아 어의 모음

러시아 어의 단모음은 혀의 높낮이와 혀의 앞뒤 위치, 입술모양(원순성)에 따라 아래와 같이 분류한다.

(18) 러시아 어의 모음 체계

혀의 앞뒤 위치 / 혀의 높낮이	전설모음	중설모음	후설모음
입술모양	평순모음		원순모음
고모음	i	(y)	u
중모음	e		o
저모음		a	

3.4.4.2 한국어 모음과의 비교

러시아 어 모음체계는 한국어보다 단순한 5모음 체계이다. 러시아 어권 학습자들은 한국어의 /ㅓ/ 모음을 /ㅗ/나 /ㅜ/로 인식하여 발음한다. 따라서 '거기'를 [고기]로, '것'을 [곳], '무엇'을 [무옷]으로 발음하게 된다. 한국어 모음 /ㅡ/도 러시아인들에게는 발음하기 어려운 모음이다.

러시아 어에는 반모음과 모음의 연결이 가능하므로 러시아 어권 학습자들은 /y/로 시작하는 한국어 이중모음은 잘 발음할 수 있다. 그러나 /ㅓ/와 /ㅗ/, /ㅔ/와 /ㅐ/를 구분하지 못하므로 /ㅕ, ㅛ, ㅖ, ㅒ/ 이중모음을 구별하여 발음하는 데 어려움을 느낀다.

러시아 어에는 한국어의 [w]와 같은 반모음이 없으므로 /ㅘ/, /ㅚ/, /ㅙ/, /ㅟ/, /ㅝ/를 듣거나 발음하기 어려워 반모음 [w]를 순치음 [v]로 대체하려는 경향을 보여준다.

그리고 러시아 어의 모음은 초분절 요소인 강세의 유무에 따라 모음의 성질이 달라질 수 있는데, 따라서 러시아 어 모어 학습자들이 한국어 모음을 발음할 때 러시아 어 모음

약화를 적용하는 것과 같은 오류를 범하게 된다.

3.5 한국어 모음의 교육 방안과 활동 유형

3.5.1 한국어 모음의 교육 방안

3.5.1.1 단모음의 교육 방안

외국인 학습자들에게 모음을 지도할 때에는 개별적으로 지도하는 것보다 그룹으로 묶어 지도하는 것이 좋다. 그것은 언어권 별로 약간의 모음의 차이를 보이기 때문에 서로 비교하여 가면서 익힐 수 있기 때문이다. 일반적으로 대부분의 언어에서 비슷한 양상으로 나타나는 /ㅏ, ㅣ, ㅜ/의 3모음을 가르치고, 그 다음 /ㅔ(또는 ㅐ), ㅗ/의 2모음을 가르치는 것이 학습자들의 심리적 부담감을 덜 수 있어 좋다. 그리고 자음을 가르칠 때와 마찬가지로 듣기 연습을 통해 소리의 차이를 인식시키는 작업부터 선행되어야 한다. 특별히 일본어권 학습자들의 경우 /ɯ/는 한국어의 /ㅜ/와 발음이 조금 다르므로 이에 대한 별도의 교육이 필요하다. 문제는 다른 언어에는 없는 모음이나, 서로 비슷한 모음 사이의 구별이다. 그 중 몇 가지에 대한 교육 방안을 제시하면 아래와 같다.

① /ㅔ/와 /ㅐ/

많은 경우 한국어 화자들은 이 두소리를 이미 중화하여 발음하고 있지만, 소리를 구별하여 적는데다가 아직은 두 소리를 구별하여 발음하는 것을 표준 발음으로 하고 있다. /ㅔ/를 발음할 때보다 /ㅐ/를 발음할 때 입을 조금 더 크게 벌려 발음해야 한다. 외국인 학습자들에게는 /ㅔ/는 /ㅣ/를 몇 번 발음하게 하여 혀의 위치를 /ㅣ/로 고정시킨 그 상태에서 /ㅔ/

발음을 하게 하면 효과적이다. /ㅐ/의 경우도 /ㅏ/를 몇 번 발음하게 하여 입모양을 /ㅏ/로 고정시킨 그 상태에서 소리만 /ㅐ/ 발음을 하게 하면 된다. 그러나 이 두 소리의 구별을 지나치게 강조할 필요는 없다.

② /ㅓ/와 /ㅗ/

　/ㅓ/와 /ㅗ/는 두 소리를 구별하여 정확하게 발음하는 것도 중요하지만 먼저 다른 모음들과 구별하여 듣는 것이 더욱 중요하다. 외국인 학습자들은 한국어의 /ㅓ/ 모음을 가끔 /ㅗ/와 혼동하여 들어 의미의 혼란을 가져올 수 있기 때문이다. 외국인 학습자들이 /ㅓ/와 /ㅗ/를 혼동하는 것은 그 언어에서는 한국어의 /ㅓ/ 모음이 없어 그와 비슷한 소리인 /ㅗ/로 인식하기 때문이다. 참고로 /ㅓː/의 경우는 한국인들의 일상 생활에서 /ㅡː/로 발음하는 경우가 많기 때문에 혼동을 가져온다. /ㅓ/와 /ㅓː/는 다른 소리이지만 일부러 구별하여 가르칠 필요는 없다.

 여기서 잠깐!

/ㅓ/와 /ㅗ/의 입모양의 차이

(1) /ㅓ/는 /ㅗ/보다 입을 조금 더 크게 벌려 발음한다. 참고로 /ㅓː/의 경우는 /ㅗ/와 입을 벌리는 정도가 거의 같다.

(2) /ㅓ/와 /ㅗ/는 입술의 돌출 정도에서 차이가 나서 /ㅗ/를 발음할 때는 입술이 약간 돌출되지만, /ㅓ/를 발음할 때는 입술이 돌출되지 않는다.

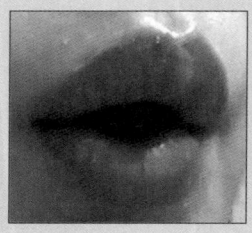
/ㅗ/ 발음

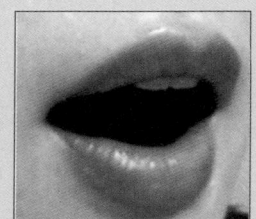
/ㅓ/ 발음

교사는 위의 입모양의 특성을 살려 먼저 '오 → 어 → 오 → 어'와 같이 구별하여 연속적으로 발음을 해 주어 학습자들로 하여금 입모양의 차이에 따른 발음의 차이를 인식하도록 한다. 이 때 교사는 의식적으로 입모양의 차이를 보여주도록 한다. 이 때 학습자들로 하여금 따라하게 해도 좋다. 그 다음에는 입모양을 보이지 않게 하여 학습자들이 소리로만 구별할 수 있도록 한다. 이 때 학습자들에게 '어깨, 오리' 등과 같이 /ㅓ/나 /ㅗ/로 시작하는 낱말을 제시하고 그것을 교사가 발음하면 학습자는 이를 잘 듣고 맞는 것을 고르게 하는 것도 하나의 방법이 된다.

③ /ㅡ/

/ㅡ/는 우리가 차용어를 발음하거나 한국어에 맞지 않는 외국어의 음절을 발음할 때에 첨가되는 모음이다. 이 소리를 교육할 때에는 'bus, tent, print, Christmas' 등의 낱말을 우리말식으로 발음하여 주고(/ㅡ/가 들어가는 음절을 의식적으로 크고 강하게 발음한다.) 외국인 학습자들로 하여금 그들의 발음과 다르다는 것을 인식하도록 하고, 그 차이가 바로 모음 /ㅡ/의 첨가 때문이라는 사실을 알려준다. 그런 다음 /ㅡ/모음을 학습하면 훨씬 수월하다. /ㅡ/ 모음은 /ㅜ/ 소리를 낼 때와 마찬가지로 아래턱이 거의 다 올라간 상태로 발음한다. 이 상태에서 아랫니가 조금 보일 정도이다. 이 소리가 /ㅜ/와 다른 점은 입술이 평평하다는 것이다. 즉 /ㅜ/ 상태에서 입술을 옆으로 펴서 발음하면 한국어의 /ㅡ/소리가 난다. 이것을 입술의 돌출과 관련하여 설명하면, /ㅜ/를 발음할 때에는 입술이 약간 돌출되지만, /ㅡ/의 경우는 돌출되지 않는다.

/ㅜ/ 발음

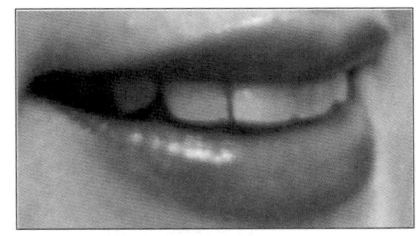

/ㅡ/ 발음

위에서 설명한 개별적인 모음의 학습이 끝나면 모음으로만 되어 있는 낱말을 사용하여 모음 익히기 활동을 할 수 있다.

3.5.1.2 이중모음의 교육 방안

한국어에는 이중모음의 첫소리에 따라 /y/계 이중모음, /w/계 이중모음, 그리고 /ㅢ/의 세 가지 종류의 이중모음이 있다. /y/계 이중모음은 첫소리가 /ㅣ/로 시작하고, /w/계 이중모음은 첫소리가 /ㅜ/로 시작한다. 그리고 /ㅢ/는 첫소리가 /ㅡ/로 시작한다. 한 가지 유의할 점은 /ㅘ, ㅙ/와 같이 글자가 /ㅗ/로 시작하는 것도 첫소리의 발음은 /ㅜ/로 시작한다.

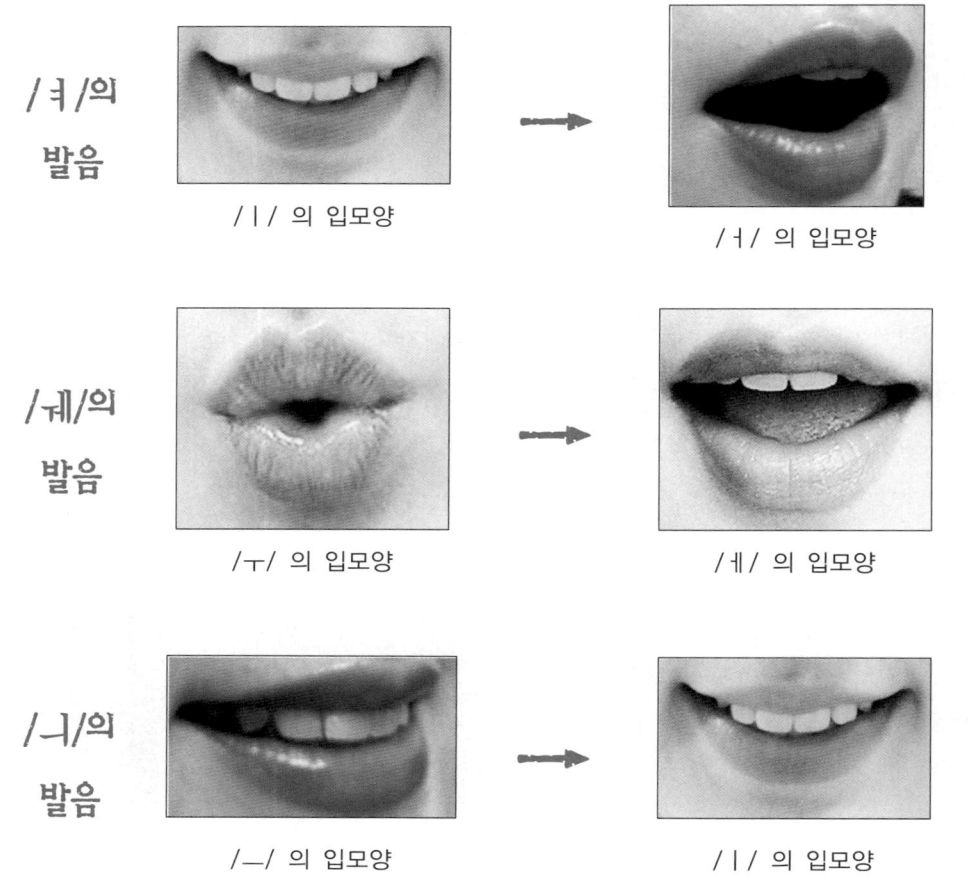

/ㅕ/의 발음   /ㅣ/ 의 입모양 → /ㅓ/ 의 입모양

/ㅞ/의 발음   /ㅜ/ 의 입모양 → /ㅔ/ 의 입모양

/ㅢ/의 발음   /ㅡ/ 의 입모양 → /ㅣ/ 의 입모양

또 하나 유의할 점은 이중모음이 두 소리의 합이지만, 첫소리가 뒤 소리에 비해 길이 면에서 상대적으로 짧다는 것이다. 따라서 첫소리를 짧게, 뒤 소리를 길게 발음하도록 한다.

그리고 이중모음은 두 개의 단모음을 연속하여 발음하는 것과 다르다. 예를 들어, '이우'는 길이 면에서 두 음절이지만, '유'는 한 음절이다. 이런 점에서 '이우'는 손뼉을 두 번 치면서 끊어 읽도록 하고, '유'는 손뼉을 한 번 치면서 한 번에 읽도록 하는 것이 좋다.

이러한 교육이 끝나면 학습자들끼리 짝을 지어주어 서로 입 모양의 변화를 확인해 보도록 한다. 교사가 입모양의 변화를 보여줘도 좋다.

이중모음은 단모음의 학습이 끝난 다음에 지도하는 것이 학습자들의 혼란을 줄일 수 있다. 이중모음에 관한 제시가 끝난 다음에는 이중모음으로만 되어 있거나 단모음과 이중모음이 섞여 있는 실제 낱말을 이용하여 모음 익히기 연습을 할 수 있다.

3.5.2 한국어 모음 교육의 활동 유형

다음에 제시하는 활동들은 앞에서 말한 교육 방안에 적용해서 학습자들에게 발음교육을 할 수 있는 여러 가지 예들이다. 교사는 교육 방안에 제시된 여러 가지 내용들에 다음의 활동들을 연결시켜 교육해야 할 것이다.

■ 초급 학습자를 위한 모음 교육의 활동 유형

1. 한국어 모음에 대한 인지도 알아보기

학습자들이 교사가 발음하는 한국어의 모음을 듣고 자신의 모국어와 대조해 보는 활동이다. 즉 소리에 대한 인지도를 알아보는 것인데 교사는 학습자들이 어떻게 인지하는지를 알아봄으로써 모음을 지도하고 학습시키는 데 도움이 될 것이다. 학습자는 교사의 발음을 듣고 ( ) 안에 같으면 ○, 다르면 ✕를 하면 된다.

(1) /ㅏ/　　　　　(　　　　　　)

(2) /ㅓ/　　　　　(　　　　　　)

(3) /ㅗ/　　　　　(　　　　　　)

(4) /ㅜ/　　　　　(　　　　　　)

2. 듣고 따라하기

교사가 한국어 모음을 정확하게 발음해주면 학습자들이 이를 듣고 따라하는 활동이다.

(1) /아 어 으 이/

아아아	어어어
<u>으으으</u>	이이이
아어으이	어아으이
아어이으	어아이으

(2) /어 오 에 외/

어어어	<u>오오오</u>
에에에	외외외
어오에외	오어에외
에오외어	외오에어

(3) /우 으 이 위/

우우우	<u>으으으</u>
이이이	위위위
우으이위	으우이위
이위우으	위우으이

(4) /오 우/

<u>오오오</u>	우우우
오우오우	우오우오
이위으오우	오우으위이
위이우으오	으오우위이

(5) /아 야 어 여/

아야아야	어여어여
아야어여	어여아야
야야여여	어어아아
아여야여	어여아야

(6) /오 요 우 유/

<u>오요오요</u>	우유우유
오요우유	<u>오유오요</u>
요유오우	오우요유
우요요유	오우유요

(7) /와/

오아오아
와와와와

(8) /왜/

오애오애
왜왜왜왜

(9) /워/

우어우어
워워워워

(10) /웨/

우에우에
웨웨웨웨

(11) /의/

으이으이
의의의의

3. 듣고 낱말 고르기

(1) 낱말 카드로 음소 인지시키기

  교사가 학습자들에게 낱말 카드를 제시하면서 큰 소리로 읽어 주면 학습자가 이를 듣고 따라한다. 이 때 낱말의 뜻에는 크게 신경 쓰지 않아도 된다. 해당 모음에 빨간 펜으로 표시를 해 두면 학습자들이 개별음을 인지하는 데 훨씬 효과적이다.

아이	이	오이	우유	여우
아우	이유	왜	에이(A)	

(2) 듣고 낱말 카드 고르기

  교사가 학습자에게 낱말 카드(혹은 그림 카드)를 제시하면서 정확한 모음 발음을 들려주면 학습자가 따라하면서 개별음을 연습한다. 학습자들이 개별 모음을 인지하고 나면 교사는 낱말 카드를 펼쳐 놓고 학습자로 하여금 교사가 발음하는 모음이 들어 있는 카드를 고르게 하면 된다. 한 사람씩 해도 좋고 여러 사람이 같이 게임을 해도 좋다.

아이	이	오이	우유	여우
아우	이유	왜	에이(A)	

4. 받아쓰기

'듣고 낱말 고르기' 활동을 통해서 익힌 모음을 듣고 쓰는 활동이다. 교사는 유의미한 낱말뿐만 아니라 모음을 조합하여 만들 수 있는 다양한 낱말들을 제시하고, 학습자들은 제시된 낱말을 듣고 자신이 인지한 대로 쓰는 활동이다.

이우	어아	유우	아어	오우	우이
아이	오이	여우	아우	이유	이

■ 중급 이상 학습자들의 모음 교육의 활동 유형

중급 이상의 외국인 학습자에게 모음을 교육할 때는 단모음과 이중모음을 구분하여 지도하는 것이 좋다.

단모음

1. 듣기

개별음에 대한 인지도를 확인하기 위한 활동으로 교사가 학습자들에게 발음을 들려주면 이를 듣고 학습자가 낱말을 찾는 연습이다. 이를 통해 교사는 학습자들이 개별음을 어떻게 인지하고 있는지를 확인할 수 있다.

(1)	① 고기	② 거기	③ 구기
(2)	① 우유	② 오요	③ 우요
(3)	① 그이	② 기이	③ 거이
(4)	① 은	② 운	③ 인
(5)	① 기분	② 기쁜	③ 기븐

2. 받아쓰기

교사가 해당 낱말을 말하면 학습자가 이를 듣고 받아쓰는 활동이다. 이 활동은 듣기 연습과 함께 학습자가 개별음을 어떻게 인지하고 있는지 확인할 수 있는 유용한 활동이다.

사다   서다   소다   고기   거기   구기   기분   기븐

3. 낱말 읽기

개별음 연습에서 익힌 모음들을 낱말 읽기 활동을 통해 더 정확하게 익혀서 구별할 수 있게 한다. 특히 아래에 제시한 모음들은 외국인 학습자들이 쉽게 구별하기 어려운 모음들이므로 교사는 특히 발음 지도에 유의해야 한다.

(1) /어 : 오/

널다 놀다　　거기 고기　　법 봄

성공　　　독서　　　서쪽　　　소쩍새

(2) /으 : 이/

그리다 기리다　　그분 기분　　집 즙

비늘　　　기쁨　　　그림　　　지금

(3) /으 : 우/

은행 운행　　느리다 누리다　　그분 구분

울긋불긋　　　근무　　　승부　　　문득

(4) /의/

의사 의자 의논　　　주의 정의 회의

무늬　　　우리의 꿈　　　서울의 다리

(5) /외 : 위/

괴 귀　　　뇌 뉘　　　죄 쥐

최고 취소　　　퇴근 튀다　　　외상 위상

(6) 여러 모음

일본 일번 졸졸 줄줄 머리 무리 언니

어머니 우거지 찰랑찰랑 출렁출렁

서걱서걱 사각사각 보글보글 부글부글

깡충깡충 껑충껑충 방글방글 벙글벙글

5. 문장 읽기

'낱말 읽기'에서 연습한 낱말이 들어 있는 문장을 읽어봄으로써 이를 실제 발화에서도 자연스럽게 발음할 수 있도록 하는 활동이다. 개별 낱말을 연습할 때는 학습자가 주의해서 발음하기 때문에 오류가 많이 나지 않는다. 그러나 문장 차원에서는 오류를 일으키기 쉽기 때문에 문장 내에서 정확한 발음을 할 수 있도록 교사는 주의해서 연습시켜야 한다.

(1) 어제는 청소도 하고 설거지도 했어요.

(2) 서쪽에서 소쩍새가 울어요.

(3) 그 사람은 지금 그림을 그리고 있어요.

(4) 스물을 셀 때까지 그대로 숨어 있으세요.

(5) 그의 꿈은 죄 지은 사람들을 위로하는 것이다.

6. 게임 활동 1 : 빙고 게임 - 어디에 있어요?

두 명씩 짝을 지어 모음 연습을 할 수 있는 게임이다. 한 사람은 낱말이 적힌 판을 가지고 다른 한 사람은 아무 것도 적혀 있지 않은 판을 가진다. 그리고 질문을 통해서 낱말의 위치를 확인하고 그 위치에 낱말을 채우는 게임이다. 학습자가 모음을 어떻게 인지하고 발음하는지 확인하는 데 유용한 활동이다.

예) 〈빙고판 1〉

1. 거기	2. 고기	3. 일본
4. 일번	5. 졸졸	6. 멍멍
7. 줄줄	8. 머리	9. 무리

〈빙고판 2 : 거기, 고기, 일본〉

1.	2.	3.
4.	5.	6.
7.	8.	9.

학생 1은 빙고판 1을, 학생 2는 빙고판 2를 가지고 있다. 빙고판 1에는 빙고판 2에 들어갈 낱말들이 적혀 있다.

> 학생 2: 고기는 몇 번에 있어요?
> 학생 1: 고기는 2번에 있어요.
> 학생 2: 줄줄은 어디에 있어요?
> 학생 1: 7번이에요.
> 학생 2: 거기는요?

7. 게임 활동 2 : SENSE OR NONSENSE?

학생 5명을 한 팀으로 나눈다. 교사는 /ㅜ/로 시작하는 낱말들을 문장 성분에 맞게 분류하여 다음과 같은 낱말 카드를 만들어 각각의 통에 담고, 한 팀이 모두 나와 한 낱말을 꺼내어 큰 소리로 부르게 한다. 교사는 칠판에 다음 문장을 완성하여 모든 학생이 볼 수 있도록 한다.

예) (A) (B)이(가) (C) (D)을/를 (E)

A	B	C	D	E
누구보다 예쁜	우리 엄마	구운	굴	물어뜯었다.
우주처럼 넓은	두부	구슬 같은	주전자	꾸역꾸역 먹었다.
우박만한	굼벵이	구릿빛	구름	울며불며 먹었다.
뚱뚱한	뚜껑	수박만한	주먹	훌훌 마셨다.

이중모음

1. 한국어 모음에 대한 인지도 알아보기

학습자들이 교사가 발음하는 한국어의 이중 모음을 듣고 자신의 모국어와 대조해 보는 활동이다. 교사는 학습자들이 이중모음을 어떻게 인지하는지 알아봄으로써 좀더 효율적으로 지도할 수 있다. 중급 이상의 학습자의 경우 '같다, 비슷하다, 다르다'로 구분하게 한다.

(1) / ㅑ /　　　① 같다　　② 비슷하다　　③ 다르다

(2) / ㅖ /　　　① 같다　　② 비슷하다　　③ 다르다

(3) / ㅕ /　　　① 같다　　② 비슷하다　　③ 다르다

2. 낱말 읽기

개별음 연습에서 익힌 이중모음들을 낱말 읽기 활동을 통해 더 정확하게 인지할 수 있게 한다.

(1) /야 : 여/

| 야구 | 시야 | 주야 | 야자 |

| 여자 | 여우 | 벼 | 겨우 |

(2) /요 : 유/

| 요리 | 요가 | 묘 | 차표 |

| 우유 | 유리 | 뉴스 | 휴지 |

(3) /얘 : 예/

| 얘 | | | 얘기 |

| 시계 | 세계 | 폐 | 차례 | 예의 |

(4) /와/

| 사과 | 과자 | 화려하다 | 화가 | 기와 |

(5) /왜/

| 쫴 | 상쾌하다 | 유쾌하다 | 왜가리 |

(6) /외/

| 사회 | 교회 | 죄 | 최소 | 외가 |

(7) /워/

| 뭐 | 줘 | 둬 | 눠 |

(8) /웨/

| 스웨터 | 꿰매다 | 궤도 | 웨이터 |

제 4 장
음의 길이와 억양

이 장에서는 한국어의 음의 길이와 억양에 대해 살펴보도록 한다. 먼저 한국어 <표준
발음법>에 제시된 한국어 음의 길이에 대한 규정을 보면 아래와 같다.

제6항 모음의 장단을 구별하여 발음하되, 낱말의 첫 음절에서만 긴소리가 나타나는 것
을 원칙으로 한다.

(1) 눈보라[눈:보라]   말씨[말:씨]   밤나무[밤:나무]
    많다[만:타]   멀리[멀:리]   벌리다[벌:리다]

(2) 첫눈[천눈]   참말[참말]   쌍동밤[쌍동밤]
    수많이[수:마니]   눈멀다[눈멀다]   떠벌리다[떠벌리다]

다만 합성어의 경우에는 둘째 음절 이하에서도 분명한 긴소리를 인정한다.

    반신반의[반:신바:늬/반:신바:니]   재삼재사[재:삼재:사]

[붙임] 용언의 단음절 어간에 어미 '-아/-어'가 결합되어 한 음절로 축약되는 경우에도
긴소리로 발음한다.

    보아 → 봐[봐:]   기어 → 겨[겨:]   되어 → 돼[돼:]
    두어 → 둬[둬:]   하여 → 해[해:]

다만, '오아→ 와, 지어 → 져, 찌어 → 쩌, 치어 → 쳐' 등은 긴소리로 발음하지 않는다.

제7항 긴소리를 가진 음절이라도, 다음과 같은 경우에는 짧게 발음한다.

1. 단음절인 용언 어간에 모음으로 시작된 어미가 결합되는 경우

감다[감:따]-감으니[가므니]   밟다[밥:따]-밟으면[발브면]
신다[신:따]-신어[시너]   알다[알:다]-알아[아라]

다만, 다음과 같은 경우는 예외적이다.

끌다[끌:다]-끌어[끄:러]   떫다[떨:따]-떫은[떨:븐]
벌다[벌:다]-벌어[버:러]   썰다[썰:다]-썰어[써:러]
없다[업:따]-없으니[업:쓰니]

2. 용언 어간에 피동, 사동의 접미사가 결합되는 경우

감다[감:따]-감기다[감기다]   꼬다[꼬:다]-꼬이다[꼬이다]
밟다[밥:따]-밟히다[발피다]

다만, 다음과 같은 경우에는 예외적이다.

끌리다[끌:리다]   벌리다[벌:리다]   없애다[업:쌔다]

[붙임] 다음과 같은 합성어에서는 본디의 길이에 관계없이 짧게 발음한다.

밀-물   썰-물   쏜-살-같이   작은-아버지

4.1 음의 길이

4.1.1 음의 길이의 종류

한국어의 낱말은 모음의 길이에 따라 뜻이 달라지는 경우가 있다. 이러한 음의 길이를 장단이라고도 하는데 장단은 초분절음에 속하는 것으로 분절음과 달리 표기에 나타나지 않는다. 한국어에서 긴 소리는 낱말의 첫 음절에서만 나타나며, 이 때 그 첫 음절의 소리의 길이는 의미 구별의 기능이 있다.

 여기서 잠깐!

초분절음이란(suprasegmental)?

초분절음은 운율적(prosody) 요소로 운소(韻素)라 부르기도 한다. 분절음이 음절을 구성할 때 그 위에 얹히는 것으로 음의 길이, 음의 높낮이, 음의 강세를 통틀어 가리키는 말이다.

이와 같은 초분절적 요소들은 자음보다는 주로 모음과 관련이 있다. 여기서 문제가 되는 것은 이러한 초분절적 요소들이 모음의 여러 가지 자질(feature) 중 하나인가 아니면 모음과는 별개로 독자성을 띠는가 하는 것이다.

언어학에서는 초분절음은 모음과 밀접한 관련을 맺지만, 모음 속에 포함된 요소로 보지는 않는다. 그것은 모음이 탈락하더라도 초분절적 요소들은 그대로 남는 경우가 많기 때문이다. 예를 들어, 연속되는 두 모음 중 하나가 탈락할 때 그 모음이 가진 길이나 성조는 그대로 남아 이웃하는 모음과 합쳐져 장모음이나 복합성조로 발음된다. 이것은 귀신 영화에서 육체는 죽더라도 영혼은 남아 있는 것과 흡사하다.

4.1.1.1 어휘적 장음

어휘적 장음은 어휘에 따라 실현되는 소리의 길이로 <표준 발음법>에 명시되어 있다. 소리의 길이에 따라 의미가 분화되는 어휘들은 다음과 같다.

짧은소리	긴소리	짧은소리	긴소리
밤(夜)	밤:(栗)	눈(眼)	눈:(雪)
발(足)	발:(簾)	벌(罰)	벌:(蜂)
굴(생굴)	굴:(窟)	거리(길거리)	거리:(距離)
병(瓶)	병:(病)	무력(無力)	무력:(武力)
말(馬)	말:(言)	소식(消息)	소:식(小食)
적다(이름을~)	적:다(수량이~)	걷다(소매를~)	걷:다(걸음을~)
묻다(땅에~)	묻:다(길을~)	업다(아이를~)	없:다(아무도~)

어휘적 장음은 특별한 경우가 아니면 어두에서만 실현되며 비어두에서는 <제 6항 2>에서와 같이 단모음으로 실현된다. 그리하여 '눈보라'의 '눈'이나 '말씨'의 '말'은 장모음이지만 이들이 '첫눈', '참말'과 같이 둘째 음절 이하에 오게 되면 단모음으로 발음된다.

용언의 단음절 어간에 모음으로 시작하는 어미 '-어, -어도, -어서, -어야, -어요, -었-' 등이 붙는 경우 모음축약이 되면서 장모음으로 실현된다.

(1) 보아 → 봐[봐:]   기어 → 겨[겨:]   되어 → 돼[돼:]
     두어 → 둬[둬:]   하여 → 해[해:]

이는 원래 단모음이었던 두 모음이 이중모음으로 축약되면서 원래의 모음의 길이를 유지하려는 현상으로 인해 장모음으로 실현되는 것이다. 그런데 이와 같은 소리의 길이에 따른 차이는 노년층에서는 아직까지 구별하여 발음한다. 그러나 젊은 층에서는 모음축약으로 인한 장음화는 어느 정도 인식이 가능하나 개별 낱말의 장단은 잘 구별하여 발음하지 않는 경향이 있다.

4.1.1.2 표현적 장음

표현적 장음은 모든 세대가 다 인식하고 있는 장음이다. 표현적 장음이란 특정한 낱말의 어감을 변화시키기 위해 원래 단모음인 것을 장모음으로 바꾸어 발음하는 것으로, 엄밀히 말해 <표준 발음법>과는 관계가 없이 상황에 따라 나타나기도 하고 나타나지 않기도 한다. 표현적 장음은 형용사나 부사에서 많이 나타나는데 주로 화자의 주관적인 느낌이 반영되어 상태성이나 정도성을 강조하게 된다. 표현적 장음은 어두와 비어두에서 모두 나타날 수 있다. 표현적 장음이 일어나는 경우의 예를 몇 가지 보이면 다음과 같다.

(2)　가. 형용사

　　　　높다[놉:따]　　　　　　　넓다[널:따]
　　　　깨끗하다[깨:끄타다]　　　예쁘다[예:쁘다]

　　　나. 부사

　　　　멀리[멀:리]　　　　　　　저기[저:기]
　　　　훨씬[훨:씬]　　　　　　　빙빙[빙:빙]

표현적 장음은 실제 발화에서 많이 나타난다. 즉 발화 상황에 따라 화자의 심리 상태를 표현하기 위하여 표현적 장음을 사용하는 것이다. 실제 발화에서의 쓰임을 보면 다음과 같다.

(3)　저기 높은[노:픈] 빌딩은 무슨 빌딩이에요?
　　　돌아올 때까지 깨끗이[깨:끄시] 청소해 둬.
　　　저기[저:기] 멀리[멀:리] 보이는 게 뭐지?

4.1.2 음의 길이의 교육 방안과 활동 유형

4.1.2.1 음의 길이의 교육 방안

한국어에서 음의 길이에 따라 의미의 변별이 이루어진다는 것은 한국인을 위한 국어교육에서는 가르치고 있으나, 외국인을 위한 한국어교육에서는 중점적으로 다루어지지는 않는다. 어휘적 장음화의 경우, 각 어휘별 음의 길이를 교사가 알고는 있으되 외국인 학습자들에게 지나치게 음의 길고 짧음을 강조할 필요는 없다. 다만, 위에서 제시한 어휘적 장음 중 단음절 어휘의 경우에는 한 번씩 발음을 들려주고 의미의 차이를 알려주는 것은 필요하다. 아울러 표현적 장음에 대해서는 한국인들이 발음을 할 때 특정 부분을 길게 발음하는 경우 어떠한 부분을 강조하기 위한 것임을 알려주는 정도로 가르치는 것이 좋다. 음의 길이에 대한 교육은 중급 이상의 학습자에게 적합하다.

4.1.2.2 음의 길이 교육의 활동 유형

1. 낱말 읽기

교사가 낱말이 적힌 그림 카드를 학습자에게 제시하면 학습자가 그 그림을 보고 음의 길이를 구별하여 낱말을 읽는 활동이다. 이 때 교사가 먼저 낱말을 읽은 후 학습자로 하여금 따라 읽게 하는 것이 좋다.

눈   눈

말

말

2. 문장 읽기

　　교사가 동일한 뜻을 가진 낱말이 첫음절과 그렇지 않은 음절에 오는 경우가 함께 들어 있는 문장을 학습자에게 읽게 함으로써 낱말이 놓이는 위치에 따라 음의 길이가 달라진다는 것을 인지시키는 활동이다. 이 때에는 '낱말 읽기'와 마찬가지로 교사가 먼저 문장을 읽은 후 따라 읽게 하는 것이 더 효과적이다. 읽기를 반복해서 할 때 학생들이 지루해 하지 않도록 처음에는 학생 전체가 읽기, 두 번째는 반씩 나눠서 읽기, 세 번째는 짝끼리 읽기, 네 번째는 한 명이 대표로 읽고 나머지가 따라 읽기 등의 다양한 방법을 사용하여 연습하도록 한다.

　(1) **첫눈**이 내리면 커다란 **눈사람**을 만들 거예요.

　(2) 선생님의 **말씀**은 모두 **참말**이야.

　(3) 앞니가 **벌어진** 그 아이는 쉴 새 없이 무어라고 **떠벌리고** 있었어요.

　(4) **밤나무**에 **알밤**이 탐스럽게 열었어요.

　(5) 눈**멀어서** 이제는 **멀리** 볼 수가 없군요.

3. 낱말 듣기

① 교사가 음의 길이가 서로 다른 낱말의 짝을 들려주고 길게(혹은 짧게) 소리 나는 낱말을 찾게 한다. 또는 음의 길이가 다른 10개 정도의 낱말들을 섞어 놓고 구별하게 할 수도 있다.

② 어휘 확장이 어느 정도 되어 있어 낱말의 뜻을 인지하고 있는 중급 이상의 학습자를 대상으로 할 때는 낱말이 적혀 있지 않은 그림 카드를 먼저 제시하고 음의 길이가 다른 낱말의 짝을 교사가 발음한 뒤 이를 찾게 하는 방법으로 학습을 시킬 수도 있다. 또는 반대로 교사가 발음하는 낱말을 듣고 그 낱말에 해당하는 그림 카드를 찾게 할 수도 있다.

4. 문장 듣기

교사가 음의 길이에 따라 뜻이 달라지는 낱말이 함께 들어 있는 문장을 학습자에게 들려주고 길게(혹은 짧게) 소리 나는 낱말에 표시를 하게 한다. 그리고 각각의 뜻을 설명해준다.

제주도에는 **말**이 많다는 **말**을 들었어요.

(1) 눈이 내리면 그 아이의 눈은 초롱초롱해져요.

(2) 사과를 하면서 사과를 한 개 주었어요.

(3) 새 신을 신고 폴짝 뛰어보아요.

(4) 밤이 되니 밤나무가 보이지 않는군요.

(5) 말이 달리면 말을 하세요.

5. 텍스트 읽기

음의 길이에 따라 뜻이 달라지는 낱말들이 들어 있는 짧은 텍스트를 읽게 함으로써 앞에서 학습한 내용들을 확인하는 활동이다. 이 때 제시되는 텍스트는 너무 길지 않은 것이 좋다.

순돌이는 제 친구예요. 아주 착한 말이랍니다. 사람들은 순돌이가 아주 잘 생겼다는 말을 자주 합니다.

4.2 억양

억양은 문장의 전체나 일부에 얹혀서 특정한 억양의 의미를 나타내는 억양 패턴을 보인다. 말토막에 얹히는 억양을 말토막 억양, 말마디에 얹히는 억양을 말마디 억양, 문장 전체에 얹히는 억양을 문장 억양이라고 한다. 억양은 <표준 발음법>에는 제시되어 있지 않으나 외국어로서의 한국어 발음교육에서는 필요한 교육 내용 중의 하나이다.

4.2.1 억양을 나타내기 위한 단위 표현

이 절에서는 억양의 기본적인 단위가 되는 말토막과 말마디에 대해 알아보기로 한다(말토막은 소괄호 ()로, 말마디는 중괄호 {}로 묶어 제시한다.).

(4)   {(나는) ㅣ (라면을 먹었고)} ‖ {(영희는) ㅣ (빵을 먹었다.)}‖

(말토막1)   (말토막2)   (말토막3)   (말토막4)

{말마디 Ⅰ}   {말마디 Ⅱ}

문장

말토막은 발화(특별히, 긴 발화의 경우)를 할 때 짧게 숨을 끊어 쉬는 단위를 말하는 것으로, (4)의 예문은 두 개의 말마디와 네 개의 말토막을 갖고 있다. 일반적으로 말토막(ㅣ)은 말마디(‖)보다 짧은 휴지(pause)를 갖는다.

여기서 잠깐!

운율 단위 용어

한국어의 운율 단위에 대한 용어는 하나로 통일되어 있지는 않다. 가장 큰 단위 순으로 '문장-말마디-말토막-(낱말)-(음절)'로 나타내기도 하고 '발화-억양구-강세구-음운낱말-음절'의 순서로 나타내기도 한다. 이 책에서는 전자의 방법을 따른다.

생각의 흐름을 잠시 중단하고자 할 때 문장에서는 쉼표나 마침표 등의 부호를 사용하지만 대화에서는 휴지를 두어서 이를 나타낸다. 발화된 문장은 휴지로 여러 개의 억양 단위를 나눌 수 있다.

4.2.2 억양의 유형[1)

4.2.2.1 말토막 억양

말토막 억양에는 화자의 감정과 태도가 마지막 음절에 얹혀 표현된다. 마지막 음절의 억양 패턴은 오름조(rising), 수평조(level), 내림조(falling), 오르내림조(rise-falling)의 유형으로 나누어 볼 수 있다. 어떤 유형이든지 여러 말토막 사이의 패턴은 동일하게 나타난다. 예를 들어, 다음 쪽의 예 (6)의 경우를 보면 마지막 말토막을 제외하고는 말토막 1, 2, 3의 억양 패턴이 동일하게 올라감을 확인할 수 있다. 또한 말토막 1에서 4로 갈수록 말토막의 강세 음절의 높이가 낮아지는 것을 알 수 있다. 그리고 첫 번째 말토막에 얹히는 억양에 따라서 약간씩 다른 뉘앙스를 풍기게 되는데, 이를 좀더 구체적으로 살펴보면

---

1) 이호영(1996)에서 제시한 핵억양 목록을 일부 발췌하여 재기술한 것이다.

아래와 같다.

	(철수는)	(친구한테)	(선물을)	(줬다)
말토막	1	2	3	4

① 오름조(Rising) : 화자와 청자 사이에 친분 관계가 있을 때 아래 (6)의 말토막 1, 2, 3처럼 말토막의 끝 음절('는', '테', '을')은 나머지 음절들보다 더 높게 발음된다. 그러나 말마디 의 마지막 음절에는 핵억양이 얹히기 때문에 마지막 말토막('다')에서는 오름조가 보이 지 않는다.

(6)
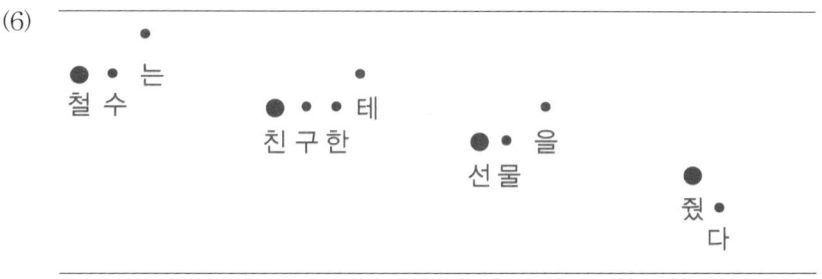

② 수평조(Level) : 아래 (7)의 말토막 1, 2, 3처럼 각 말토막의 억양 패턴은 올라가지도 내려가지도 않는 수평조를 이루고 있다. 말토막의 모든 음절이 같은 높이로 발음되는데, 이와 같은 수평조는 주로 사무적인 말투의 발화에 나타난다.

(7)

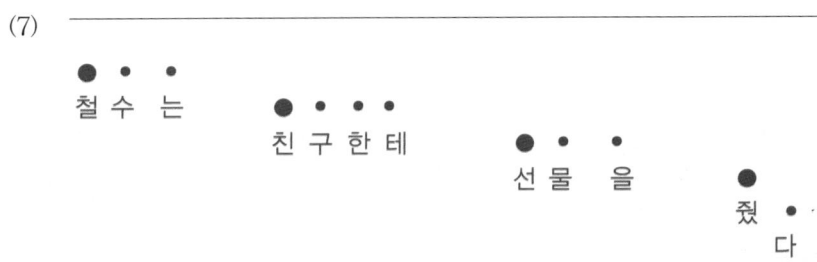

③ 내림조(Falling) : 아래 (8)과 같이 말토막 1, 2, 3의 마지막 음절이 가장 낮게 발음되는 내림조는 화자가 기운이 빠져있거나 흥미 없는 태도를 전달하고자 할 때 많이 사용된다. '기운 빠진' 혹은 '흥미 없는' 태도를 전달한다.

(8)

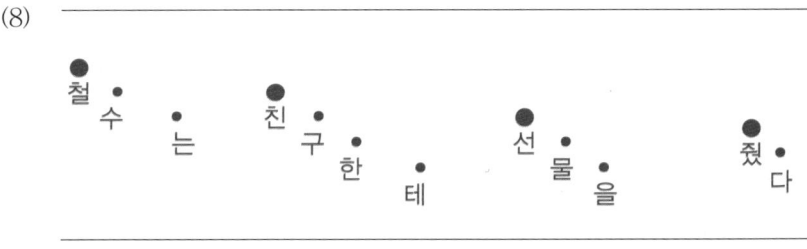

④ 오르내림조(Rise–Falling) : 아래 (9)와 같이 말토막 1, 2, 3의 두 번째 음절이 첫 음절보다 높게 발음되고 나머지 음절들은 차례로 낮게 발음되는 오르내림조는 내용을 강조하여 전달할 때 사용된다. 아래 (9)의 경우는 첫 번째 말토막인 '철수는'을 강조하고 있다.

(9)

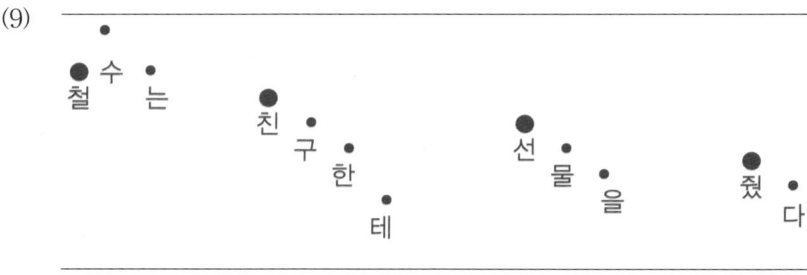

4.2.2.2 문장의 종류에 따른 억양

앞에서 살펴본 말토막의 네 가지 유형에 이어 이번 절에서는 문장의 종류에 따른 억양에 대해 구체적으로 살펴보려고 한다. 이를 위해 먼저 말토막의 상위 운율 단위인 말마디의 마지막 음절에 얹히는 핵억양(nuclear tone)의 종류에 대해 살펴보기로 한다.

한국어의 핵억양에는 아홉 가지의 유형이 존재한다. 핵억양의 패턴을 찾기 위해서는 발화된 문장 전체의 음의 높낮이 영역을 삼등분하여 '높은 높이, 가운데 높이, 낮은 높이'로 나눈다. 가운데 높이는 음역에서 가장 넓은 범위를 차지한다. 그리하여 말마디의 마지막 음절이 삼등분한 영역 중에서 어디에 해당되는지를 파악하고, 핵억양이 실리는 마지막 음절과 바로 앞의 음절과의 위치 관계를 따져봐야 한다. 즉, 앞 음절보다 핵억양 음절이 '조금 더' 낮은 단계에서 실현되는지 혹은 '훨씬 더' 높은 단계에서 실현되는지를 살펴보아야 한다. (10)번의 예에서는 '학교에 갑니다'에서 핵억양이 얹히는 마지막 음절의 '다'는 음역 중에서 가장 낮은 구역에 있고, 바로 앞 음절보다 조금 낮은 위치를 차지하고 있으므로 '낮은수평조'에 해당한다.

(10) 학교에 갑니다.

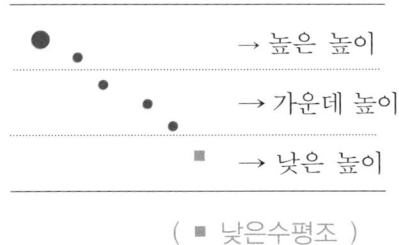

(■ 낮은수평조)

핵억양의 유형을 나누어보면 다음과 같다.

(11) 핵억양의 유형

유형		말마디의 마지막 음절의 패턴
① 낮은수평조 (Low Level)		• 핵억양 음절이 낮은 높이에서 발음됨 • 앞 음절보다 핵억양 음절이 '조금 더' 낮음
② 가운데수평조 (Mid Level)		• 핵억양 음절이 가운데에서 발음됨 • 앞 음절보다 핵억양 음절이 '더' 높음
③ 높은수평조 (High Level)		• 핵억양 음절이 낮은 높이에서 발음됨 • 앞 음절보다 핵억양 음절이 '훨씬 더' 높음
④ 낮내림조 (Low Fall)		• 핵억양 음절이 가운데 높이에서 시작하여 가장 낮은 높이로 끝남 • 앞 음절보다 핵억양 음절이 '더' 높음
⑤ 높내림조 (High Fall)		• 핵억양 음절이 높은 높이에서 시작하여 가운데 높이로 끝남 • 앞 음절보다 핵억양 음절이 '훨씬 더' 높음
⑥ 온오름조 (Full Rise)		• 가장 낮은 높이에서 시작하여 가장 높은 곳에서 끝남 • 앞 음절보다 핵억양 음절이 '약간' 낮음
⑦ 낮오름조 (Low Rise)		• 가장 낮은 높이에서 시작하여 가운데 높이로 끝남 • 앞 음절보다 핵억양 음절이 '약간' 낮음
⑧ 내리오름조 (Fall-Rise)		• 가운데 높이에서 시작하여 조금 낮아졌다가 가장 높은 높이로 끝남 • 앞 음절보다 핵억양 음절이 '더' 높음
⑨ 오르내림조 (Rise-Fall)		• 낮은 높이에서 시작하여 조금 높아졌다가 가장 낮은 높이로 끝남 • 앞 음절보다 핵억양 음절이 '더' 높음

위의 핵억양 유형을 바탕으로 한국어 문장에 나타나는 억양에 대해 살펴보도록 한다.

① 평서문의 억양

평서문은 화자가 청자에게 어떤 정보를 전달할 때 주로 사용된다. 감탄 어미가 쓰인 문장의 문미 경계 음조는 서술문과 크게 다르지 않다. 아래 (12)의 예문들은 '밥 먹었어?'라고 묻는 엄마의 물음에 대한 대답들이 억양의 다름에 따라 어떤 의미로 해석될 수 있는지를 잘 보여준다. (→는 '밥 먹었어'라는 말에 어울리는 화자의 태도를 기술한 것이다. ●는 강한 강세, ●는 약한 강세를 나타낸다.)

(12)　　엄마 : "밥 먹었어?"
　　　　철수의 대답 :
　　　　가. 밥 먹었어. (방에 획 들어간다.) → 냉정하게 또는 차분하게

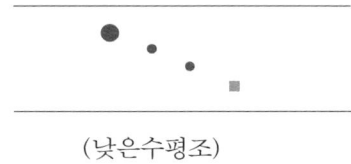

　　　　　　　　　　(낮은수평조)

　　　　나. 밥 먹었어. (안 먹어!) → 짜증 내며

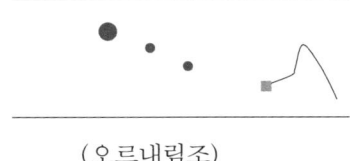

　　　　　　　　　　(오르내림조)

　　　　다. 밥 먹었어. (안 먹어도 괜찮아.) → 부드럽게 확인시키듯

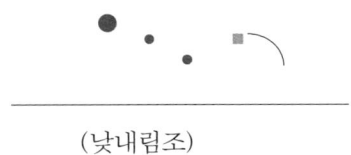

　　　　　　　　　　(낮내림조)

② 의문문의 억양

의문문은 형태에 따라 ⅰ) '예'나 '아니오'로 대답하도록 질문하는 판정 의문문, ⅱ) 의문사 '무엇, 언제, 어떻게, 왜, 누가, 어디서'를 포함하는 설명 의문문, ⅲ) 부정(不定) 대명사를 포함하면서 '예'나 '아니오'로 대답하도록 질문하는 부정(不定) 의문문, ⅳ) 화자가 둘 혹은 그 이상의 선택을 제시함으로써 청자가 둘 중 하나를 선택하게 하는 선택 의문문, ⅴ) 청자가 화자의 말을 제대로 듣지 못했거나 내용을 제대로 이해하지 못해서 확인할 때, 또는 청자가 한 말의 표현이나 내용이 못마땅해서 질책할 때 사용하는 확인 의문문, ⅵ) 답을 요하지 않으면서 자신의 주장을 평서문으로 전달할 때보다 더 강하게 전달하기 위해 사용하는 수사 의문문 등으로 나눌 수 있다.

(13)　　가. 밥 먹을래?　→ 판정 의문문

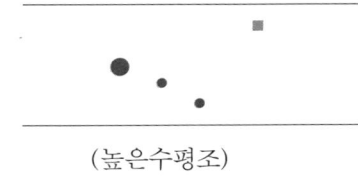

(높은수평조)

나. 뭐 먹을래? → 설명 의문문

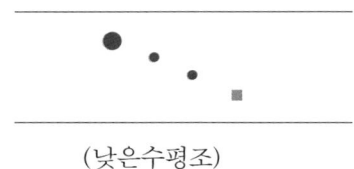

(낮은수평조)

다. 뭐　먹을래? → 부정(不定) 의문문
먹는지 안 먹는지가 중요한 문제이므로 동사에 강세를 두게 된다.

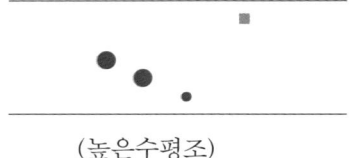

(높은수평조)

라. 뭐 먹을까? → 자문

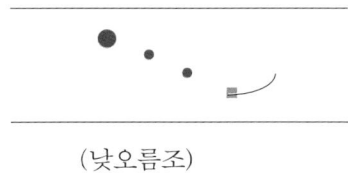

(낮오름조)

마. 밥 먹을까, 빵 먹을까? → 선택 의문문

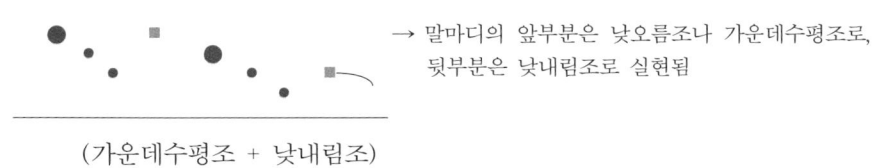

→ 말마디의 앞부분은 낮오름조나 가운데수평조로,
뒷부분은 낮내림조로 실현됨

(가운데수평조 + 낮내림조)

바. 밥 먹어야 하지 않니? → 수사 의문문

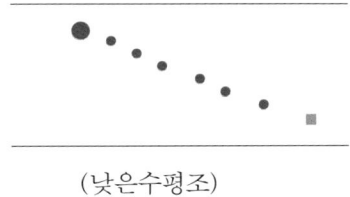

(낮은수평조)

③ 명령문의 억양

명령문은 화자가 청자에게 자신의 의도대로 행동해 줄 것을 요구하는 기능을 수행한다. 화자가 권위를 가지고 청자에게 명령할 때에는 낮은수평조, 낮내림조, 오르내림조 핵억양이 주로 사용되고, 화자가 청자에게 달래듯이 부탁하거나 권유할 때에는 낮오름조와 내리오름조 핵억양이 사용된다.

(14)　　가. 밥 먹어. → 권위를 가지고 명령하듯

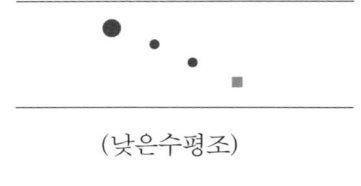

(낮은수평조)

나. 밥 먹어. → 권유하듯

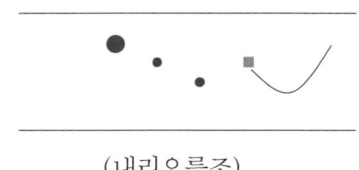

(내리오름조)

④ 청유문의 억양

청유문은 화자가 청자에게 어떤 일을 함께 할 것을 제의할 때 사용되는 문장이다. 청유문에는 보통 낮은수평조, 낮내림조, 오르내림조 핵억양이 사용되는데, 화자가 청자에게 달래듯이 제의할 때에는 낮오름조와 내리오름조 핵억양이 사용된다.

(15)　　가. 밥 먹자. → 딱딱한 말투로

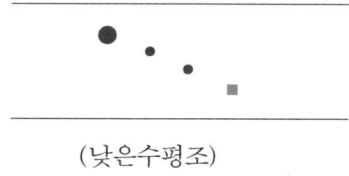

(낮은수평조)

나. 밥 먹자. → 친근한 말투로

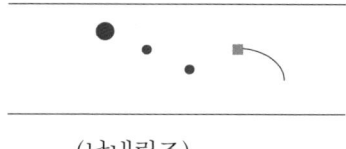

(낮내림조)

🧭 여기서 잠깐!

■ **강세와 리듬**

여러 음성학자들은 영어와 성격이 다르긴 하지만 한국어에도 강세가 있다고 주장한다. 한국어의 강세는 주로 첫음절에 온다. 그러나 3음절 이상인 낱말에서 첫 음절이 개음절인 경우 둘째 음절에 강세가 온다. 그리고 말토막은 하나의 리듬 형태를 갖추는데, 강세는 말토막 내에서 한 번만 발생한다. 한국어에는 강약형(1번)과 약강형(2번)의 두 가지 형태의 리듬이 있다. 전자는 강세가 첫 음절에 오는 형태, 후자는 둘째 음절에 강세가 오는 형태이다.

(1) 강약형 (첫 음절에 강세)

['학교]   ['책상]   ['사ː람]   ['선생님]   ['멀ː리]   ['감ː대]

(2) 약강형 (둘째 음절에 강세)

[자'동차]   [사'랑방]   [개'구리]   [다'람쥐]   [고'속도로]

그러나 아래 (3나)와 같이 두 개의 말토막이 합쳐져 하나의 말마디를 이루는 경우 마지막 말토막에 두었던 강세는 사라진다.

(3)　　가. 한 번만(│) 강세를(│) 두세요.(‖)

　　　　　 ['한 번만]   ['강세를]   ['두세요]

　　　나. 한 번만(│) 강세를 두세요.(‖)

　　　　　 ['한 번만]   ['강세를 두세요]

■ **강세 박자 언어와 음절 박자 언어**

영어나 독일어는 리듬이 일정한 간격을 두고 반복되는 강세 박자 언어(stress-timed language)로 문장의 강세가 일정한 시간을 두고 반복되는 패턴을 보인다. 시간의 간격을 유지하기 위한 방법으로 영어에서는 음절수가 많아질수록 강세를 받지 못하는 모음들이 축약되어 나타난다. 그러나 한국어, 일본어, 프랑스 어는 음절이 일정한 간격을 두고 반복되는 음절 박자 언어(syllable-timed language)로 모든 음절을 비슷한 시간으로 하나씩 또박또박 읽어야 한다. 따라서 강세 박자 언어권의 학습자의 경우 모음을 축약하여 발음하지 않도록 지도해야 한다. 또한 한국어의 두 번째 음절에 강세가 오는 경우 강세를 받지 못하는 첫 번째 음절을 바로 앞의 말토막에 붙여 읽는 오류를 일으키지 않도록 주의시켜야 한다. 예를 들어 '예쁜 자동차 좀 보세요.'라는 문장을 ['예쁜] [자'동차좀] ['보세요]로 3개의 말토막으로 나누었을 경우 ['예쁜자] ['동차좀] ['보세요]처럼 강세가 없는 음절을 앞 음절에 붙여 발음하지 않도록 해야 한다.

4.2.3 억양의 교육 방안과 활동 유형

4.2.3.1 억양의 교육 방안

구어와 문어의 가장 기본적인 차이를 만들어 내는 것은 앞에서 언급한 초분절적인 요소들이다. 글로 쓴 문장에는 개별의 소리를 낱낱이 적을 수 있지만, 그 문장을 발화할 때 사용하는 모든 요소들을 다 글에 담을 수는 없다. 다시 말해, 사람의 음색이나 음높이, 크기, 길이, 강세 등은 표현할 수 없다. 외국인 학습자들이 이러한 요소들을 정확히 파악해 내기란 쉬운 일이 아니다. 발음을 가르치는 많은 교사들도 학습자들이 분절음보다는 초분절음의 특징을 익히는 데 더 어려움을 느낀다고 말한다. 그러한 원인 중 하나는 초분절적 요소가 분절음보다 더 많은 의미를 전달하기 때문이다.

억양을 잘못 학습하여 심하게 억양에 변화를 주어 발음하거나, 지나치게 평평하게 하여 발음하는 등 잘못된 억양을 사용할 경우 청자는 화자의 의도를 제대로 이해하지 못할 수도 있다. 특히 외국인 학습자들은 운율적인 요소를 통해 전달되는 유모, 풍자, 아이러니 등과 같은 것들은 이해하기 어렵다. 무엇보다도 분절음의 잘못된 발음은 쉽게 수정하고 넘어갈 수 있으나, 초분절적인 요소는 오류 수정의 차원을 떠나 청자의 감정을 상하게 할 수도 있다. 예를 들어, 외국인 학습자가 문미의 억양을 지나치게 높여 "숙제 했어?"라고 말하면 마치 부모가 자녀에게 숙제를 했는지 안 했는지 채근하는 말투로 해석될 수 있다. 이처럼 억양을 잘못 학습하게 되면 화자의 의도와는 다르게 전달되어 의사소통에 지장을 초래할 수도 있기 때문에 학습 초기 단계부터 세심한 주의를 기울여 교육해야 한다.

앞에서 말한 바와 같이 분절음보다는 초분절음의 오류 수정이 어렵고, 또한 어린 아이들이 모국어를 학습할 때 분절음보다는 초분절음을 먼저 익힌다는 점에서 학습 초기부터 강세와 리듬 그리고 억양 등의 초분절음에 대한 체계적인 교육이 필요하다. 주지하다시피 초분절음이란 분절음에 얹히는 운율에 관련된 요소이기 때문에 분절음에 대한 학습 없이 초분절음을 학습하는 것은 불가능하다. 제1장의 발음교육 모형에서 언급했던 것처럼 학습자가 분절음을 목표만큼 달성할 때까지 기다리는 대신 분절음과 초분절음을 조화롭게 가르치는 것이 중요하다. 이 절에서는 억양을 중심으로 하여 그 외 다른 초분절적인 요소의 교육 방안에 대해 살펴보기로 한다.

① 말하기보다는 듣기를 먼저 가르친다

강세, 리듬, 장단, 억양 등의 발음 연습을 할 때 기본적으로 말하기보다는 충분히 듣는 연습을 먼저 시켜야 한다. 학습 초기에 말하기를 강요하는 것은 오히려 발음 학습 능력을 저하시킨다는 연구 결과가 많이 나와 있다. 제2 언어나 외국어 발음을 학습할 때에는 충분히 듣고 이해했을 때 비로소 인지력이 생기고 정서적인 안정감을 찾게 되어 자연스러운 발화가 가능하다는 것이다. 따라서 구두로 연습하기 전에 실제적인 자료를 가지고 듣는 연습을 충분히 시켜야 한다. 그런 후에 학습자들이 소리를 정확히 인지했는지 말하기를 강요하지 않고 확인해야 한다. 억양을 예로 들면, 단문으로 된 평서문의 문장을 여러 차례 듣게 한 후, 들은 내용과 교재에 있는 내용이 일치하는가를 찾는 테스트를 해 볼 수 있다.

② 강세와 리듬을 가르친다

발음교육을 할 때 영어는 낱말이 강세의 단위가 되지만, 한국어는 화자의 주관적인 판단에 따라 변화되는 말토막이 강세의 단위가 된다는 점을 강조할 필요가 있다. 그러나 말토막을 묶는 정해진 규칙이 없다고 해서 아무 곳에서나 휴지를 두어 발음해서는 안 된다. 문장의 길이, 말하는 사람의 속도, 문법 구조 등에 따라 말토막 경계가 결정된다는 것을 주지시켜야 한다.

강세의 경우 들으면서 가볍게 강약을 주어 책상을 두드리게 함으로써 몸으로 강세를 느낄 수 있게 한다. 그리고 특히 영어나 프랑스 어 등의 언어를 모국어로 하는 학습자들이 변화가 심한 리듬으로 발음하지 않도록 주의해서 지도해야 한다. 발음 연습을 할 때 연필을 눈높이 정도에 두고 보면서 리듬을 심하게 타지 않고 비교적 직선 모양을 유지하면서 또박또박 한 글자씩 읽어 나가도록 지도한다.

③ 돋들림을 인지시킨다

같은 문장이라 하더라도 화자가 의도하는 바를 명확하게 전달하기 위해서는 특정한 낱말 전체를 강하게 발음하게 되는데 이를 돋들림이라 한다. 돋들림 연습을 하기 위해 다음과 같은 예문을 제시할 수 있다.

▶ 올바른 대답을 찾아 동그라미 하세요.

지현: 어제 집에 늦게 와서 피곤해서 밥 안 했어.
경희: 남편이 했어?
지현: 난 그냥 신발 벗고 뻗어 버렸어.
경희: _____

(가) 남편이 저녁을 했어?

(나) 남편이 저녁을 했어?

(다) 남편이 저녁을 했어?

④ 말토막 억양을 인지시킨다

말토막 억양의 네 가지 유형 중 친근한 발화의 경우에 나타나는 오름조(rising)에 대한 연습을 한다고 가정해 보자. 이 때 [철수가(●●●)] 같은 구조를 갖는 단문을 여러 개 제시하여 '철수가'의 마지막 음절인 '가'를 다른 음절보다 높게 발음하도록 지도한다. 이러한 유형에 익숙해지도록 하기 위해서는 처음에는 오직 억양에만 집중하기 위하여 '가가가가(⌒)' '나나나나(⌒)' '다다다다(⌒)'의 무의미한 음절의 연속체로 연습하다 익숙해지면 유의미한 낱말과 사진을 함께 제시하면서 반복 연습을 한다.

⑤ 문장 억양을 가르친다

문장 억양은 문미에서 문장의 의미를 구별하는 가장 중요한 요소로서 학습할 분량이 가장 많은 부분이기도 하다. 억양은 화자의 감정과 심리 상태를 표현하기 때문에 발화가 나타내는 미묘한 느낌 차이를 일일이 자세하게 설명하기는 매우 어렵다. 따라서 기본적인 문장의 유형인 평서문, 의문문, 명령문, 청유문의 문장 억양을 연습하면서 서서히 익혀 나가도록 하는 것이 좋다. 아래에 제시한 것과 같은 예를 활용하여 연습할 수 있다.

▶ 아래의 대화를 듣고 다음에 어떤 대화가 이어질 수 있는지 생각해 보세요.

철민 : 나 어제 숙제 다 했어.

영호 : _____

(가능한 답변) (가) 뭐? 네가 숙제를 다 해놓다니! (믿을 수 없을 때)

(나) 뭐? 언어학 개론 숙제

(다) 뭐? 너 어제 숙제 다 했어? (제대로 못 들었을 때)

문장 억양을 연습하기 위해 교사가 간단한 역할극 대본을 만들어 학생을 두 명씩 짝을 지어 역할극에 참여하게 하는 것도 좋은 방법이다.

4.2.3.2 억양 교육의 활동 유형

1. 듣기

교사가 억양이 다른 문장을 들려주면 학습자는 그것을 듣고 문장의 종류를 구분하여 해당되는 문장에 표시를 하는 활동이다. 이 활동을 하기 위해서 교사는 먼저 학습자에게 한국어 문장 유형에 대해 인지시켜 두어야 한다.

문장	평서문	의문문 →
밥 먹었어	✔	
벌써 학교 갔어		
내일 비가 많이 온대		
다음 주에 시험 있어		

2. 문장 읽기

교사가 억양 곡선이 그려진 문장들을 학습자에게 유형별로 제시하고 이를 읽어 보게 하는 활동이다. 이 때 동일하게 표현되는 문장이라 하더라도 억양에 따라 다른 뜻을 가지게 된다는 것에 주의해서 학습자를 지도해야 한다. 읽기를 반복해서 할 때 학생들이 지루해하지 않도록 처음에는 학생 전체가 읽기, 두 번째는 반씩 나눠서 읽기, 세 번째는 짝끼리 읽기, 네 번째는 한 명이 대표로 읽고 나머지가 따라 읽기 등의 다양한 방법을 사용하여 연습하도록 한다.

집에 가.

(1) 집에 가. (의문문)

(2) 집에 가. (평서문)

(3) 집에 가. (명령문, 명령하듯)

(4) 집에 가. (청유문, 부드럽게)

3. 역할극 하기

교사는 학습자에게 두 명씩 짝을 짓고 역할을 정하게 한 뒤 실제 발화 상황과 같이 역할극을 하게 한다. 끝나면 학습자가 서로 역할을 바꾸어 하게 한다. 평서문, 의문문, 명령문, 청유문의 억양을 모두 사용하여 연습할 수 있는 효율적인 활동이다. 예를 들어, 평서문의 경우 '냉정한 태도'를 나타낼 때는 낮은수평조를 사용하고, '친절한 태도'를 나타낼 때는 낮내림조를, '놀란 태도'를 나타낼 때는 높은수평조나 높내림조를 사용한다. 그리고 '화난 태도'를 나타낼 때는 내리오름조를 사용한다. 의문문의 경우, '예 또는 아니오'로 대답하게 하는 판정 의문문에서는 높은수평조를 사용하고, 청자가 한 말의 내용이 못마땅할 때 사용하는 되물음 의문문에서는 높은수평조, 높내림조 등의 억양을 사용할 수 있다.

영희가 아래와 같은 구매 목록을 작성하여 철수에게 주었습니다. 깜빡 잊고 목록이 적힌 메모지를 가져가지 않은 철수는 기억나는 대로 몇 가지만 구입하였습니다. 구매 목록을 확인하기 위하여 서로 어떻게 말해야 할까요? 참고로 영희는 성격이 급하고 화를 잘 냅니다.

구매할 목록	구매한 목록
수영복	✔ 수영복
아이스박스	아이스박스
생수 2병	✔ 생수 2병
쌀 한 봉지	✔ 쌀 한 봉지
라면	라면
필름 3통	✔ 필름 3통
지난 주에 맡긴 사진	지난 주에 맡긴 사진

예)   영희 : 라면 사왔어? (높은수평조)

철수 : 아니, 안 사왔어. (낮은수평조)

영희 : 안 사왔어? (높내림조)

철수 : 미안해. 같이 사러 가자! (낮오름조)

4. 듣고 표정 알아맞히기

교사가 동일한 문장이지만 억양에 따라 다른 의미를 가지게 되는 상황을 설정하여 문장으로 제시한다. 그리고 문장에 알맞은 표정 그림을 준비하고 억양에 유의하여 학습자에게 문장을 읽어 준 다음 억양에 알맞은 표정 그림을 찾게 한다. 또는 문장을 들려주고 학습자로 하여금 문장에 알맞은 표정을 직접 지어 보이게 하거나 그림으로 그리도록 해도 좋다.

학교에서 돌아온 철수가 어머니와 대화하는 장면입니다.

엄마 : 철수야, 밥 먹었니?

철수 : 밥 먹었어. (부드럽게)

밥 먹었어. (냉정하게)

4.3 다른 언어와의 비교

4.3.1 영어

영어는 강세 박자 리듬(stress-timed rhythm) 언어로 강세 규칙에 따라 어떤 음절을 강하거나 약하게 발음한다. 연결된 말음 강세 음절과 비강세 음절이 서로 조화를 이루어 가락을 이루는데 강세 음절이 일정한 간격을 두고 반복되어 리듬을 형성한다. 즉, 영어의 리듬은 강세 음절 사이에 걸리는 시간이 동일하다. 각 내용어의 강세 음절은 두드러지며, 기능어나 내용어의 비강세 음절은 상대적으로 약화된다. 강세 음절의 모음은 길어지는 반면 비강세 음절은 상대적으로 짧아져서 [ə]로 약화되어 빨리 발음된다. 따라서 음절의 수에 따라 발화 시간이 길어지는 음절 박자 언어와는 달리 강세 음절의 수에 따라 발화의 시간이 달라진다. 문장 내에서 스스로 특정한 의미를 갖고 있는 내용어는 악센트를 받고, 앞뒤 관계를 맺어주는 문법적 기능을 담당하고 있는 기능어는 악센트를 받지 않는다. 따라서 아래 다섯 문장의 발화 시간은 거의 같다.

(16) Men   drink   the beer.
      The men   drink   the beer.
      The men should drink   the beer.
      The men shouldn't drink   the beer.
      The men should drink some of the beer.

영어권 학습자들은 한국어에서는 첫 번째 음절에 강세가 온다고 생각하고 첫음절을 강하게 발음한다. 영어의 강세는 음높이(pitch)가 아닌 강약(stress)으로 실현되지만 일반적으로 강세가 놓이는 음절은 음높이도 높아진다. 따라서 영어권 학습자들은 '미영이하고 만났어요.'와 같은 문장을 '(미영이하고만) (났어요.)'로 잘못 분석할 수 있다. 이 외에 영어의 억양과 한국어의 억양은 약간의 특징을 제외하고는 대체로 비슷하다.

4.3.2 일본어

일본어는 고저 악센트를 가지고 있는 언어로 이러한 악센트에 따라 낱말의 의미가 달라진다. 예를 들면 あめ[ame]라는 낱말은 あ[a]를 높게 め[me]를 낮게 발음하면 '비'가 되고 あ[a]를 낮게 め[me]를 높게 발음하면 '사탕'이 된다. 일본어의 악센트는 낱말의 뜻을 구별하는 변별기능과 문장 내에서의 낱말과 낱말 또는 문절과 문절의 경계를 구분하고 표시하는 통사기능을 모두 갖추고 있다.

고저 악센트에 익숙한 일본어 모어 화자의 경우 한국어를 학습하거나 발음할 때 일본어의 고저 악센트가 개입되어 발음하는 경우가 많다. 즉, 일본어에서 2박부터 높아지는 평판형(平板型)이나 중고형(中高型), 1박이 높은 두고형(頭高型)의 낱말의 악센트가 그대로 한국어 낱말에 적용되어 발음된다.

한국어의 경우 두고형으로 시작되는 낱말들은 거의 없기 때문에 아래와 같이 낱말의 첫음절을 높게 발음하는 것으로 일본어 모어 화자라는 것을 쉽게 알 수 있는 단서가 되기도 한다.

(17)　あさ(asa)　: 아침 → 아침 먹었어요?
　　　かさ(kasa) : 우산 → 우산 가져가.
　　　なべ(nabe) : 냄비 → 냄비가 필요해요

4.3.3 중국어

중국어는 4개의 성조와 1개의 경성(輕聲)을 가지고 있는 성조언어이다. 즉 성조에 따라 어휘가 분화되고 동일한 어휘라 할지라도 성조에 따라 통사적 기능이 달라지는 것이다. 중국어의 억양은 명령문과 청유문에서는 하강조를 사용한다. 의문사가 없는 의문문은 상승조로 말하고 의문사가 존재하는 의문문은 뚜렷하지 않은 하강조를 사용한다.

중국어권 학습자들은 모국어의 영향으로 한국어를 말할 때 성조를 적용시키는 경우가 많다. 따라서 교사는 중국어권 학습자들에게 한국어의 억양을 가르칠 때 중국어의 성조가 한국어에 간섭 현상을 일으키지 않고 자연스럽게 발음할 수 있도록 각별히 주의해서 가르쳐야 한다.

4.3.4 러시아 어

러시아 어는 자유 강세어이며 muka [mú:ka] '고난'과 muka [muká:] '밀가루'에서처럼 강세만으로 낱말의 의미가 구분될 수 있다. 따라서 강세가 음소로 인식되는 러시아어권 학습자들은 모든 낱말에서 하나의 모음은 반드시 강세를 갖는다고 인식하게 된다. 러시아 어의 강세는 길이와 세기의 요소도 수반하는 필수적인 초분절적 자질이다.

러시아 어 낱말은 반드시 강세를 가지는데 이 때 강세가 없는 모음은 약화되어 발음된다. 따라서 러시아어권 학습자들이 한국어를 발음할 때에는 어느 음절은 강하게, 그리고 다른 음절은 약하게 발음하려는 모국어의 영향이 나타나므로 주의해서 지도해야 한다.

제 **5** 장

음절구조

지금까지 한국어의 모음체계와 자음체계, 그리고 초분절음소인 음의 길이와 억양에 관하여 살펴보았다. 이 장에서는 한국어의 음절구조에 관하여 알아보기로 한다. 음절구조 또한 <표준 발음법>에는 제시되지 않은 내용이지만, 외국어로서의 한국어교육에서는 반드시 필요한 내용 중의 하나이다.

5.1 한국어 음절구조의 특징

자음과 모음은 결합하여 더 큰 단위를 이루는데, 자음과 모음이 결합하여 한 번에 낼 수 있는 소리의 마디를 음절(syllable)이라고 한다. 음절은 받침의 유무에 따라 폐음절(closed syllable)과 개음절(open syllable)로 나뉜다. 폐음절은 받침을 가지고 있는 음절을 말하고, 개음절은 받침을 가지고 있지 않아서 모음으로 끝나는 음절을 말한다. 예를 들어, '사랑'은 다섯 개의 음운(ㅅ, ㅏ, ㄹ, ㅏ, ㅇ)과 두 개의 음절(사, 랑)로 되어 있다. 첫째 음절 '사'는 개음절이고, 둘째 음절 '랑'은 폐음절이다.

한국어의 음절은 첫소리(onset), 중성(nucleus), 받침(coda)으로 이루어져 있다. 첫소리와 받침의 자리에는 자음이 오고, 중성의 자리에는 모음만이 올 수 있다.

한국어에서 가능한 음절구조는 아래와 같이 모두 네 개뿐이다.

  (1) 한국어에서 가능한 음절구조

      ① 모음(V) : 아, 오, 이, 우

      ② 자음 + 모음(CV) : 가, 나, 무, 소

      ③ 모음 + 자음(VC) : 입, 온, 울

      ④ 자음 + 모음 + 자음(CVC) : 감, 공, 문

  (1)을 통해서 알 수 있듯이 한국어의 자음은 반드시 모음과 결합하여야 음절을 이룰 수 있으며, 자음 홀로서는 음절을 이룰 수 없다. 또한 자음은 어두에서든지 어말에서든지 어느 위치에서도 두 개의 자음이 연달아 발음되는 겹자음이 올 수 없다. '닭, 흙, 넋' 등과 같이 겹받침을 가진 경우는 '자음+모음+자음+자음(CVCC)'의 구조가 가능한 것처럼 보이지만 이는 철자상 나타나는 것뿐이지 발음할 때에는 두 자음 중 하나만 발음되어 위 (1)의 ④와 같은 구조가 된다. 한국어의 이러한 특징은 비음이나 유음 등의 성절자음(syllabic conson- ants)이 있고, 겹자음이 널리 존재하는 영어 등의 유럽어군과는 사뭇 다른 양상이다. 또한 음절 끝에 자음을 둘 수 없는 일본어 등과도 다르다. 반면에 모음은 '어머니 소리'를 뜻하는 모음(母音)이라는 한자가 말해 주듯이 자음이 없이도 음절을 이룰 수 있다.

  한국어를 정확하게 발음하기 위해서는 한국어에 있는 자음과 모음의 특징을 이해하는 일 외에도 한국어의 음절구조를 이해하고 이에 익숙해져야 한다. 그렇지 않으면 외국인 학습자들이 흔히 갖는 강한 악센트가 섞인 어색한 발화를 하게 된다. 특히 한국어에서의 음절이 갖는 역할은 영어나 기타 인구어에서보다 크다. 쓰기 체계에 음절 개념을 도입하여 음절 단위로 쓰는 것(예를 들어, Kim vs. 김)은 물론, 어떤 말을 줄여 사용할 때도 영어에서는 두문자어(頭文字語, acronym)이라고 하여 각 낱말의 맨 앞 철자만을 취하는데 반해 한국어에서는 맨 앞 음절들을 취한다. 예를 들어, 국제음성문자를 IPA라고 부르는데 이는 'International Phonetic Alphabet'을 줄인 말이다. 하지만 이 말이 '인터네셔날 포네틱 알파벳'과 같이 발음되는 한국어라면 우리는 각 낱말의 첫째 음절을 취하여 In Pho Al, 즉,

'인포알'이라고 불렀을 것이다. 이처럼 한국어에서 음절은 중요한 기능을 한다.

여기서 잠깐!

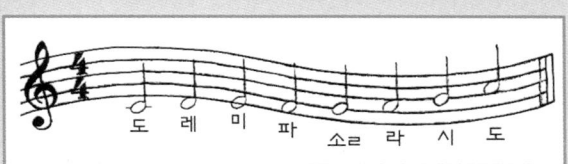

　　외국인 학습자들에게 한국어에서의 음절의 중요성을 가르치기 위해 계이름을 적어 보라고 하면 처음에는 위와 비슷하게 적을 것이다. 이 때 'Sol'을 '소ㄹ'로 적지 않고, '솔'로 적음을 말해 주고, 음절 단위로 적는 한국어의 쓰기 체계를 설명해 주면 좋다. 또한 'IOC, NATO, UN, WTO' 등과 같이 널리 알려져 있는 두문자어를 한국어식으로 나타내는 방법을 이용해 보는 것도 좋다.

5.2 다른 언어와의 비교

5.2.1 영어

5.2.1.1 영어의 음절구조

　　낱말 자체 내에서 자음이 결합될 수 있는 최대의 자음 수는 세 개이다. 그러나 세 개의 자음군을 가진 낱말에 동사의 과거시제 어미(-ed)나 명사의 복수형(-s)과 같은 어미가 붙는 경우 자음의 수가 네 개가 된다. 따라서 어두에는 최대 세 개의 자음이 올 수 있고, 어말에는 네 개의 자음이 올 수 있다. 어두 자음군은 '자음 + 유음(r, l)' (예, plain, traffic),

'자음 + 반모음(y, w)'(예: tutor, cubic), 그리고 's + 자음'(예: sparkle, skill)과 같이 두 가지 유형으로 분류할 수 있다. 세 개의 어두 자음군은 's + 자음 + 유음(r, l)'이나 's + 자음 + 반모음'의 경우에 발생한다(예: splendid, spray, scramble, stream, square, squint 등). 어미에서는 /h/를 제외하고는 모든 자음이 홀로 올 수 있다. 자음군은 첫 번째 자음이 비음, 유음 및 폐쇄음이며, 마지막에 오는 자음은 폐쇄음 또는 마찰음이다.

5.2.1.2 한국어 음절구조와의 비교

영어는 어두와 어말에 자음군을 허용하므로 어두에서든지 어말에서든지 단 하나의 자음만이 올 수 있는 한국어와는 극히 대조적이다. 영어는 활음을 자음의 구조에 위치시키나 한국어는 모음구조에 위치시켜 '법원, 금요일'과 같은 경우 한국어 화자들은 [버$붠], [그$묘일~금$뇨일]과 같이 발음하나, 영어권 학습자들은 [법$원], [금$요일]과 같이 발음한다. 이는 이중모음의 첫 요소인 활음에 대한 음절구조가 두 언어에서 차이를 보이기 때문이다. 또한 '닭', '값'과 같은 발음을 영어권 학습자들은 [닭], [값]처럼 어말에서 자음군을 모두 발음하려는 경향이 있는데. 영어의 음절구조는 말음에 자음군을 허용하기 때문이다.

5.2.2 일본어

5.2.2.1 일본어의 음절구조

일본어의 경우는 기본적으로 개음절을 바탕으로 한 '자음(C)+모음(V)'의 구조이다. 음절 말에 오는 일본어 음소로는 촉음(促音) /Q/와 발음(撥音) /N/ 두 가지밖에 없다. 이 두 음소는 뒤에 오는 음절의 첫소리의 영향을 받아 실제 발음에 있어서는 여러 개의 변이음으로 실현된다.

촉음(促音)	っ로 표기한다. 다섯 개의 변이음으로 발음된다.
/Q/	[p] [t] [k] [s] [ɕ]
발음(撥音)	ん로 표기한다. 여섯 개의 변이음으로 발음된다.
/N/	[m] [n] [ɲ] [ŋ] [ɴ] [ṽ]

5.2.2.2 한국어 음절구조와의 비교

일본어권 학습자들은 한국어의 음절말 자음들을 일본어 음절구조에 적용하여 개음절로 발음하는 오류를 보인다. 그리고 어말의 경우에는 받침을 탈락시키기도 한다. 특히 일본어에서는 음절의 받침에 [l/r]이 존재하지 않기 때문에 이를 발음할 때 자주 개음절화가 이루어진다.

(2) 가. 날다[nalda] → [narɯda] 말[mal] → [marɯ] 길[kil] → [kirɯ]

나. 학벌[hakp'əl] → [hakɯbəl](또는 [happ'əl])
밥상[paps'aŋ] → [papɯs'aŋ](또는 [pass'aŋ])

한국어가 음절 단위의 발음 구조를 갖고 있는 데 대해, 일본어는 모라(박자) 단위의 구성으로 CV가 융합된 상태로 발음되기 때문에 어려움을 겪는다. 따라서 CV 다음에 오는 촉음(/Q/)이나 발음(/N/)도 하나의 독립된 모라를 구성하기 때문에 한국어의 '감'과 같이 CVC인 음절을 두 모라(박자)로 인식한다.

그리고 어중에서는 일본어에 있는 촉음과 발음이라는 모라 음소 때문에 /ㄹ[r]/를 제외한 어중 받침을 발음할 수는 있으나 /ㄱ, ㄷ, ㅂ, ㅅ/의 받침을 촉음으로 이해하여 잘 구분하지 못한다. 아래와 같은 발음도 한국어 받침을 촉음으로 이해한 결과이다.

(3)   학벌[합뻘]   막둥이[막뚱이]   삭발[삽빨]   밥상[밧쌍]

또 이와 유사하게 /ㅁ, ㄴ, ㅇ/ 받침을 'N(撥音)'으로 이해하여 잘 구별하지 못한다.

(4)   선생님 → [성생님] [선샌님]   청소년 → [천소년]
       중심 → [중신] [준심]   공부 → [곰부]

5.2.3 중국어

5.2.3.1 중국어의 음절구조

중국어의 음절 구성은 비교적 간단하여 한 음절에 최소 1개의 음소, 최다 4개의 음소를 가지고 있다. 한국어에서 가능한 음절구조는 4가지이지만 중국어에서 가능한 음절구조는 훨씬 더 다양하기에 한국어 발음시에 오류를 많이 보인다. 중국어에서 가능한 음절구조를 도표로 작성하면 다음과 같다.

(5) 중국어에서 가능한 음절구조

음절구조	북경 발음	음절구조	북경 발음
V	餓[ɤ]	CVVV	敎[tɕiɑʊ]
VV	夜[iɛ]	VN	安[an]
VVV	有[ioʊ]	VVN	彎[uan]
CV	他[tʼa])	CVN	根[kən]
CVV	毛[mɑʊ]	CVVN	床[tʂʼuaŋ]

5.2.3.2 한국어 음절구조와의 비교

중국어와 한국어 음절구조의 가장 큰 차이는 음절구조에 대한 인식이다. 한국인은 음절에 대해 첫소리, 중성, 받침의 삼분법적인 사고를 하는 반면, 중국인은 음절을 성모(聲母)와 운모(韻母)의 이분법적인 사고를 하여 음절초에 나오는 자음을 제외한 나머지 음소들을 하나의 소리로 인식한다. 그 예로, 비음모음 /an[an]/, /ian[iɛn]/, /ang[aŋ]/에서 /n[n]/과 /ng[ŋ]/를 모음과 결합된 하나의 모음으로 인식한다.

한국어에서는 표기 상으로 '닭, 흙, 넋'처럼 외관상 '자음+모음+자음+자음(CVCC)'의 구조가 가능한 것처럼 보이는데 이러한 경우에 중국어권 학습자들은 두 개의 받침을 모두 읽으려는 경향이 강하다. 따라서 중국어 모어 학습자에게 한국어는 음절말 자음군을 허용하지 않는다는 것을 주지시켜야 한다. 또한 받침에서 출현하는 겹자음의 경우 어떠한 발음이 탈락되고 어떠한 발음이 남는지에 대해서도 주지시켜야 한다.

중국어는 음절 경계가 매우 뚜렷하여 연음 현상이 존재하지 않기 때문에 한국어의 '월요일[워료일]'을 철자 그대로 [월요일]로 읽으려는 경향이 강하다. 이는 이중모음의 첫 요소인 활음에 대한 음절구조가 두 언어에서 차이를 보이기 때문이다. 그리고 중국어는 일부 방언을 제외하고는 어말에 올 수 있는 자음이 /n[n]/과 /ng[ŋ]/밖에 없고 이러한 소리들을 모음과 하나로 인식하기 때문에 한국어의 음절말 자음을 잘 발음하지 못한다.

(6)   복잡[보잡]   각자[가짜]   먹었다[머어다]
       운전[우언전]   쉬운[쉬우언]

5.2.4 러시아 어

5.2.4.1 러시아 어의 음절구조

러시아 어는 /zdravstvujte/'안녕하세요'에서처럼 모음을 중심으로 음절 두음의 위치에서는 최대 3개, 음절말음의 위치에서는 최대 4개의 자음군을 허용한다.

5.2.4.2 한국어 음절구조와의 비교

음절 두음에 하나의 자음만이 올 수 있는 한국어와 달리 러시아 어는 최대 4개의 자음군을 허용한다. 자음군을 허용하는 러시아 어의 음절구조상의 특징으로 러시아 어권 학습자들은 한국어의 음절말의 겹자음을 둘다 발음하려는 경향을 보인다. 또한 러시아 어는 음절말에서 역행 유성·무성 동화가 두드러진 상대적으로 간단한 음운 규칙을 가지고 있다. 따라서 대부분의 러시아어권 학습자들은 자음의 동화를 이해하지 못하고 철자 그대로 발음하려는 경향을 보인다. 그러므로 '순이야' [sun.ni.ya]에서처럼 자음 /n/이 양음절성을 갖는 한국어를 발음할 때 러시아어권 학습자들은 [sun.i.ya]로 발음함으로써 /n/의 양음절성 인식에 어려움을 겪게 된다.

5.3 한국어 음절구조의 교육 방안과 활동 유형

5.3.1 한국어 음절구조의 교육 방안

음절은 쓰기는 물론이고 읽기에도 매우 중요하다. 그리고 음절은 앞에서 다룬 자음이나 모음과는 달리 언어에 따라 매우 심한 차이가 있어 발음에 많은 오류를 보인다. 쓰기와 관련하여 볼 때 외국인 학습자들은 음절구조에 관한 학습이 이루어지기 전까지는 앞에서 본 것과 같이 '술'을 '수르'로 쓰기 쉽다. 이를 개선하기 위해서는 한국어에서는 음절 단위로 쓴다는 것을 인식하게 해 주어야 한다.

한국어의 음절구조 교육(특별히 쓰기 교육)에서 중요하게 다루어야 할 내용은 다음과 같다.

① 한국어 음절구조에는 어두의 자음, 모음, 그리고 받침의 자리가 있음을 알게 한다.

② 어두에 하나의 자음만이 온다. 따라서 /ㄲ, ㄸ, ㅃ, ㅆ, ㅉ/ 등과 같은 쌍자음은 하나의 자음임을 인식시켜야 한다. 어두에 자음이 오지 않을 때에는 /ㅇ/로 채우도록 한다.

③ 자음의 오른쪽에 쓰는 모음과 자음의 아래에 쓰는 모음을 구별하도록 한다. 이 때 오른쪽에 쓰는 모음은 세로획을 길게 하고, 아래에 쓰는 모음은 가로획을 길게 하여 학생들로 하여금 어떤 모음을 어디에 쓰는지 알게 한다.

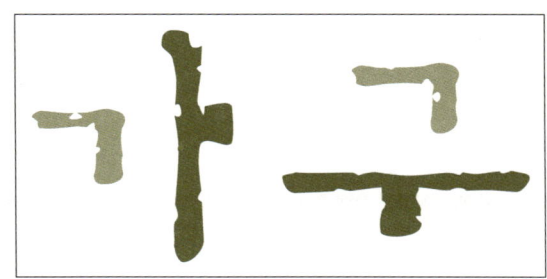

④ /ㅣ/ 계 이중모음은 모두 자음의 오른쪽에 쓰지만, /ㅜ/(또는 /ㅗ/) 계 이중모음은 첫 번째 모음은 자음의 아래에 쓰고 두 번째 모음은 오른쪽에 쓰는 것을 알게 한다.

⑤ 받침 '닭, 몫' 등과 같이 어휘적으로 겹받침을 쓰는 경우를 제외하면 대체로 하나의 자음만 온다는 것을 알려준다.

⑥ 종합적으로 한국어의 음절은 대체로 '(자음)-모음-(자음)'의 형태가 기본 구조임을 주지시키도록 한다.

⑦ 마지막으로 한글은 음절 단위로 모아쓰기를 한다는 것을 분명히 알게 해야 한다.

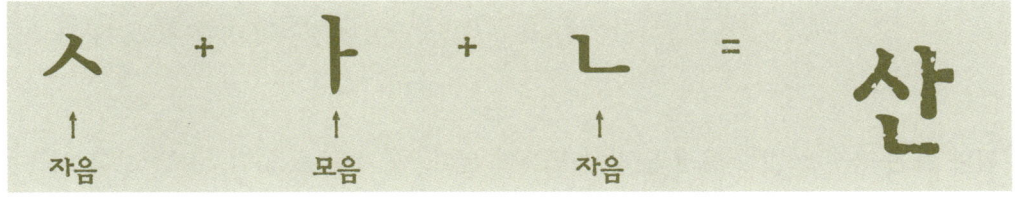

이와 같은 음절의 기본 구조를 설명할 때에는 교사와 학습자가 모두 알고 있는 외래어나 나라 또는 도시 이름을 이용하면 좋다. 그리고 학습자 자신 또는 가족의 이름을 한국어로 써 보는 연습도 도움이 된다. 예를 들어, Ronald와 같은 말이 겹자음으로 끝나는지, 아니면 우리가 발음하는 것처럼 '드', 즉 모음으로 끝나는지 하는 문제는 한국어 학습에 커다란 의미를 갖는다. 전자의 경우에는 자음으로 끝나는 다른 말처럼 '이, 을, 은' 등의 조사가 쓰이게 될 것이고, 후자의 경우에는 모음으로 끝나는 다른 말처럼 '가, 를, 는' 등의 조사가 쓰이게 된다. 따라서 음절구조의 학습에 여러 시간을 투자하여 학습자들이 어느 정도 익숙해질 때까지 학습하는 것이 바람직하다.

여기서 잠깐!

- 외래어의 한국어 표기?

    Ronald – 로날드?   Christmas – 크릿맛?

    bus – 벗?   tree – 트리?   milk- 밀크?

- 아래에 있는 외래어 뒤에 들어갈 바른 조사는 무엇일까?

    McDonald은/는 햄버거 값이 비싸다.
    Christmas이/가 다가온다.
    나는 bus을/를 타고 학교에 온다.

- 이 경우 조사는 무엇에 의해 결정되는가?

위와 같은 음절 쓰기는 음절 읽기에 도움이 된다. 즉, 한글은 음절구조를 보고 읽을 수 있는 데 '자음-모음-자음'의 순서대로 읽는다는 것을 교육하여야 한다.

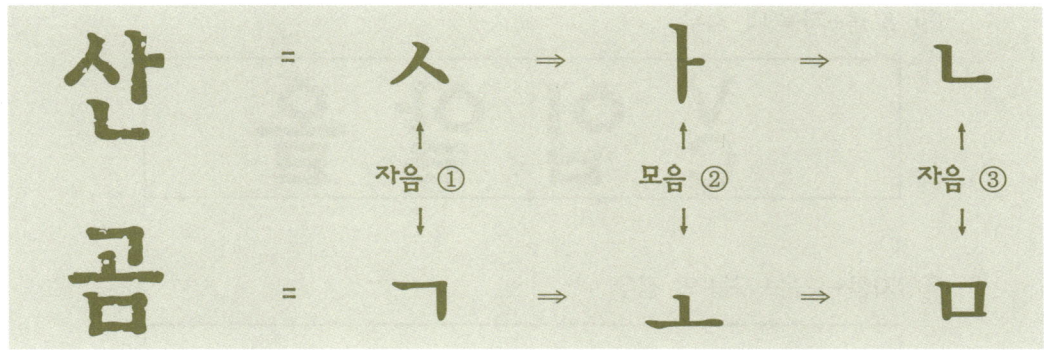

구체적인 방법으로는 음절의 네 가지 종류를 순서대로 제시하여 차례대로 읽는 연습을 하는 것이 좋다. 즉, 아래와 같이 ① 모음 하나로만 된 음절, ② 자음 + 모음으로 된 음절, ③ 모음 + 자음으로 된 음절, ④ 자음 + 모음 + 자음으로 된 음절의 순서로 제시하도록 한다.

① 모음 하나만 있을 때

② '자음+모음'의 경우

③ '모음+자음'의 경우

④ '자음+모음+자음'의 경우

위의 내용을 교육한 후 받아쓰기 연습을 통해 한국어 음절구조를 익히게 한다. 이 때 '프린트, 크리스마스, 스케이트' 등과 같이 흔히 알려져 있는 외래어를 이용하여도 좋다. 단, 소리의 변동이 있는 낱말은 제외시킨다.

5.3.2 한국어 음절구조 교육의 활동 유형

1. 음절 만들기

교사가 학습자에게 개별 자음과 모음을 일정한 순서 없이 제시하여 주고 이를 결합하여 음절을 만들게 한다. 그런 다음 각자가 만든 음절을 쓰게 한 후 한두 번씩 읽게 한다.

이 때 중급 이상의 학습자에게는 1음절, 2음절, 3음절 등으로 나누어 음절을 만들게 해도 좋다.

제시 자음 : ㄱ, ㄷ, ㅁ, ㅋ, ㅍ, ㄲ, ㅉ, ㅇ, ㄹ 등
제시 모음 : ㅏ, ㅑ, ㅓ, ㅕ, ㅗ, ㅛ, ㅘ, ㅣ, ㅡ, ㅝ, ㅜ, ㅠ 등

(1) '모음'으로 구성된 음절을 만들어 쓰세요.

아			

(2) '자음 + 모음'으로 구성된 음절을 만들어 쓰세요.

가			

(3) '모음 + 자음'으로 구성된 음절을 만들어 쓰세요.

양			

(4) '자음 + 모음 + 자음'으로 구성된 음절을 만들어 쓰세요.

말			

2. 받아쓰기

다음과 같은 낱말들을 읽어 주고 받아쓰게 한다. 이를 통해 자음과 모음, 그리고 받침이 어떻게 결합되는지를 알도록 한다. 이 때, 가급적 소리의 변동이 있는 낱말은 피하도록 한다.

아우	아이	오이	우아	우유
가구	나무	도끼	치마	스파게티
입	약	열무	용기	안개
간격	창문	쌀밥	깜짝	운동

3. 게임 활동 : 십자말풀이

교사가 학습자에게 적절한 낱말을 제시하고 빈 칸에 들어갈 알맞은 낱말을 찾아 쓰게 하는 활동이다. 십자말풀이 활동에서 주의할 점은 영어에서는 하나의 알파벳이 한 칸을 차지하지만 한국어는 한 음절이 한 칸을 차지하게 된다는 사실을 인식시키는 것이다. 이 활동은 수업 시간에 배운 내용을 정리할 때 이용하면 좋다.

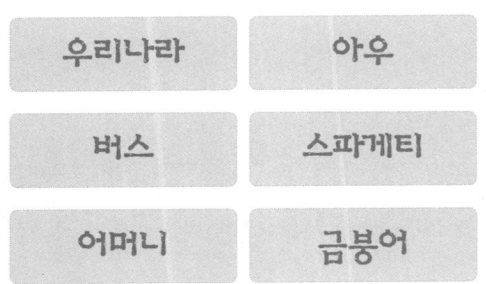

제 6 장

받침의 발음 Ⅰ : 홑받침과 겹받침의 발음

이 장과 다음 장에서는 한국어의 받침 발음에 대해 살펴보도록 한다. <표준 발음법>의 '받침의 발음' 규정에는 홑받침의 발음, 겹받침의 발음, 받침 /ㅎ/의 발음, 받침 다음에 모음이 이어지는 경우의 발음이 제시되어 있는데 먼저 이 장에서는 홑받침의 발음과 겹받침의 발음에 대해서 살펴보도록 하고 나머지는 다음 장에서 다루도록 한다.

6.1 홑받침의 발음

6.1.1 홑받침 발음의 원리

홑받침의 발음과 관련된 <표준 발음법>을 보면 아래와 같다.

제8항 받침소리로는 'ㄱ ㄴ ㄷ ㄹ ㅁ ㅂ ㅇ'의 7개 자음만 발음한다.

제9항 받침 'ㄲ, ㅋ', 'ㅅ, ㅆ, ㅈ, ㅊ, ㅌ', 'ㅍ'은 어말 또는 자음 앞에서 각각 대표음 [ㄱ, ㄷ, ㅂ]으로 발음한다.

닦다[닥따]	키읔[키윽]	키읔과[키윽꽈]	옷[옫]	웃다[욷ː따]
있다[읻따]	젖[젇]	빚다[빋따]	꽃[꼳]	쫓다[쫃따]
솥[솓]	뱉다[밷ː따]	앞[압]	덮다[덥따]	

한국어 표기법에서 받침에 사용할 수 있는 자음은 /ㄸ, ㅃ, ㅉ/를 제외한 16자이다. 그러나 이들 자음들이 어말 또는 자음 앞에서는 모두 제 소리대로 발음되는 것이 아니라, 위의 규정 <제8항>에서 제시한 7개의 소리인 [ㄱ, ㄴ, ㄷ, ㄹ, ㅁ, ㅂ, ㅇ] 중의 하나로 발음된다.

제 소리대로 발음되지 않는 자음은 <제9항>에서 제시하고 있는 대로 /ㄲ, ㅋ/, /ㅅ, ㅆ, ㅈ, ㅊ, ㅌ/, /ㅍ/이다. 이들 소리는 어두나 모음 사이에서는 제 소리대로 발음되지만 어말이나 자음 앞에서는 제 소리대로 발음되지 않는다. /ㄲ, ㅋ/는 [ㄱ]로 발음되고, /ㅅ, ㅆ, ㅈ, ㅊ, ㅌ/는 [ㄷ]로 발음되며, /ㅍ/는 [ㅂ]로 발음된다. 한편, 나머지 자음인 /ㄱ, ㄴ, ㄷ, ㄹ, ㅁ, ㅂ, ㅇ/는 제 소리대로 발음된다. 이를 표로 제시하면 아래와 같다.

(1) 홑받침의 발음

표기상의 자음	환경	발음	예
ㄱ, ㅋ, ㄲ		ㄱ[k˺]	국, 닦다, 키읔, 키읔과
ㄴ		ㄴ[n]	산, 문
ㄷ, ㅌ, ㅅ, ㅆ, ㅈ, ㅊ	어말 또는 자음 앞에서	ㄷ[t˺]	닫다, 솥, 옷, 웃다, 있다, 낮, 꽃
ㄹ		ㄹ[l]	물, 길
ㅁ		ㅁ[m]	밤, 솜
ㅂ, ㅍ		ㅂ[p˺]	입, 잡다, 앞, 덮다
ㅇ		ㅇ[ŋ]	공, 방

이러한 현상을 중화(neutralization)라 하는데 <표준 발음법>에는 제시되어 있지 않지만, 중화와 관련된 음성·음운적 특성을 언급하면 아래와 같다.

첫째, 중화의 개념이다. 중화란 원래는 서로 다른 소리인데 특정한 음성·음운환경에서 같은 소리로 바뀌는 것을 말한다. 즉, /ㄷ, ㅌ, ㅅ, ㅆ, ㅈ, ㅊ/는 어두에서는 '다, 타, 사, 싸, 자, 차'와 같이 서로 다르게 발음되는데, 이들 소리가 어말이나 자음 앞에 오면 '닫(다), 낫, 있(다), 낮, 낯, 밭'과 같이 동일하게 [ㄷ]로 발음된다. 이러한 자음의 중화현상은 비단 한국어에서만 나타나는 것이 아니라 타이어, 베트남어, 독일어 등 여러 언어에서 나타난다. 예를 들어, 독일어의 'bund'와 'bunt'의 마지막 자음은 각각 /d/와 /t/로, 이들은 원래 다른 소리이지만 어말에서는 모두 [t]로 발음된다.

둘째, 자음의 중화가 일어나는 환경이다. 자음의 중화는 원칙적으로 어말이나 자음 앞에서 일어난다. 어말이란, '집 앞 뜰에 꽃이 피었다'에서의 '앞'과 같이 다음에 바로 이어지는 형식형태소가 없는 경우를 말한다. 그리고 '자음 앞'은 '피었다'에서와 같이 /ㅆ/ 다음에 /ㄷ/가 온 경우이다. 반면 '꽃이'는 받침 /ㅊ/ 다음에 /ㅣ/ 모음이 온다. 결국 중화현상의 환경을 다르게 말하면 뒤에 모음이 오지 않는 경우이다. 즉, 중화의 대상이 되는 자음 다음에 모음이 올 경우에는 그 자음의 원래 소리대로 발음되지만, 그렇지 않으면 중화현상의 적용을 받는다.

셋째, 중화가 일어나는 이유이다. 중화는 여러 요인에 의해 일어난다. 독일어의 경우는 어말 무성음화(어말에서 유성음이 무성음으로 발음되는 현상)에 의해 일어난다. 즉 'bund'의 /d/가 무성음 [t]로 발음된다. 그러나 한국어의 경우에는 불파(unreleasing) 현상에 의해 일어난다. 불파 현상은 입 안에서 두 가지의 행위를 수반한다. 하나는 먼저 조음점을 붙이는 행위이며 다른 하나는 붙인 조음점을 떼지 않는 행위이다.

먼저 이러한 일련의 행위가 파열음에 어떻게 작용하는지 살펴보도록 한다. 모든 파열음은 그것이 소리로 실현이 되기 위해서는 원칙적으로 발화의 마지막 단계에서 공기가 입 밖으로 나오는 파열의 단계를 거치게 된다. 예를 들어, /ㅂ/가 소리로 실현이 되기 위해서는 입을 떼는 단계가 있어야 한다. 만약 자음 다음에 모음이 오면 자연스럽게 입을 떼게 되지만 모음이 오지 않는 경우에는 문제가 된다. 이런 경우에 두 가지 현상을 볼 수 있는데, 하나는 그런 상황에서도 입을 떼는 것이다. 영어에서 'cat'의 마지막 자음 /t/를 발음하면서 혀를 입천장에서 떼는 것이다. 다른 하나는 파열의 단계를 거치지 않는 것이다. 한국어의 경우가 이에 해당하는 것으로 '밭'의 경우 마지막 자음 /ㅌ/를 발음하면서 혀를 입천장에서 떼서 발음하는 것이 아니라 입천장에 그대로 붙이고 있는 것이다. 이것이 불파 현상이다. 한국어에서 /ㄷ, ㄸ, ㅌ/와 같은 평음, 경음, 격음은 혀를 입천장에서 떼는 파열의 단계를 거칠 때에만 구별이 되는 소리이다. 그러나 불파 현상으로 파열의 단계를 거치지 않으면 소리의 구별이 이루어지지 않는다. 결국, 불파란 조음위치는 있으나 조음방법상 장애음의 다양한 특징은 사라지는 것이다.

마찰음과 파찰음도 불파 현상의 적용을 받으면 마찰과 파찰의 특징이 없어진다. 조음점을 붙이는 행위에서 마찰음은 그 특성을 잃어버리고 파열음의 성격을 갖게 되며, 조음점을 떼지 않는 행위를 통해 파찰음 또한 파열음의 경우와 다를 바가 없게 된다.

넷째, 위의 불파 현상은 파열이 없다는 점에서 볼 때 '가, 다, 바'에서의 [ㄱ, ㄷ, ㅂ]의 발음과 '박, 든(다), 집'의 받침에 나타나는 [ㄱ, ㄷ, ㅂ]는 표기는 같지만 실제 소리는 다르다. 즉, 첫소리의 /ㄱ, ㄷ, ㅂ/는 파열의 단계를 거치지만, 받침의 이 소리들은 파열의 단계가 없다. 이러한 이유로 국제음성기호에서는 중화된 장애음들에 대해서는 [k˺, t˺, p˺]에서와 같이 별도의 기호를 붙여 나타낸다. 이러한 것은 유음 /ㄹ/의 경우에도 마찬가지다. /ㄹ/가 불파 현상의 적용을 받으면 혀를 입천장에 붙인 상태로 지속되기 때문에 뒤에 모음이 오는 경우와는 달리 [ɾ] 발음이 아닌 [l]로 발음된다.

다섯째, 비음 /ㄴ, ㅁ, ㅇ/는 불파 현상의 적용을 받지 않는다. 비음의 경우는 입 안을 막더라도 여전히 코의 공깃길이 열려 있기 때문이다.

끝으로, 받침이 중화되더라도 중화된 소리로 표기하지 않는 것은 뒤에 모음이 오면 원래의 소리로 발음되기 때문이다. 예를 들어, '옷'의 발음이 [ㄷ]임에도 불구하고 받침을 /ㄷ/가 아닌 /ㅅ/로 표기하는 것은 '옷을, 옷이'와 같이 뒤에 모음으로 시작하는 형식형태소가 올 때에는 [ㅅ]로 발음되기 때문이다. 즉, 이 낱말의 받침은 원래 /ㅅ/인데 중화현상의 적용에 의해 [ㄷ]으로 발음되는 것이다.

6.1.2 홑받침 발음의 교육 방안과 활동 유형

6.1.2.1 홑받침 발음의 교육 방안

앞에서 말한 바와 같이 홑받침의 발음 규칙과 관련하여 중요한 점은 음절말의 위치에서 7개의 소리만이 발음된다는 사실이다. 특별히 장애음은 [ㄱ, ㄷ, ㅂ] 3개의 소리 중 하나로 발음된다는 것이다. 그리고 이들은 모두 파열되지 않고 소리 난다는 사실 또한 외국인 학습자들에게는 매우 중요하다. 이런 점에서 볼 때 홑받침 발음을 교육할 때에는 어말이나 다른 자음 앞에서도 제 음가대로 발음되는 비음 /ㄴ, ㅁ, ㅇ/를 먼저 가르치는 것이 좋다.

① 비음

앞에서 말한 대로 비음은 첫소리에서의 음가와 다르지 않아 외국인 학습자들이 크게 어렵지 않게 익힐 수 있다. 다만, 일본어나 중국어와 같이 받침을 허용하지 않는 언어의 경우나 비음 중 제한된 소리만을 받침에 허용하는 언어의 경우에는 특별한 학습이 필요하다.

일본어권 학습자나 중국어권 학습자들을 위한 비음의 교육은 먼저 '나, 무' 등과 같이 어두에서의 비음 소리를 통해 혀의 위치를 파악하도록 한다. 그것은 그 언어에도 이들 비음이 어두에는 나타나므로 쉽게 발음할 수 있기 때문이다. 이 때 '느, 므' 등과 같이 중립적인 모음을 사용해도 좋다. 혀의 위치를 파악한 다음에는 혀를 그 위치에 고정시키는 연습을 통하여 두 조음기관을 떼지 않도록 훈련하는 연습을 실시하는 것이 좋다. 즉, /ㄴ/의 경우는 혀를 입천장(치조)에서 떼지 않도록 하고, /ㅁ/의 경우는 두 입술을 다물고 있도록 한다. 그런 다음에는 /ㅏ, ㅗ/ 등과 같은 모음을 넣은 '안, 온, 암, 옴' 등과 같은 말의 발음 연습을 반복하여 실시한다. 그리고 '송 vs. 손', '정 vs. 전', '임 vs. 인' 등과 같은 한국 사람의 성씨나 다른 최소대립쌍을 이용해서 연습하도록 한다.

② 유음

음절말의 /ㄹ/는 제2장에서 본 모음 사이의 /ㄹ/와 발음이 다르다. 이것은 매우 중요한 사실로, 음절말에서 이 소리는 [l]로 발음된다. 이 소리는 영어의 'tall, call, salt' 등과 같이 어말이나 자음 앞에서 나는 [ɫ]과는 다른 소리이다. 오히려 'lion, light, lemon'에서처럼 어두에 나타나는 [l]과 유사한 소리이다. 한편, 중국어에서는 어두에서만 [l]이 나타나고, 어말에서는 소위 권설음이라 하여 혀를 말아서 하는 소리인 /er/로 발음된다. 이러한 학습자 들을 위해서는 앞에서와 같이 어두의 /l/이 발음되는 위치를 고정시키는 훈련이 필요하다. 즉, 혀끝을 치조 위치에서 더 안쪽으로 들어가지 않도록 하게 하여야 한다. 다시 말해, 혀의 반대쪽 바닥의 대부분이 상대편에 보이도록 하는 것이다.

③ 장애음

장애음의 경우는 무엇보다 먼저 어떤 소리로 중화되는가를 아는 것이 중요하다. 따라서 이에 대한 원리 학습이 반드시 필요하다.

그 원리는 위에서 본 것과 같이 /ㄱ, ㅋ, ㄲ/는 [ㄱ]로, /ㅂ, ㅍ/는 [ㅂ]로, 나머지 장애음은 [ㄷ]로 발음되므로 쉽게 가르칠 수 있다. 즉, /ㄱ/ 계열 소리와 /ㅂ/ 계열 소리로 구분해 주고 나머지는 모두 [ㄷ]로 발음된다는 사실을 인식시켜 주도록 한다.

이와 같은 원리 학습이 끝나면 아래와 같은 표를 이용하여 하나씩 확인 학습을 하도록 한다. 아래의 세 가지 조건 중 어느 것에 해당하는가를 파악하여 어떤 소리로 발음되는지를 연습하도록 한다.

조건 \ 낱말	잎	밖	부엌	옷	꽃
조건 ①	×	√	√	×	×
조건 ②	√	×	×	×	×
조건 ③	×	×	×	√	√
결과	[입]	[박]	[부억]	[옫]	[꼳]

조건 ① : 받침이 /ㄱ/ 계열 소리이면 [ㄱ]로 발음된다.

조건 ② : 받침이 /ㅂ/ 계열 소리이면 [ㅂ]로 발음된다.

조건 ③ : 위 두 조건에 해당하지 않는 장애음이면 [ㄷ]로 발음된다.

음절말 위치에서의 장애음의 발음 중 가장 중요한 것은 불파에 관한 것이다. 많은 외국인 학습자들은 음절말의 소리를 파열하여 발음하는 습관을 가지고 있다. 그것은 그들의 모국어에서는 대부분의 장애음이 어말에서도 파열되어 발음되기 때문이다. 예를 들어, 영어에서 'cat'는 [캩]이라고 불파하여 발음하기도 하지만 [캐트]와 같이 파열하여 발음하는 경우가 많다. 그러나 한국어의 경우, '밥'의 두 /ㅂ/ 중 받침의 /ㅂ/는 불파음이므로 이에 대한 연습이 필요하다. 경음이나 격음의 받침도 불파되어 평음으로 발음되므로 이를 분명하게 인지하도록 해야 한다.

[밥]

공기를 내보내는 사람에게는 밥을 안 줍니다.

공기를 내보내지 마십시오!

'입'을 꼭 다무세요!

불파음을 연습하기 위해서는 '압'이라는 소리를 이용하는 것이 좋다. 단순히 '압'이라고 발음하기보다는 조금은 장난기 섞여 있는 발음, 즉 먼저 입을 아주 크게 벌리게 한 후 입술을 다물게 하고 그 상태에서 일정 시간 지속하게 하는 연습을 하는 것이 효과적이다. 받침을 /ㅂ/를 이용하는 것은 그 소리가 불파에 가장 적합하기 때문이다. 그 후 'cup, top' 등과 같이 모두가 잘 아는 영어 낱말을 이용하여 입을 떼지 않고 발음하는 것을 몇 번이고 반복하여 연습하도록 한다. 그 후 치조음(/ㄷ, ㅌ/), 연구개음(/ㄱ, ㄲ, ㅋ/)을 연습하도록 한다. 이 때 자음표를 이용하여 이 소리들은 항상 조음위치가 동일한 평음으로 발음된다는 것을 보여주는 것도 도움이 된다.

마찰음인 /ㅅ, ㅆ/의 경우 처음에는 이 소리들을 [사, 쏴]와 같이 어두에서의 소리를 통해 혀의 위치를 파악하도록 한다. 그것은 그 언어에도 이들 자음이 어두에는 나타나기 때문에 쉽게 발음할 수 있기 때문이다. 이 때 '스, 쓰' 등과 같이 중립적인 모음을 사용해도 좋다. 그런 다음 혀를 같은 위치의 입천장에 붙이는 훈련을 하도록 하고, 그 상태에서 일정 기간 지속하도록 한다. 그 결과는 평음의 [ㄷ] 소리이다.

파찰음인 /ㅈ, ㅊ/도 마찬가지이다. 다만, 이 두 소리는 구개음의 평음이 없으므로 치조음인 [ㄷ]로 발음됨을 주지시키도록 한다. 그 다음에는 /ㄷ, ㅌ, ㅅ, ㅆ, ㅈ, ㅊ/의 받침을 가진 낱말들을 이용하여 발음 연습을 한다.

6.1.2.2 홑받침 발음교육의 활동 유형

1. 듣기

교사가 홑받침이 들어 있는 낱말을 학습자에게 들려 준 뒤에 학습자로 하여금 받침에서 소리 나는 음에 ○표를 하게 한다.

턱 수학 부엌 낚시 밖	① [ㄱ]	② [ㄲ]	③ [ㅋ]	
앞 잎 숲 밥	① [ㅂ]	② [ㅍ]	③ [ㅃ]	
꽃 낯 옷 낫 솥	① [ㅈ]	② [ㅊ]	③ [ㅅ]	④ [ㄷ]

2. 낱말 읽기

홑받침에 대한 개별음 연습이 끝나면 교사는 학습자에게 낱말 읽기를 통해 홑받침의 발음을 연습시킨다. 이 때 학습한 낱말들을 섞어 놓고 같은 발음이 나는 낱말들을 찾아보게 하는 것도 심화 학습의 차원에서 효과적인 방법이다.

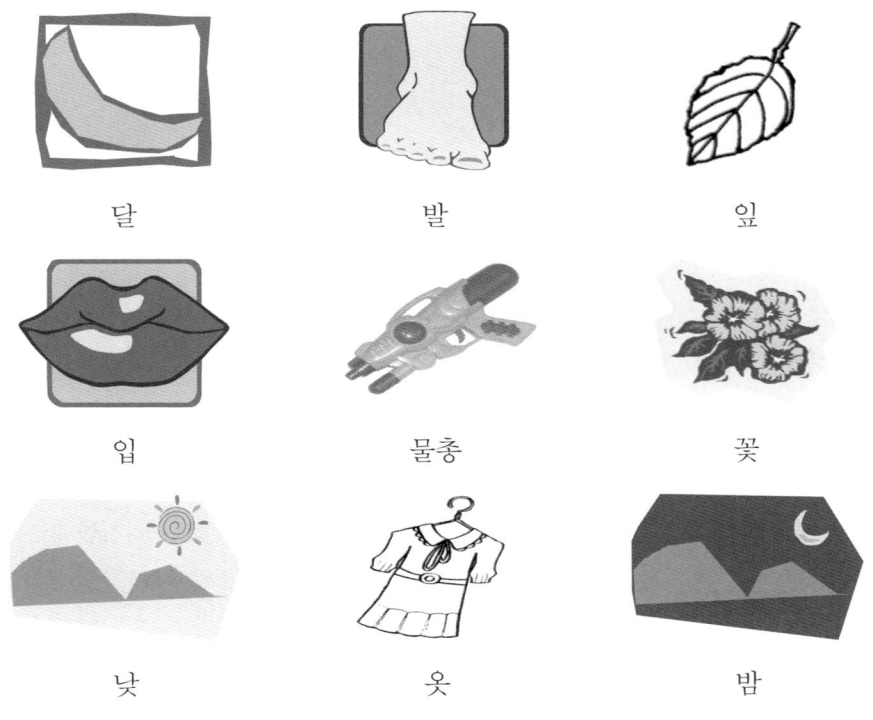

달   발   잎

입   물총   꽃

낮   옷   밤

3. 문장 읽기

'낱말 읽기'를 통해 연습한 낱말들을 문장 차원에서 연습하여 실제 발화에서도 자연스럽게 발음할 수 있도록 하는 활동이다. 개별 낱말을 연습할 때는 학습자들이 주의해서 발음하기 때문에 오류가 많이 발생하지 않지만 문장 차원에서는 오류를 일으키기 쉽다. 따라서 문장 읽기를 할 때 학습자가 정확하게 홑받침 발음을 할 수 있도록 교사는 주의해서 연습시켜야 한다. 읽기를 반복해서 할 때 학생들이 지루해하지 않도록 처음에는 학생 전체가 읽기, 두 번째는 반씩 나눠서 읽기, 세 번째는 짝끼리 읽기, 네 번째는 한 명이 대표로 읽고 나머지 학생들은 따라 읽도록 하는 등의 다양한 방법을 사용하여 연습하도록 한다.

(1) 운동장에서 공차기를 해요.

(2) 저는 매일 매일 빨래를 해요.

(3) 들판이 예뻐요.

(4) 철수는 밤낮 공부만 해요.

(5) 옷 가게에 사람들이 모여요.

4. 말꼬기 활동

유사한 발음을 정확하게 발음하기 위해 다음과 같은 말꼬기 활동을 해 볼 수 있다. 이 활동을 통해 학습자는 유사한 발음 간의 차이를 정확하게 인지할 수 있다. 교사가 말꼬기 놀이말을 하나 선택해서 칠판에 쓰고 학습자가 정확하게 말할 수 있도록 처음에는 음절별로 하나씩 끊어서 연습을 시킨 다음 점차 자연스런 속도로 말하게 한다.

> 빨간 색 큰 깡통은 깐 깡통인가? 안 깐 깡통인가?
>
> 간장 공장 공장장은 강 공장장이고, 된장 공장 공장장은 공 공장장이다.
>
> 멍멍이네 꿀꿀이는 멍멍해도 꿀꿀하고, 꿀꿀이네 멍멍이는 꿀꿀해도 멍멍한다.
>
> 저기 있는 말뚝이 말 맬 말뚝이냐, 말 못 맬 말뚝이냐.

5. 노래 활동

노래를 통해 발음을 익히는 활동이다. 자칫 지루해지기 쉬운 발음 연습을 노래를 통해서 재미있고 쉽게 접근하게 할 수 있다. 학습자들에게 학습 동기를 부여하고 학습에 대한 흥미를 유발시키기에 효과적인 방법이다.

머리 어깨 무릎 발	엄마야 누나야
머리 어깨 무릎 발 무릎 발 머리 어깨 무릎 발 무릎 발… 무릎 머리 어깨 발 무릎 발 머리 어깨 무릎 귀 코 귀	엄마야 누나야 강변 살자 뜰에는 반짝이는 금모래 빛 뒷문 밖에는 갈잎의 노래 엄마야 누나야 강변 살자

6.2 겹받침의 발음

6.2.1 겹받침 발음의 원리

<표준 발음법>에 제시된 겹받침의 발음에 대한 규정을 보면 아래와 같다.

제10항 겹받침 'ㄳ', 'ㄵ', 'ㄼ, ㄽ, ㄾ', 'ㅄ'은 어말 또는 자음 앞에서 각각 [ㄱ, ㄴ, ㄹ, ㅂ]으로 발음한다.

넋[넉]	넋과[넉꽈]	앉다[안따]	여덟[여덜]	넓다[널따]
외곬[외골]	핥다[할따]	값[갑]	없다[업ː따]	

다만, '밟-'은 자음 앞에서는 [밥]으로 발음하고, '넓-'은 다음과 같은 경우에 [넙]으로 발음한다.

밟다[밥ː따]	밟소[밥ː쏘]	밟지[밥ː찌]
밟는[밥ː는→밤ː는]	밟게[밥ː께]	밟고[밥ː꼬]
넓-죽하다[넙쭈카다]	넓-둥글다[넙뚱글다]	

제11항 겹받침 'ㄺ, ㄻ, ㄿ'은 어말 또는 자음 앞에서 각각 [ㄱ, ㅁ, ㅂ]으로 발음한다.

닭[닥]	흙과[흑꽈]	맑다[막따]	늙지[늑찌]
삶[삼ː]	젊다[점ː따]	읊고[읍꼬]	읊다[읍따]

다만, 용언의 어간 말음 'ㄺ'은 'ㄱ' 앞에서 [ㄹ]로 발음한다.

맑게[말께]	묽고[물꼬]	얽거나[얼꺼나]

한국어에는 표기상 열한 개의 겹자음(ㄳ, ㄵ, ㄼ, ㄽ, ㄾ, ㅄ, ㄺ, ㄻ, ㄿ, ㄶ, ㅀ)이 받침에 올 수 있다. 이 중에서 다음 장에서 설명할 /ㅎ/를 가진 겹받침(ㄶ, ㅀ)을 제외하면, 위의 규정에서와 같이 어말이나 자음 앞에서는 하나의 자음이 탈락되고 하나의 자음만 발음된다. 한국어에서는 이 환경에서 두 자음 모두가 발음될 수 없다. 물론 겹받침 뒤에 모음이 올 경우에는 첫 번째 자음은 앞 음절에 남아 그대로 소리 나고, 뒤 자음은 뒤 음절의 첫소리로 발음된다.

두 자음 중에서 어떤 것이 발음되느냐 하는 것은 겹자음에 따라 다르다. 위의 규정에서와 같이 겹받침이 /ㄳ, ㄵ, ㄼ, ㄽ, ㄾ, ㅄ, ㄶ, ㅀ/인 경우에는 앞 자음이 발음되고, 겹받침이 /ㄺ, ㄻ, ㄿ/인 경우에는 뒤 자음이 발음된다. 다만, /ㄿ/의 경우는 뒤 자음 /ㅍ/가 중화 현상을 거쳐 [ㅂ]로 발음된다. 겹받침의 발음을 표로 나타내면 다음과 같다.

(2) 겹받침의 발음

앞 자음이 발음되는 경우			뒤 자음이 발음되는 경우		
표기	발음	예	표기	발음	예
ㄳ	ㄱ	넋 [넉]	ㄺ	ㄱ	닭 [닥]
ㄵ	ㄴ	앉다 [안따]	ㄻ	ㅁ	삶 [삼]
ㄼ	ㄹ	여덟 [여덜]	ㄿ	ㅍ[ㅂ]	읊다 [읍따]
ㄽ	ㄹ	외곬 [외골]			
ㄾ	ㄹ	핥다 [할따]			
ㅄ	ㅂ	값 [갑]			
ㄶ	ㄴ	않고 [안코]			
ㅀ	ㄹ	싫다 [실타]			

위의 표로 알 수 있는 것은 한국어의 겹받침은 대체로 앞 자음이 발음되고, 오로지 /ㄺ, ㄻ, ㄿ/ 세 경우만이 뒤 자음이 발음된다는 것이다.

위에 제시된 겹받침의 발음에 예외적인 규정이 두 가지 있다.

첫째, /ㄼ/는 기본적으로 [ㄹ]로 발음되는데, 동사 '밟(다)'[밥:따]의 경우에는 [ㅂ]로 발음한다. 그리고 '넓다'는 [널따]로 발음되는데, '넓죽하다[넙쭈카다], 넓둥글다[넙뚱글다]'만은 [ㅂ]로 발음한다.

둘째, /ㄺ/는 명사와 용언 모두에 나타나는데, 기본적으로는 모두 [ㄱ]로 발음한다. 다만, 용언의 경우에 '-고, -게'와 같이 /ㄱ/로 시작하는 어미가 올 경우에는 '맑게[말께], 묽고[물꼬], 읽겠다[일껟다]'처럼 어간의 겹받침을 [ㄹ]로 발음한다. 그러나 '닭고기, 닭과' 같이 체언의 경우에는 항상 [ㄱ]로 발음한다.

6.2.2 겹받침 발음의 교육 방안과 활동 유형

6.2.2.1 겹받침 발음의 교육 방안

겹받침의 발음교육에서 가장 중요한 것은 음절 말이나 자음 앞에서는 두 자음 중 하나만 발음한다는 사실을 인식시키는 것이다. 겹받침의 단순화 현상을 이해하지 못하는 외국인 학습자들은 두 자음 모두를 발음하려 하거나 아예 발음해 보려는 시도조차 하려 하지 않는다.

한국어 겹받침은 앞에서 본 것과 같이 /ㄺ, ㄻ, ㄿ/와 용언의 몇 가지 특수한 경우를 제외하고는 대체로 앞 자음이 발음된다. 따라서 겹받침의 발음을 교육할 때에는 먼저 기본적으로 앞 자음이 발음된다고 설명해 준다.

이와 같은 원리 학습이 끝나면 아래와 같은 표를 이용하여 하나씩 확인 학습을 하도록 한다. 아래의 조건에 맞는지를 알아 앞 자음과 뒤 자음 중 어느 것으로 발음되는지를 확인하도록 한다.

조건 \ 낱말	값	넋	여덟	닭	삶
조건	×	×	×	√	√
결과	[갑]	[넉]	[여덜]	[닥]	[삼]

조건 : 받침이 /ㄹㄱ, ㄹㅁ, ㄹㅍ/ 중 하나이면 뒤 자음이 발음된다.

그리고 '밟다'와 같은 경우나 용언 어간 말음 /ㄹㄱ/가 /ㄱ/로 시작하는 어미 앞에서 [ㄹ]로 발음되는 경우는 해당하는 낱말이 나올 때마다 아래와 같이 빨간 펜으로 소리 나는 자음에 ○표를 해 가며 익숙해지도록 한다.

또 하나의 방법은 학습자들이 한글의 자모 순서를 알 정도(익숙하지는 않지만 사전을 찾을 수 있는 수준)가 되면 한글의 자모 순서 중 앞에 있는 자음이 남아 소리 나고 뒤에 오는 자음이 탈락됨을 설명해 주는 것이다. 예를 들어 /ㄹㄱ/의 경우 한글 자모 순서에서 /ㄱ/가 /ㄹ/보다 앞에 있으므로 /ㄱ/가 소리 난다고 설명한다. 이는 어떠한 음운이론으로도 설명될 수 있는 것은 아니지만 한국어 교육에서 활용할 수는 있다. 다만 /ㄹㅁ/, /ㄹㅍ/만은 예외이다.

여기서 잠깐!

잘못된 겹받침 발음

　요즘 젊은 사람들의 발음을 들어보면 한국어 겹받침을 모두 발음하는 경우를 볼 수 있다. '젊다, 넓다' 등의 경우 [젊따], [넓따]'로 겹받침을 모두 발음하는 경우가 있는데, 이는 잘못된 발음이다.

6.2.2.2 겹받침 발음교육의 활동 유형

1. 듣기

　교사가 겹받침이 들어 있는 낱말을 학습자에게 들려 준 뒤에 학습자로 하여금 받침에서 소리나는 음에 ○표를 하게 한다.

넋	① [ㄱ]	② [ㅅ]	③ [ㄷ]	④ [ㄳ]
앉다	① [ㄴ]	② [ㅈ]	③ [ㄷ]	④ [ㄵ]
밟다	① [ㄹ]	② [ㅂ]	③ [ㅁ]	④ [ㄼ]

2. 낱말 읽기

　낱말 읽기를 통해 겹받침이 어떻게 소리 나는지 연습한다.

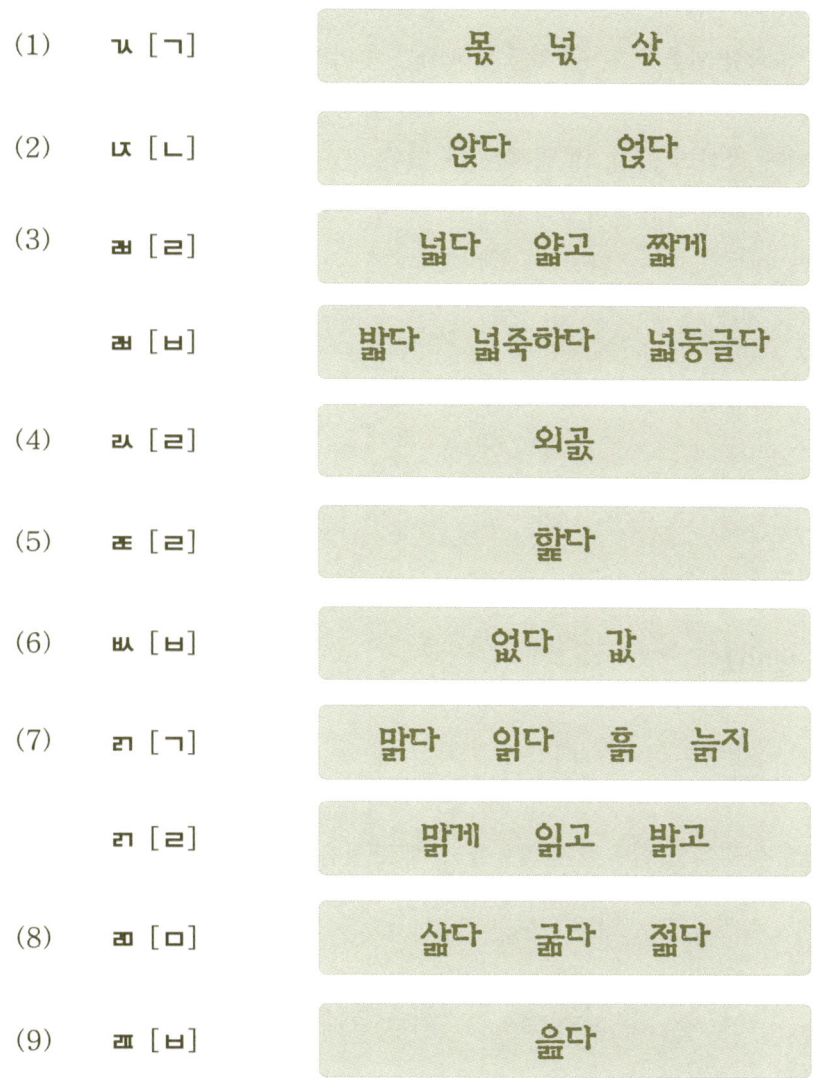

(1) ㄳ [ㄱ]   몫 넋 삯

(2) ㄵ [ㄴ]   앉다 얹다

(3) ㄼ [ㄹ]   넓다 얇고 짧게

       ㄼ [ㅂ]   밟다 넓죽하다 넓둥글다

(4) ㄽ [ㄹ]   외곬

(5) ㄾ [ㄹ]   핥다

(6) ㅄ [ㅂ]   없다 값

(7) ㄺ [ㄱ]   맑다 읽다 흙 늙지

       ㄺ [ㄹ]   맑게 읽고 밝고

(8) ㄻ [ㅁ]   삶다 굶다 젊다

(9) ㄿ [ㅂ]   읊다

3. 문장 읽기

'낱말 읽기'에서 학습한 홑받침 발음들을 문장을 통해 연습함으로써 실제 발화에서도 자연스럽게 발음할 수 있도록 하는 활동이다. 개별 낱말을 연습할 때는 학습자들이 주의해서 발음하기 때문에 오류가 많이 발생하지 않지만 문장 차원에서는 오류를 일으키기 쉽다. 따라서 문장 내에서 정확한 발음을 할 수 있도록 교사는 주의해서 연습시켜야 한다. 읽기를 반복해서 할 때 학생들이 지루해하지 않도록 처음에는 학생 전체가 읽기, 두 번째는 반씩 나눠서 읽기, 세 번째는 짝끼리 읽기, 네 번째는 한 명이 대표로 읽고 나머지가 따라 읽기 등의 다양한 방법을 사용하여 연습하도록 한다.

(1) **여덟** 장의 종이를 **넓게** 펴세요.

(2) 옆 사람의 발을 **밟지** 마세요.

(3) 달빛이 아주 **밝습니다**.

(4) 개는 **핥지** 않고는 먹을 수 없어요.

(5) **값비싼** 과일이 많아요.

4. 발음 나는 대로 쓰기

낱말 차원이나 문장 차원에서 학습한 낱말들을 실제로 발음해 보고 이를 소리나는 대로 써 보는 활동이다.

제 **7** 장

받침의 발음 Ⅱ : /ㅎ/의 발음과 연음

이 장에서는 앞 장에 이어 <표준 발음법>의 '받침의 발음'과 관련된 규정 중에서 받침 /ㅎ/의 발음과 받침 다음에 모음이 이어지는 경우(연음)에 대해 살펴보도록 한다.

7.1 받침 /ㅎ/의 발음

7.1.1 받침 /ㅎ/ 발음의 원리

<표준 발음법>에 제시된 받침 /ㅎ/에 대한 규정을 보면 아래와 같다.

> **제12항** 받침 'ㅎ'의 발음은 다음과 같다.
>
> 1. 'ㅎ(ㄶ, ㅀ)' 뒤에 'ㄱ, ㄷ, ㅈ'이 결합되는 경우에는, 뒤 음절 첫소리와 합쳐져 [ㅋ, ㅌ, ㅊ]로 발음한다.

놓고[노코]   좋던[조ː턴]   쌓지[싸치]
많고[만ː코]   않던[안턴]   닳지[달치]

[붙임 1] 받침 'ㄱ(ㄹㄱ), ㄷ, ㅂ(ㄼ), ㅈ(ㄵ)'이 뒤 음절 첫소리 'ㅎ'과 결합되는 경우에도,
　　　　　 역시 두 음을 합쳐서 [ㅋ, ㅌ, ㅍ, ㅊ]으로 발음한다.

각하[가카]   먹히다[머키다]   밝히다[발키다]
맏형[마텽]   좁히다[조피다]   넓히다[널피다]
꽂히다[꼬치다]   앉히다[안치다]

[붙임 2] 규정에 따라 'ㄷ'으로 발음되는 'ㅅ, ㅈ, ㅊ, ㅌ'의 경우에도 이에 준한다.

옷 한 벌[오탄벌]   낮 한때[나탄때]
꽃 한 송이[꼬탄송이]   숱하다[수타다]

2. 'ㅎ(ㄶ, ㅀ)' 뒤에 'ㅅ'이 결합되는 경우에는, 'ㅅ'을 [ㅆ]으로 발음한다.

닿소[다쏘]   많소[만ː쏘]   싫소[실쏘]

3. 'ㅎ' 뒤에 'ㄴ'이 결합되는 경우에는, [ㄴ]으로 발음한다.

놓는[논는]   쌓네[싼네]

[붙임] 'ㄶ, ㅀ' 뒤에 'ㄴ'이 결합되는 경우에는, 'ㅎ'을 발음하지 않는다.

않네[안네]   않는[안는]   뚫네[뚤네→뚤레]   뚫는[뚤는→뚤른]

4. 'ㅎ(ㄶ, ㅀ)' 뒤에 모음으로 시작된 어미나 접미사가 결합되는 경우에는, 'ㅎ'을 발음
하지 않는다.

낳은[나은]   놓아[노아]   쌓이다[싸이다]   많아[마ː나]
않은[아는]   닳아[다라]   싫어도[시러도]

　　반침이 /ㅎ/이거나 겹받침인 /ㄶ, ㅀ/의 경우의 발음에 대해 <표준 발음법>에서는 위에서
와 같이 4가지로 규정하고 있다. 이러한 받침을 가진 낱말은 모두 동사나 형용사라는 특징을

가지고 있다. 그리고 몇 가지 [붙임] 규정을 통해 '꽂히다'나 '옷 한 벌'과 같이 /ㅎ/가 받침이 아닌 경우의 /ㅎ/ 발음에 대해 부가하여 제시하고 있다.

/ㅎ/는 어두에 나타나는 경우를 제외하고는 아래의 예에서와 같이 쉽게 탈락되거나 다른 소리와 합하여져 하나의 소리로 축약되는 특징을 가지고 있다.

(1)   놓은 [노은]   낳고 [나코]

/ㅎ/가 이렇게 제 소리값을 지키지 못하는 이유는 이 소리가 가지고 있는 음성적 특성 때문이다. 일반적으로 이 소리를 후음(목청소리)의 마찰음이라 하여 자음으로 규정하고 있다. 그러나 실제 이 소리는 조음위치로서의 후음과 조음방법으로서의 마찰음보다는 단순한 잡음(noise), 음성학적 용어로는 '기식성(aspiration)'(또는 유기성)으로 파악하는 것이 더 타당하다. 즉, 조음방법만 있고 조음위치는 없는 소리인 것이다.

이 기식성은 크게 두 가지 특징을 가지고 있다. 그 중 하나는 '놓고[노코]'에서와 같이 평음과 결합하여 격음을 만드는 것이다. 그것은 제2장에서 본 바와 같이 평음과 격음의 차이가 바로 기식성의 유무에 있기 때문이다. 다른 하나는 이 소리가 갖는 무성의 평음적 특성이다. 이는 제11장에서 볼 평음의 유성음화와 비슷한 것으로, 평음은 유성음 사이에서 유성음화되는데, /ㅎ/는 같은 환경에서 탈락 또는 약화된다. 그리하여 '향기'와 같이 어두에서의 /ㅎ/는 [ㅎ] 그대로 발음되지만, '좋아[조아]'와 같이 유성음 사이에서의 /ㅎ/는 탈락한다. 결국 '기식성'으로 인해 평음과 결합하여 격음으로의 축약이 일어나며, 무성의 평음성으로 인해 유성음 사이에서 탈락 또는 약화가 일어난다.

이와 같은 내용을 바탕으로 /ㅎ/(/ㄶ, ㅀ/ 포함) 소리의 구체적인 모습을 살펴보기로 한다.

7.1.1.1 /ㅎ/가 받침인 경우

위에서 말한 대로 /ㅎ/(또는 /ㄶ, ㅀ/)를 받침으로 가진 낱말은 모두 동사나 형용사이다. 이들은 반드시 어미를 갖는데, 어미의 음운론적 환경에 따라 /ㅎ/의 발음이 달라진다. 첫째, /ㄱ, ㄷ, ㅂ, ㅈ/로 시작하는 어미가 올 때이다(조항 1). 이 경우에는 위에서 설명한 것처럼 두 소리가 하나로 축약되되, 그 평음에 해당하는 격음으로 발음된다. 이렇게 격음화가 일어나는 것은 앞에서 설명한 /ㅎ/의 기식성 때문이다. 그리고 /ㄶ, ㅀ/와 같이 겹자음을 가진 받침의 경우 첫 자음은 앞 음절의 받침으로 발음되고, 뒤 자음인 /ㅎ/는 어미의 첫소리와 결합하여 격음으로 발음된다. 이에 해당하는 예를 보면 아래와 같다.

(2)   놓고 [노코]   좋던 [조:턴]   쌓지 [싸치]
        많고 [만:코]   않던 [안턴]   닳지 [달치]

다만, '-습니다'와 같이 /ㅅ/로 시작하는 어미가 올 때에는 /ㅅ/가 [ㅆ]로 발음된다(조항 2). 그것은 /ㅅ/에 해당하는 격음이 없기 때문이다.

(3)   놓습니다 [노씁니다]   좋소 [조쏘]
        많습니다 [만씁니다]   않습니다 [안씁니다]

둘째, 모음으로 시작하는 어미 또는 접미사가 올 때이다(조항 4). 이 경우에는 아래와 같이 받침 /ㅎ/가 탈락한다. /ㄶ, ㅀ/와 같이 겹자음을 가진 받침의 경우에는 /ㅎ/는 탈락하고 첫 자음만 남아 앞 음절의 받침으로 발음된다.

(4)   가.   낳은 [나은]   놓아 [노아]   쌓여 [싸여]   좋은 [조은]
        나.   많이 [마니]   않은 [아는]   닳아 [다라]   싫어 [시러]

(4가)는 /ㅎ/가 두 모음 사이에 있는 경우로, 이 경우에 /ㅎ/가 탈락하는 이유는 앞에서 말한 대로 /ㅎ/가 갖는 무성의 평음성 때문이다. 한국어에서 /ㄱ, ㄷ, ㅂ, ㅈ/와 같은 (무성)평음은 유성음 사이에서 유성음화된다. /ㅎ/도 유성음 사이에서 유성음화되는데, 이 경우 무성성이 사라지게 되어 결국 아무 것도 남지 않게 된다. (4나)도 이와 유사하다. 즉, 겹자음 중 /ㄴ/(/ㄶ/ 받침의 경우)와 /ㄹ/(/ㅀ/ 받침의 경우)만이 발음되고, /ㅎ/는 다음 음절의 첫소리로 발음되게 되는데, 이 /ㅎ/는 유성음인 앞 자음과 다음 음절의 모음 사이에서 탈락

하게 된다. 이것은 뒤에서 볼 '은행, 불혹' 등과 같은 말이 표준발음은 아니지만 실제 생활에서 [으냉]과 [부록]으로 발음되는 것과 같은 현상이다.

셋째, /ㄴ/로 시작하는 어미가 올 때이다(조항 3). 이 경우 /ㅎ/ 받침과 /ㄶ/ 받침의 경우(조항 3의 [붙임]은 각각 (5가)와 (5나)에서와 같이 [ㄴ]로 발음되고, /ㅀ/ 받침의 경우(조항 3의 [붙임])은 (5다)에서와 같이 [ㄹ]로 발음되며 어미의 첫소리 /ㄴ/도 [ㄹ]로 발음된다.

(5) 가. 낳는 [난는]   쌓네 [싼네]
     나. 않는 [안는]   많네 [만네]
     다. 닳는 [달른]   뚫니 [뚤리]

(5나)의 경우는 겹자음 중 /ㅎ/는 탈락하고 [ㄴ]가 남아 받침으로 발음된다. 그리고 (5다)의 경우는 겹자음 중 [ㄹ]가 남아 발음되는데, 이 소리와 뒤에 오는 어미의 첫소리 [ㄹ]가 자음동화를 일으켜 [ㄹㄹ]로 발음된다. 한편, (5가)의 경우는 좀 특이하다. 이 경우는 유성음 사이에 /ㅎ/가 나타난다는 점에서는 (4나)와 유사하다. 즉, (4나)의 경우는 'ㄴ-ㅎ-모음'의 순서이고, (5가)의 경우는 '모음-ㅎ-ㄴ'의 순서로 둘다 유성음 사이라는 점에서 공통적이다. 그럼에도 불구하고 /ㅎ/가 탈락하는 (4나)의 경우와 달리 (5가)의 경우 /ㅎ/가 [ㄴ]로 발음되는 것은 /ㅎ/가 받침에 있기 때문이다. 즉, (4나)의 경우(예 : 많이)는 받침 /ㅎ/가 다음 음절의 첫소리로 발음될 수 있지만, (5가)의 경우(예 : 낳는)는 둘째 음절의 첫소리에 이미 자음이 자리하고 있기 때문에 받침 /ㅎ/는 다음 음절의 첫소리로 발음될 수 없고 받침 자리에 남아 있어야 한다. 받침 자리로 발음되기 위해서는 7개의 소리 중의 하나로 발음되어야 한다. 이 때 어떤 소리로 발음되느냐 하는 것이 문제가 되는데, 가장 정확한 설명이라 하기는 어렵지만 가장 일반적인 설명은 아래와 같이 /ㅎ/가 먼저 [ㄷ]로 중화된 후 뒤에 오는 /ㄴ/에 동화되어 (6가)에서와 같이 비음 [ㄴ]로 발음된다고 하는 것이다.

              낳는   쌓네
(6) 가. 중화 [낟는]   [싿네]
     나. 동화 [난는]   [싼네]

이상의 내용을 종합하여 표로 나타내면 아래와 같다.

(7) 받침 /ㅎ/의 발음

어미(또는 접미사)의 첫소리		발음	예
ㄱ, ㄷ, ㅂ, ㅈ		해당 자음의 격음으로 축약 (단, 겹받침의 앞 자음은 앞 음절의 받침으로 남음)	놓고[노코] 많다[만타]
ㅅ		[ㅆ]	놓습니다 [노씀니다]
모음		받침 /ㅎ/ 탈락 (겹받침의 앞 자음은 뒤 음절의 첫소리로 발음됨)	좋은[조은] 많이[마니]
ㄴ	어간 받침이 /ㅎ/일 때	[ㄴㄴ]	낳는[난는]
	어간 받침이 /ㄶ/일 때		많네[만네]
	어간 받침이 /ㅀ/일 때	[ㄹㄹ]	닳는[달른]

다음으로 /ㅎ/가 받침이 아닌 경우를 살펴보도록 한다.

7.1.1.2 /ㅎ/가 받침이 아닌 경우

이 경우는 크게 네 가지로 나눌 수 있다. 첫째는 어두에 오는 경우이다. 이 경우에는 아래와 같이 예외 없이 [ㅎ] 그대로 발음된다.

(8)   하늘 [하늘]   향기 [향기]   한 개 [한개]   헌 옷 [허녿]

여기서 말하는 어두란, 한 낱말의 어두이거나 낱말들이 결합하여 하나의 말토막을 형성할 때 가장 앞에 나오는 말의 첫소리를 말한다. 따라서 '옷 한 벌'에서의 '한'과 같이 말토막의 제일 앞에 나오지 않는 경우는 제외된다.

둘째, 앞 음절의 받침이 /ㄱ(ㄹㄱ), ㄷ, ㅂ(ㄹㅂ), ㅈ(ㄴㅈ)/이고 뒤 음절의 첫소리가 /ㅎ/로 시작하는 경우이다(조항 1의 [붙임]). 이 경우에는 위에서 본 받침이 /ㅎ/이고 그 다음 음절의 첫소리가 /ㄱ, ㄷ, ㅂ, ㅈ/인 경우와 마찬가지로 축약되어 격음화된다. 몇 가지 예를 보면 아래와 같다.

(9) 각하 [가카]　　　　　먹히다 [머키다]　　　　밝히다 [발키다]
　　만형 [마텽]　　　　　좁히다 [조피다]　　　　넓히다 [널피다]
　　꽂히다 [꼬치다]　　　앉히다 [안치다]

위의 예에서 보듯이, '각하, 만형'을 제외하고는 대체로 접미사 '히'가 붙는 경우이다. 겹자음인 경우에는 앞 자음은 앞 음절의 받침으로 남고 뒤 자음이 뒤 음절의 /ㅎ/와 결합하여 격음으로 발음된다. 이 경우에도 /ㅎ/의 기식성이 평음에 작용하여 평음을 격음으로 만든 것이다.

셋째, '옷 한 벌, 낮 한때'과 같이 여러 낱말이 합하여져 하나의 말토막을 형성하는 경우나 '숱하다, 꿋꿋하다, 못하다'와 같이 '-하다'가 붙는 경우이다(조항 1의 [붙임] 2). 외국인 학습자들은 이러한 경우를 제대로 알지 못해 오류를 많이 일으킨다. 이와 같은 경우는 낱말을 분리하여 발음하면 [온한벌]과 같이 발음될 수 있지만, 낱말을 묶어 하나의 말토막으로 발음할 때에는 먼저 앞 음절의 받침이 앞 장에서 본 중화의 받침 규정을 먼저 적용한 후에 축약한다. 즉, '낮 한때'와 '못하다'의 경우 다음과 같은 과정을 거쳐 축약된다.

	낮 한때	못하다
(10) 중화	[낟한때]	[몯하다]
축약	[나탄때]	[모타다]

만약 중화의 과정을 거치지 않으면 '낮 한때'는 *[나찬때]처럼, '못하다'는 '놓습니다[노씁니다]'에서와 같이 [씨]로 발음하여 결국 *[모싸다]와 같은 잘못된 발음을 야기한다. 여기서 주의해야 할 점은 /ㅎ/와 /ㅅ/의 결합인데, /ㅎ/가 받침에 오는 경우(예 : 놓습니다)에는 두 소리가 축약되어 [씨]로 발음되는 반면, /ㅅ/가 받침에 오고 /ㅎ/('-하다'의 /ㅎ/)가

뒤에 오는 경우(예 : 못하다)에는 /ㅅ/가 [ㄷ]로 중화된 다음 뒤의 /ㅎ/와 결합하여 [ㅌ]로 발음된다.

마지막으로, <표준 발음법>에는 제시되어 있지 않지만, 아래와 같이 한 낱말 내에서 유성음 사이에 /ㅎ/가 오는 경우이다.

(11)   가. 모음과 모음 사이
              고향 [고향~고양]   지하철 [지하철~지아철]

        나. 유음과 비음 사이
              불혹 [불혹~부록]   풀향기 [풀향기~푸랑기]

        다. 비음과 모음 사이
              간혹 [간혹~가녹]   남향 [남향~나먕]   영향 [영향~영양]

위와 같은 경우에는 /ㅎ/를 발음하는 경우와 /ㅎ/를 발음하지 않는 경우의 두 가지 발음이 모두 가능하다. 또는 /ㅎ/가 약화되어 들릴 듯 말 듯한 발음으로도 실현된다. 이에 대해 <표준 발음법>에서는 어느 것이 표준 발음인지에 대한 언급이 없지만, 이들을 탈락시켜 발음하는 경우의 예로 들지 않는 것으로 보아 /ㅎ/를 발음하는 것을 표준 발음으로 하는 것으로 판단된다. 결국 유성음 사이의 /ㅎ/의 발음은 /ㅎ/가 받침에 오느냐 그렇지 않느냐에 따라 달라지는데, 한국어의 받침에는 /ㄱ, ㄴ, ㄷ, ㄹ, ㅁ, ㅂ, ㅇ/의 7개 소리만 가능한 반면, 첫소리의 /ㅎ/는 [ㅎ] 그대로 발음이 가능하기 때문에 가능한 한 표기대로 발음하라는 것이다.   그러나 실제 생활에서는 대부분 /ㅎ/를 탈락시켜 발음하는 것이 현실이어서 '간혹 그 사람 고향이 어딘지 궁금할 때가 있다'라는 말에서 '간혹'과 '고향'은 [가녹], [고양]과 같이 발음된다. 이상의 내용을 종합하여 표로 나타내면 아래와 같다.

(12) 받침이 아닌 경우의 /ㅎ/ 발음

환경		발음	예
어두		[ㅎ] 그대로	하늘[하늘]
두 번째 음절 이하	앞 음절 받침이 /ㄱ, ㄷ, ㅂ, ㅈ/인 경우	해당 자음의 격음으로 축약 (단, 겹받침의 앞 자음은 앞 음절의 받침으로 남음)	먹히다[머키다] 좁히다[조피다] 꽂히다[꼬치다]
	앞 음절의 받침이 /ㄺ, ㄼ, ㄵ/인 경우		읽히다[일키다] 밟히다[발피다] 앉히다[안치다]
	여러 낱말이 하나의 말토막을 형성하는 경우	중화 후 축약	옷 한 벌[오탄벌]
	'-하다'와 결합하는 경우		못하다[모타다]
	한 낱말 내에서 앞 음절이 유성음인 경우	표준발음 : [ㅎ]	은행[은행]
		현실발음 : 탈락	은행[으냉]

7.1.2 받침 /ㅎ/ 발음의 교육 방안과 활동 유형

7.1.2.1 받침 /ㅎ/ 발음의 교육 방안

위에서 본 바와 같이 /ㅎ/ 발음은 다른 소리에 비해 상당히 복잡한 양상을 띠고 있다. 외국인 학습자들에게 복잡한 이 소리의 발음을 한꺼번에 가르치는 것은 무리이다. 따라서 학습자의 수준에 따라 단계적으로 가르칠 필요가 있다.

먼저 초급에서는 용언을 중심으로 가르치도록 한다. 어간의 받침과 어미의 평음이 결합하여 격음화가 되는 경우와 모음으로 시작하는 어미가 올 때 탈락하는 경우를 먼저 가르치도록 하고, 나머지 경우는 해당하는 어휘가 나올 때 가르치는 것이 좋다.

첫째, 어간의 받침과 어미의 첫소리인 /ㄱ, ㄷ, ㅂ, ㅈ/가 축약하여 격음화되는 것은 한국어 자음을 익힐 때부터 아래와 같이 /ㅋ, ㅌ, ㅍ, ㅊ/는 해당하는 평음과 /ㅎ/가 결합하여 이루어진 소리임을 인식시키면 학습자들이 쉽게 이 현상을 이해할 수 있다. '먹히다, 꽂히다'와 같이 /ㄱ, ㄷ, ㅂ, ㅈ/와 '히'가 결합하는 경우도 같은 방법으로 가르친다.

ㅋ	=	ㄱ	+	ㅎ
ㅌ	=	ㄷ	+	ㅎ
ㅍ	=	ㅂ	+	ㅎ
ㅊ	=	ㅈ	+	ㅎ

한편, '좋습니다, 놓습니다'와 같은 경우와 '낳는, 많네, 뚫니' 등과 같이 /ㄴ/로 시작하는 어미가 오는 경우는 해당하는 어휘가 나올 때 가르치도록 한다.

둘째, '놓아, 좋은'과 같이 용언 어간 받침의 /ㅎ/가 모음으로 시작하는 어미 앞에서 탈락하는 것은 초급 단계에서 가르쳐야 할 내용이다. 이것은 아래와 같이 용언 어간의 받침이라는 환경과 모음으로 시작하는 어미라는 환경을 제시한 다음, 이 상황에서는 /ㅎ/가 발음이 안 된다는 사실을 인지하도록 교육한다.

좋 + 은 ➡ [조은]

이와 같은 원리 학습이 끝나면 아래와 같은 표를 이용하여 하나씩 확인 학습을 하도록 한다. 아래의 조건에서 ①을 충족시키면 /ㅎ/는 /ㄱ, ㄷ, ㅂ, ㅈ/와 축약하여 [ㅋ,ㅌ,ㅍ,ㅊ]로 발음되고, ②를 충족시키면 /ㅎ/는 탈락한다.

조건＼낱말	강가	호수	낳고	좋아	꽂히다
조건 ①	×	×	√	√	√
조건 ②	×	×	×	√	×
결과	적용불가	적용불가	[나코]	[조애]	[꼬치다]

조건 ① : /ㅎ/와 /ㄱ, ㄷ, ㅂ, ㅈ/ 중의 하나가 연속되는가?
조건 ② : /ㅎ/ 받침 다음에 모음으로 시작하는 어미나 접미사가 오는가?

　　다음으로 받침이 아닌 경우의 /ㅎ/ 발음의 교육 방안을 살펴보도록 한다. 먼저 어두의 /ㅎ/는 그대로 발음되므로 특별히 가르칠 필요는 없다. 다만, 다른 경우의 /ㅎ/ 발음이 변동이 많으므로 이 경우의 /ㅎ/는 그대로 발음된다는 것을 분명히 알려 줄 필요는 있다. 나머지 경우는 낱말이 나올 때 가르치는 것이 좋지만, 학습자들이 분명히 알 필요는 있다.
　　다음으로, '꽃 한 송이[꼬탄송이], 옷 한 벌[오탄벌]' 등과 같이 여러 낱말이 하나의 말토막을 형성하는 경우는 받침이 중화된 다음 축약이 이루어지는데, 이에 대한 교육은 중급 이상의 단계에 해당한다. 그러나 이 현상은 외국인 학습자들이 매우 의아해하고 어려워하는 것이고, 또 교사들 또한 간과하기 쉬운 것이지만 반드시 가르쳐야 하는 것 중의 하나이다. 이에 대한 교육이 이루어지지 않으면 "미카 씨는 이 아파트 몇 호에 살아요?"와 같은 발화에서 '몇 호'를 [며토]로 발음하는 것도 쉽지 않고 그 발음을 듣고 의미를 이해하는 것도 쉽지 않다. 따라서 중급 이상의 단계에 이르면 이 현상은 반드시 가르쳐야 한다. 문제는 이 음운현상의 적용을 받는 말이 어떠한 것인가를 알아야 한다는 것인데, 가장 기본이 되는 세 가지 조건이 충족되어야 한다. 그 세 가지는 앞 음절의 받침이 /ㅎ/를 제외한 장애음 중의 하나이어야 한다는 것과, 다음 음절의 첫소리가 /ㅎ/이어야 한다는 것이다. 그리고 마지막으로 여러 낱말이 하나의 말토막을 형성하거나 '꽃향기'처럼 합성어이어야 한다는 것이다. 따라서 다음의 세 가지 조건에 대한 물음이 필요하며, 세 가지 조건을 모두 충족시킬 때 이 음운현상이 적용된다.

① 앞 음절의 받침이 /ㅎ/를 제외한 장애음 중의 하나인가?
② 다음 음절의 첫소리가 /ㅎ/인가?
③ 두 음절 사이에 띄어쓰기가 되어 있거나 합성명사인가?

위의 내용을 바탕으로 몇 가지 낱말의 적용 여부를 살펴보면 다음과 같다.

낱말 조건	풀향기	꽃이름	꽃히다	옷 한 벌	꽃향기
조건 ①	×	√	√	√	√
조건 ②	√	×	√	√	√
조건 ③	√	√	×	√	√
결과	적용불가	적용불가	적용불가	[오탄벌]	[꼬탕기]

조건 ① : 앞 음절의 받침이 /ㅎ/를 제외한 장애음 중의 하나인가?
조건 ② : 다음 음절의 첫소리가 /ㅎ/인가?
조건 ③ : 두 음절 사이에 띄어쓰기가 되어 있거나 합성명사인가?

위와 같은 확인 절차를 거친 다음에는 적용 가능한 낱말들을 대상으로 위에서 설명한 원리에 따라 '중화 → 축약'의 순서로 가르친다.

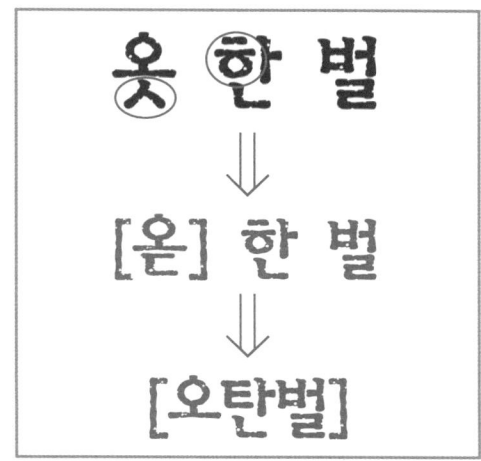

셋째, '숱하다, 꿋꿋하다, 솔깃하다, 느긋하다'와 같이 /ㅅ/ 받침의 말 다음에 '-하다'가 붙는 말은 그리 많지 않고 또 외국인 학습자가 그리 많이 사용하지는 않지만, '못하다'는 반드시 알아야 할 낱말이므로 해당 낱말이 나올 때 반드시 가르쳐야 한다. 이것을 가르치는 방법은 위와 비슷하다. 이에 해당하는 말을 확인하는 방법은 아래의 두 가지이며, 이 두 가지를 모두 충족시켜야 한다.

① 앞 음절의 받침이 /ㅌ, ㅅ, ㅆ, ㅈ, ㅊ, ㅍ/와 같이 중화의 대상이 되는 소리인가?
② 다음 음절에 '-하다'라는 말이 있는가?

끝으로, '고향, 간혹' 등과 같이 한 낱말 내의 두 번째 이하의 음절 첫소리에 /ㅎ/가 오고 그 앞 음절이 유성음으로 끝난 말의 경우에는 글자 그대로의 발음인 [고향], [간혹]으로 가르치는 것이 교사들에게나 학습자 자신들에게도 수월하다. 그러나 이런 경우에도 /ㅎ/가 탈락한 [고양]이나 [가녹]과 같은 현실 발음도 이해의 차원에서 알려 줄 필요가 있다.

7.1.2.2 받침 /ㅎ/ 발음교육의 활동 유형

1. 듣기

교사가 받침 /ㅎ/가 들어 있는 낱말을 학습자에게 들려 준 뒤에 학습자로 하여금 맞는 발음에 ○표를 하게 한다.

놓고	① [노코]	② [노꼬]	③ [노고]	④ [놉코]
놓는	① [놉는]	② [녿는]	③ [논는]	④ [노흔]
좋은	① [조흔]	② [졷은]	③ [조은]	④ [좁은]
낳습니다	① [나씀니다]	② [납습니다]	③ [나흡니다]	④ [나틈니다]
옷 한 벌	① [온한벌]	② [오탄벌]	③ [오싼벌]	④ [오단벌]

2. 낱말 읽기

/ㅎ/가 어떻게 소리나는지 낱말 읽기를 통해 연습한다. 교사는 학습자들에게 /ㅎ/가 장애음과 만나는 경우에는 격음으로 소리가 나고 모음과 만날 때는 탈락한다는 것을 주지시켜야 한다. 여러 낱말이 하나의 말토막을 형성하는 경우는 받침이 중화된 다음 격음화가 이루어진다는 것 또한 중급 이상의 학습자에게는 주지시켜야 할 학습 사항이다.

(1)	좋다 싫다 하얗다 많고 쌓지
(2)	좋은 싫어서 많으니까 닳아서 옳으면
(3)	각하 맏형 좁히다 꽂히다 밝히다
(4)	낳는 쌓네 않는 닳는 많네
(5)	옷 한 벌 꽃 한 송이 꽃향기

3. 문장 읽기

'낱말 읽기'에서 학습한 발음들을 문장을 통해 연습함으로써 실제 발화에서도 자연스럽게 발음할 수 있도록 하는 연습이다. 개별 낱말을 연습할 때는 주의해서 발음하기 때문에 오류가 많이 발생하지 않지만 문장 차원에서는 오류를 일으키기 쉽다. 따라서 문장 내에서 정확한 발음을 할 수 있도록 교사는 주의해서 연습시켜야 한다. 읽기를 반복해서 할 때 학생들이 지루해하지 않도록 처음에는 학생 전체가 읽기, 두 번째는 반씩 나눠서 읽기, 세 번째는 짝끼리 읽기, 네 번째는 한 명이 대표로 읽고 나머지가 따라 읽기 등의 다양한 방법을 사용하여 연습하도록 한다.

(1) **많고 많은** 재산을 다 잃어 버렸습니다.

(2) 나는 **하얗고** 예쁜 치마를 **좋아하지만** 동생은 **싫어해요**.

(3) **괜찮다고** 말했는데도 가기 **싫으면 싫다고** 말하래요.

(4) 마당에 눈이 **많이 쌓이니까** 강아지들이 아주 **좋아해요**.

(5) 저에게 **꽃 한 송이만** 주세요.

3. 노래 활동

노래를 통해 발음을 익히는 활동이다. 자칫 지루해지기 쉬운 발음 연습을 노래를 통해서 재미있고 쉽게 접근하게 할 수 있다. 학습자들에게 학습 동기를 부여하고 학습에 대한 흥미를 유발시키기에 효과적인 방법이다.

> **가을길**
>
> 노랗게 노랗게 물들었네   빨갛게 빨갛게 물들었네
> 파랗게 파랗게 높은 하늘   가을 길은 고운 길
> 트랄 랄랄라 트랄 랄랄라   트랄 랄랄랄라 노래 맞추어
> 숲 속의 새들이 반겨주는   가을 길은 우리 길

4. 텍스트 읽기

/ㅎ/ 받침의 낱말들이 들어 있는 짧은 텍스트를 읽게 함으로써 앞에서 학습한 내용들을 확인하는 활동이다. 이 때 제시되는 텍스트는 너무 길지 않은 것이 좋다.

우리 반 친구들과 함께 노래방에 갔습니다. 처음에는 기분이 좋지 않았는데, 노래를 부르고 나니 기분이 좋아졌습니다. 집으로 오는데 친구가 장미꽃 한 송이를 사 주었습니다. 참 행복했습니다.

7.2 연음

7.2.1 연음의 발음 원리

받침 다음에 모음이 오는 경우(연음)의 발음에 대한 <표준 발음법>의 규정은 아래와 같다.

제13항 홑받침이나 겹받침이 모음으로 시작된 조사나 어미, 접미사와 결합되는 경우에는, 제 음가대로 뒤 음절 첫소리로 옮겨 발음한다.

깎아[까까]	옷이[오시]	있어[이써]	낮이[나지]
꽂아[꼬자]	꽃을[꼬츨]	쫓아[쪼차]	밭에[바테]
앞으로[아프로]	덮이다[더피다]		

제14항 겹받침이 모음으로 시작된 조사나 어미, 접미사와 결합되는 경우에는, 뒤엣것만을 뒤 음절 첫소리로 옮겨 발음한다.(이 경우, 'ㅅ'은 된소리로 발음함.)

넋이[넉씨]	앉아[안자]	닭을[달글]
젊어[절머]	곬이[골씨]	핥아[할타]
읊어[을퍼]	값을[갑쓸]	없어[업:써]

제15항 받침 뒤에 모음 'ㅏ, ㅓ, ㅗ, ㅜ, ㅟ'들로 시작되는 실질 형태소가 연결되는 경우에는, 대표음으로 바꾸어서 뒤 음절 첫소리로 옮겨 발음한다.

밭 아래[바다래]	늪 앞[느밥]	젖어미[저더미]	맛없다[마덥따]
겉옷[거돋]	헛웃음[허두슴]	꽃 위[꼬뒤]	

다만, '맛있다, 멋있다'는 [마싣따], [머싣따]로도 발음할 수 있다.

[붙임] 겹받침의 경우에는, 그 중 하나만을 옮겨 발음한다.

넋 없다[너겁따]	닭 앞에[다가페]	값어치[가버치]	값있는[가빈는]

받침 다음에 모음이 오는 경우의 발음에 대해 <표준 발음법>에서는 두 가지로 나누어 규정하고 있다. 하나는 <제13항>과 <제14항>에 나오는 '조사나 어미, 접미사'와 결합하는 경우이고, 다른 하나는 <제15항>에 나오는 '실질 형태소'와 결합하는 경우이다. 실질 형태소란 하나의 독립적인 어휘로 사용될 수 있는 말을 의미한다는 점에서 볼 때, '조사나 어미, 접미사'는 '형식 형태소' 또는 '문법 형태소'라 할 수 있다. 즉 이들은 독립적인 어휘가 아니라, 문법적인 관계만을 보여주는 말들인 것이다. 이러한 차이가 받침 발음의 차이를 가져온다.

그러나 이 두 경우 모두에 공통되는 내용이 있는데, 그것은 뒤 음절의 첫소리가 비어 있고, 이 비어 있는 첫소리는 앞 음절의 자음으로 채워야 한다는 것이다. 이러한 현상은 비단 한국어에만 나타나는 것이 아니라, 최대두음원리(Maximum Onset Principal : MOP)라 하여 언어 보편적인 현상이다. 예를 들어 [tata]와 같은 말은 어느 언어에서나 두 번째 [t]를 [tat$a]('$'는 음절경계)와 같이 앞 음절의 받침으로 두기보다는 [ta$ta]와 같이 다음 음절의 첫소리로 둔다. 한국어에서도 표기법상으로는 VC.V('.'는 표기법상의 경계)일지라도 발음은 V$CV로 된다.

뒤 음절의 첫소리로 발음되는 자음은 위에서 말한 '형식 형태소'와 '실질 형태소'에 따라 결정된다. 첫째, 형식 형태소와 결합할 때에는 앞 음절의 받침은 뒤 음절 첫소리로 옮겨 발음하되, '제 음가대로' 발음한다. 단, 앞 음절의 받침이 겹받침인 경우에는 앞소리는 앞 음절의 받침으로, 뒷소리는 뒤 음절의 첫소리로 발음된다. 이러한 내용이 <제13항>과 <제14항>에 제시되어 있다. 각각의 경우에 해당하는 예를 보면 아래와 같다.

(14)   가. 깎아 [까까]   옷이 [오시]   있어 [이써]   낮이 [나지]
        꽂아 [꼬자]   꽃을 [꼬츨]   쫓아 [쪼차]   밭에 [바테]
        앞으로 [아프로]   덮이다 [더피다]

      나. 넋이 [넉씨]   앉아 [안자]   닭을 [달글]   젊어 [절머]
        곬이 [골씨]   핥아 [할타]   읊어 [을퍼]   값을 [갑쓸]
        없어 [업:써]

(14가)는 홑받침 또는 /ㅆ/와 같은 쌍받침 다음에 모음으로 시작되는 형식 형태소가 온 경우이다. 이 경우에는 받침은 반드시 뒤 음절의 첫소리로 옮겨 발음된다. 한편, (14나)는 겹받침 다음에 모음으로 시작된 형식 형태소가 온 경우이다. 이 경우에 겹받침 중 앞엣것은 그대로 앞 음절의 받침으로 발음되고, 뒤엣것만 뒤 음절의 첫소리로 옮겨 발음된다. 단, /ㅄ/나 /ㄳ/의 경우 /ㅅ/는 [ㅆ]으로 발음되는데, 이것은 두 가지로 볼 수 있다. 하나는 뒤에서 볼 경음화에 의해 [ㅆ]로 발음된 것으로 보는 것이고, 다른 하나는 원래 발음이 [ㅆ]인데, 한글맞춤법 <제5항>의 규정 '다만, /ㄱ, ㅂ/ 받침 뒤에서 나는 된소리는 같은 음절이나 비슷한 음절이 겹쳐 나는 경우가 아니면 된소리로 적지 아니한다.'라는 규정을 적용한 것으로 보는 것이다.

둘째, 실질 형태소가 연결되는 경우에는, 앞 음절의 받침을 뒤 음절 첫소리로 옮겨 발음하되, '대표음으로 바꾸어서' 발음한다. 그리고 겹받침인 경우에는 앞 장에서 살펴본 '겹받침의 발음'에서 선택된 자음만 뒤 음절의 첫소리로 옮겨 발음된다. 이러한 현상은 어휘적으로는 두 낱말이 결합하여 하나의 낱말을 이루더라도 발음상으로는 두 개의 다른 낱말로 인식하기 때문이다. 즉, 앞 장에서 본 '어말' 또는 '휴지(pause)'의 개념이 두 낱말 사이에 적용이 되었기 때문이다. 이러한 내용이 <제15항>에 제시되어 있다. 각각의 경우에 해당하는 예를 보면 아래와 같다.

(15)　　가. 밭 아래 [바다래]　　늪 앞 [느밥]　　꽃 위 [꼬뒤]　　　맛없다 [마덥따]
　　　　　겉옷 [거돋]　　　　헛웃음 [허두슴]　　젖어미 [저더미]

　　　　나. 넋 없다[너겁따]　　　닭 앞에[다가페]

(15가)는 홑받침의 경우로, 모두 대표음으로 발음된 후 뒤 음절의 첫소리로 이어져서 발음된다. 그리고 (15나)는 겹받침의 경우로, 두 자음 중 하나만 선택되어 뒤 음절의 첫소리로 발음된다. 이 때 선택된 자음은 앞 장에서 본 '겹받침의 발음'에서 선택된 자음과 동일하다.

다만, '맛있다, 멋있다'는 이러한 규정의 적용을 받지 않고, [마싣따], [머싣따]로도 발음할 수도 있다. 결국 이 두 낱말은 [마딛따~마싣따], [머딛따~머싣따]의 두 가지 발음 모두 가능하다. [마딛따]와 [머딛따]와 같은 발음은 (15가)에서와 같이 두 낱말로 인식하여 중간에 휴지를 둘 때 실현되며, [마신따]와 [머신따]와 같은 발음은 두 낱말을 어휘적으로나 발음상으로도 하나의 낱말로 인식하여 중간에 휴지를 두지 않음으로써 실현되는 것이다.

 여기서 잠깐!

'며칠'의 발음과 표기

　'몇 월 며칠[며둴며칠]'의 경우에 '며칠'을 '몇 일'로 분석해 낸다면 '몇 월'이 [며둴]로 소리나는 것처럼 '몇 일'도 [며딜]로 소리나야 할 것처럼 보인다. 또한 같은 음운환경을 보이는 '꽃잎'과도 동일한 음운 변동이 일어나서 '꽃잎 → [꼰닙]'과 같이 '몇 일 → [면 닐]'로도 발음되어야 할 것이다. 그러나 '몇 일'은 [며칠]로 발음하는 것을 표준 발음으로 규정하고 있다. 이 발음 또한 음운론적으로 하나의 낱말로 인식한 결과이다. 그리고 이러한 발음이 표기에 반영된 것이 '며칠'이다.

7.2.2 연음의 교육 방안과 활동 유형

7.2.1.1 연음의 교육 방안

　한국어에서 자음으로 끝난 체언은 '집이, 집을, 집은'과 같이 모음으로 시작하는 조사를 취하는 경우가 많다. 그리고 용언의 경우도 마찬가지여서 '-어/아'와 같이 모음으로 시작하는 어미 또는 '으' 계열 어미가 있어 '잡아, 잡으니'처럼 자음 다음에 모음이 연결되는 경우가 많다. 이러한 경우에 체언이나 용언의 어간 받침은 각각 모음으로 시작하는 조사나 어미의 첫소리로 발음된다. 다시 말해, 한국어에서 연음 현상은 지극히 보편적인 것이다. 따라서 한국어교육에서는 받침 다음에 모음이 오는 경우의 발음교육을 일찍, 그리고 중요하게 다루어야 한다.

　외국인 학습자들의 경우 '책, 사람, 산' 등처럼 제 음가대로 소리 나는 낱말이 모음으로 시작된 조사나 어미, 접미사와 결합되는 경우에는 체언의 자음을 연음시키는 것에 큰 어려움을 겪지 않는다. 그러나 '꽃, 옷, 낮' 등처럼 홀로 쓰일 때 체언의 받침이 제 음가대로 소리 나지 않고 대표음으로 발음되고, 이 낱말들이 모음으로 시작된 조사나 어미, 접미사와 결합할 경우에는 어려움을 겪는다. 그리고 체언은 다른 형태소와 독립적으로 쓰이기 때문에 조사와의 결합된 발음을 학습하기 전에, 낱말 카드 등을 활용하여 별도로 먼저 학습하는 것이 일반적이어서 대표음으로 발음하는 경우와 제 음가대로 발음하는 경우에 혼동을 일으키기 쉽다. 이런 점에서 받침 다음에 모음이 오는 경우의 발음교육은 단독으로 발음했을 때 체언의 받침에 변화가 없는 낱말부터 먼저 학습한 후에 변화를 입는 낱말을 학습하는 것이 좋다.

　받침 다음에 모음으로 시작하는 형식 형태소가 오는 경우의 발음을 할 때에는 먼저 그 형태소가 형식 형태소임을 확인하는 작업이 선행되어야 하나, 대체로 조사 '이, 은' 등이나 어미 '-어/아, -었/았-' 등 형식 형태소가 결합된 형태가 실질 형태소가 결합된 형태보다 교재를 통하여 자연스럽게 먼저 학습되므로 그 작업은 필요 없는 경우가 많다. 따라서 형식 형태소가 오는 경우의 발음을 자연스러운 것으로 처리하고, 후에 실질 형태소가 오는 경우를 특별한 경우로 처리하면 된다.

　형식 형태소가 결합된 형태를 교육할 때에는 일차적으로 모음 교육을 할 때 학습한, 해당 형태소의 처음에 오는 'ㅇ'이라는 글자는 소리가 없는 빈 것임을 상기시켜야 한다. 그리고 다음으로 이렇게 빈자리에는 아래와 같이 앞 음절의 받침이 와서 채운다는 것을 알게 해야 한다.

책 + 이 = 채 + □ㅣ = [채기]

잡 + 아 = 자 + □ㅏ = [자바]

이러한 원리 학습이 끝난 후에는 아래와 같은 표를 이용하여 발음 연습을 하도록 한다. 이 때 겹받침보다 홑받침을 먼저 지도 하되, 중화되는 소리를 받침으로 가진 낱말에 대해서는 특별히 주의하여 지도하도록 한다. 홑받침을 가진 체언을 예로 들어 보이면 다음과 같다.

(16) 홑받침 다음에 형식 형태소가 오는 경우의 발음 연습 1

낱말 \ 조사	이	을	은
책	채기		
사람			
산			

(17) 홑받침 다음에 형식 형태소가 오는 경우의 발음 연습 2

낱말 \ 조사	이	을	은
옷	오시		
꽃			
낮			

홑받침을 가진 용언의 어간에 모음으로 시작하는 형식 형태소가 오는 경우도 이와 같은 방법으로 지도한다.

🧭 여기서 잠깐!

'꽃이'는 [꼬치]인가 [꼬시]인가?

많은 사람들이 '꽃이, 꽃에, 꽃으로'와 같은 말을 무의식적으로 [꼬시, 꼬세, 꼬스로]와 같이 발음하는 경우가 있는데, 이는 잘못이다. '밭에, 밭을'과 같은 경우에도 사람에 따라 [바세, 바슬]과 같이 /ㅌ/를 [ㅅ]로 발음하거나 [바체, 바츨]과 같이 구개음화하여 발음한다. 이 또한 잘못된 발음이다. 더욱이 한국어 교사가 이와 같은 발음을 하면 외국인 학습자들에게 잘못된 발음을 가르치는 큰 오류를 범하게 되는 것이다. 따라서 한국어 교사는 이와 같은 낱말들에 대해 평소에 의식적으로 표준발음을 사용하는 노력을 해야 한다.

겹받침도 같은 방법으로 교육한다. 즉, 형식 형태소의 'ㅇ' 글자는 비어 있음을 말해 주고, 앞 음절의 겹받침 중 뒤 소리가 이 자리로 오는 것을 알게 한다. 이 때, 겹받침의 앞 자음은 받침으로 남는다는 것도 함께 말해 주도록 한다. 그 후에는 아래 (18)에서와 같이 표를 이용하여 겹받침의 발음을 연습하도록 한다.

$$닭 + 이 = 달 + □ㅣ = [달기]$$

$$앉 + 아 = 안 + □ㅏ = [안자]$$

(18) 겹받침 다음에 형식 형태소가 오는 경우의 발음 연습

앉아	안자
닭을	
넓어	
읽어	

<제15항> 즉, 받침 다음에 모음이 오지만 연음하지 않고, 대표음으로 바꾸어 연음하는 경우는 외국인 학습자들에게 특별히 주의를 요한다. 물론 (16)의 '책, 사람, 산' 등과 같이 중화의 적용을 받지 않는 자음은 뒤에 모음 /ㅏ, ㅓ, ㅗ, ㅜ, ㅟ/로 시작되는 실질 형태소가 연결되더라도 그대로 뒤 음절의 첫소리로 옮겨 발음한다. 그러나 앞 음절의 끝 자음이 대표음으로 발음되는 자음의 경우에는 먼저 대표음으로 바꾼 후에 연음하도록 한다. 따라서 이 두 가지를 구별하여 가르칠 필요가 있다. 먼저 전자의 경우는 아래와 같이 표로 제시하여 발음의 변화를 한 눈에 볼 수 있게 하는 것이 도움이 된다.

(19) 앞 음절 받침을 그대로 연음하는 경우

선행체언 \ 후행체언	아래	안	앞	위
책	채가래			
사람				
산				

다음으로 후자의 경우는 두 가지 조건을 충족시키는지 확인하여야 한다. 그 첫째는 받침이 중화의 대상이 되는 소리인지를 확인하는 것이고, 둘째는 그 다음에 오는 말이 실질 형태소인지 확인하는 것이다. 실질 형태소를 알게 하는 방법으로는 학습자들에게 실질

형태소의 개념을 알려주어 이해하게 하는 것이 제일 좋은 방법이지만, 그렇지 못한 경우에는 '안, 앞, 아래, 위, 있다, 없다' 등과 같이 몇 가지의 낱말로 제한하여 제시하여도 좋다. 이 두 가지 조건이 충족된 경우에는 아래와 같이 받침이 대표음으로 중화된 후 그 다음 음절로 연음됨을 설명해 주도록 한다.

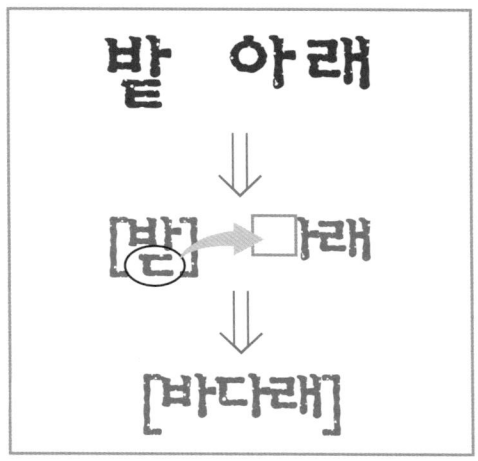

이러한 원리 학습이 끝난 다음에는 아래와 같은 표를 이용하여 반복 연습하도록 한다.

(20) 실질 형태소가 오는 경우의 발음 연습

선행체언 ＼ 후행체언	아래	안	앞	위
밭 [받]	바다래			
꽃 [꼳]				
부엌 [부억]				

특별히 '있다'와 '없다'는 생산성이 높아 외국어로서의 한국어 교육에서 상당히 중요하다.

다음은 외국인 학습자들이 활용할 수 있는 '있다'와 '없다'를 활용한 표현이다.

(21)   맛있어요   맛없어요   멋있어요   멋없어요
        재미있어요   재미없어요   시간있어요   시간없어요

'맛있어요'는 [마시써요]와 [마디써요]의 두 가지 모두가 발음이 가능한 반면, '맛없어요'
는 [마덥써요]만 가능하고 [마섭써요], [머섭써요]는 불가능하다. '멋있어요'와 '멋없어요'도
마찬가지이다. 따라서 위와 같은 표현을 모아 놓고 '듣고 따라하기'를 반복해야 한다.

7.2.2.2 연음 교육의 활동 유형

1. 낱말 읽기

앞 음절의 받침 뒤에 모음이 올 때 어떻게 발음이 되는지 연습한다. 이 때 낱말이 발음
나는 대로 써보게 하는 활동도 병행할 수 있다.

몫으로	넋이	삯을	앉아서
없으니	넓어서	얇은	짧으니까
외곬으로	핥아서	없어서	값을
맑아서	읽어라	흙은	늙어도
삶은	굶어서	젊으면	읊어라

2. 문장 읽기

'낱말 읽기'에서 연습한 받침의 발음을 문장 차원에서 연습하여 실제 발화에서도 자연스

럽게 발음할 수 있도록 하는 연습이다. 개별 낱말을 연습할 때는 주의해서 발음하기 때문에 오류가 많이 발생하지 않지만 문장 차원에서는 오류를 일으키기 쉽다. 따라서 학습자들이 문장 내에서 정확한 발음을 할 수 있도록 교사는 주의해서 연습시켜야 한다.

(1) **삶은** 계란을 좋아합니까?

(2) 옷에 **흙이** 많이 묻었어요.

(3) 돈이 **없어서 값을** 물어 보지 못했어요.

(4) 달빛이 **밝아서** 낮인 것 같아요.

(5) 무릎을 **꿇고 앉아** 있어서 다리가 많이 아팠어요.

3. 받아쓰기

'낱말 읽기'와 '문장 읽기'에서 연습한 받침의 발음을 받아쓰기를 통해 더 정확하게 익히도록 하는 활동이다.

몫으로	넓어서	많아서	읽으니까	밟아서

4. 게임 활동 : 내 짝을 찾아 주세요.

받침 뒤에 모음이 올 때 어떻게 소리가 나는지를 알아보는 게임 활동이다. 교사는 받침 뒤에 모음이 오는 낱말이 적힌 카드와 그 발음이 적힌 카드, 그리고 잘못된 발음이 적힌 카드를 여러 장 준비해 놓는다. 발음이 적힌 카드를 섞어 놓고 교사가 카드를 보여 주면 맞는 발음이 적힌 낱말 카드를 빨리 찾는 팀이(혹은 학생이) 이기게 된다(카드를 보여주지 않고 칠판에 써도 괜찮다). 여러 개의 낱말을 같이 연습하면 효율적이다.

(1) '많아서'의 경우

만아서 마나서 만하서 많아서

(2) '읽어서'의 경우

익어서 일어서 일거서 읽어서

제 8 장

음의 동화 Ⅰ : 비음화와 유음화

이 장과 다음 장에서는 <표준 발음법>의 '음의 동화' 규정에 대해 살펴보도록 한다. <표준 발음법>의 '음의 동화' 규정에는 구개음화, 비음화, 유음화, 'ㅣ' 모음동화 등이 제시되어 있는데, 먼저 이 장에서는 비음화와 유음화에 대해 살펴보도록 한다. 다만, 이 두 음운현상은 동일한 원리에 의한 것이므로 먼저 그 원리를 살펴본 후 각각의 음운현상에 대해 설명하도록 한다.

8.1 비음화와 유음화의 기본원리

자음동화(비음화, 유음화)란 복합어에서 두 자음이 나란히 있을 때 이웃하는 자음의 영향을 받아 그와 비슷한 성격의 자음으로 바뀌는 것을 말한다. 비음화란 비음이 아닌 소리가 비음을 만나 비음 [ㄴ, ㅁ, ㅇ]으로 발음되는 현상이며, 유음화란 유음이 아닌 소리가 유음(/ㄹ/)를 만나 유음으로 발음되는 현상을 말한다. 자음동화와 관련하여 문제가 되는 것은 크게 다음의 두 가지이다.

첫째, 언제 자음동화가 일어나는가?

둘째, 어떤 소리가 어떻게 변하는가?

먼저 첫 번째 질문에 답하면, 자음동화는 연속되는 두 자음이 한국어의 자연스러운 배열 (음소배열제약)에 어긋날 때 일어난다. 한국어에서 연속되는 두 자음은 반드시 음소배열제 약을 지켜야 한다. 단일 형태소의 경우에는 연속되는 두 자음이 자연스러운 배열 안에서 이루어지므로, 음소배열제약에 어긋나는 경우가 없다. 따라서 음소배열제약을 지키고자 하는 행위가 없다. 그러나 두 개의 형태소가 결합하는 과정에서는 앞 형태소의 마지막 자음과 뒤 형태소의 첫 자음이 자연스러운 배열, 즉 음소배열제약에 어긋나는 경우가 발생 한다. 예를 들어, '국물'[궁물]과 같은 경우에 /ㄱ-ㅁ/의 배열을 보이는데, 이러한 배열은 한국어의 음소배열제약에 어긋난다. 이러한 경우에는 예외 없이 자음동화가 일어난다. 즉, '낙망, 박멸, 악명, 북문, 녹말'과 같이 앞 자음의 받침이 /ㄱ/고, 뒤 자음이 /ㅁ/면 모든 낱말은 자음동화를 겪게 된다. 이러한 자음동화를 통하여 한국어의 자연스러운 배열로 조정된다. 따라서 자음동화는 아래와 같이 정의될 수 있다.

(1) 자음동화의 정의
    한국어의 음소배열제약에 어긋나는 두 자음을 음소배열제약에 맞도록 조정하는 음운현상
    중의 하나이다.

그러면 한국어의 음소배열제약은 어떠하며, 음소배열제약에 어긋날 때 조정 작업은 어떻 게 이루어지는가? 먼저 한국어의 음소배열제약은 다음과 같다.

(2) 한국어의 음소배열제약
    ① 한국어에서 연속되는 두 자음 중 앞 자음은 뒤 자음보다 자음 강도가 클 수 없다.
    ② 한국어의 자음 강도 : 유음 < 비음 < 장애음

'얼굴'과 '국력'의 두 낱말을 이용하여 한국어의 음소배열제약에 대해 살펴보면, '얼굴'의 경우에는 '유음(ㄹ)-장애음(ㄱ)'의 순서로 배열되어 있는 반면, '국력'의 경우에는 그 반대인 '장애음(ㄱ)-유음(ㄹ)'의 순서로 되어 있다. 한국어의 음소배열제약에 따르면, 앞 자음은 뒤 자음보다 자음 강도가 클 수 없다. '얼굴'의 경우는 앞 자음 /ㄹ/가 유음이고 뒤 자음

/ㄱ/가 장애음이므로, '앞 자음 강도 < 뒤 자음 강도'가 되어 이 제약을 준수한다. 반면, '국력'의 경우는 앞 자음이 장애음이고 뒤 자음이 유음이므로, '앞 자음 강도 > 뒤 자음 강도'가 되어 이 제약을 준수하지 않는다. 따라서 '국력'은 자음동화의 대상이 된다. 즉, 자음동화를 통하여 음소배열제약을 준수하도록 조정하는 작업이 필요하다.

/ㄹ-ㅁ/가 연속된 '설마'와 그 반대인 '심리'의 경우에도 마찬가지다. '설마'의 경우는 '앞 자음(ㄹ) 강도 < 뒤 자음(ㅁ) 강도'가 되어 음소배열제약을 준수하지만, '심리'의 경우에는 '앞 자음(ㅁ) 강도 > 뒤 자음(ㄹ) 강도'가 되어 음소배열제약에 어긋난다. 따라서 이 낱말은 자음동화의 대상이 된다.

위에서 언급한 대로 연속하는 두 자음은 반드시 음소배열제약을 지켜야 하며, 음소배열제약에 어긋나는 두 자음은 음소배열제약에 맞도록 조정되어야 한다.

그러면 음소배열에 맞도록 조정하는 작업은 어떻게 이루어지는가? 이 질문에 대한 답이 곧 위에서 말한 두 번째 질문 '어떤 소리가 어떻게 변하는가?'에 대한 답이 된다. 한국어의 음소배열조정은 다음과 같이 이루어진다.

(3)   자음동화를 통한 한국어의 음소배열조정 원칙
       원칙적으로 앞 자음의 자음 강도를 한 단계 낮춘다. 단, 조음위치는 같아야 한다.

(3)은 세 가지 내용을 제시하고 있다. 첫째는 뒤 자음이 아닌 앞 자음이 피동화주가 된다는 것이다. 이것은 한국어의 자음동화는 원칙적으로 역행동화라는 것이다. '원칙적으로'라고 한 것은 역행동화가 이루어지지 못할 경우에는 뒤 자음 또는 두 자음 모두 소리의 변동이 있을 수 있다는 것이다. 둘째는 조정 범위가 한 단계 이내라는 것이다. 이것은 조정 범위를 두 단계까지 허용할 경우 소리의 심한 변동으로 인해 자칫 해당 낱말이 우리의 인식 범위를 벗어나는 것을 막기 위한 것이다. 사실 이 과정이 동화의 과정이다. 예를 들어, 장애음을 비음으로 한 단계 내리는 것은 이웃하는 비음의 영향을 받는 과정인 것이다. 그리고 마지막으로 조음위치가 같아야 한다는 것으로, 원래의 소리가 양순음이면 변동된 소리도 양순음이어야 한다는 것이다. 이 조항을 단서 조항으로 한 것은 경우에 따라 일상 구어에서는 이 조항이 지켜지지 않기도 하기 때문이다. 물론 이 경우에는 표준 발음으로 인정을 받지

못한다. 예를 들어, '겉만'과 같은 경우 <표준 발음법>에서는 [건만]만을 표준 발음으로 인정하지만, 일상 구어에서는 이 조항의 내용이 지켜지지 않아 [검만]으로 발음되기도 한다.

이제 다음의 표를 이용하여 한국어의 음소배열조정 과정의 실제 모습을 살펴보도록 한다. 괄호 속의 숫자 '1, 2, 3'은 자음 강도를 나타내기 위해 임의적으로 정한 것으로 3 > 2 > 1의 순서이다.

(4) 한국어 자음 강도

조음방법 \ 조음위치	양순음	치조-경구개음	연구개음
장애음(3)	ㅂ	ㄷ	ㄱ
비음(2)	ㅁ	ㄴ	ㅇ
유음(1)	-	ㄹ	-

'국물'을 예로 들어 위의 내용을 살펴보도록 한다. 이 낱말의 두 자음 /ㄱ-ㅁ/는 '3-2'의 순서이어서 위에서 말한 음소배열제약에 어긋나므로 자음동화의 대상이 된다. 이 낱말은 [궁물]로 발음되는데, 자음동화가 적용된 내용을 살펴보면 다음과 같다.

① 앞 자음인 /ㄱ/가 뒤 자음인 /ㅁ/의 영향을 받아 소리의 변동이 일어났다.
② 장애음 /ㄱ/를 비음 [ㅇ]로 한 단계 낮추었다. 이로써 음소배열제약을 지키게 되었다.
③ 동화된 소리인 [ㅇ]는 원래 소리인 /ㄱ/와 같은 조음위치이다.

이상의 내용을 바탕으로 <표준 발음법>에 나타난 비음화와 유음화에 대해 구체적으로 살펴보도록 한다.

8.2 비음화

8.2.1 비음화의 원리

<표준 발음법>에 제시된 비음화에 대한 규정을 보면 아래와 같다.

제18항 받침 'ㄱ(ㄲ, ㅋ, ㄳ, ㄺ), ㄷ(ㅅ, ㅆ, ㅈ, ㅊ, ㅌ, ㅎ), ㅂ(ㅍ, ㄼ, ㄿ, ㅄ)'은 'ㄴ, ㅁ' 앞에서 [ㅇ, ㄴ, ㅁ]으로 발음한다.

먹는[멍는]	국물[궁물]	깎는[깡는]	키읔만[키응만]
몫몫이[몽목씨]	긁는[긍는]	흙만[흥만]	닫는[단는]
짓는[진:는]	옷맵시[온맵씨]	있는[인는]	맞는[만는]
젖멍울[전멍울]	쫓는[쫀는]	꽃망울[꼰망울]	붙는[분는]
놓는[논는]	잡는[잠는]	밥물[밤물]	앞마당[암마당]
밟는[밤:는]	읊는[음는]	없는[엄:는]	값매다[감매다]

[붙임] 두 낱말을 이어서 한 마디로 발음하는 경우에도 이와 같다.

책 넣는다[챙넌는다]	흙 말리다[흥말리다]	옷 맞추다[온마추다]
밥 먹는다[밤멍는다]	값 매기다[감매기다]	

제19항 받침 'ㅁ, ㅇ' 뒤에 연결되는 'ㄹ'은 [ㄴ]으로 발음한다.

담력[담:녁]	침략[침:냑]	강릉[강능]
항로[항:노]	대통령[대:통녕]	

[붙임] 받침 'ㄱ, ㅂ' 뒤에 연결되는 'ㄹ'도 [ㄴ]으로 발음한다.

막론[막논→망논]	백 리[백니→뱅니]
협력[협녁→혐녁]	십 리[십니→심니]

<제18항>에 나타난 두 자음은 앞 음절의 받침에 /ㄱ, ㄷ, ㅂ/가 오고 뒤 음절의 첫소리에 비음이 오는 '장애음 + 비음'의 순서이다. (<제18항>의 규정에서 여러 다른 자음들을 괄호 속에 열거한 것은 표기로는 다른 받침이더라도 어말이나 자음 앞에서 대표음으로 발음되는 현상으로 인해 이 /ㄱ, ㄷ, ㅂ/세 소리 중의 하나로 발음된다는 것이다.)

이 규정은 위와 같은 환경에서 /ㄱ, ㄷ, ㅂ/가 각각 [ㅇ, ㄴ, ㅁ]로 발음된다고 언급하고 있다. 그 대표적인 예로 '먹는[멍는], 닫는[단는], 앞마당[암마당]'을 들 수 있다. 이러한 사항을 위에서 언급한 음소배열제약과 그에 따른 음소배열조정 원칙에 적용하면 다음과 같다.

(5)   '장애음 + 비음'의 경우
    ① '먹는, 닫는, 앞마당'은 모두 '장애음(3)-비음(2)'의 배열을 가지고 있다. 이 배열은 음소
       배열제약에 어긋나므로 음소배열조정(자음동화)의 대상이 된다.
    ② 앞 자음인 장애음이 자음동화의 대상이 된다. 즉, '먹는, 닫는, 앞마당'에서 받침 /ㄱ,
       ㄷ, ㅂ(ㅍ)/가 음소배열조정을 받게 된다.
    ③ 강도 3인 장애음을 한 단계 아래로 내린다. 그 결과 '먹는[멍는], 닫는[단는], 앞마당[암마
       당]'에서와 같이 모두 비음으로 실현된다.
    ④ '/ㄱ/→[ㅇ], /ㄷ/→[ㄴ], /ㅂ/→[ㅁ]'은 모두 동일 조음위치 내에서의 변동이다.

지금까지 장애음의 비음화 과정에 대해 살펴보았다. 이 비음화는 한국어에 예외 없이 적용된다.

 여기서 잠깐!

구(句)에서의 비음화
    일반적으로 발음의 변동은 낱말 내에서 또는 조사나 어미가 결합할 경우에만 일어
난다. 간단히 말해, 낱말 경계를 넘어서는 경우에는 특별한 경우를 제외하고는 발음의
변동이 잘 일어나지 않는다. 예를 들어, 한국어에서 '앞집'과 같이 /ㅍ[ㅂ] 다음에 오

는 /ㅈ/는 필수적으로 경음화가 일어나지만, 같은 환경이라도 '밥 짓는다'와 같이 낱말 경계를 넘어서는 경우에는 '짓는다'의 /ㅈ/가 경음으로 발음될 수도 있고 그렇지 않을 수도 있다. 그러나 장애음의 비음화는 '옷 맞추다[온마추다]', '밥 먹는다[밤멍는다]'와 같이 여러 낱말을 하나의 말토막으로 발음할 때에는 낱말 경계를 넘어서 적용이 된다 (제18항 [붙임]). 참고로, 이와 비슷한 현상을 제7장의 '옷 한 벌, 낮 한때' 등과 같은 경우에서도 볼 수 있었다.

<제19항>에서는 뒤 자음 /ㄹ/가 [ㄴ]로 실현되는 두 경우를 보여준다. 다시 말해, 순행동화의 두 경우이다. 하나는 /ㅁ, ㅇ/ 뒤에 연결되는 /ㄹ/의 경우이고, 다른 하나는 [붙임] 조항에 언급된 것으로 /ㄱ, ㅂ/ 뒤에 연결되는 /ㄹ/의 경우이다. 전자는 '비음 + 유음'의 경우로, '침략[침냑]'과 '강릉[강능]'을 예로 들 수 있고, 후자는 '장애음 + 유음'의 경우로, '막론[막논→망논], 협력[협녁→혐녁]' 등을 예로 들 수 있다. 여기서 한 가지 지적하고자 하는 것은 '장애음 + 유음'의 경우에 나타나는 자음동화를 '막론[막논→망논], 협력[협녁→혐녁]'에서와 같이 두 단계를 거쳐서 설명하고 있다는 점이다.

이러한 사항을 위에서 언급한 음소배열제약과 그에 따른 음소배열조정 원칙에 적용하면 다음과 같다. 순서에 따라 '비음 + 유음'의 경우부터 살펴본다.

(6) '비음 + 유음'의 경우

① '침략'과 '강릉'은 모두 '비음(2) + 유음(1)'의 배열을 가지고 있다. 이 배열은 음소배열제약에 어긋나므로 음소배열조정(자음동화)의 대상이 된다.

② 앞 자음인 장애음이 자음동화의 대상이 된다. 즉, '침략, 강릉'에서 받침 /ㅁ, ㅇ/가 음소배열조정을 받게 된다.

③ 강도 2인 비음을 한 단계 아래로 내려야 한다. 그러나 앞에서 제시한 (4)의 표에서 보듯이 양순음과 연구개음에는 강도 1에 해당하는 소리가 없다.

④ 따라서 뒤 자음인 유음을 동일조음위치의 비음인 /ㄴ/로 한 단계 올림으로써 음소배열조정을 한다.

이상에서 보듯이 '비음 + 유음'의 관계는 위에서 살펴본 '장애음 + 비음'의 경우와는 달리 앞 자음의 강도를 낮출 수 없는 상황이다. 따라서 뒤 자음의 강도를 한 단계 올림으로써 음소배열을 조정하는 순행동화로 나타난다.

/ㄴ/ 다음에 /ㄹ/가 오는 경우 또한 '비음 + 유음'의 경우에 해당하지만, <표준 발음법>에서는 다른 조항에서 다루고 있으므로 뒤로 미루도록 한다.

다음으로 '장애음 + 유음'의 경우를 살펴보자.

(7) '장애음 + 유음'의 경우
  ① '막론'과 '협력'은 모두 '장애음(3) + 유음(1)'의 배열을 가지고 있다. 이 배열은 음소배열 제약에 어긋나므로 음소배열조정(자음동화)의 대상이 된다.
  ② 앞 자음인 장애음이 자음동화의 대상이 된다. 즉, '막론, 협력'에서 받침 /ㄱ, ㅂ/가 음소배열조정을 받게 된다.
  ③ 강도 3인 장애음을 한 단계 아래인 비음으로 낮추어야 한다. 그러나 앞에서 제시한 (4)의 표에서 보듯이 비음으로 낮추어도 뒤 자음이 유음이어서 여전히 음소배열제약에 어긋난다.
  ④ 따라서 다시 한 번의 음소배열조정이 필요하다. 그런데 음소배열조정 범위가 1단계에 국한되므로, 앞 자음의 조정은 불가능하다. 따라서 뒤 자음인 유음을 동일 조음 위치의 비음인 /ㄴ/로 한 단계 올림으로써 음소배열조정을 한다.

이상에서 보듯이 '장애음 + 유음'의 관계는 위에서 살펴본 '장애음 + 비음'과 '비음 + 유음'의 경우와는 달리 앞 자음의 강도를 한 단계 낮추고 뒤 자음을 한 단계 높여 음소배열을 조정하는 상호동화로 나타난다.

지금까지 한국어에 나타나는 비음화에 대해 살펴보았다. 한국어의 비음화는 음소배열제약과 그에 따른 음소배열조정 원리에 의한 것이다.

8.2.2 비음화의 교육 방안과 활동 유형

8.2.2.1 비음화의 교육 방안

'음의 동화'와 같이 두 음절 이상이 결합하여 일어나는 소리의 변동에 대한 발음을 알기 위해서는 무엇보다 원리에 대한 이해가 가장 중요하다. 따라서 외국인 학습자들이 한국어의 비음화를 바르게 알기 위해서는 궁극적으로 원리와 그에 따른 적용을 잘 알아야 한다.

비음화는 앞에서 살펴본 바와 같이 한국어에서는 필수적으로 일어나는 대표적인 음운현상이다. 한국어의 낱말은 대부분 2음절 이상으로 이루어지는데, 2음절 이상의 낱말 중에는 비음화나 유음화와 같은 자음동화가 일어나는 경우가 매우 많다. 따라서 한국어 학습의 초기 단계에서부터 자음동화 현상을 바르게 이해하지 않으면 올바른 한국어 발음을 하기가 어렵다. 그렇기 때문에 이에 대한 교육에 각별히 신경을 쓰지 않으면 안 된다. 그런데 이와 같은 현상은 다른 언어에서는 쉽게 발견되지 않는 것이어서 외국인 학습자들은 매우 낯설어 하며 습득하기 또한 결코 쉽지 않다. 비음화는 무엇보다도 그것이 일어나는 환경이 매우 중요하다. 따라서 학습자들에게 '장애음 + 비음', '비음 + 유음', '장애음 + 유음'의 경우를 나누어 설명하는 것이 좋다. 한국어 비음화에 대한 교육 방안은 다음과 같다.

① '장애음 + 비음'의 경우

처음에 교사는 장애음의 비음화에 해당하는 낱말(예: 국민)과 그 순서를 바꾼 낱말(예: 임금) 두 경우를 제시하고 학습자들에게 발음의 차이가 있는지 읽고 써 보도록 한다. 이는 나중에 자신의 발음과 올바른 발음을 대조해 보기 위한 것이다.

다음으로 교사는 아래와 같이 소리가 바뀌는 음들을 빨간 펜으로 일일이 표시해 가면서 학습자들이 발음의 변동에 익숙해지도록 한다.

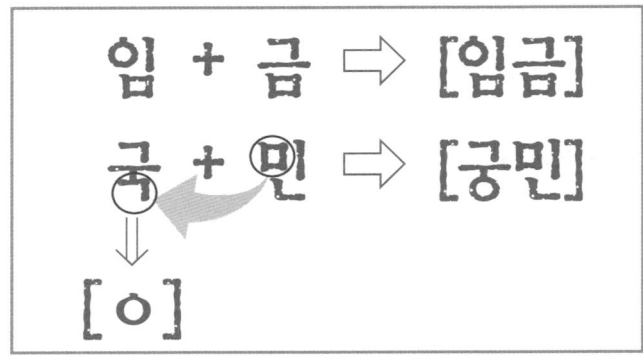

조금 더 체계적인 학습을 위해서는 아래와 같은 자음강도표를 제시하면 좋다. 이를 통해 한국어뿐만 아니라 다른 언어의 소리 체계도 알 수 있다. 아래 자음강도표에서 /ㄱ/와 /ㅁ/를 화살표로 연결하면 [ㅇ]의 지점에서 만나는 것을 알 수 있게 한다.

(4′) 한국어 자음 강도

조음방법 ＼ 조음위치	양순음	치조-경구개음	연구개음
장애음(3)	ㅂ	ㄷ	ㄱ
비음(2)	ㅁ	ㄴ	ㅇ
유음(1)	-	ㄹ	-

또 하나의 방법은 제4장에서 소개한 바와 같이 칠판의 왼쪽에는 비음화에 해당하는 낱말 5개 정도 적고, 오른쪽에는 발음을 적어 비음화에 대한 아래와 같은 규칙을 학습자 스스로 발견하게 하는 것이다. 이 경우에도 위의 표를 함께 제시하면 효과적이다.

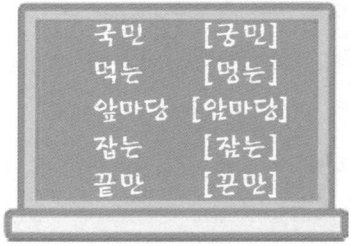

이 때 주의해야 할 점은 비음화가 일어나는 낱말을 제시할 때 중화의 과정 없이 비음화가

일어나는 낱말부터 먼저 제시하고 중화 과정을 거치는 낱말은 나중에 제시하는 것이 효율적이라는 것이다.

중급 이상의 경우에는 비음화에 대해 보다 체계적으로 설명하는 것이 좋다. 이러한 경우에는 먼저 비음화는 두 자음(앞 음절의 받침과 뒤 음절의 첫소리)이 연속될 때 일어남을 알게 한다. 이 때 앞 음절의 받침은 7개의 소리로만 실현됨을 주지시킨다. 그 후 위에 제시한 자음강도표를 칠판에 붙이고 '국민'과 '임금'을 예로 들어 자음강도에 따른 두 자음의 자음강도의 관계를 파악하도록 한다. '임금'의 경우는 2 < 3의 관계이어서 비음화가 일어나지 않지만, '국민'의 경우는 3 > 2의 관계이어서 반드시 발음의 변동이 일어남을 표를 통하여 알게 한다. 그리고 발음 변동의 구체적인 모습은 동일한 조음위치에서 앞 자음을 한 단계 낮추는 것임을 알게 하여 '국민'의 받침 /ㄱ/가 [ㅇ]로 발음된다는 사실을 인지하도록 한다. 그리고 이러한 것은 '국민' 한 낱말에만 적용되는 것이 아니라, 이와 같은 자음 연속체에는 예외 없이 적용된다는 사실을 말해 준다.

이와 같은 원리 학습이 끝나면 아래와 같은 표를 이용하여 하나씩 확인 학습을 하도록 한다. 아래의 두 가지 조건을 모두 충족시키는 경우에는 장애음을 같은 조음위치의 비음으로 변동시키면 된다.

조건＼낱말	안개	개미	낙엽	앞마당	국물
조건 ①	×	×	√	√	√
조건 ②	×	√	×	√	√
결과	적용불가	적용불가	적용불가	[암마당]	[궁물]

조건 ①: 앞 음절의 받침이 장애음인가?
조건 ②: 뒤 음절의 첫소리가 비음인가?

이와 같은 확인 학습이 끝나면 이에 해당하는 낱말을 이용하여 반복적으로 연습한다.

② '비음 + 유음'의 경우

처음에 교사는 유음의 비음화에 해당하는 낱말(예: 심리)과 결합되는 자음의 순서를 바꾼 낱말(예: 얼마) 두 경우를 제시하고 학습자들에게 발음의 차이가 있는지 읽고 써 보도록 한다. 이는 나중에 자신의 발음과 올바른 발음을 대조해 보기 위한 것이다. '진리'와 같은 경우는 유음화가 일어나므로 제외해도 좋으나, 원리 학습에서는 '심리, 궁리'와 같이 /ㅁ, ㅇ/ 받침을 가진 낱말들과 비교해 보여 주는 것이 효과적일 수 있다.

다음으로 교사는 아래와 같이 소리가 바뀌는 음들을 빨간 펜으로 일일이 표시해 가면서 학습자들이 발음의 변동에 익숙해지도록 한다.

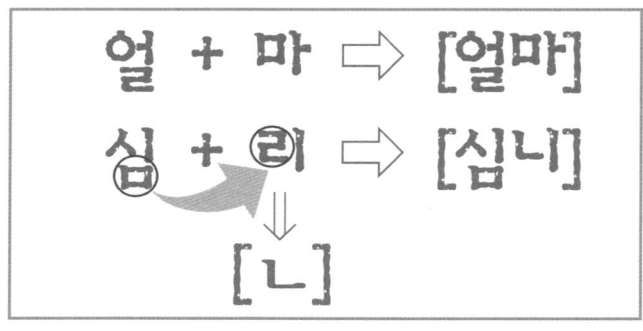

　조금 더 체계적인 학습을 위해서는 앞에서와 마찬가지로 자음강도표를 제시하면 좋다. 자음강도표에서 /ㅁ/와 /ㄹ/를 화살표로 연결하면 [ㄴ]의 지점에서 만나는 것을 알 수 있게 한다.

　그리고 '장애음 + 비음'의 경우와 마찬가지로 칠판에 해당하는 낱말과 발음을 써 놓고 학습자들로 하여금 다음과 같은 원리를 스스로 발견하게 하는 것도 좋은 방법의 하나이다.

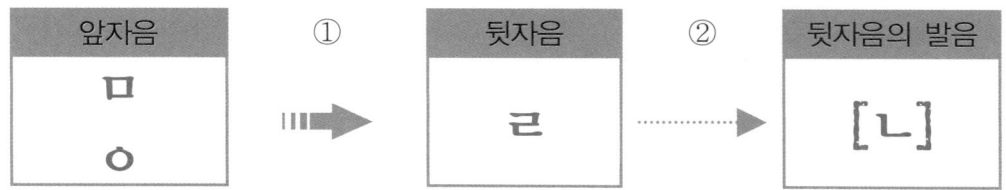

　중급 이상의 경우에는 조금 어렵더라도 '장애음 + 비음'의 경우와 같이 자음강도를 이용하여 설명하는 것이 효과적이다. 즉, 칠판에 자음강도표를 붙이고 '심리, 궁리'를 예로 들어 앞 음절의 받침 /ㅁ, ㅇ과 뒤 음절의 첫소리인 /ㄹ/와의 관계를 파악하도록 한다. 이 경우 2 > 1의 관계이므로 이들은 반드시 발음 변동의 대상이 됨을 보여 준다. 한국어에서는 앞 자음을 한 단계 낮추는 것이 일반적이나 이 경우에는 앞 자음인 /ㅁ/와 /ㅇ/보다 낮은 단계의 소리가 없음을 확인시키고, 대신 뒤 자음은 /ㄹ/를 한 단계 높여 [ㄴ]로 발음하는 수밖에 없음을 가르친다. 이 때 '진리'와 같이 앞 음절의 받침이 같은 비음인 경우를 들어 서로 비교하여 설명하면 보다 효과적이다.

　이와 같은 원리 학습이 끝나면 아래와 같은 표를 이용하여 하나씩 확인 학습을 하도록 한다. 아래의 조건 ①과 ②를 모두 충족시키는 경우 뒤 음절의 /ㄹ/를 [ㄴ]로 바꾸어 발음하게 한다. 단, '진리'와 같이 앞 음절의 받침이 /ㄴ/인 경우와 비교할 경우에는 조건 ③으로 넘어간다. 그리하여 앞 음절의 받침이 /ㄴ/이면 그것을 [ㄹ]로 바꾸어 발음하게 한다.

조건 \ 낱말	발등	멀리	심리	궁리	진리
조건 ①	×	×	√	√	√
조건 ②	×	√	√	√	√
조건 ③	×	×	ㅁ	ㅇ	ㄴ
결과	적용불가	적용불가	[심니]	[궁니]	[질리]

조건 ① : 앞 음절의 받침이 비음인가?
조건 ② : 뒤 음절의 첫소리가 유음인가?
조건 ③ : 앞 음절의 받침이 /ㄴ/인가 아니면 /ㅁ, ㅇ/인가?

이와 같은 확인 학습이 끝나면 이에 해당하는 낱말을 이용하여 반복적으로 연습한다.

③ '장애음 + 유음'의 경우

이 경우에도 앞의 두 경우와 마찬가지 방법으로 가르친다. 즉, 초급 학습자의 경우에는 아래와 같은 방법을 이용하여 가르치도록 한다.

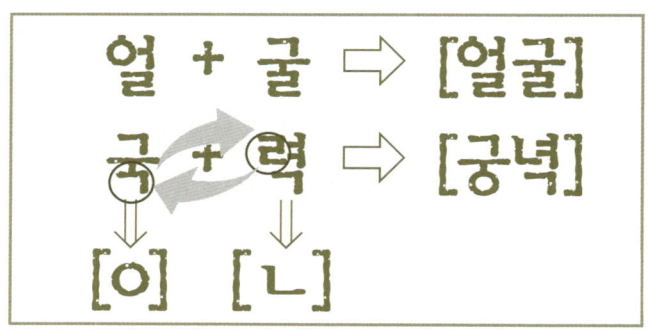

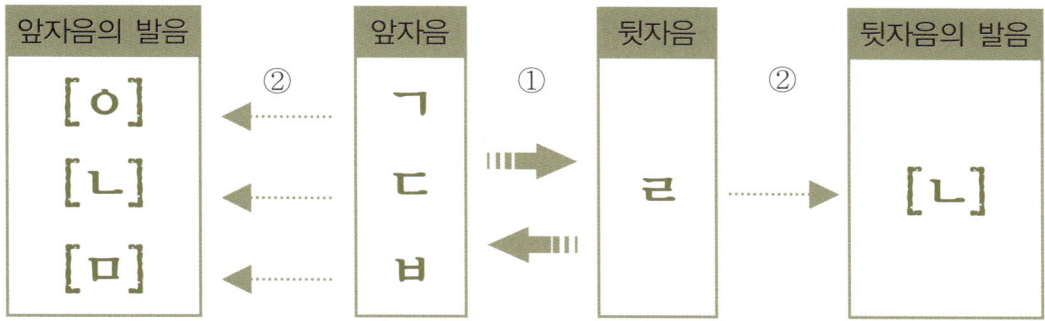

중급 이상의 경우에는 앞의 경우들과 마찬가지로 자음강도표를 이용하여 가르치는 것이 좋다. 이 경우는 앞에서 본 원리에 따라 장애음도 한 단계 낮추고 유음도 한 단계 올리는 조정 작업이 필요하다.

이와 같은 원리 학습이 끝나면 아래와 같은 표를 이용하여 하나씩 확인 학습을 하도록 한다. 아래의 두 가지 조건을 모두 충족시키는 경우에는 장애음을 같은 조음위치의 비음으로 변동시키고 유음을 한 단계 위인 [ㄴ]로 변동시키면 된다.

조건＼낱말	연기	유리	집논	국립	압력
조건 ①	×	×	√	√	√
조건 ②	×	√	×	√	√
결과	적용불가	적용불가	적용불가	[궁닙]	[암녁]

조건 ① : 앞 음절의 받침이 장애음인가?
조건 ② : 뒤 음절의 첫소리가 유음인가?

이와 같은 확인 학습이 끝나면 이에 해당하는 낱말을 이용하여 반복적으로 연습한다.

8.2.2.2 비음화 교육의 활동 유형

■ 원리 학습 전 활동

이 활동은 비음화 현상의 원리를 학습하기 전에 낱말이 실제로 어떻게 발음되는지 학습자로 하여금 예측하게 해 보는 활동이다. 이를 통해 교사는 원리 학습 전 단계에서 학습자가 비음화 현상이 일어나는 낱말을 어떻게 인지하고 있는지를 파악할 수 있고, 또 학습자의 학습 동기를 유발시켜 보다 효율적인 학습이 이루어지도록 유도할 수 있다. 이 때 교사는 학습자의 학습 수준이나 인지 정도를 고려하여 아래에 제시하는 활동 유형들을 모두 연습시켜도 좋고 적절한 유형을 선별하여 연습시켜도 좋다.

1. 낱말 보고 발음 고르기

① 첫 번째 단계로 교사가 음운의 변동이 일어나는 낱말과 그렇지 않은 낱말이 적힌 그림 카드를 섞어서 제시한 뒤 학습자들로 하여금 이들을 발음하게 하고 차이가 있는지 구별하게 해 보는 활동이다.

| 앞마당 | 얼굴 | 국력 | 진리 | 임금 |

② 두 번째 단계로 교사가 음운의 변동(비음화)이 일어나는 낱말만이 적힌 그림 카드를 제시하고 학습자가 예측되는 발음을 고르는 연습이다. 이 때 교사는 학습자에게 많은 시간을 주고 고르게 하는 것보다는 낱말을 보고 즉각적으로 예측되는 발음을 고르게 하는 것이 좋다.

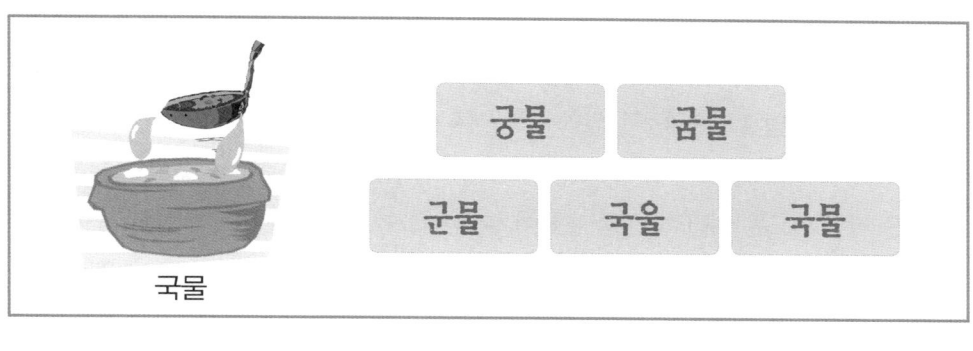

| 종로 | 국민 | 십리 | 집모양 | 백로 |

2. 발음나는 대로 쓰기

교사가 비음화 현상이 일어나는 낱말이 적힌 그림 카드를 제시하면 학습자가 예측되는 발음을 그대로 써 보는 활동이다. 이때 교사는 낱말의 발음을 학습자의 공책에 쓰게 하여도 좋고 학습자의 성취도를 고려하여 칠판에 나와 써 보게 해도 좋다.

| 집문 | 먹는 | 궁리 | 닫는 | 백리 |

3. 예측하여 발음하기

교사가 비음화 현상이 일어나는 낱말이 적힌 그림 카드를 제시하면 학습자가 예측되는 발음을 실제로 발화해 보는 연습이다.

| 국물 | 받는 | 궁리 | 심리 | 종로 |

4. 게임 활동

① 낱말 찾기 게임 1 : 누가누가 많이 찾나? (조별활동)

교사는 학생들을 3명~5명 정도 조를 짜서 나누고 음운의 변동이 일어나는 낱말 카드와 그렇지 않은 낱말 카드를 여러 장 칠판에 붙여 놓는다. 그리고 음운의 변동이 일어나는 낱말(혹은 일어나지 않는 낱말)을 떼어내게 한다. 이 때 낱말 카드를 가장 많이 모은 학생이 이긴다.

집문	먹는	궁리	닫는	임금	앞마당
입력	안개	국민	종로	백로	연필

② 낱말 찾기 게임 2 : 누가누가 잘 찾나? (조별 활동)

교사는 학생들을 3명~5명 정도 조를 짜서 나누고 비음화 현상이 일어나는 낱말 하나를 먼저 제시한다. 이 때 교사는 비음화 현상이 일어나는 각각의 환경을 고려하여 이에 맞게 낱말을 제시하여야 한다. 그런 다음 같은 환경에서 음운 변동이 일어나는 낱말과 그렇지 않은 낱말을 섞어 놓고 같은 음운 변동이 일어나는 낱말을 찾게 한다. 이 때 가장 먼저 찾은 학생이 이긴다. 이 활동은 비음화 현상이 일어나는 개별 환경들을 익히기에 효율적인 학습으로 중급 이상의 학습자를 대상으로 하는 것이 좋다.

심리	앞마당	닫는	국민	밭농사	몇리
입력	옷만	옆논	종로	백로	집문

■ 원리 학습 후 활동

원리 학습 전 활동이 끝나고 원리 학습이 이루어진 다음에는 교사가 아래와 같은 원리 학습 후 활동을 통해 학습자의 학습 이해도를 확인하고 또한 학습자 스스로도 자신의 학습 정도를 확인할 수 있도록 한다.

1. 낱말 읽기

낱말 읽기를 통해서 비음화를 연습한다. 이 때 교사는 학습자로 하여금 발음나는 대로 쓰게 함으로써 쓰기 활동도 병행하여 지도할 수 있다.

(1) /ㅂ/ +/ㅁ,ㄴ/ → [ㅁ]

| 밥맛 | 값만 | 잎마다 | 앞날 | 잡는 | 없는 |

(2) /ㄷ/ + /ㅁ,ㄴ/ → [ㄴ]

| 맏며느리 | 낮마다 | 꽃만 | 끝내 | 쫓는다 | 옷맵시 |

(3) /ㄱ/ + /ㅁ,ㄴ/ → [ㅇ]

| 국물 | 한국말 | 부엌문 | 백년 | 숙녀 | 긁는다 |

(4) /ㅁ,ㅇ/ + /ㄹ/ → [ㄴ]

| 음력 | 심리학 | 담력 | 종로 | 대통령 | 승리 |

(5) /ㅂ,ㄱ/ + /ㄹ/ → [ㅁ,ㅇ] + [ㄴ]

| 십리 | 협력 | 법률 | 독립 | 국립 | 박람회 |

2. 문장 읽기

'낱말 읽기' 연습이 끝난 후, 이를 다시 문장 차원에서 연습하여 실제 발화에서도 자연스럽게 발음할 수 있도록 하는 연습이다. 개별 낱말을 연습할 때는 주의해서 발음하기 때문에 오류가 많이 나지 않는다. 그러나 문장 차원에서는 오류를 일으키기 쉽기 때문에 문장 내에서 정확한 발음을 할 수 있도록 교사는 주의해서 연습시켜야 한다. 읽기를 반복해서 할 때 학생들이 지루해하지 않도록 처음에는 학생 전체가 읽기, 두 번째는 반씩 나눠서 읽기, 세 번째는 짝끼리 읽기, 네 번째는 한 명이 대표로 읽고 나머지 학생들은 따라 읽도록 하는 등의 다양한 방법을 사용하여 연습하도록 한다.

(1) 우리 집 **앞마당**에 있는 **꽃나무**는 **목련**입니다.

(2) **작년 식목일**에 나무를 심었어요.

(3) **법률**에 관해서는 낫 놓고 기역자도 몰라요.

(4) **청량리**역에서 1호선을 타면 **종로**에 갈 수 있어요.

(5) 국립묘지에는 **독립** 유공자들의 묘가 있어요?

3. 발음나는 대로 읽고 쓰기

낱말이나 문장 차원에서 연습한 낱말들을 실제로 발음해 보고 쓰는 활동이다.

(1) **이십만** 원을 주셨어요.

 _____

(2) **작년**부터 **한국말** 배웠어요.

 _____

(3) **종로**서점에서 **심리학** 책을 살까요?

⇒ _____

(4) 그 친구와는 **일 년** 전에 **연락을** 하고 하지 않았어요.

⇒ _____

4. 게임 활동 1 : 짝을 찾아보세요.

비음화가 일어나는 낱말과 그 발음이 적힌 낱말 카드를 정리하여 엎어 놓는다. 4-5명의 학생들이 함께 둥글게 서서 순서대로 두 장의 카드를 뽑아서 함께 보고 다시 엎어 둔다. 이렇게 순서대로 돌아가면서 짝이 되는 낱말을 빨리 찾아내는 학생이 이기는 것이다.

국민	밥만	숙녀	동닙	독립	승녀
국민	깡는다	깎는다	꽃망울	꼰망울	밥만

4. 게임 활동 2 : SENSE OR NONSENSE 낱말을 만들어 보세요.

비음화를 학습한 후 두 글자를 조합하여 비음화가 일어나는 낱말을 뜻과 관계없이 만들어 보는 게임이다. 교사는 칠판에 비음화가 일어나는 낱말들을 무작위로 써 놓거나 아래와 같이 1음절씩 적힌 카드를 펼쳐 놓는다. 뜻과 관계없이 글자를 조합하여 비음화가 일어나는 낱말을 만드는 것이기 때문에 낱말의 의미에 치중할 필요는 없다. 학습자들이 두 개의 글자를 골라 비음화가 일어나는 낱말을 만들면 된다. 짝을 지어 하거나 팀을 나누어 글자를 가장 많이 조합한 학생이나 팀이 이기는 게임이다.

8.3 유음화

8.3.1 유음화의 원리

<표준 발음법>에 나타난 유음화에 대한 규정을 보면 아래와 같다.

제20항 'ㄴ'은 'ㄹ'의 앞이나 뒤에서 [ㄹ]로 발음한다.

(1) 난로[날:로]   신라[실라]   천 리[철리]
    광한루[광:할루]   대관령[대:괄령]
(2) 칼날[칼랄]   물난리[물랄리]   줄넘기[줄럼끼]   할는지[할른지]

[붙임] 첫소리 'ㄴ'이 'ㅀ', 'ㄾ' 뒤에 연결되는 경우에도 이에 준한다.

닳는[달른]   뚫는[뚤른]   핥네[할레]

다만, 다음과 같은 낱말들은 'ㄹ'을 [ㄴ]으로 발음한다.

의견란[의:견난]	임진란[임:진난]	생산량[생산냥]
결단력[결딴녁]	공권력[공꿘녁]	동원령[동원녕]
상견례[상견녜]	횡단로[횡단노]	이원론[이원논]
입원료[이붠뇨]	구근류[구근뉴]	

제21항 위에서 지적한 이외의 자음 동화는 인정하지 않는다.

감기[감:기](×[강:기])	옷감[옫깜](×[옥깜])	있고[읻꼬](×[익꼬])
꽃길[꼳낄](×[꼭낄])	젖먹이[전머기](×[점머기])	문법[문뻡](×[뭄뻡])
꽃밭[꼳빧](×[꼽빧])		

<제20항>은 소위 말하는 유음화에 대한 것이다. 이에 대해 /ㄴ-ㄹ/의 경우와 /ㄹ-ㄴ/의 경우 두 가지를 제시하고 있다. 이 두 경우 모두 /ㄴ/가 [ㄹ]로 발음된다. 전자의 경우는 앞에서 본 '비음 + 유음'에 해당한다. '진리'를 이용하여 /ㄴ-ㄹ/의 경우를 음소배열제약과 그에 따른 음소배열조정 원칙에 적용하면 다음과 같다.

(8) '비음(ㄴ) + 유음'의 경우
   ① '진리'는 '비음(2) + 유음(1)'의 배열을 가지고 있다. 이 배열은 음소배열제약에 어긋나므로 음소배열조정(자음동화)의 대상이 된다.
   ② 앞 자음인 비음이 자음동화의 대상이 된다. 즉, '진리'에서 받침 /ㄹ/가 음소배열조정을 받게 된다.
   ③ 강도 2인 비음을 한 단계 아래인 유음으로 낮춘다. 그 결과 '진리[질리]'에서와 같이 유음으로 실현된다.
   ④ '/ㄴ/ → [ㄹ]'는 동일 조음위치 내에서의 변동이다.

이상에서 볼 때 같은 '비음 + 유음'의 경우라도 /ㄴ-ㄹ/의 경우는 /ㅁ-ㄹ/나 /ㅇ-ㄹ/의 경우와 다른 결과가 나옴을 알 수 있다. 그것은 동일 조음위치에 강도 1에 속하는 소리가 있느냐에 따른 것이다.

/ㄴ/ 뒤에 /ㄹ/가 오는 경우 /ㄴ/가 [ㄹ]로 발음되는 것의 예외가 있다. '생산량, 결단력, 입원료' 등과 같은 낱말이 그 예가 되는데, 이들은 각각 [생산냥], [결딴녁], [이붠뇨]와 같이 뒤 소리인 /ㄹ/가 [ㄴ]로 발음된다. 이러한 낱말들은 '생산, 결단, 입원' 등과 같은 낱말 다음에 '량, 력, 료' 등이 접사처럼 붙은 형태라는 특징을 가지고 있다. 즉, 이러한 형태를 가진 낱말의 경우 앞 자음 /ㄴ/를 유음화시킴으로써 자칫 우리의 인식 범위를 벗어나는 것을 막기 위한 것이라 할 수 있다. 이런 이유로, <표준 발음법>에서는 [공권녁]과 [이원논]을 표준 발음으로 인정하는 '공권력, 이원론'을 사람에 따라서는 [공궐력]과 [이월론]으로 발음하기도 한다. 그것은 이 낱말들을 '공권+력, 이원+론'로 인식하기보다는 '공+권력, 이+원론'으로 인식하기 때문이다.

/ㄴ-ㄹ/에 대한 이러한 두 가지 유형의 발음으로 인해 '온라인(on- line), 옷 로비'와 같은 말의 발음이 사람에 따라 [온나인~올라인], [온노비~올로비]로 발음된다. 아직 이러한 외래어에 대한 규정이 없어 어느 발음이 올바른 발음인지 규정할 수 없다.

다음으로 /ㄹ-ㄴ/의 경우를 포함하여 '유음 + 비음'의 경우를 살펴보자. 먼저 그 예를 보면 다음과 같다.

(9)   가. /ㄹ-ㅁ/ : 설마[설마], 열무[열무], 설명[설명], 갈무리[갈무리]

나. /ㄹ-ㅇ/ : 이 경우는 존재하지 않는다. 그것은 뒤 자음의 첫소리가 /ㅇ/[ŋ]인 경우가 없기 때문이다.

다. /ㄹ-ㄴ/ : 칼날 [칼랄], 물난리 [물랄리], 줄넘기 [줄럼끼], 할는지 [할른지]

위 (9)의 예에서 보듯이 '유음 + 비음'의 경우는 두 가지로 나타난다. /ㄹ-ㅁ/인 경우에는 자음동화가 일어나지 않는다. 그것은 앞 자음이 유음이고 뒤 자음이 비음이어서 한국어의 음소배열제약을 지키고 있기 때문이다. 이런 점에서 볼 때 /ㄹ-ㄴ/ 또한 유음화가 일어나지 않아야 한다. 그럼에도 불구하고 이 경우에는 뒤 자음 /ㄴ/가 [ㄹ]로 발음되는 순행동화가 일어난다.

한국어의 자음강도를 바탕으로 하는 음소배열제약을 지키는 데도 불구하고 소리의 변동이 일어나는 것은 /ㄹ-ㄴ/의 연쇄가 한국어에서는 불가능한 음소배열이기 때문이다. 위의 예에서 보는 /ㄹ-ㄴ/의 [ㄹㄹ] 발음과, 용언에 나타나는 '놀+는, 울+느냐'에 나타나는 /ㄹ/ 탈락이나, 복합어의 경우에 나타나는 '솔+나무'나 '딸+님'에서의 'ㄹ 탈락'도 모두 /ㄹ-ㄴ/의 불가능한 음소배열을 피하기 위한 것이다. 결국 /ㄹ-ㄴ/는 자음 강도와는 관련이 없는 또 하나의 음소배열제약이 된다. 여기서 한 가지 흥미로운 것은 많은 언어에서 단일어에서는 [-ln-]의 자음 연속이 거의 나타나지 않는다는 사실이다. 만약 이것이 사실이라면 [-ln-]은 인간이 구강 구조상 발음하기 무척 어려운 자음 연속체일 가능성이 있다.

그리고 이러한 현상은 /ㄶ/, /ㄾ/와 같이 [ㄹ]로 발음되는 겹받침의 경우에도 적용되어 '닳는, 뚫는, 핥네'가 각각 [달른, 뚤른, 할레]로 발음된다.

끝으로, <제21항>은 앞에서 언급한 바 있는 자음동화에서 조음위치에 의한 자음동화는 표준발음으로 인정하지 않는다는 내용을 제시하고 있다. 조음위치에 의한 동화는 '감기[강:기]'나 '젖먹이[점머기]'처럼 앞 자음이 뒤 자음의 조음위치에 동화되어 동일한 조음위치로 발음하는 것으로, 일상 구어에서는 흔히 볼 수 있는 발음이다. 그러나 표준어에서는 조음방법에 의한 자음동화만 인정한다.

8.3.2 유음화의 교육 방안과 활동 유형

8.3.2.1 유음화의 교육 방안

유음화는 /ㄴ/의 앞이나 뒤에 /ㄹ/가 오는 경우에 /ㄴ/가 유음 [ㄹ]로 발음되는 현상이다. 앞에서 본 '진리[질리]'나 이와 자음의 순서가 반대가 되는 '줄넘기[줄럼끼]' 같은 음운 현상이 이에 해당한다.

처음에 교사는 이에 해당하는 낱말을 제시하고 학습자들에게 발음의 차이가 있는지 읽고 써 보도록 한다. 앞에서와 마찬가지로 이는 나중에 자신의 발음과 올바른 발음을 대조해 보기 위한 것이다.

다음으로 교사는 아래와 같이 소리가 바뀌는 음들을 빨간 펜으로 일일이 표시해 가면서 학습자들이 발음의 변동에 익숙해지도록 한다. 앞에서 설명한 원리가 있지만, 초급 학습자들에게는 원리보다는 /ㄴ/와 /ㄹ/가 만나면 순서에 관계없이 모두 [ㄹㄹ]로 발음됨을 알려 주는 것이 훨씬 낫다. 이것은 중급 이상의 학습자들에게도 거의 마찬가지다. 앞에서 설명한 원리는 다만 참고 사항으로 필요한 경우에 이용하면 된다.

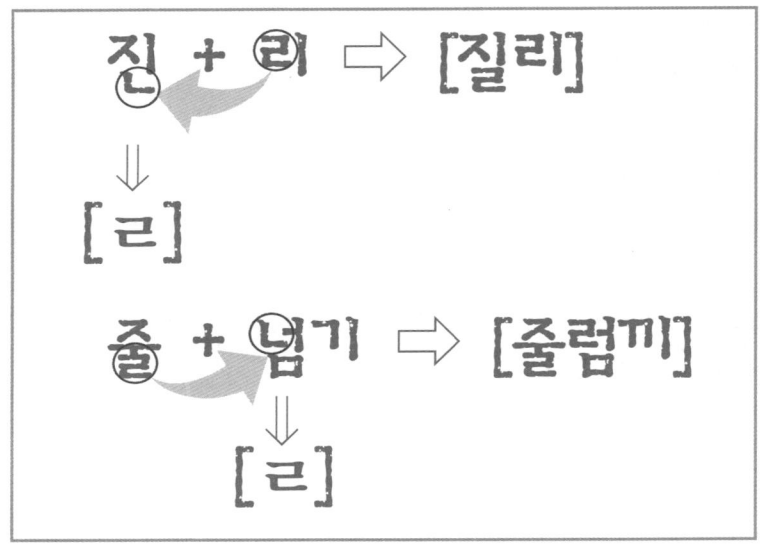

앞자음		뒷자음		앞자음의 발음	뒷자음의 발음
ㄴ ㄹ	+	ㄹ ㄴ	→	ㄹ	ㄹ

이와 같은 학습이 끝나면 아래와 같은 표를 이용하여 하나씩 확인 학습을 하도록 한다. 아래의 조건을 충족시키면 두 소리 모두 [ㄹ]로 발음하게 한다. 이 때, '생산량, 입원료' 등과 같이 [ㄴㄴ]으로 발음되는 것은 피한다.

조건 \ 낱말	얼마	멀리	언니	진리	줄넘기
조건 ①	×	×	×	√	√
결과	적용불가	적용불가	적용불가	[질리]	[줄럼끼]

조건 : /ㄴ-ㄹ/의 결합 또는 /ㄹ-ㄴ/의 결합인가?

이와 같은 확인 학습이 끝나면 이에 해당하는 낱말을 이용하여 반복적으로 연습한다.

8.3.2.2 유음화 교육의 활동 유형

■ 원리 학습 전 활동

이 활동은 유음화 현상의 원리를 학습하기 전에 낱말이 실제로 어떻게 발음되는지 학습자로 하여금 예측하게 해 보는 활동이다. 이를 통해 교사는 원리 학습 전 단계에서 학습자가 유음화 현상이 일어나는 낱말을 어떻게 인지하고 있는지를 파악할 수 있고, 또 학습자의 학습 동기를 유발시켜 보다 효율적인 학습이 이루어지도록 유도할 수 있다. 이 때 교사는 학습자의 학습 수준이나 인지 정도를 고려하여 아래에 제시하는 활동 유형들을 모두 연습시켜도 좋고 적절한 유형을 선별하여 연습시켜도 좋다.

1. 낱말 보고 발음 고르기

① 첫 번째 단계로 교사가 음운의 변동이 일어나는 낱말과 그렇지 않은 낱말이 적힌

그림 카드를 섞어서 제시한 뒤 학습자들로 하여금 이들을 발음하게 하고 차이가 있는지 구별하게 해 보는 활동이다.

| 신라 | 얼굴 | 천리 | 진리 | 멀리 |

② 두 번째 단계로 교사가 음운의 변동(유음화)이 일어나는 낱말만이 적힌 그림 카드를 제시하고 학습자가 예측되는 발음을 고르는 연습이다. 이 때 교사는 학습자에게 많은 시간을 주고 고르게 하는 것보다는 낱말을 보고 즉각적으로 예측되는 발음을 고르게 하는 것이 좋다

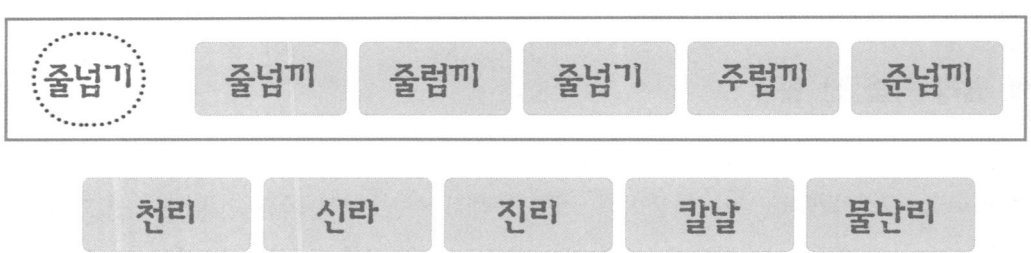

2. 발음나는 대로 쓰기

교사가 유음화 현상이 일어나는 낱말이 적힌 그림 카드를 제시하면 학습자가 예측되는 발음을 그대로 써보는 연습이다. 이 때 교사는 낱말의 발음을 학습자의 공책에 쓰게 하여도 좋고 학습자의 성취도를 고려하여 칠판에 나와 써보게 해도 좋다.

난로   대관령   음운론   난리   생산량

3. 예측하여 발음하기

교사가 유음화 현상이 일어나는 낱말이 적힌 그림 카드를 제시하면 학습자가 예측되는 발음을 실제로 발화해 보는 연습이다.

천리	신라	줄넘기	칼날	물난리

4. 게임 활동 ··· 누가누가 많이 찾나? (조별활동)

교사는 학생들을 3명~5명 정도 조를 짜서 나누고 유음화 현상이 일어나는 낱말 카드와 그렇지 않은 낱말 카드를 여러 장 칠판에 붙여 놓는다. 그리고 유음화 현상이 일어나는 낱말(혹은 일어나지 않는 낱말)을 떼어내게 한다. 이 때 가장 많이 모은 학생이 이긴다.

천리	먹는	궁리	물난리	얼굴	난로
칼날	줄넘기	대관령	종로	백로	신라

■ 원리 학습 후 활동

원리 학습 전 활동이 끝나고 원리 학습이 이루어진 다음에는 교사가 아래와 같은 원리 학습 후 활동을 통해 학습자의 학습 이해도를 확인하고 또한 학습자 스스로도 자신의 학습 정도를 확인할 수 있도록 한다.

1. 낱말 읽기

낱말 읽기를 통해서 유음화를 연습한다. 이 때 교사는 학습자로 하여금 발음나는 대로 쓰게 함으로써 쓰기 활동도 병행하여 지도할 수 있다.

(1) /ㄴ/ + /ㄹ/, /ㄹ/ + /ㄴ/ → [ㄹ] + [ㄹ]

진리	연락하다	편리하다	물난리	칼날	신라

(2) /ㄴ/ + /ㄹ/ → [ㄴ] + [ㄴ]

판단력	의견란	생산력	입원료	음운론	결단력

2. 문장 읽기

'낱말 읽기'에서 연습한 낱말들을 문장 차원에서 연습하여 실제 발화에서도 자연스럽게 발음할 수 있도록 하는 연습이다. 개별 낱말을 연습할 때는 주의해서 발음하기 때문에 오류가 많이 나지 않는다. 그러나 문장 차원에서는 오류를 일으키기 쉽기 때문에 문장 내에서 정확한 발음을 할 수 있도록 교사는 주의해서 연습시켜야 한다. 읽기를 반복해서 할 때 학생들이 지루해하지 않도록 처음에는 학생 전체가 읽기, 두 번째는 반씩 나눠서 읽기, 세 번째는 짝끼리 읽기, 네 번째는 한 명이 대표로 읽고 나머지 학생들은 따라 읽도록 하는 등의 다양한 방법을 사용하여 연습하도록 한다.

(1) 제주도에는 **한라산**이 있어요.

(2) **한류**와 **난류**가 만나는 곳은 고기가 많아요.

(3) **인류**에게는 참 **진리**가 필요했다.

(4) **물난리**가 나서 **실내**에 있던 물건들까지 다 못 쓰게 되었다.

(5) 그 아이는 **판단력**이 부족해서 **결단력**을 발휘하지 못했어.

3. 발음나는 대로 읽고 쓰기

낱말이나 문장 차원에서 연습한 것을 실제로 발음해보고 쓰는 활동이다.

(1) 컴퓨터는 아주 **편리하다**.

▥➡ _____

(2) **설날**에 떡국을 먹어요.

▥➡ _____

(3) 추운 겨울에는 **난로**가 꼭 필요해요.

▥➡ _____

(4) 그 병원은 **입원료**가 너무 비싸요.

▥➡ _____

(5) **대관령**에 있는 친구한테서 **연락**이 왔어요.

▥➡ _____

4. 게임 활동 1 : 짝을 찾아보세요.

유음화 현상이 일어나는 낱말과 발음이 적힌 카드를 정리하여 엎어 놓는다. 4명~5명의 학생들이 함께 둥글게 서서 순서대로 두 장의 카드를 뽑아서 함께 보고 다시 엎어 둔다. 이렇게 순서대로 돌아가면서 짝이 되는 낱말을 빨리 찾아내는 학생이 이기는 게임이다.

| 신라 | 진리 | 질리 | 신나 | 연락 | 실라 |
| 열락 | 진니 | 설날 | 선날 | 연낙 | 설랄 |

5. 게임 활동 2 : SENSE OR NONSENSE 낱말을 만들어 보세요.

유음화 현상을 학습한 후 두 글자를 조합하여 유음화가 일어나는 낱말을 뜻과 관계없이 만들어 보는 게임이다. 교사는 칠판에 1음절씩 무작위로 써 놓거나 아래와 같이 1음절씩 적힌 카드를 펼쳐 놓는다. 뜻과 관계없이 글자를 조합하여 유음화가 일어나는 낱말을 만드는 것이기 때문에 낱말의 의미에 치중할 필요는 없다. 학습자들이 두 개의 음절을 골라 유음화 현상이 일어나는 낱말을 만들면 된다. 짝을 지어 하거나 팀을 나누어 가장 글자를 많이 조합한 팀이나 학생이 이기는 게임이다.

제 **9** 장

음의 동화 Ⅱ : 구개음화와 모음동화

이 장에서는 앞 장에 이어 <표준 발음법>의 '음의 동화'와 관련된 규정 중에서 구개음화와 모음동화에 대해 살펴보도록 한다.

9.1 구개음화

9.1.1 구개음화의 원리

<표준 발음법>에 제시된 구개음화에 대한 규정은 아래와 같다.

제17항 받침 'ㄷ, ㅌ(ㄾ)'이 조사나 접미사의 모음 'ㅣ'와 결합되는 경우에는, [ㅈ, ㅊ]으로 바꾸어서 뒤 음절 첫소리로 옮겨 발음한다.

곧이듣다[고지듣따]	굳이[구지]	미닫이[미다지]
땀받이[땀바지]	밭이[바치]	벼훑이[벼훌치]

> **[붙임]** 'ㄷ' 뒤에 접미사 '히'가 결합되어 '티'를 이루는 것은 [치]로 발음한다.
>
> 굳히다[구치다] 　　　　　　　 닫히다[다치다] 　　　　　　　 묻히다[무치다]

　한국어의 구개음화는 크게 두 가지로 나뉜다. 하나는 일반적으로 잘 알려진 내용으로 위 <표준 발음법>에서와 같이 받침 /ㄷ, ㅌ(ㄾ)/가 조사나 접미사의 모음 /ㅣ/와 결합되는 경우에 일어나는 것이다. 이 경우 받침 /ㄷ, ㅌ(ㄾ)/는 각각 [ㅈ, ㅊ]로 발음된다.

　구개음화의 특징은 구개음화가 적용되는 환경이 제한적이라는 것이다. 즉 /ㄷ, ㅌ/가 뒤에 /ㅣ/ 모음을 만나더라도 '디디다, 느티나무' 등과 같은 단일어나, '밭일, 끝일' 등 실질 형태소끼리 결합한 합성어에서는 구개음화가 일어나지 않는다. 이런 이유로 구개음화의 환경을 조사나 접미사로 한정한 것이다. 이런 특징은 예를 들어 '밭이랑'에서 '이랑'의 문법적 성격에 따른 발음의 차이를 가져온다. 조사의 경우에는 [바치랑]으로 발음되는 데 반해, 명사의 경우에는 제11장에서 볼 음의 첨가 규칙에 의해 [반니랑]으로 발음된다. '붙여, 굳혀'와 같은 경우에는 이들이 '붙이어, 굳히어'의 준말로, /ㅣ/ 모음을 포함하고 있어 구개음화의 적용을 받는다.

　다른 하나는 국어의 모든 자음이 /ㅣ/ 모음이나 /ㅣ/ 계 이중모음(ㅑ, ㅕ, ㅛ, ㅠ)을 만나면 이차조음에 의한 구개음화(예: 비[pⁱi])가 되는 것이다. 그러나 대부분의 경우 이렇게 구개음화된 소리는 한국어를 모국어로 하는 사람의 경우도 인식하기 쉽지 않다. 그 중에서 어느 정도 인식이 가능한 것은 '언니, 수녀, 다시, 시옷, 물엿, 훌륭하다'와 같이 /ㄴ, ㅅ, ㄹ/ 다음에 /ㅣ/ 모음이나 /ㅣ/ 계 이중모음이 올 때의 경우이다. 이들은 [n, s, l]의 발음이라기보다는 [ɲ, ʃ, ʎ]와 같은 발음이라고 할 수 있다. 이 소리들은 원래는 혀끝이 윗니 뒤에 붙어 발음되는 치조음인데, 뒤에 오는 /ㅣ/ 모음으로 인해 경구개 쪽으로 혀가 내려가 (경)구개음인 /ㅈ, ㅊ/를 발음할 때와 같은 위치에서 발음된다. /ㅣ/ 모음으로 인해 구개음으로 발음되는 것은 제3장에서 언급한 것처럼 /ㅣ/를 발음할 때 혀가 경구개 쪽으로 높이 올라가기 때문이다. 그리고 이와 같은 구개음화는 위에서 말한 /ㄷ, ㅌ/의 구개음화와는 달리 발음을 한글로 표기하지 못한다.

위의 두 구개음화가 보이는 차이점의 또 하나는 뒤따르는 환경이다. 첫 번째 구개음화의 경우는 /ㅣ/ 모음으로 제한하고 있는 데 비해, 두 번째 구개음화는 /ㅣ/ 모음은 물론이고, /ㅣ/ 계 이중모음에서도 일어난다. 이것은 엄격히 말해, 환경의 차이라기보다는 첫 번째 구개음화가 뒤에 조사나 접미사가 올 때만 일어나는데, 한국어의 조사나 접미사 중에는 /ㅣ/계 이중모음으로 시작하는 것이 없기 때문이다. 그러나 표준어는 아니지만, '형'을 [성(←[셩])]이라고 하는 것을 볼 때 굳이 /ㅣ/ 모음만으로 한정할 필요는 없다.

구개음화 중에는 표준어로 인정을 받지 못하는 것도 있는데, '끝을, 끝은, 밭을' 등의 경우에도 [끄츨, 끄츤, 바츨] 등으로 구개음화시켜 발음하는 것이 그 예가 된다. 이 경우에는 /ㅡ/ 모음 앞에서도 구개음화를 시키는 것이다. 그리고 사투리에서 '힘, 형'을 '심, 성]', '기름, 키'를 '[지름, 치]'라고 발음하는 것도 구개음화이다.

 여기서 잠깐!

영어에서의 구개음화

구개음화는 많은 언어에서 발견되는 보편적인 음운현상 중의 하나이다. 예를 들어, 영어의 경우, 다음과 같은 예를 통해 구개음화의 모습을 볼 수 있다.

가. race - racial	office - official	[s]→[ʃ]
나. please -pleasure	confuse - confusion	[z]→[ʒ]
다. quest -question	act - actual	[t]→[tʃ]
라. decide -decision	conclude - conclusion	[d]→[ʤ]

위의 예들은 영어의 구개음화를 보여주는 것들이다. 이들은 모두 [y](또는 /i/)를 포함한 고모음에 의해 이루어진다. 한국어와의 차이는 고모음 /u/를 통해서도 구개음화가 이루어진다는 것이다. 영어 외에 러시아 어 등에서도 구개음화는 발견된다.

 여기서 잠깐!

구개음과 / ㅣ / 모음

한국어의 구개음화를 음운론적으로 볼 때, /ㄷ, ㅌ/가 / ㅣ / 모음을 만나 [ㅈ, ㅊ]로 발음된다는 것은 /ㄷ + ㅣ/는 /ㅈ/가 되고, /ㅌ + ㅣ/는 /ㅊ/가 된다는 말이다. 다시 말해, 한국어의 구개음 /ㅈ, ㅉ, ㅊ/에는 / ㅣ / 모음이 들어있다는 말이 된다. 이러한 현상은 다음과 같은 외래어를 통해서 확인될 수 있다.

가. steak [스테이크]   bus [버스]   tent [텐트]
나. college [칼리지]   language [랭귀지]   large [라지]
다. speech [스피치]   beach [비치]   touch [터치]

외래어의 경우에는 한국어의 음절말에서 발음되지 않는 소리가 오는 경우가 있다. 이 때 한국어에서는 외래어의 어말 자음을 발음해 주기 위해서 마지막 자음 다음에 모음을 첨가하여 발음하는데 한국어에서는 대개의 경우 (가)와 같이 /ㅡ/ 모음을 이용한다. 그러나 구개음 다음에서는 (나, 다)에서와 같이 /ㅡ/ 모음이 아닌 / ㅣ / 모음이 사용된다. 이 때의 / ㅣ / 모음은 바로 그 모음을 내재하고 있는 구개음에서 나온 것이다. 다른 자음 다음에서는 이러한 현상을 볼 수 없다.

/ ㅣ / 모음과 관련하여 또 하나 볼 것은 제3장에서 본 "용언의 활용형에 나타나는 '져, 쪄, 쳐'는 [저, 쩌, 처]로 발음한다(제5항)"는 것이다.

(1)   가지어 → 가져[가저]   찌어 → 쪄[쩌]   다치어 → 다쳐[다처]

이것은 이중모음을 단모음(單母音)으로 발음하는 단모음화의 일종인데, 여기서의 궁금증은 왜 /ㅈ, ㅉ, ㅊ/만 / ㅣ / 계 이중모음을 단모음으로 발음할까 하는 것이다. 이것 또한 위에서 말한, 구개음은 / ㅣ / 모음을 내재하고 있다는 것과, 그리고 아래 (2)에서 제시된 것에서 볼 수 있듯이 모음은 같은 것끼리 연속되는 것을 꺼려 하나를 탈락시킨다는 사실과 연관을 맺고 있다.

(2)   가 + 아 → 가   서 + 어 → 서

이제 이 두 가지 사실을 바탕으로 '가져, 쪄, 다쳐'의 경우를 보면, 구개음 /ㅈ, ㅉ, ㅊ/ 안에 /ㅣ/ 모음이 들어 있는데, 그 다음에 오는 이중모음 /ㅕ(= ㅣ + ㅓ)/에 또 /ㅣ/가 들어 있어 두 개의 /ㅣ/가 연속되는 것이 된다. 이 때 하나를 탈락시키는데 그 결과 이중모음의 단모음화가 일어난다. 그러나 이러한 단모음화는 표기법에는 반영이 안 되는 반면, 아래의 경우와 같이 표기법에 반영되는 것도 있다.

(3)   <본말>   <준말>
          그렇지 않은   그렇잖은(그렇쟎은×)
          적지 않은   적잖은(적쟎은×)
          변변하지 않은   변변찮은(변변챦은×)

(3)에서 '-지 않-'의 결합을 '-잖-'으로 하고, '-하지 않-'의 결합을 '-찮-'으로 한 것은 발음을 표기법에 반영한 결과이다.

9.1.2 구개음화의 교육 방안과 활동 유형

9.1.2.1 구개음화의 교육 방안

앞에서 말한 바와 같이 구개음화는 적용되는 환경이 매우 제한적이기 때문에 무엇보다 구개음화가 일어나는 환경을 잘 아는 것이 중요하다.
교사는 구개음화의 환경을 설명하기 전에 구개음화가 일어나는 낱말(예: 같이)과 그와

유사한 환경의 낱말(예: 느티나무)을 제시하여 학습자들로 하여금 한 번 발음해 보도록 한다. 다음으로 교사는 구개음화가 적용되는 환경을 설명한다.

첫째, 앞 음절의 받침이 /ㄷ/나 /ㅌ/이고, 뒤 음절의 첫소리가 반드시 '이' 또는 '히'이거나 '굳혀(← 굳히어)'와 같이 '히'를 포함하는 말이어야 함을 설명한다. 이 때, '느티나무, 디디다'와 같이 /ㄷ/와 /ㅣ/가, 또는 /ㅌ/와 /ㅣ/가 같은 음절에 있는 것은 구개음화가 일어나지 않는다는 사실도 함께 알려 준다.

둘째, '이'를 포함하는 말 중에서 오직 조사 '이'와 접미사 '이'가 결합할 때에만 구개음화가 일어남을 말해 준다. 즉, '밭일, 책이름' 등과 같이 합성어의 경우는 구개음화가 일어나지 않음도 설명한다.

셋째, 구개음화가 일어난 후의 발음은 /ㄷ + 이/의 경우에는 [지]로, /ㄷ + 히/나 /ㅌ + 이/의 경우에는 [치]로 실현되어 뒤 음절의 첫소리가 됨을 알려준다.

그리고 학습자의 모국어에도 이와 유사한 현상이 나타나는지를 물어 수업에 반영하는 것도 효과적일 수 있다.

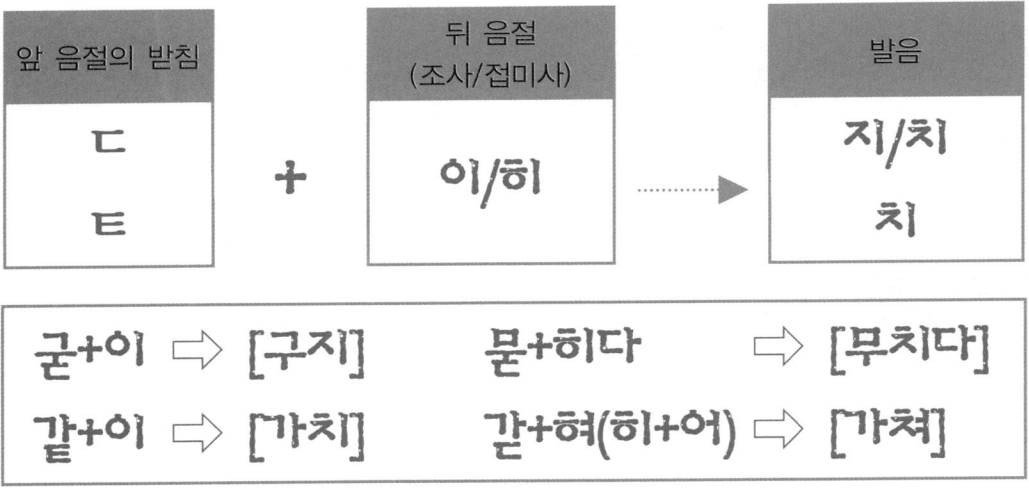

원리 학습이 끝나면 아래와 같은 표를 이용하여 하나씩 확인 학습을 하도록 한다. 아래의 세 가지 조건을 모두 충족시키는 경우에는 /ㄷ, ㅌ/를 구개음으로 발음하게 한다.

낱말 조건	같아	디디다	굳이	같이	묻혀
조건 ①	√	×	√	√	√
조건 ②	×	×	√	√	√
조건 ③	×	×	√	√	√
결과	적용불가	적용불가	[구지]	[가치]	[무쳐]

조건 ① : 앞 음절의 받침이 /ㄷ/ 또는 /ㅌ/인가?
조건 ② : 뒤 음절이 '이'이거나 '히'를 포함하고 있는가?
조건 ③ : 뒤 음절이 조사 또는 접미사인가?

이와 같은 확인 학습이 끝나면 이에 해당하는 낱말을 이용하여 반복적으로 연습한다.

9.1.2.2 구개음화 교육의 활동 유형

■ 원리 학습 전 활동

이 활동은 구개음화 현상의 원리를 학습하기 전에 낱말이 실제로 어떻게 발음되는지 학습자로 하여금 예측하게 해 보는 활동이다. 이를 통해 교사는 원리 학습 전 단계에서 학습자가 구개음화 현상이 일어나는 낱말을 어떻게 인지하고 있는지를 파악할 수 있고, 또 학습자의 학습 동기를 유발시켜 보다 효율적인 학습이 이루어지도록 유도할 수 있다. 이 때 교사는 학습자의 학습 수준이나 인지 정도를 고려하여 아래에 제시하는 활동 유형들을 모두 연습시켜도 좋고 적절한 유형을 선별하여 연습시켜도 좋다.

1. 낱말 보고 발음 고르기

① 첫 번째 단계로 교사가 음운의 변동이 일어나는 낱말과 그렇지 않은 낱말이 적힌 그림 카드를 섞어서 제시한 뒤 학습자들로 하여금 이들을 구별하게 해 보는 활동이다.

미닫이   얼굴   잔디밭   같이   디디다

② 두 번째 단계로 교사가 음운의 변동(구개음화)이 일어나는 낱말만이 적힌 그림 카드를 제시하고 학습자가 예측되는 발음을 고르는 활동이다. 이 때 교사는 학습자에게 많은 시간을 주고 고르게 하는 것보다는 낱말을 보고 즉각적으로 예측되는 발음을 고르게 하는 것이 좋다

여닫이	여다지	여다디	여닫디	여닫이	여닫디

같이	턱받이	붙이다	굳이	맏이

2. 발음나는 대로 쓰기

교사가 구개음화 현상이 일어나는 낱말이 적힌 그림 카드를 제시하면 학습자가 예측되는 발음을 그대로 써 보는 연습이다. 이 때 교사는 낱말의 발음을 학습자의 공책에 쓰게 하여도 좋고 학습자의 성취도를 고려하여 칠판에 나와 써보게 해도 좋다.

닫히다	미닫이	밭이	땀받이	맏이

3. 예측하여 발음하기

교사가 구개음화 현상이 일어나는 낱말이 적힌 그림 카드를 제시하면 학습자가 예측되는 발음을 실제로 발화해 보는 활동이다.

같이	턱받이	붙이다	여닫이	맏이

4. 게임 활동 ··· 누가누가 많이 찾나? (조별활동)

교사는 학생들을 3명~5명 정도 조를 짜서 나누고 음운의 변동이 일어나는 낱말 카드와 그렇지 않은 낱말 카드를 여러 장 칠판에 붙여 놓는다. 그리고 음운의 변동이 일어나는 낱말(혹은 일어나지 않는 낱말)을 떼어내게 한다. 이 때 낱말 카드를 가장 많이 모은 학생이 이긴다.

굳이	구지	마디	구디	마지	미다지
밭이	맏이	바티	바치	미닫이	미다디

■ 원리 학습 후 활동

원리 학습 전 활동이 끝나고 원리 학습이 이루어진 다음에는 교사가 아래와 같은 원리 학습 후 활동을 통해 학습자의 학습 이해도를 확인하고 또한 학습자 스스로도 자신의 학습 정도를 확인할 수 있도록 한다.

1. 낱말 읽기

낱말 읽기를 통해서 구개음화를 연습한다. 이 때 교사는 학습자로 하여금 발음나는 대로 쓰게 함으로써 쓰기 활동도 병행하여 지도할 수 있다.

(1) /ㄷ/ + 이 → [지]

| 맏이 | 해돋이 | 굳이 | 곧이 | 미닫이 | 여닫이 |

(2) /ㅌ/ + 이 → [치]

| 같이 | 끝이 | 밭이 | 햇볕이 | 바깥이 | 낱낱이 |

(3) /ㄷ/ + 히 → [치]

| 묻히다 | 갇히다 | 닫히다 | 받히다 | 걷히다 | 묻히다 |

2. 문장 읽기

  '낱말 읽기' 연습이 끝나면 이들 낱말들을 문장 차원에서 다시 연습하여 실제 발화에서도 자연스럽게 발음할 수 있도록 하는 연습이다. 개별 낱말을 연습할 때는 주의해서 발음하기 때문에 오류가 많이 나지 않는다. 그러나 문장 차원에서는 오류를 일으키기 쉽기 때문에 문장 내에서 정확한 발음을 할 수 있도록 교사는 주의해서 연습시켜야 한다. 읽기를 반복해서 할 때 학생들이 지루해하지 않도록 처음에는 학생 전체가 읽기, 두 번째는 반씩 나눠서 읽기, 세 번째는 짝끼리 읽기, 네 번째는 한 명이 대표로 읽고 나머지 학생들은 따라 읽도록 하는 등의 다양한 방법을 사용하여 연습하도록 한다.

(1) **굳이 같이** 할 필요가 있을까요?

(2) **햇볕이** 따가운데 밖에의 일이 **끝이** 나지 않아요.

(3) 형제 중에 **맏이**가 제일 작아요.

(4) 그는 다른 나라에 **묻혔다**.

(5) **해돋이**를 보려고 기다렸는데 **바깥이** 너무 추워서 보지 못하고 들어왔어요.

3. 발음나는 대로 읽고 쓰기

낱말이나 문장 차원에서 연습한 낱말들을 실제로 발음해 보고 쓰는 활동이다.

(1) 짙은 안개가 **걷히기** 시작했다.

⫸ _____

(2) **밭이** 넓어서 여러 명이 **같이** 일을 해도 다 못했어요.

⫸ _____

(3) 우리 집에는 **미닫이**문도 있고 **여닫이**문도 있어요.

⫸ _____

(4) 아기에게 줄 **땀받이**와 **턱받이**를 샀다.

⫸ _____

(5) 문이 **닫혀서** 안으로 들어갈 수 없어요.

⫸ _____

4. 게임 활동 ··· 빙고 게임

교사는 가로 4칸, 세로 4칸의 빙고 판을 나눠주고 구개음화가 일어나는 낱말을 빈 칸에 채우도록 한다. 한 번씩 돌아가면서 낱말을 말하고 지운다. 이 때 먼저 지운 사람이 이기게 된다. 그룹으로 해도 좋고 두 명씩 짝을 지어 해도 좋다.

굳이	해돋이	같이	묻히다
미닫이	여닫이	곧이	밭이
턱받이	걷히다	햇볕이	끝이
낱낱이	바깥이	닫히다	땀받이

9.2 모음동화

9.2.1 모음동화의 원리

<표준 발음법>에 제시된 모음동화에 대한 규정은 아래와 같다.

제22항 다음과 같은 용언의 어미는 [어]로 발음함을 원칙으로 하되, [여]로 발음함도 허용한다.

　되어[되여]　　　　　　　　　　　　　피어[피여]

[붙임] '이오, 아니오'도 이에 준하여 [이요, 아니요]로 발음함을 허용한다.

/ㅣ/와 /ㅜ/는 모음 중에서 소리의 변동을 가장 잘 일으키는 모음이다. 그 중에서 특히 /ㅣ/가 소리의 변동을 잘 일으키는데, /ㅣ/ 모음에 의한 동화는 크게 두 가지가 있다. 하나는 /ㅣ/ 모음이 뒤에 오는 말에 영향을 주는 것이고, 다른 하나는 앞에 오는 말에 영향을 주는 것이다. 동화의 방향의 관점에서 본다면, 전자는 /ㅣ/ 모음 순행동화이고, 후자는 흔히 말하는 움라우트(umlaut)로 /ㅣ/ 모음 역행동화이다. 두 경우 모두 앞 또는 뒤 음절의 모음에 /ㅣ/ 모음을 더하는 것이다.

먼저 /ㅣ/ 모음 순행동화의 경우를 보면 선행하는 /ㅣ/ 모음이 그 다음에 오는 모음에 영향을 주어 그것을 이중모음으로 만드는 것이다. '피어'를 예로 들어 설명하면 아래와 같다.

(4)   피어 [피여]

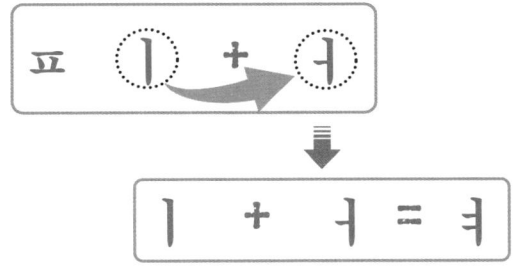

이와 같은 현상은 /ㅣ/ 모음을 가진 모든 모음에 적용된다. 여기서 /ㅣ/ 모음을 가진 모음이란, '피(다)'처럼 /ㅣ/ 모음을 가진 경우는 물론이고, '되(다), 뛰(다), 떼(다), 깨(다)'처럼 /ㅣ/가 합성된 모음의 경우도 포함한다. 이들 모두는 다음에 나오는 어미 '어'를 [여]로도 발음하게 한다.

(5) 가. 피어 [피어~피여]   기었다 [기얻따~기엳따]
     나. 되어 [되어~되여]   괴었다 [괴얻따~괴엳따]
     다. 뛰어 [뛰어~뛰여]   뉘었다 [뉘얻따~뉘엳따]
     라. 떼어 [떼어~떼여]   데었다 [데얻따~데엳따]
     마. 깨어 [깨어~깨여]   내었다 [내얻따~내엳따]

사실 이러한 / ㅣ / 모음에 의한 순행동화는 용언에서만 일어나는 것이 아니다. '그 사람을 기억하세요?'와 같은 문장에서 '기억'은 [기억] 또는 [기역]으로 발음되며, '쉬엄쉬엄'과 같은 말은 [쉬엄쉬엄~쉬염쉬염]의 두 가지 발음이 모두 가능하다. 표준 발음은 [기억]으로 발음함이 원칙이지만 때로 모음 충돌을 피한 발음인 [기역]이 쓰이기도 하며 이를 현실적으로 사용하고 있다.

다음으로 / ㅣ / 모음 역행동화의 경우를 보도록 한다. / ㅣ / 역행동화는 '아비 → 애비, 어미 → 에미'와 같이 뒤 음절의 / ㅣ /의 영향으로 앞 음절에 / ㅣ /가 더해지는 현상을 말한다.

(6)   아비 → 애비

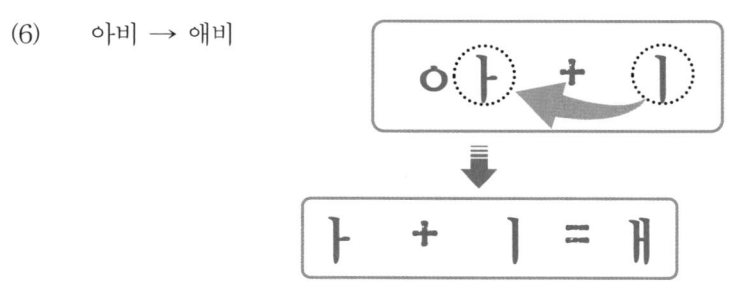

이러한 / ㅣ / 모음 역행동화는 '다리다 → 대리다, 먹이다 → 멕이다, 죽이다 → 쥑이다, 아지랑이 → 아지랭이' 등과 같이 일상 구어에서 아주 많이 사용된다. / ㅣ / 모음 역행동화에 의한 발음은 아래에 제시된 소수의 몇 개를 제외하고는 표준 발음으로 인정하지 않는다(표준어 규정 <제9항>).

(7)   가. -내기(예: 서울-, 시골-, 신출-, 풋-)
       나. 냄비
       다. 동댕이-치다

한편, '-장이'와 '-쟁이'는 구별하여 사용되는데, 기술자에게는 '-장이'가 붙는 형태를, 그 외에는 '-쟁이'가 붙는 형태를 표준어로 삼는다(표준어 규정 <제9항 [붙임 2]>). 후자의 경우는 / ㅣ / 모음 역행동화가 일어나는 발음을 표기에 반영한 결과이다.

(8)   – 장이   – 쟁이

       미장이   멋쟁이   소금쟁이

       유기장이   담쟁이   골목쟁이

이 외에도 / ㅣ / 모음 또는 / ㅣ / 계 이중모음과 관련된 현상으로 /ㄴ/음 첨가를 들 수 있는데, 이에 대해서는 제11장에서 다루도록 한다.

9.2.2 모음동화의 교육 방안과 활동 유형

9.2.2.1 모음동화의 교육 방안

모음동화는 <표준 발음법>에서 용언에 한하여 적용을 허용하고 있으며, 그것도 수의적이어서 원래의 모음대로 발음할 수도 있고, 동화가 적용된 모음으로 발음할 수도 있다. 따라서 발화의 차원보다는 이해의 차원에서 교육하도록 한다.

교사는 모음동화의 환경을 설명하기 전에 이에 해당하는 낱말(예: 피어)을 제시하여 학습자들로 하여금 한 번 발음해 보도록 한다. 다음으로 교사는 모음동화가 적용되는 낱말을 직접 발음하여 두 가지 발음이 가능함을 알려 준다. 이 때 다음과 같이 모음동화의 원리를 간단히 설명해 주는 것도 좋은 방법이다. 그리고 모음동화 현상은 이해 차원의 교육이므로 굳이 용언에만 국한시킬 필요는 없고 해당하는 낱말을 가능한 한 많이 제시하도록 한다.

이와 같은 확인 학습이 끝나면 이에 해당하는 낱말을 이용하여 반복적으로 연습한다.

한편, /ㅣ/ 모음 역행 동화는 '-내기, 냄비, -동댕이'를 제외하고는 표준발음이 아니므로, 동화된 발음을 하지 않도록 하고, 이해의 차원에서만 교육하도록 한다.

9.2.2.2 모음동화 교육의 활동 유형

■ 원리 학습 전 활동

이 활동은 모음동화 현상의 원리를 학습하기 전에 낱말이 실제로 어떻게 발음되는지 학습자로 하여금 예측하게 해보는 활동이다. 이를 통해 교사는 원리 학습 전 단계에서 학습자가 모음동화 현상이 일어나는 낱말을 어떻게 인지하고 있는지를 파악할 수 있고, 또 학습자의 학습 동기를 유발시켜 보다 효율적인 학습이 이루어지도록 유도할 수 있다. 이 때 교사는 학습자의 학습 수준이나 인지 정도를 고려하여 아래에 제시하는 활동 유형들을 모두 연습시켜도 좋고 적절한 유형을 선별하여 연습시켜도 좋다.

1. 예측하여 발음하기

| 피어 | 기어 | 떼어 | 깨어 | 되어 |

■ 원리 학습 후 활동

원리 학습이 이루어진 다음에는 교사가 아래와 같은 원리 학습 후 활동을 통해 학습자의 학습 이해도를 확인한다. 그리고 이 활동을 통해 학습자 스스로도 자신의 학습 정도를 확인할 수 있다.

1. 낱말 읽기

낱말 읽기를 통해서 모음동화를 연습한다. 이 때 교사가 먼저 모음동화가 적용되는 낱말을 직접 발음하여 두 가지 발음이 가능함을 알려 주는 것이 좋다. 그리고 학습자로 하여금 발음 나는 대로 쓰게 함으로써 쓰기 활동도 병행하여 지도할 수 있다.

피어	기어	떼어	깨어	되어

2. 문장 읽기

'낱말 읽기'에서 연습한 것을 문장 차원에서 다시 연습하여 실제 발화에서도 자연스럽게 발음할 수 있도록 하는 활동이다. 개별 낱말을 연습할 때는 학습자 스스로가 주의해서 발음하기 때문에 오류가 많이 나지 않는다. 그러나 문장차원에서는 오류를 일으키기 쉽기 때문에 문장 내에서 정확한 발음을 할 수 있도록 교사는 주의해서 연습시켜야 한다. 읽기를 반복해서 할 때 학습자들이 지루해하지 않도록 처음에는 학생 전체가 읽기, 두 번째는 반씩 나눠서 읽기, 세 번째는 짝끼리 읽기, 네 번째는 한 명이 대표로 읽고 나머지 학생들은 따라 읽도록 하는 등의 다양한 방법을 사용하여 연습하도록 한다.

(1) 꽃이 **피었어요**.

(2) 개미가 **기어**가고 있어요

(3) 어른이 **되었어요**.

(4) 아이가 큰 소리를 **내었어요**.

(5) 아침 일찍 **깨었어요**.

3. 게임 활동

① 낱말 찾기 게임 : 누가 빨리 찾나? (조별활동)

학습자들을 3명~5명 정도의 조를 짜서 나누고 수업 시간에 배운 낱말을 준비하되 오류가 있는 낱말도 여러 장 넣어 섞어 놓는다. 그리고 교사가 칠판에 낱말을 적으면 학습자들은 모음동화가 바르게 적혀진 카드를 집는다. 이 때 가장 많이 모은 학생이 이긴다.

피요	퍄	피여	피오	뛰요	뛰야
뛰여	뛰오	깨요	깨야	깨여	깨오

② 짝 찾기 게임 : 내 짝을 찾아라.

교사는 2명~3명의 학습자들을 한 조로 나눈다. 앞의 게임에서 사용했던 같은 카드 중에서 모음동화의 표준 발음과 허용하는 발음의 짝들을 모아 가지런히 정리해 엎어 놓는다. 카드의 양은 많을수록 좋다. 이 때 한 명씩 순서를 바꾸어 두 장의 카드만을 뒤집어 볼 수 있다. 바른 짝을 찾은 사람이 두 장을 모두 가져온다. 이 때 가장 많이 모은 학생이 이긴다.

피어	뛰어	피여	깨어	뛰예	되어
떼어	기억	깨여	기역	떼여	되여

제 10 장
경음화와 유성음화

　이 장에서는 <표준 발음법>의 경음화와 유성음화에 대해 살펴보도록 한다. 먼저 경음화란, 평음이 경음(된소리)으로 발음되는 것을 말한다. 음운환경의 면에서 볼 때, 경음화는 크게 두 가지로 나뉜다. 하나는 필수적인 현상이며 다른 하나는 수의적인 현상이다. 예를 들어, '문자'라는 낱말은 두 가지로 발음될 수 있다. 만약 이것이 사람 이름이라면 글자 그대로 [문자]라고 발음할 것이고, '글자'의 의미를 갖는다면 [문짜]라고 발음할 것이다. 반면에 '숫자'라고 하면 의미나 품사에 관계없이 [숫짜]라고 발음할 것이다. 이와 마찬가지로 '효과'라는 낱말은 표준 발음을 생각하지 않는다면, [효과]와 [효꽈] 모두 가능한 발음인 반면, '학과'는 [학꽈]로만 발음될 뿐 [학과]로 발음되지 않는다. 한국어를 모국어로 하는 사람에게 '문자'와 '효과'는 두 가지 발음이 모두 가능한 데 비해 '숫자'와 '학과'의 경우는 글자 그대로 [숫자]나 [학과]로 읽는 것은 불가능하고 경음화하여 발음하는 것만이 가능하다. 전자의 경음화는 수의적인 것인데 반해, 후자의 경음화는 필수적이고 자동적인 것이다. 아래에서 설명하겠지만 이러한 차이가 일어나는 것은 한국어의 음운체계 때문이다. <표준 발음법>에서는 수의적인 경우와 필수적인 경우 모두를 경음화라고 하고 있지만, 음운론에서 일반적으로 경음화라 하면 후자의 경우를 말하는데, 전자를 이와 구별하기 위하여 사잇소리 현상 또는 사잇소리에 의한 경음화라 하기도 한다. 이 글에서는 편의상 전자를 수의적 경음화라 하고, 후자를 필수적 경음화라 하기로 한다. 먼저 후자의 경우부터 살펴보도록 한다.

10.1 경음화

10.1.1 필수적 경음화

10.1.1.1 필수적 경음화의 원리

<표준 발음법>에 제시된 필수적 경음화에 대한 규정은 아래와 같다.

제23항 받침 'ㄱ(ㄲ, ㅋ, ㄳ, ㄺ), ㄷ(ㅅ, ㅆ, ㅈ, ㅊ, ㅌ), ㅂ(ㅍ, ㄼ, ㄿ, ㅄ)' 뒤에 연결되는 'ㄱ, ㄷ, ㅂ, ㅅ, ㅈ'은 된소리로 발음된다.

국밥[국빱]	깎다[각따]	넋받이[넉빠지]
삯돈[삭똔]	닭장[닥짱]	칡범[칙뻠]
뻗대다[뻗때다]	옷고름[옫꼬름]	있던[읻떤]
꽂고[꼳꼬]	꽃다발[꼳따발]	낯설다[낟썰다]
밭갈이[받까리]	솥전[솓쩐]	곱돌[곱똘]
덮개[덥깨]	옆집[엽찝]	넓죽하다[넙쭈카다]
읊조리다[읍쪼리다]	값지다[갑찌다]	

필수적 경음화란 위에서 말한 것과 같이 한국어의 음운체계 즉 제7장에서 말한 바 있는 음소배열제약 때문에 일어난다. 한국어에서 연속하는 두 자음은 반드시 어떤 관계를 형성하게 되는데 그 관계는 어떠한 경우에도 지켜져야 한다. 설명의 편의를 위하여 제7장에서 제시한 것을 다시 한 번 옮기면 아래와 같다.

(1) 한국어의 음소배열제약
    ① 한국어에서 연속되는 두 자음 중 앞 자음은 뒤 자음보다 자음 강도가 클 수 없다.
    ② 한국어의 자음강도 : 유음 < 비음 < 장애음

앞에서 본 것과 같이 유음, 비음, 장애음 사이에 나타나는 소리의 변동은 /ㄹ-ㄴ/의 연속체를 제외하고는 반드시 위의 원리를 지켜야 한다. 그것이 지켜지지 않을 때 일어나는 현상이 바로 자음동화인 것이다. 그런데 위의 원칙을 적용하여 다루어지지 않는 경우가 바로 장애음끼리 만난 경우이다. 이 경우는 위와는 조금 다른 모습을 보이는데, 첫째는 앞 자음보다 뒤 자음이 반드시 강도가 커야 한다는 것이고, 둘째는 그 관계를 형성하기 위해서 앞 자음의 강도를 낮추는 것이 아니라 뒤 자음의 강도를 올리는 것이다.

이 두 가지 중 두 번째 내용은 불가피한 것이라고 할 수 있다. 왜냐 하면, 비음화와 유음화는 뒤 자음으로부터 비음의 성격이나 유음의 성격을 가져와 앞 자음의 강도를 낮출 수 있지만, 연속하는 두 자음이 평음인 경우에는 새롭게 가져올 조음방법상의 특징이 없기 때문이다. 따라서 뒤 자음에 소리의 변동을 주는 방법 외에는 다른 방법이 없다.

다만, 뒤 자음이 앞 자음보다 반드시 자음 강도가 강해야 한다는 점은 다른 경우와 다르다. 왜냐하면 '언니, 엄마, 멀리, 빨래'처럼 비음끼리 또는 유음끼리의 자음 연속도 가능하기 때문이다. 이를 통해서 볼 때 장애음끼리 연속된 경우에 뒤 자음이 앞 자음보다 반드시 강해야 한다는 것은 한국어의 일반적인 음소배열제약의 예외적인 것으로 볼 수도 있지만, 제2장에서 언급한 것처럼 장애음은 다른 자음과는 다른 특성을 가지고 있으므로 장애음의 특징으로 볼 수도 있다. 이와 유사한 현상을 영어에서도 볼 수 있는데, /k, p, t/와 같은 장애음이 연속될 때 'act, doctor, opt, adopt'에서 보는 것과 같이 오직 /-kt, -pt/만을 허용할 뿐 다른 어떤 자음의 연속도 허용하지 않는다. 이 사실을 통해 우리는 두 가지 사실을 알 수 있는데, 하나는 영어에는 조음위치에 따른 음소배열제약이 있다는 것이고, 다른 하나는 음성적인 것으로, /t/ 앞에 오는 /k/와 /p/는 한국어의 평음에 가까운 소리인 반면, /t/는 한국어의 격음에 가까운 소리라는 것이다. 이런 이유로 이들의 한글 표기에서도 [다크터]로 표기하지 않고 [닥터]처럼 받침으로 표기될 수 있다. 즉, 영어에서도 두 장애음이 연속할 때 반드시 한 소리가 다른 소리보다 커야 한다. 따라서 한국어의 음소배열제약은 다음과 같이 수정될 수 있다.

(2)   한국어의 음소배열제약
　　① 한국어에서 연속되는 두 자음 중 앞 자음은 뒤 자음보다 자음 강도가 클 수 없다.
　　　 단, 장애음끼리 연속될 경우에는 반드시 뒤 자음이 앞 자음보다 자음 강도가 커야
　　　 한다.
　　② 한국어의 자음강도 : 유음 < 비음 < 장애음(평음 < 경음, 격음)

　　<표준 발음법>의 규정에서 보듯이, 필수적 경음화의 환경은 평음과 평음이 만나는 경우
이다. 즉, 받침이 [ㄱ, ㄷ, ㅂ]로 발음되는 경우이고, 뒤에 연결되는 소리 또한 /ㄱ, ㄷ, ㅂ,
ㅅ, ㅈ/인 경우에 국한한다. 주지하는 대로 받침의 발음 중 장애음은 [ㄱ, ㄷ, ㅂ] 세 개뿐이며,
경음의 짝을 가진 평음은 /ㄱ, ㄷ, ㅂ, ㅅ, ㅈ/이다. 이 경우에는 절대 예외 없이 뒤 자음이
반드시 경음으로 발음된다. 한국어의 필수적 경음화는 '장애음끼리 연속될 경우에는 반드시
뒤 자음이 앞 자음보다 자음 강도가 커야 한다.'는 수정된 한국어의 음소배열제약의 조항을
지키기 위한 것이다.
　　평음과 평음의 연속에서 나타나는 경음화가 필수적이고 자동적이라는 것은 아래에 제시
한 <한글 맞춤법> 제5항의 설명을 통해서도 어느 정도 파악할 수 있다.

제5항 한 낱말 안에서 뚜렷한 까닭 없이 나는 된소리는 다음 음절의 첫소리를 된소리
　　　 로 적는다.

1. 두 모음 사이에서 나는 된소리

| 소쩍새 | 어깨 | 오빠 | 으뜸 | 아끼다 |

2. 'ㄴ, ㄹ, ㅁ, ㅇ' 받침 뒤에서 나는 된소리

| 산뜻하다 | 잔뜩 | 살짝 | 훨씬 | 담뿍 |

다만, 'ㄱ, ㅂ' 받침 뒤에서 나는 된소리는, 같은 음절이나 비슷한 음절이 겹쳐 나는 경
우가 아니면 된소리로 적지 아니한다.

| 국수 | 깍두기 | 색시 | 법석 | 갑자기 |

위의 설명을 보면 '뚜렷한 까닭 없이 나는 된소리'로 모음 다음에 나는 경우와 비음과 유음 다음에 나는 경우를 들고 있다. 이 말은 한국어에서 모음, 유음, 비음 다음에서는 반드시 된소리로 발음될 필요가 없음을 말한다. 반면, /ㄱ, ㅂ/ 받침 뒤에서 나는 된소리는 특별한 경우가 아니면 된소리로 적지 않는 것은 이 현상이 필수적이고 자동적이기 때문에 굳이 된소리로 적지 않아도 자동적으로 된소리로 발음되기 때문이다.

필수적 경음화를 한 마디로 요약하면, /ㅎ/를 제외한 평음 두 개가 연속될 경우에는 반드시 뒤 자음이 경음으로 발음된다는 것이다.

 여기서 잠깐!

한국인의 영어 발음에 나타나는 경음화

경음화는 한국인의 영어 발음에도 적용되어 'down', 'dog'의 경우 각각 [다운], [독]으로 발음되지만, 'sit down, hot dog'의 경우는 된소리인 [씯따운], [핟또그]로 발음된다.

수의적 경음화로 넘어가기 전에 언급할 내용으로 다음과 같은 것이 있다.

첫째, 위에서 말한 대로 경음화란 평음이 경음으로 발음되는 것을 말한다. 따라서 위의 '소쩍새, 산뜻하다' 등은 원래부터 경음이기 때문에 경음화에 속하지 않는다. 그리고 엄밀히 말하면 '국수, 깍두기, 색시' 등도 경음화에 속하지 않는다. 그것은 '국수'의 '수'나 '깍두기'의 '두', 그리고 '색시'의 '시'가 원래 평음이라는 증거가 없으며, 또 위의 설명에서 암시되어 있듯이 '국쑤, 깍뚜기, 색씨' 등과 같이 된소리로 적을 수도 있지만 규정상 그렇게 적지 않기 때문이다. 다시 말해, 필수적 경음화든 수의적 경음화든 모두가 복합어에서만 일어나는 현상인 것이다.

둘째, 뒤 자음이 격음으로 발음되지 않는 것은 한국어의 격음화는 오직 /ㅎ/와 평음이 만날 때만 가능하기 때문이다.

10.1.1.2 필수적 경음화의 교육 방안과 활동 유형

10.1.1.2.1 필수적 경음화의 교육 방안

필수적 경음화 역시 적용되는 환경을 정확히 인식하여야 바르게 발음할 수 있다. 필수적 경음화는 한국어에서는 필수적으로 일어나는 음운현상이지만, 다른 언어에서는 흔히 나타나는 현상이 아니다. 이런 이유로 필수적 경음화는 외국인 학습자들에게는 매우 낯설게 느껴지는데, 정확한 발음을 위해 이 음운현상의 원리에 대한 정확한 이해가 필요하다.

교사는 필수적 경음화가 일어나는 원리를 설명하기 전에 해당하는 낱말을 제시하고 먼저 학습자들에게 읽고 발음을 써 보도록 하여 원리 학습 후에 올바른 발음과 대조하도록 한다.

이어 필수적 경음화의 원리 학습을 하도록 한다. 필수적 경음화의 원리 중 가장 중심이 되는 것은 앞 음절의 받침이 /ㅎ/를 제외한 무성음이어야 하고, 뒤 음절의 첫소리가 /ㄱ, ㄷ, ㅂ, ㅅ, ㅈ/이어야 한다는 것이다. 이 경우에는 반드시 뒤 음절의 첫소리가 된소리로 발음된다는 것을 주지시킨다.

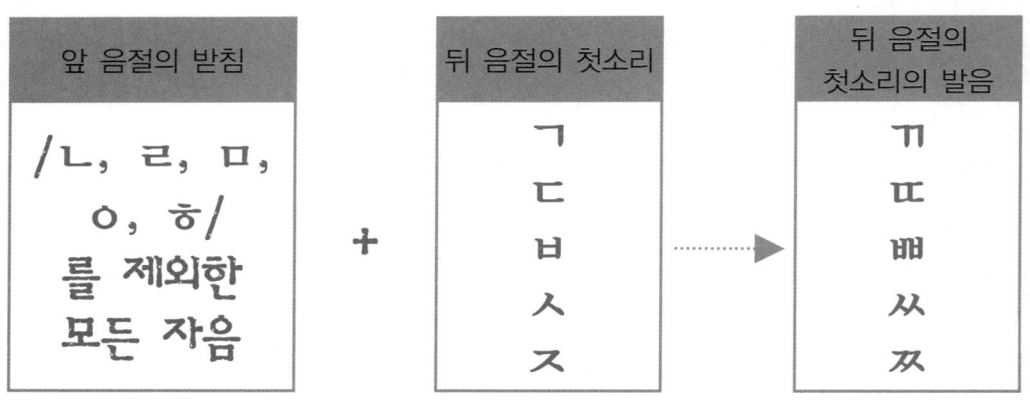

이러한 원리 학습이 끝나면 교사는 아래와 같은 표를 이용하여 조건을 하나씩 따져가면서 확인하도록 한다. 아래의 두 가지 조건을 모두 충족시키는 경우에만 경음화가 일어난다. 원래 경음화는 앞에서 언급한 대로 단일어에서는 일어난다고 할 수 없지만, 올바른 발음을 위해서는 단일어도 경음화에 포함시킨다.

조건＼낱말	안개	많고	국민	국수	앞집
조건 ①	×	×	√	√	√
조건 ②	√	√	×	√	√
결과	적용불가	적용불가	적용불가	[국쑤]	[압찝]

조건 ① : 앞 음절의 받침이 무성음(/ㅎ/ 제외)인가?
조건 ② : 뒤 음절의 첫소리가 /ㄱ, ㄷ, ㅂ, ㅅ, ㅈ/ 중의 하나인가?

이러한 원리 학습이 끝나면 해당하는 낱말을 이용하여 반복적으로 연습하도록 한다. 학습자에게 낱말을 제시할 때 교사는 받침의 발음에서 중화가 일어나지 않는 낱말부터 제시하는 것이 좋다.

10.1.1.2.2 필수적 경음화 교육의 활동 유형

■ 원리 학습 전 활동

이 활동은 필수적 경음화 현상의 원리를 학습하기 전에 낱말이 실제로 어떻게 발음되는지 학습자로 하여금 예측하게 해 보는 활동이다. 이를 통해 교사는 원리 학습 전 단계에서 학습자가 필수적 경음화 현상이 일어나는 낱말을 어떻게 인지하고 있는지를 파악할 수 있어서 학습자의 학습 동기를 유발시켜 보다 효율적인 학습이 이루어지도록 유도할 수 있다. 이 때 교사는 학습자의 학습 수준이나 인지 정도를 고려하여 아래에 제시하는 활동 유형들을 모두 연습시켜도 좋고 적절한 유형을 선별하여 연습시켜도 좋다.

1. 낱말 읽고 발음 구별하기

① 첫 번째 단계로 교사가 음운의 변동이 일어나는 낱말과 그렇지 않은 낱말이 적힌 그림 카드를 섞어서 제시한 뒤 학습자들로 하여금 이들을 읽고 구별하게 해보는 활동이다.

편지   국밥   접시   국수

② 두 번째 단계로 교사가 음운의 변동(필수적 경음화)이 일어나는 낱말만이 적힌 그림 카드를 제시하고 학습자가 예측되는 발음을 고르는 활동이다. 이 때 교사는 학습자에게 많은 시간을 주고 고르게 하는 것보다는 낱말을 보고 즉각적으로 예측되는 발음을 고르게 하는 것이 좋다.

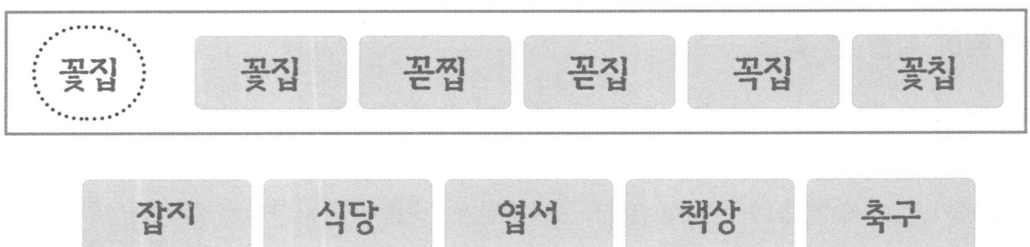

2. 발음나는 대로 쓰기

교사가 필수적 경음화 현상이 일어나는 낱말이 적힌 그림 카드를 제시하면 학습자가 예측되는 발음을 그대로 써보는 활동이다. 이 때 교사는 낱말의 발음을 학습자의 공책에 쓰게 하여도 좋고 학습자의 성취도를 고려하여 칠판에 나와 써 보게 해도 좋다.

잡지	식당	엽서	책상	축구

3. 예측하여 발음하기

교사가 필수적 경음화 현상이 일어나는 낱말이 적힌 그림 카드를 제시하면 학습자가 예측되는 발음을 실제로 발화해 보는 활동이다.

국제	걱정	옷장	돌솥밥	학생

4. 게임 활동 : 누가누가 많이 찾나? (조별활동)

교사는 학생들을 3명~5명 정도 조를 짜서 나누고 음운의 변동이 일어나는 낱말 카드와 그렇지 않은 낱말 카드를 여러 장 칠판에 붙여 놓는다. 그리고 학생들로 하여금 칠판에서 음운의 변동이 일어나는 낱말(혹은 일어나지 않는 낱말)을 떼어내게 한다. 이 때 낱말 카드를 가장 많이 모은 학생이 이긴다.

학비	법대	안개	국수	임금
앞마당	학부모	책상	백로	연필

■ 원리 학습 후 활동

원리 학습 전 활동이 끝나고 원리 학습이 이루어진 다음에는 교사가 아래와 같은 원리 학습 후 활동을 통해 학습자의 학습 이해도를 확인하고 또한 학습자 스스로도 자신의 학습 정도를 확인할 수 있도록 한다.

1. 낱말 읽기

낱말 읽기를 통해서 필수적 경음화를 연습한다. 이 때 교사는 학습자들에게 낱말의 발음을 적게 함으로써 쓰기 활동도 병행할 수 있게 한다.

(1) /ㅂ/ + /ㅂ, ㄷ, ㅈ, ㅅ, ㄱ/ → [ㅃ, ㄸ, ㅉ, ㅆ, ㄲ]

십분   법대   잡지   접시   입국

입법   답답한   답장   엽서   높고

(2) /ㄷ/ + /ㅂ, ㄷ, ㅈ, ㅅ, ㄱ/ → [ㅃ, ㄸ, ㅉ, ㅆ, ㄲ]

늦봄   믿다   곧장   몇시   듣고

돌솥밥   늦도록   걷자   낯설다   옷걸이

(3) /ㄱ/ + /ㅂ, ㄷ, ㅈ, ㅅ, ㄱ/ → [ㅃ, ㄸ, ㅉ, ㅆ, ㄲ]

학비   식당   맥주   역사   떡국

국제   부엌도   낚시   학교   독방

2. 문장 읽기

　'낱말 읽기'에서 연습한 낱말들을 문장 차원에서 연습하여 실제 발화에서도 자연스럽게 발음할 수 있도록 하는 활동이다. 개별 낱말을 연습할 때는 주의해서 발음하기 때문에 오류가 많이 발생하지 않지만 문장 차원에서는 오류를 일으키기 쉽기 때문에 문장 내에서 정확한 발음을 할 수 있도록 교사는 주의해서 연습시켜야 한다. 읽기를 반복해서 할 때 학생들이 지루해하지 않도록 처음에는 학생 전체가 읽기, 두 번째는 반씩 나눠서 읽기, 세 번째는 짝끼리 읽기, 네 번째는 한 명이 대표로 읽고 나머지 학생들은 따라 읽도록 하는 등의 다양한 방법을 사용하여 연습하도록 한다.

　(1) **학교 식당**에서 **백반**을 팔아요.

　(2) **국수**는 **역시** 그 집이 제일이에요.

　(3) 설날에는 **떡국**을 **먹고 덕담**을 나눈다.

　(4) **입대**한 학생이 편지를 보내**왔다**.

　(5) 그 소식을 **듣고 늦도록** 잠을 자지 못했다.

3. 발음나는 대로 읽고 쓰기

　낱말이나 문장 차원에서 연습한 것을 실제로 발음해 보고 쓰는 활동이다.

　(1) **맏사위**의 말을 **듣고** 믿을 수 없었다.

 _____

(2) **학생**들이 운동장에서 **빗자루**로 청소를 하고 있어요.

▐▐▐➡ _____

(3) **직접** 그 소식을 들었어요?

▐▐▐➡ _____

(4) **책상** 위에 **잡지**가 놓여 있어요.

▐▐▐➡ _____

(5) 나는 **넉 달** 동안 **국밥**과 **떡국**만 먹었다.

▐▐▐➡ _____

4. 텍스트 읽기

교사는 낱말이나 문장 차원에서 연습한 것을 바탕으로 학습자들에게 재미있는 동화나 짧은 텍스트 자료를 읽게 함으로써 자연스런 발음을 구사할 수 있도록 지도한다. 이 활동을 통해 필수적 경음화 현상뿐만 아니라 다른 음운 현상들도 함께 연습할 수 있다.

나는 영화를 좋아합니다. 그래서 극장에 가는 것을 좋아하지요. 영화를 보면서 젊고 잘 생긴 배우들을 만날 수 있어 좋습니다. 요즘은 직장일이 바빠서 시간을 내기가 어렵지만, 멋진 영화가 있다면 곧바로 달려갈 준비가 되어 있어요.

5. 게임 활동 : SENCE OR NONSENCE 게임

다음과 같은 표에 필수적 경음화를 포함한 유의미한 낱말과 무의미한 여러 낱말들을 써 넣고 그 중에서 경음화가 일어나는 낱말을 아래와 같이 찾아 연결해 보는 활동이다. 해당 낱말은 좌우, 위아래, 대각선 어떤 형태로든 만들 수 있다.

국	하	무	가	재	같	기
밥	깍	이	마	방	이	본
잔	닭	다	옷	장	덮	자
뜩	고	장	오	넓	개	장
구	기	어	깨	죽	국	면
직	신	발	명	하	차	수
사	격	진	실	다	있	없

10.1.2 수의적 경음화

10.1.2.1 수의적 경음화의 원리

<표준 발음법>에 제시된 수의적 경음화에 대한 규정은 아래와 같다

제24항 어간 받침 'ㄴ(ㄵ), ㅁ(ㄻ)' 뒤에 결합되는 어미의 첫소리 'ㄱ, ㄷ, ㅅ, ㅈ'은 된소리로 발음한다.

신고[신:꼬]	껴안다[껴:안따]	앉고[안꼬]
얹다[언따]	삼고[삼:꼬]	더듬지[더듬찌]
닭고[담:꼬]	젊지[점:찌]	

다만, 피동, 사동의 접미사 '-기-'는 된소리로 발음하지 않는다.

안기다	감기다	굶기다	옮기다

제25항 어간 받침 'ㄼ, ㄾ' 뒤에 결합되는 어미의 첫소리 'ㄱ, ㄷ, ㅅ, ㅈ'은 된소리로 발음한다.

넓게[널께]	핥다[할따]	훑소[훌쏘]	떫지[떨:찌]

제26항 한자어에서, 'ㄹ' 받침 뒤에 연결되는 'ㄷ, ㅅ, ㅈ'은 된소리로 발음한다.

갈등[갈뜽]	발동[발똥]	절도[절또]	말살[말쌀]
불소[불쏘](弗素)	일시[일씨]	갈증[갈쯩]	물질[물찔]
발전[발쩐]	몰상식[몰쌍식]	불세출[불쎄출]	

다만, 같은 한자가 겹쳐진 낱말의 경우에는 된소리로 발음하지 않는다.

허허실실[허허실실](虛虛實實) 절절-하다[절절하다](切切--)

제27항 관형사형 '-(으)ㄹ' 뒤에 연결되는 'ㄱ, ㄷ, ㅂ, ㅅ, ㅈ'은 된소리로 발음한다.

할 것을[할꺼슬]	갈 데가[갈떼가]	할 바를[할빠를]
할 수는[할쑤는]	할 적에[할쩌게]	갈 곳[갈꼳]
할 도리[할또리]	만날 사람[만날싸람]	

다만, 끊어서 발음할 적에는 예사소리로 발음한다.

[붙임] '-(으)ㄹ'로 시작되는 어미의 경우에도 이에 준한다.

할걸[할껄]	할밖에[할빠께]	할세라[할쎄라]
할수록[할쑤록]	할지라도[할찌라도]	할지언정[할찌언정]
할진대[할찐대]		

제28항 표기상으로는 사이시옷이 없더라도, 관형격 기능을 지니는 사이시옷이 있어야 할(휴지가 성립되는) 합성어의 경우에는, 뒤 낱말의 첫소리 'ㄱ, ㄷ, ㅂ, ㅅ, ㅈ'

을 된소리로 발음한다.

문-고리[문꼬리]	눈-동자[눈똥자]	신-바람[신빠람]	산-새[산쌔]
손-재주[손째주]	길-가[길까]	물-동이[물똥이]	발-바닥[발빠닥]
굴-속[굴ː쏙]	술-잔[술짠]	바람-결[바람껼]	그믐-달[그믐딸]
아침-밥[아침빱]	잠-자리[잠짜리]	강-가[강까]	초승-달[초승딸]
등-불[등뿔]	창-살[창쌀]	강-줄기[강쭐기]	

위의 규정에서 보듯이 수의적 경음화가 필수적 경음화와 다른 점은 바로 앞 글자의 받침이 장애음이 아니라 소위 말하는 유성음, 즉 [ㄴ, ㄹ, ㅁ, ㅇ]로 발음되는 소리라는 것이다. 따라서 수의적 경음화란, 앞 음절의 끝소리가 장애음이 아닌 소리(즉, 유성음) 다음에 평음이 경음으로 발음되는 것을 말한다. 이런 점에서 본다면 <표준 발음법>에는 빠져 있지만 '사건(事件), 해법(解法), 시점(時點)' 등과 같이 모음 다음에 연결되는 평음이 경음으로 발음될 때에도 수의적 경음화라 할 수 있다. 따라서 수의적 경음화의 환경은 아래와 같다.

(3)   수의적 경음화의 환경

가. **모음** + /ㄱ, ㄷ, ㅂ, ㅅ, ㅈ/ + **모음**
　　　사건[사껀], 해법[해뻡], 시점[시쩜]

나. **받침 /ㄴ, ㄹ, ㅁ, ㅇ/** + /ㄱ, ㄷ, ㅂ, ㅅ, ㅈ/ + **모음**
　　　문고리[문꼬리], 물동이[물똥이], 그믐달[그믐딸], 강줄기[강쭐기]
　　　아침밥[아침빱], 창살[창쌀]

이 수의적 경음화는 앞에서 언급한 대로 필수적이고 자동적인 규칙 현상이 아니라, 불규칙적이고 예측이 불가능하다. 즉, 한국어의 음운체계로 볼 때 유성음 다음에 평음의 발음이 불가능해서 경음으로 발음되는 것이 아니다. 그것은 앞에서 본 것과 같이 '문자'와 '효과'가

글자 그대로 평음으로 발음될 수도 있고 경음으로 발음될 수도 있다는 데서 알 수 있다. 그럼에도 불구하고 경음으로 발음되는 것에 대해 평음을 경음으로 발음하게 하는 어떤 요소가 두 형태소 사이에 들어갔기 때문이라고 분석한다(따라서 수의적 경음화도 '사잇소리 현상'의 일종이다.). 그 요소를 부호로 나타낸 것이 제11장에서 살펴볼 사이시옷이다. 즉, 사이시옷과 같은 소리가 두 형태소 사이에 들어갔기 때문에 평음이 경음으로 발음된다는 것이다. 다만, '셋방(貰房), 곳간(庫間), 횟수(回數), 찻간(車間), 툇방(退方), 숫자(數字)'를 제외한 한자어와 한자어 사이와, 받침이 있는 고유어의 경우에는 사이시옷을 쓰지 않는 규정 때문에 사이시옷을 표기하지 않을 뿐이다. 이제 이 수의적 경음화에 대한 규정을 하나씩 살펴보도록 한다.

첫 번째 규정인 <제24항>은 [ㄴ, ㅁ]로 발음되는 용언의 어간 다음에 /ㄱ, ㄷ, ㅅ, ㅈ/로 시작하는 어미가 올 때 일어나는 경음화이다. 먼저 받침에 /ㅇ/가 없는 것은 이 소리를 받침으로 하는 용언이 없기 때문이다. 그리고 어미의 첫소리에 /ㅂ/가 없는 것도 이 소리로 시작하는 어미가 없기 때문이다.

이 항의 내용을 이해하기 위해 명사 '감기(感氣)'와 동사 '감다'의 명사형 '감기'의 발음을 비교해 보면, 전자는 경음화가 일어나지 않는 데 비해, 후자는 [감끼]에서처럼 경음화가 일어난다. 앞에서 본 대로 [감기]로 발음하는 것이 불가능해서 경음으로 발음되는 것이 아니다. 다른 예로 접사가 붙은 '감기다'의 경우는 경음으로 발음되지 않는다. 용언의 어간말 받침 /ㄴ, ㅁ/ 다음에서 어미의 첫 자음 /ㄱ, ㄷ, ㅅ, ㅈ/가 반드시 경음화되는 것은 한국어 용언의 특성이라 할 수 있다.

이들이 받침 /ㄴ, ㅁ/ 다음에 오는 어미의 첫소리가 경음으로 발음되는 수의적 경음화임에도 불구하고, 규칙적이고 예외가 없다는 것이다. 즉, 음성·음운적인 면에서는 사잇소리 경음화의 특성을 갖지만, 규칙적인 면에서 본다면 필수적 경음화에 해당한다. 학교문법에서는 후자의 특성을 살려 이와 같이 어미가 경음화되는 경우를 수의적 경음화가 아닌 필수적 경음화로 취급한다. 단, '감기다, 안기다' 등과 같이 접사의 경우는 경음으로 발음되지 않는다.

여기서 잠깐!

용언 어미의 경음화와 '으' 삽입의 관계

용언 어간의 받침이 /ㅎ/를 제외한 무성음이거나 /ㄴ, ㅁ/와 같은 비음일 경우에 /ㄱ, ㄷ, ㅅ, ㅈ/로 시작하는 어미가 결합하면 어미의 자음은 반드시 된소리로 발음된다. 그러나 어간의 받침이 /ㄹ/일 경우에는 어미의 첫소리가 된소리로 발음되지 않는다.

잡 + 고 [잡꼬]	웃 + 지 [욷찌]	감 + 도록 [감또록]	신 + 다 [신따]
울 + 고 [울고]	돌 + 지 [돌지]	불 + 도록 [불도록]	풀 + 다 [달다]

위의 예에서 보듯이 /ㄹ/는 경음화 현상에서 다른 자음들과 차이를 보인다. 이와 같은 차이는 '으' 계열 어미의 '으' 삽입에도 그대로 나타난다. 즉, /ㄹ/ 받침 용언 어간 다음에는 '으' 삽입이 이루어지지 않으나, 다른 받침의 용언 어간 다음에는 반드시 '으'가 삽입된다.

잡 + (으)며 → 잡으며	웃 + (으)니 → 웃으니
감 + (으)려 → 감으려	신 + (으)시고 → 신으시고
울 + (으)며 → 울며	돌 + (으)니 → 도니
불 + (으)려 → 불려	풀 + (으)시고 → 푸시고

다음으로 <제25항>을 보도록 한다. 이 항의 내용은 받침 /ㄼ, ㄾ/ 뒤에 오는 어미의 첫소리 /ㄱ, ㄷ, ㅅ, ㅈ/는 경음으로 발음된다는 것이다. 받침 /ㄼ, ㄾ/는 '밟다'를 제외하고는 모두 [ㄹ]로 발음된다. 그러나 위에서 말한 것과 같이 '울(다), 돌(다), 팔(다)' 등과 같이 원래 /ㄹ/ 받침을 가진 낱말들의 어간과 연결되는 어미의 첫소리 /ㄱ, ㄷ, ㅅ, ㅈ/는 [울고, 돌게, 팔지] 등에서와 같이 어떤 경우에도 경음으로 발음되지 않는 데 비해, 이들 겹받침의 경우에는 '넓게[널께], 핥다[할따]'에서와 같이 반드시 경음으로 발음된다. 즉, 받침의 발음은 원래 /ㄹ/ 받침을 가진 용언들과 차이가 없지만, 어미의 발음에서는 차이가 난다. 이러한 현상에 대해 음운론적으로 두 가지 해석이 가능하다. 첫째는 /ㄼ, ㄾ/의 받침 중 /ㅂ/와

/ㅌ/가 발음은 안 되지만 탈락한 것은 아니라고 보는 것이다. 즉, 그 두 자음은 묵음일 뿐 그대로 남아 있어 그 다음 자음에 영향을 미쳐 어미의 첫소리를 경음으로 발음하게 한다는 것이다. 또 한 가지 해석은 /ㅂ/와 /ㅌ/가 먼저 뒤 자음을 경음화시킨 후 그 다음에 탈락하는 것으로 보는 것이다.

문제는 <제25항>의 규정에서는 /ㄼ, ㄾ/의 두 받침만 언급하고 있는데, 실제로는 /ㄹ/ 계 겹받침 모두에 적용될 수 있다. 물론 /ㄻ/의 경우는 사람에 따른 발음의 차이 없이 항상 [ㅁ]으로만 발음되어 이 조항에 해당되지 않지만, '읽고, 밝게' 등과 같이 /ㄺ/ 받침 다음에 /ㄱ/로 시작하는 어미가 오는 경우에도 이들은 각각 [일꼬]와 [발께]로 발음된다. 그리고 표준 발음은 아니지만 '읊고, 읊게, 읊도록, 읊지'의 받침 발음을 [ㅍ]가 아닌 [ㄹ]로 하는 경우에도 [을꼬, 을께, 을또록, 을찌]와 같이 경음으로 발음한다. 즉, /ㄹ/ 계 겹받침이 [ㄹ]로 발음되는 모든 경우에 어미의 첫소리 /ㄱ, ㄷ, ㅅ, ㅈ/는 항상 경음으로 발음된다. 위에서 말한 대로 이러한 현상은 원래부터 받침이 /ㄹ/인 경우와 다르다.

<제26항>은 한자어의 경우로, 위의 예에서와 같이 '갈등[갈뚱], 말살[말쌀], 갈증[갈쯩]'과 같이 /ㄹ/ 받침 뒤에 연결되는 /ㄷ, ㅅ, ㅈ/는 예외 없이 된소리로 발음한다는 규정이다. 그러나 순수 국어의 경우에는 '팔다'의 활용형인 '팔도록, 팔자'와 '불사르다, 알사탕, 돌소금'에서와 같이 경음으로 발음되지 않는 경우도 있다. 결국 이러한 차이는 어휘적인 것이어서, 음운론적으로 설명하기는 매우 어렵다. 그런데 순수 국어의 경우에도 갈대[갈때], 돌산[돌쌘], 술집[술찝] 등과 같이 /ㄹ/ 받침 다음에 연결되는 /ㄷ, ㅅ, ㅈ/는 경음으로 발음되는 경우가 매우 많아 사람에 따라 용언의 활용을 제외한 거의 모든 경우에 경음으로 발음하기도 한다. 이러한 현상은 /ㄹ/와 /ㄷ, ㅅ, ㅈ/ 사이의 관계 때문으로 보이는데, 이 네 소리의 공통점은 음운론적으로 '설정성(coronality)'이라는 특성, 즉 모두 혀끝이 입천장 쪽으로 올라가 발음되는 공통점이 있다.

여기서 잠깐!

> **우리들의 [열정]으로!**
>
> 　어느 자동차 회사의 외국인 사장이 텔레비전 광고에 모델로 나와 "우리들의 열정으로"라는 광고문구와 함께 자사 제품을 광고한 적이 있다. 그런데 '열정'을 [열쩡]이 아닌 [열정]으로 발음했다. 외국인이어서 그렇겠지만 한국인이 듣기에는 어색한 발음이었다.

　<제27항>은 용언의 활용형 중 관형사형 전성어미 '-(으)ㄹ' 뒤에 연결되는 명사의 첫소리 /ㄱ, ㄷ, ㅂ, ㅅ, ㅈ/는 된소리로 발음한다는 규정이다. 이것은 '할 것을[할꺼슬], 갈 데가[갈 떼가], 만날 사람[만날싸람] 등과 같은 경우의 발음을 설명하기 위한 것이다. 관형사형 전성어미란 '만난/만나는/만날 사람'에서처럼 용언 '만나(다)'로 하여금 뒤에 오는 명사 '사람'을 수식하게 하는 기능을 갖는 어미이다. 관형사형 전성어미 중에서 오직 '-(으)ㄹ'만 뒤에 오는 명사를 경음으로 발음하게 한다. 이러한 현상 또한 음운론적으로 볼 때 관형사형 전성어미 '-(으)ㄹ' 다음에 어떤 요소가 들어가 어미의 첫 자음을 경음으로 발음하게 한다는 것 외에는 다른 설명은 어렵다. 다만, 관형사형 전성어미 '-(으)ㄹ' 다음에 연결되는 모든 /ㄱ, ㄷ, ㅂ, ㅅ, ㅈ/는 경음으로 발음된다는 사실만 확인된다.

　마지막으로 <제28항>을 살펴보도록 한다. 이 항목에 해당하는 말은 표기상 사이시옷을 쓸 수 없지만 사이시옷이 존재한다고 판단되는 낱말들의 경음화이다. 다음의 예를 보자.

(4)　가.　바다 + ㅅ + 가　　　　초 + ㅅ + 불
　　　나.　길 + ㅅ + 가　　　　등 + ㅅ + 불

　사이시옷과 관련하여 유의할 점은 사이시옷이 들어가 경음으로 발음되는 것이 아니라, 경음으로 발음되기 때문에 그것을 표기로 나타내기 위하여 사이시옷을 사용한다는 것이다. 즉, (4가)의 '바닷가, 촛불'은 사이시옷을 표기했기 때문에 '가'와 '불'이 경음으로 발음되는

것이 아니라, '가'와 '불'이 각각 [까]와 [뿔]로 발음되기 때문에 사이시옷을 표기해 줌으로써 자칫 [바다가]나 [초불]로 읽히는 것을 막기 위한 것이다. 이렇게 본다면 (4나)의 경우도 '가, 불'이 경음으로 발음되기 때문에 사이시옷을 표기해 주어야 하지만, 이미 앞말에 받침이 있기 때문에 사이시옷을 쓰지 않는 것이다. 이런 이유로 <제28항>에는 "표기상으로는 사이시옷이 없더라도 ....(중략)... 사이시옷이 있어야 할 합성어"라는 문구를 사용하고 있는 것이다.

문제는 언제 경음으로 발음되느냐 하는 것인데, 이에 대해서는 음운적으로도 의미적으로도 규칙으로 설명하기 어렵다. 먼저 음운적으로 보면 아래와 같이 동일한 음운 다음에 동일한 평음이 오더라도 아래에서 보는 바와 같이 경우에 따라 평음 그대로 발음되기도 하고 경음으로 발음되기도 한다.

(5)　　간격 [간격]　　　　　　인격 [인격]
　　　　헌병 [헌병]　　　　　　헌법 [헌뻡]
　　　　불고기 [불고기]　　　　물고기 [물꼬기]
　　　　발병(發病) [발병]　　　발병(-病) [발뼁]
　　　　감기(感氣) [감기]　　　바람기 [바람끼]
　　　　김밥 [김밥]　　　　　　비빔밥 [비빔빱]
　　　　등산 [등산]　　　　　　등살 [등쌀]
　　　　강산 [강산]　　　　　　창살 [창쌀]

의미적으로 볼 때, <제28항>에는 '관형격 기능을 지니는 사이시옷이 있어야 할 합성어'라고 규정하고 있지만, 관형격 기능을 지니는 것이 어떠한 것인지 설명하기 어렵다. 일반적으로 관형격은 '의'의 의미를 갖는다고 하나, '헌병[헌:병]'과 '헌법[헌뻡]'에서, 그리고 '품격[품격]'과 '품질[품질]'에서 과연 그러한 차이를 볼 수 있는지 의문이다. 결국 <제28항>에서 말하는 수의적 경음화는 개별 낱말 차원의 문제이다.

지금까지 한국어에 나타나는 두 가지 유형의 경음화에 대해 살펴보았다. 하나는 한국어의 음운체계상 경음으로 발음될 수밖에 없는 필수적 경음화이고, 다른 하나는 음운체계와 관계없이 일어나는 수의적 경음화이다. 전자는 장애음 다음에 일어나는 것으로, 반드시 일어나야 하는 필수적이고 자동적인 음운현상인데 비해, 후자는 일반적으로 유성음 다음에 일어나는 수의적이고 예측 불가능한 음운현상이다.

10.1.2.2 수의적 경음화의 교육 방안과 활동 유형

10.1.2.2.1 수의적 경음화의 교육 방안

수의적 경음화는 앞에서 말한 바와 같이 필수적이고 자동적인 것이 아니라, 불규칙적이고 예측이 불가능한 것이기 때문에 외국인 학습자들에게는 더 어렵게 느껴질 수 있다. 따라서 수의적 경음화가 적용되는 환경을 다음과 같이 제시하고 해당하는 낱말이 나올 때마다 개별적으로 지도하도록 한다. 그리고 일상 생활에서 흔히 사용되는 낱말들의 목록을 제시하여 익히도록 하여야 한다.

교사는 수의적 경음화가 일어나는 원리를 설명하기 전에 해당하는 낱말을 제시하고 먼저 학습자들에게 읽고 발음을 써 보도록 하여 나중에 올바른 발음과 대조하도록 하고, 이어서 수의적 경음화의 원리 학습을 하도록 한다.

첫째, '모음 + /ㄱ, ㄷ, ㅂ, ㅅ, ㅈ/ + 모음'의 경우로, 다음과 같이 표로 제시하여 설명하고, 수의적 경음화가 적용되어 소리가 바뀌는 음을 빨간 펜으로 표시하여 학생들이 인지할 수 있도록 한다. '사건[사껀], 해법[해뻡], 시점[시쩜]' 등의 낱말을 제시한다.

사+건=[사껀]   해+법=[해뻡]   시+점=[시쩜]

둘째, '/ㄴ, ㄹ, ㅁ, ㅇ/ + /ㄱ, ㄷ, ㅂ, ㅅ, ㅈ/ + 모음'의 경우로, 다음과 같이 표로 제시하여 설명하되 해당하는 소리에 빨간 펜으로 표시하여 학생들이 인지할 수 있도록 한다. '손바닥 [손빠닥]', '갈등[갈뜽]' 등의 낱말을 제시한다. 이 때 한 가지 힌트로 앞 음절의 받침이 /ㄹ/고 뒤 음절의 첫소리가 /ㄷ, ㅅ, ㅈ/이면 수의적 경음화가 일어날 확률이 높다는 것을 제시해도 좋다.

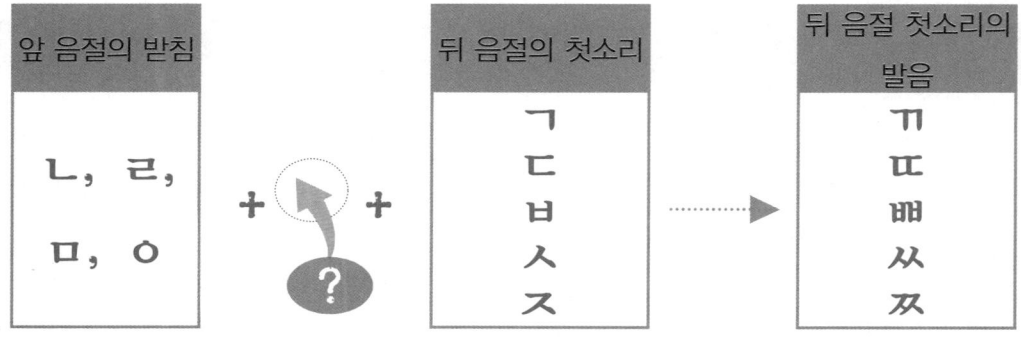

인+격=[인껵]   갈+등=[갈뜽]   숨+결=[숨껼]

지금까지 필수적 경음화와 수의적 경음화에 대한 교육 방안을 제시했지만 외국인 학습자 들에게 위에서 제시한 경음화 현상을 설명하여 이해를 시키는 일은 결코 쉬운 일이 아니다. 게다가 외국인 학습자들은 한국어에 대한 직관이 없기 때문에 경음화 현상을 이해하고, 바르게 발음하기란 여간 어려운 것이 아니다. 따라서 경음화에 대한 자세한 설명보다는 경음화가 일어나는 낱말이 나올 때마다 '듣고 따라하기' 등의 방법을 통하여 자연스럽게 익히도록 하는 것이 좋다.

10.1.2.2.2 수의적 경음화 교육의 활동 유형

■ 원리 학습 전 활동

이 활동은 수의적 경음화 현상의 원리를 학습하기 전에 낱말이 실제로 어떻게 발음되는지 학습자로 하여금 예측하게 해보는 활동이다. 이를 통해 교사는 원리 학습 전 단계에서 학습자가 수의적 경음화 현상이 일어나는 낱말을 어떻게 인지하고 있는지를 파악할 수 있어서 학습자의 학습 동기를 유발시켜 보다 효율적인 학습이 이루어지도록 유도할 수 있다. 이 때 교사는 학습자의 학습 수준이나 인지 정도를 고려하여 아래에 제시하는 활동 유형들을 모두 연습시켜도 좋고 적절한 유형을 선별하여 연습시켜도 좋다.

1. 낱말 보고 발음 고르기

① 첫 번째 단계로 교사가 음운의 변동이 일어나는 낱말과 그렇지 않은 낱말이 적힌 그림 카드를 섞어서 제시한 뒤 학습자들로 하여금 이들을 발음하고 구별하게 해 보는 활동이다.

편지

국밥

산길

임금

등불

② 두 번째 단계로 교사가 음운의 변동이 일어나는 낱말만이 적힌 그림 카드를 제시하고 학습자가 예측되는 발음을 고르는 활동이다. 이 때 교사는 학습자에게 많은 시간을 주고 고르게 하는 것보다는 낱말을 보고 즉각적으로 예측되는 발음을 고르게 하는 것이 좋다

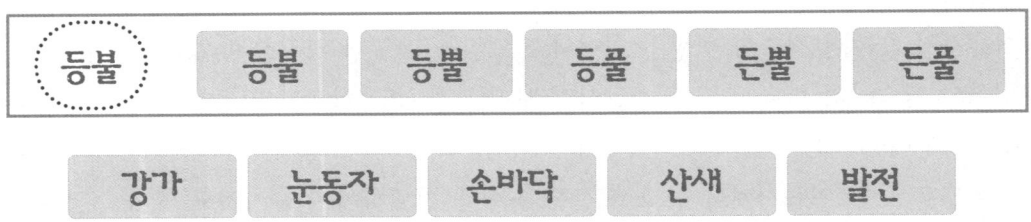

2. 발음나는 대로 쓰기

교사가 수의적 경음화 현상이 일어나는 낱말이 적힌 그림 카드를 제시하면 학습자가 예측되는 발음을 그대로 써보는 연습이다. 이 때 교사는 낱말의 발음을 학습자의 공책에 쓰게 하여도 좋고 학습자의 성취도를 고려하여 칠판에 나와 써보게 해도 좋다.

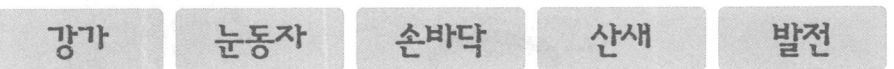

3. 예측하여 발음하기

교사가 수의적 경음화 현상이 일어나는 낱말이 적힌 그림 카드를 제시하면 학습자가 예측되는 발음을 실제로 발음해 보는 활동이다.

그믐달   손재주   문고리   물동이   갈증

4. 게임 활동 : 낱말 찾기 게임 … 누가누가 많이 찾나? (조별활동)

교사는 학생들을 3명~5명 정도 조를 짜서 나누고 수의적 경음화 현상이 일어나는 낱말 카드와 그렇지 않은 낱말 카드를 여러 장 칠판에 붙여 놓는다. 그리고 수의적 경음화 현상이 일어나는 낱말(혹은 일어나지 않는 낱말)을 떼어내게 한다. 이 때 가장 많이 모은 학생이 이긴다. 이 활동은 수의적 경음화 현상이 일어나는 환경을 학습하기 전 단계에서 활용하면 좋다.

■ 원리 학습 후 활동

원리 학습 전 활동이 끝나고 원리 학습이 이루어진 다음에는 교사가 아래와 같은 원리 학습 후 활동을 통해 학습자의 학습 이해도를 확인하고 또한 학습자 스스로도 자신의 학습 정도를 확인할 수 있도록 한다.

1. 낱말 읽기

낱말 읽기를 통해서 수의적 경음화 현상을 정확하게 인지할 수 있도록 연습한다. 이 때 교사는 학습자들에게 낱말의 발음을 적게 함으로써 쓰기 활동도 병행할 수 있게 한다.

(1) /ㅁ/ + /ㅂ, ㄷ, ㅈ, ㅅ, ㄱ/ → [ㅃ, ㄸ, ㅉ, ㅆ, ㄲ]

아침밥	젊다	밤중	접수	밤길

봄볕	참다	젊지	섬사람	엄격

(2) /ㄴ/ + /ㅂ, ㄷ, ㅈ, ㅅ, ㄱ/ → [ㅃ, ㄸ, ㅉ, ㅆ, ㄲ]

문법	앉다	문자	손수건	인기
	눈병	단점	한자	산속	인격

(3) /ㅇ/ + /ㅂ, ㄷ, ㅈ, ㅅ, ㄱ/ → [ㅃ, ㄸ, ㅉ, ㅆ, ㄲ]

등불	용돈	장점	종소리	성격
	강바람	상다리	빵집	방세	성과

(4) /ㄹ/ + /ㅂ, ㄷ, ㅈ, ㅅ, ㄱ/ → [ㅃ, ㄸ, ㅉ, ㅆ, ㄲ]

달밤	일등	글자	실수	발가락
	달빛	발달	결정	물수건	갈길

2. 문장 읽기

'낱말 읽기'에서 연습한 낱말이 들어있는 문장을 연습하여 실제 발화에서도 자연스럽게 발음할 수 있도록 하는 활동이다. 개별 낱말을 연습할 때는 학습자들이 주의해서 발음하기 때문에 오류가 많이 발생하지 않지만 문장 차원에서는 오류를 일으키기 쉽기 때문에 문장 내에서 정확한 발음을 할 수 있도록 교사는 주의해서 연습시켜야 한다. 수의적 경음화를 연습할 때는 앞에서 학습한 필수적 경음화도 함께 연습하도록 한다. 읽기를 반복해서 할 때 학생들이 지루해하지 않도록 한 번은 학생 전체가 읽기, 두 번째는 반씩 나눠서 읽기, 세 번째는 짝끼리 읽기, 네 번째는 한 명이 대표로 읽고 나머지가 따라 읽기 등의 다양한 방법을 사용하여 연습하도록 한다.

(1) **빵집**에서 **손수건**을 선물로 주었어요.

(2) 동생은 **용돈**이 떨어져도 **절대** 전화하지 않아요.

(3) 어제는 12시가 **넘도록** 소설을 읽었어요.

(4) **방바닥**에 등기우편이 놓여 있었다.

(5) 옷 속에 친구에게 **줄 돈**이 전혀 없었다.

3. 발음나는 대로 읽고 쓰기

수의적 경음화 현상이 일어나는 낱말이 들어 있는 문장을 읽으면서 그 낱말의 발음을 써 보는 활동이다.

(1) 아내가 매일 **해장국**을 끓여 줘요.

▶ _____

(2) 할아버지는 지금 **안방**에서 **판소리**를 듣고 계신다.

▶ _____

(3) 휴대폰으로 **문자**를 잘 보낸다.

▶ _____

(4) **헌법**에는 **한자**가 많아서 읽기가 어려워요.

▶ _____

(5) 그 사람은 **실제**로 **인기**가 아주 많습니다.

▶ _____

10.2 유성음화

10.2.1 유성음화의 원리

　유성음화란 유성음 사이의 무성음이 유성음으로 발음되는 것을 말한다. 한국어에서 이 음운현상의 적용을 받는 것은 유성음 사이에 평음이 있을 때이다. 그런데 <표준 발음법>에는 이에 대한 규정이 없다. 그것은 두 가지 이유로 생각할 수 있는데, 하나는 이 경우에 발음되는 유성음은 무성음의 변이음에 불과하다는 것이고, 다른 하나는 그렇게 발음되는 유성음을 표기할 방법이 없다는 것이다.

　제2장에서 설명한 대로 한국어의 /ㄱ, ㄷ, ㅂ, ㅅ, ㅈ/는 기본적으로 성대의 진동을 수반하지 않는 무성음 [k, t, p, s, ʧ]이다. 이런 이유로 어두에서의 이 자음들은 모두 무성음으로 발음된다. 그러나 /ㅅ/를 제외한 나머지 자음들은 유성음 사이에서는 유성음 [g, d, b, ʤ]로 발음된다. /ㅅ/는 유성음 사이에서도 [z]로 발음되지 않는다. 여기서 말하는 유성음 사이는 아래의 두 가지 경우를 말한다.

(5)　유성음화의 환경

　　가. **모음** + /ㄱ, ㄷ, ㅂ, ㅈ/ + **모음**
　　　가구[kagu], 디디다[tidida], 부부[pubu], 자주[ʧaʤu]

　　나. **받침 /ㄴ, ㄹ, ㅁ, ㅇ/** + /ㄱ, ㄷ, ㅂ, ㅈ/ + **모음**
　　　안개[angɛ], 얼굴[əlgul], 감동[kamdoŋ], 가방[kabaŋ], 감자[kamʤa]

　여기서 알 수 있는 것은 유성음화의 환경이 앞에서 본 수의적 경음화와 정확하게 일치한다는 것이다. 두 음운 현상의 차이는 /ㅅ/가 수의적 경음화의 대상은 되지만 유성음화의 대상은 되지 못한다는 것이다.

또 하나의 사실은 한국어에서 /ㅅ/를 제외한 평음이 유성음 사이에 놓일 때에는 반드시 유성음화와 수의적 경음화의 두 가지 음운현상 중 하나를 겪게 된다는 것이다.

그런데 유성음화는 자동적인 현상이다. 즉, 유성음과 유성음 사이에서 평음이 유성음으로 되는 것은 지극히 자연스러운 음운현상인 것이지만 수의적 경음화는 앞에서 설명한 대로 불규칙적이고 예측 불가능한 것이다.

유성음화가 자연스러운 음운현상이라는 것은 음성학을 이용하여 간단히 설명할 수 있다. 유성음은 성대의 떨림을 수반하는 현상인데, 성대의 떨림이 있기 위해서는 성대가 좁아져야 한다. 이는 아래 그림과 같이 두 장의 종이를 가까이 대고 그 사이로 공기를 빠르게 통과시키면 두 장의 종이가 서로 붙어 마찰을 일으킨다는 베르누이(Bernoulli) 효과로 설명된다.

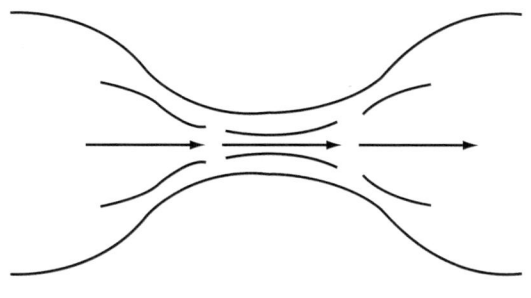

[그림 1] 베르누이 효과

즉, 무성음은 성대가 넓은 상태에서 발음되는 반면, 유성음을 발음하기 위해서는 성대가 좁아져야 한다. 그럼 '감기(感氣)/kamki/[kamgi]'를 이용해 유성음화 현상이 어떻게 일어나는지 살펴보자. '감기'라는 낱말에는 두 개의 /ㄱ/(/k/)가 있으며, 이 두 /ㄱ/(/k/)는 기본적으로 무성음이다. 즉, 이론적으로 보면 아래 (6)에서와 같이 두 경우 모두 성문이 넓어진 상태에서 발음되는 것이 정상이다. 그러나 두 번째 /ㄱ/(/k/)는 앞뒤로 유성음이다. 다시 말해, 앞뒤 모두 성문이 좁아진 상태에서 발음된다. 원칙대로 한다면 /ㅁ/(/m/)를 발음할 때 성문이 좁아졌다가 /k/를 발음할 때는 다시 넓어졌다가 그 다음 모음 /i/를 발음할 때는 다시 좁아져야 한다. 그러나 말소리는 매우 빠르기 때문에 '좁아짐-넓어짐-좁아짐'의 단계를 거치지 못하고, 계속 좁아진 상태에서 /m-k-i[m-g-i]로 발음된다. 즉, /k/도 성문이 좁아진 상태에서 발음되는 것이다. 이 발음이 바로 유성음 [g]이다.

(6) /kamki/ → [kamgi]

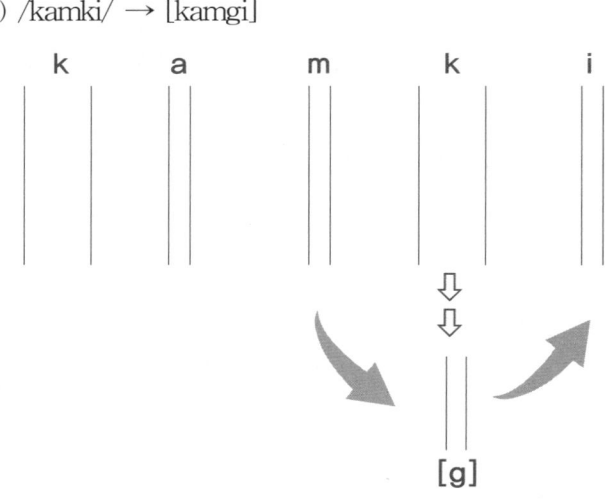

　　결론적으로 말하면, 한국어에서 유성음 사이의 평음이 유성음으로 발음되는 것은 인체생리학적으로 매우 자연스러운 현상이다.

 **여기서 잠깐!**

한국어의 /ㅅ/는 왜 유성음이 없을까?

　　한국어의 평음이 유성음과 유성음 사이에서 유성음으로 발음되는 것은 자동적인 것으로 지극히 자연스러운 음운현상이다. 그러나 /ㅅ/는 동일한 환경에서도 유성음으로 바뀌지 않고 경음화된다. 이것은 마찰음의 평음으로 인식하고 있는 한국어의 /ㅅ/는 음성학적으로 볼 때 기식음(유기음)에 더 가까운 소리인데 기식음은 유성음과 유성음 사이에서 유성음화되지 못하기 때문이다. 즉 /ㅅ/는 그 기식성 때문에 유성음화의 환경에서도 유성음화되지 않는다.

10.2.2 유성음화의 교육 방안과 활동 유형

10.2.2.1 유성음화의 교육 방안

교사는 유성음화가 일어나는 원리를 설명하기 전에 해당하는 낱말을 제시하고 먼저 학습자들에게 읽고 발음을 써 보도록 하여 나중에 올바른 발음과 대조하도록 한다.

이어서 유성음화의 원리 학습을 하도록 한다. 유성음화의 원리 중 가장 중심이 되는 것은 유성음화가 일어나는 환경이다. 따라서 교사는 유성음화가 일어나기 위해서는 /ㄱ, ㄷ, ㅂ, ㅈ/의 앞뒤에 유성음이 있어야 한다는 사실을 주지시키도록 한다. 보다 정확히 말하면, 이 소리들의 앞소리는 모음 또는 /ㄴ, ㄹ, ㅁ, ㅇ/이어야 하고, 뒷소리는 모음이어야 한다. 그리고 /ㅅ/는 유성음화의 대상이 되지 않는다는 사실을 알려주도록 한다.

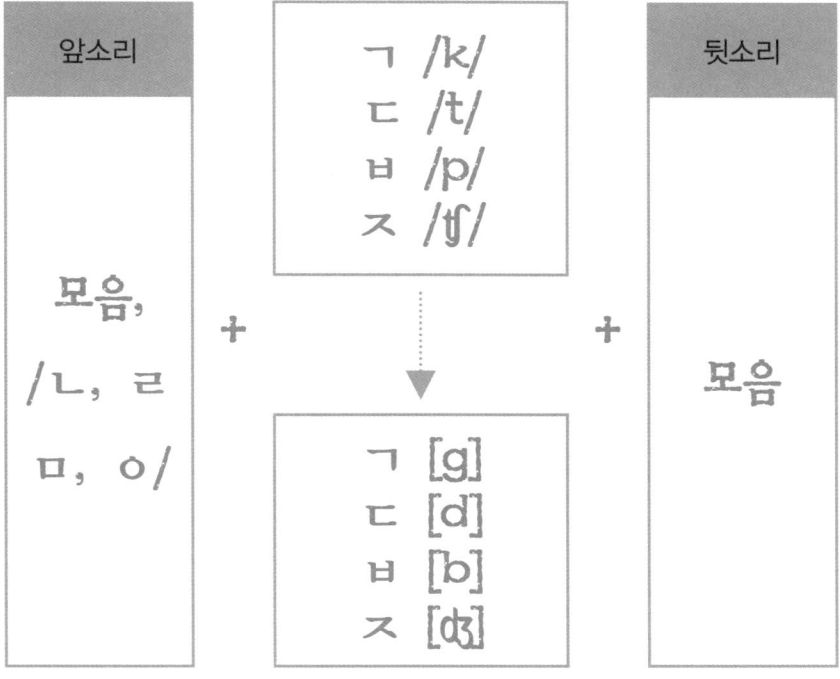

아울러 유성음화와 수의적 경음화는 동일한 환경에서 일어나기 때문에 해당하는 낱말이 수의적 경음화가 일어나는지 아닌지를 확인하도록 한다. 보다 정확히 말하면, 유성음화가 보다 자연스러운 것이므로 유성음화를 먼저 택하도록 하는 것이 나을 수 있다. 다만, 앞에서 본 것과 같이 앞 음절의 받침이 /ㄹ/이고 뒤 음절의 첫소리가 /ㄷ, ㅅ, ㅈ/인 경우에는 유성음화보다는 수의적 경음화가 일어날 확률이 높음도 알려 주도록 한다.

그리고 한국어에서는 표기상으로는 유성음을 나타내지 못하므로 해당하는 낱말이 나올 경우에 빨간 펜으로 표시하도록 하면 원리 학습에 도움이 된다.

가구=[가구]   부부=[부부]   자전거=[자전거]

만두=[만두]   냄비=[냄비]   공기=[공기]

10.2.2.2 유성음화 교육의 활동 유형

■ 원리 학습 전 활동

이 활동은 유성음화 현상의 원리를 학습하기 전에 낱말이 실제로 어떻게 발음되는지 학습자로 하여금 예측하게 해 보는 활동이다. 이를 통해 교사는 원리 학습 전 단계에서 학습자가 유성음화 현상이 일어나는 낱말을 어떻게 인지하고 있는지를 파악할 수 있고, 또 학습자의 학습 동기를 유발시켜 보다 효율적인 학습이 이루어지도록 유도할 수 있다. 이 때 교사는 학습자의 학습 수준이나 인지 정도를 고려하여 아래에 제시하는 활동 유형들을 모두 연습시켜도 좋고 적절한 유형을 선별하여 연습시켜도 좋다.

1. 낱말 보고 발음하기

교사가 음운의 변동이 일어나는 낱말과 그렇지 않은 낱말이 적힌 그림 카드를 섞어서 제시한 뒤 학습자들로 하여금 이들을 발음하게 해 보는 활동이다.

인기	안개	편지	고기	축구

2. 예측하여 발음하기

교사가 유성음화 현상이 일어나는 낱말이 적힌 그림 카드를 제시하면 학습자가 예측되는 발음을 실제로 발음해 보는 활동이다.

부부	여자	아기	가게	과자

3. 게임 활동 : 낱말 찾기 게임 - 누가누가 많이 찾나? (조별활동)

교사는 학생들을 3명~5명 정도 조를 짜서 나누고 유성음화 현상이 일어나는 낱말 카드와 그렇지 않은 낱말 카드를 여러 장 칠판에 붙여 놓는다. 그리고 유성음화 현상이 일어나는 낱말(혹은 일어나지 않는 낱말)을 떼어내게 한다. 이 때 가장 많이 모은 학생이 이긴다.

신발	바보	안개	국수	임금	사건
학생	얼굴	아침밥	밥상	연필	창살

■ 원리 학습 후 활동

원리 학습 전 활동이 끝나고 원리 학습이 이루어진 다음에는 교사가 아래와 같은 원리 학습 후 활동을 통해 학습자의 학습 이해도를 확인하고 또한 학습자 스스로도 자신의 학습 정도를 확인할 수 있도록 한다.

1. 낱말 읽기

낱말 읽기를 통해서 유성음화를 연습한다.

(1) 모음 +/ㄱ, ㄷ, ㅂ, ㅈ/ + 모음

(2) /ㄴ, ㄹ, ㅁ, ㅇ/ + /ㄱ, ㄷ, ㅂ, ㅈ/ + 모음

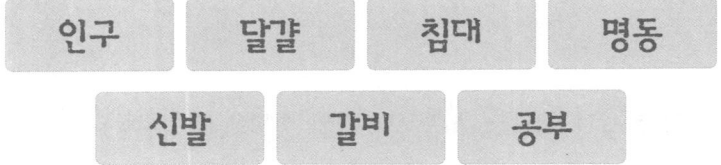

2. 문장 읽기

교사는 학습자들에게 먼저 유성음화가 일어나는 낱말이 들어있는 문장을 읽게 한다. 그런 다음 유성음화가 일어나는 낱말과 개별음에 표시하게 한다.

(1) **감기**에 걸려서 **감자**만 먹었어요.

(2) 오늘의 메뉴는 '**불고기**'입니다.

(3) **공부**할 때는 집중해서 해야 합니다.

(4) **물건**은 모두 **제자리**에 놓아주세요.

(5) **명동**은 종로보다 **이동 인구**가 더 많은 것 같다.

제 11 장

음의 첨가

이 장에서는 원래는 없던 음이 첨가되어 발음되는 현상에 대해 살펴보도록 한다. <표준 발음법>의 '음의 첨가' 규정에는 /ㄴ/음 첨가와 /ㅅ/음 첨가가 제시되어 있다. 음의 첨가는 낱말이 합성 및 파생될 때에 원래는 없었던 음을 첨가하여 발음하는 것으로 <표준 발음법>에서는 음이 첨가된 후의 발음의 결과만을 제시하고 있다. 그러나 외국어로서의 한국어교육적 입장에서 볼 때 한국어를 배우는 외국인 학습자들이 글자만을 보고 음을 첨가할 것인지의 여부를 판단하기는 매우 어렵다. 따라서 음의 첨가가 일어나는 환경에 대한 학습이 필요하다. 먼저 /ㄴ/음 첨가에 대해서 살펴보자.

11.1 /ㄴ/음 첨가

11.1.1 /ㄴ/음 첨가의 원리

/ㄴ/음 첨가와 관련된 <표준 발음법>을 보면 아래와 같다.

제29항 합성어 및 파생어에서, 앞 낱말이나 접두사의 끝이 자음이고 뒤 낱말이나 접미사의 첫 음절이 '이, 야, 여, 요, 유'인 경우에는, 'ㄴ'음을 첨가하여 [니, 냐, 녀, 뇨, 뉴]로 발음한다.

솜-이불[솜ː니불]   홑-이불[혼니불]   막-일[망닐]
삯-일[상닐]   맨-잎[맨닙]   꽃-잎[꼰닙]
내복-약[내ː봉냑]   한-여름[한녀름]   남존-여비[남존녀비]
신-여성[신녀성]   색연필[생년필]   직행-열차[지캥녈차]
늑막-염[능망념]   콩-엿[콩녇]   담-요[담ː뇨]
눈-요기[눈뇨기]   영업-용[영엄뇽]   식용-유[시공뉴]
국민-윤리[궁민뉼리]   밤-윷[밤ː뉻]

다만, 다음과 같은 말들은 'ㄴ'음을 첨가하여 발음하되, 표기대로 발음할 수 있다.

이죽-이죽[이중니죽/이주기죽] 야금-야금[야금냐금/야그마금]
검열[검ː녈/거ː멸]   욜랑-욜랑[욜랑뇰랑/욜랑욜랑]
금융[금늉/그뮹]

[붙임1] 'ㄹ' 받침 뒤에 첨가되는 'ㄴ'음은 [ㄹ]로 발음한다.

들-일[들ː릴]   솔-잎[솔립]   설-익다[설릭따]
물-약[물략]   불-여우[불려우]   서울-역[서울력]
물-엿[물렫]   휘발-유[휘발류]   유들-유들[유들류들]

[붙임2] 두 낱말을 이어서 한 마디로 발음하는 경우에도 이에 준한다.

한 일[한닐]   옷 입다[온닙따]   서른여섯[서른녀섣]
3연대[삼년대]   먹은 엿[머근녇]   할 일[할릴]
잘 입다[잘립따]   스물여섯[스물려섣]   1연대[일련대]
먹을 엿[머글렫]

다만, 다음과 같은 낱말에서는 'ㄴ(ㄹ)'음을 첨가하여 발음하지 않는다.

6·25[유기오]   3·1절[사밀쩔]   송별-연[송ː벼련]   등-용문[등용문]

/ㄴ/음 첨가가 일어나는 환경은 한 가지이다. 그것은 <표준 발음법>에 제시된 대로, '합성어 및 파생어에서 앞 낱말이나 접두사의 끝이 자음이고, 뒤 낱말이나 접미사의 첫 음절이 '이, 야, 여, 요, 유'인 경우이다. 이 조항의 내용을 보다 구체적으로 살펴보면 다음과 같다.

첫째, /ㄴ/음 첨가는 합성어나 파생어에서 일어난다. 즉, 앞말에 받침이 있고 뒷말의 첫음 절이 '이, 야, 여, 요, 유'인 경우라도 그것이 합성어나 파생어가 아니면 /ㄴ/음 첨가가 일어나 지 않는다. 즉, '집이'와 같이 '명사 + 조사'와 같은 경우에는 /ㄴ/음 첨가가 일어나지 않는다. 그리고 <표준 발음법>에서는 파생어에 대해 세부적인 내용을 담고 있지 않지만, '먹이, 고기잡이'와 같은 명사화 파생접사 '-이'가 붙거나 '죽이다, 섞이다' 등과 같이 사동이나 피동의 파생접사 '-이'가 붙을 경우에는 /ㄴ/음 첨가가 일어나지 않는다. 이러한 사실을 통해 <표준 발음법>에서 말하는 파생어란 문법적 요소에 의한 파생어라기보다는 '식용-유' 등에서와 같이 의미적 요소에 의한 파생어일 가능성이 많다.

둘째, 앞말은 반드시 받침을 가지고 있어야 한다. 여기서 말하는 받침이란, '꽃+잎[꼰닙]' 에서의 '꽃'과 같이 원래부터 받침을 가진 것은 물론이고, '깨+잎(→ 깻잎[깬닙])'에서의 '깨'처럼 원래는 받침이 없었으나 합성어를 형성하는 과정에서 사이시옷이 첨가된 경우도 해당한다.

셋째, 뒷말의 첫소리는 반드시 '이, 야, 여, 요, 유' 중의 하나여야 한다.

이 세 가지 조건을 충족시키는 대부분의 낱말은 뒷말의 첫소리에 /ㄴ/음이 첨가되어 아래와 같이 [니, 냐, 녀, 뇨, 뉴]로 발음된다.

(1)   솜-이불 [솜니불]   담-요 [담뇨]   맨-입 [맨닙]   콩-엿 [콩녇]

이렇게 /ㄴ/음이 첨가된 말이 아래와 같이 앞말의 받침과 다시 비음화나 유음화 현상을 일으키는 경우가 있는데([붙임 1]), 이와 같은 현상을 외국인 학습자들이 예측하여 발음하기 는 매우 어려운 일이다.

(2)　가. 비음화

　　　꽃잎 → [꼳닙]→ [꼰닙]　　　　　　　색연필 → [색년필] → [생년필]
　　　낯익은 → [낟닉은] → [난니근]　　　깻잎 → [깯닙] → [깬닙]

　　나. 유음화

　　　솔잎 → [솔닙] → [솔립]　　　　　　서울역 → [서울녁] → [서울력]

　그리고 /ㄴ/음 첨가 현상은 합성어나 파생어가 아니어도 아래와 같이 여러 낱말을 하나의 말토막으로 발음하는 경우에도 일어난다([붙임 2]).

(3)　　한 일[한닐]　　　　　　옷 입대[온닙따]
　　　못 잊어[몬니저]　　　　　지난 여름[지난녀름]

 여기서 잠깐!

'못 잊어'[모디저]인가 [몬니저]인가?

　'못 잊어'와 같은 말에 대해 [모디저]와 [몬니저] 중 어느 것이 표준 발음인가 하는 의문이 들 때가 있다. 이 경우 둘다 표준 발음으로 보는 것이 타당하다. 그것은 '못' 과 '잊어'를 하나의 말토막으로 발음하느냐 아니냐의 차이로, 전자의 경우에는 [몬니 저]가 되고, 후자의 경우에는 [모디저]로 된다. '옷 입어'와 같은 경우도 마찬가지다. 그러나 '낯익다, 설익다'와 같은 말은 합성어로 굳어진 말이므로 /ㄴ/음이 첨가된 [난 닉따]와 [설릭따]가 표준 발음이다.

　위의 세 가지 조건이 모두 충족된다고 하여 /ㄴ/음이 반드시 첨가되는 것은 아니다. 이것은 두 가지로 나누어 볼 수 있는데, 그 하나는 /ㄴ/음 첨가가 선택적으로 적용되는 경우이고, 다른 하나는 /ㄴ/음이 첨가되지 않는 경우이다(<제29항>의 [다만] 조항).

(4) 가. /ㄴ/음이 선택적으로 첨가되는 말

이죽이죽[이중니죽/이주기죽]   금융[금늉/그뮹]

야금야금[야금냐금/야그먀금]   검열[검녈/거멸]

서른일곱[서른닐곱/서르닐곱] (cf. 서른여덟[서른녀덜])

나. /ㄴ/음이 첨가되지 않는 말

눈인사[누닌사](*[눈닌사])   역이용[여기용](*[영니용])

그림일기[그리밀기](*[그림닐기])

(4가)의 경우는 /ㄴ/음 첨가가 선택적이어서 두 발음이 모두 가능한 경우이고, (4나)는 /ㄴ/음 첨가가 일어날 수 있는 세 가지 조건을 충족하지만, /ㄴ/음이 첨가되지 않는 경우이다. 위의 예를 통해 한 가지 덧붙일 수 있는 것은 /ㄴ/음이 첨가되는 낱말들은 '이'를 가진 낱말들보다는 '야, 여, 요, 유'를 가진 낱말들에서 더 잘 일어난다는 것이다. (4가)의 '서른일곱'과 '서른여덟'을 비교해 보면 후자의 경우는 /ㄴ/음 첨가 현상이 일어나지만, 전자의 경우는 일어나기도 하고 일어나지 않기도 한다. 그리고 (4나)의 경우 뒷말이 '일기, 인사, 이용' 등과 같이 '이'로 시작하는 말임에도 불구하고 /ㄴ/음 첨가 현상은 일어나지 않는다.

끝으로, /ㄴ/음 첨가가 일어나는 낱말은 그것을 표기법에 반영하지 않지만, 오직 치아를 뜻하는 '이(齒)'와 벌레를 뜻하는 '이(虱)'의 두 경우는 /ㄴ/음을 첨가하여, '사랑니, 송곳니, 어금니, 틀니, 머릿니' 등과 같이 '니'로 표기한다.

 여기서 잠깐!

/ㄴ/음 첨가와 두음법칙

/ㄴ/음 첨가의 조건 중의 하나가 뒷말이 '이, 야, 여, 요, 유'와 같은 말로 시작하는 경우이다. 그런데 한국어에서 이러한 환경과 동일한 조건을 갖는 음운현상이 있는데 두음법칙이 바로 그것이다. 즉, '닉명(匿名), 냥반(兩班), 녀성(女性), 뇨도(尿道), 뉴대(紐

帶)' 등과 같은 말들의 /ㄴ/가 어두에서 탈락한다. 그리고 '리발(理髮) → 이발, 리재(利子) → 이자, 리해(理解) → 이해, 량심(良心) → 양심, 료금(料金) → 요금, 륜리(倫理) → 윤리'에서와 같이 /ㄹ/ 두음은 같은 환경에서 /ㄴ/로 바뀌지 않고 탈락한다. 동일한 모음 앞에서 어두의 경우는 /ㄴ/가 탈락하고(두음법칙), 합성어나 파생어의 뒷말의 경우는 /ㄴ/가 첨가된다(/ㄴ/음 첨가)는 것은 매우 흥미로운 일이다.

11.1.2 /ㄴ/음 첨가의 교육 방안과 활동 유형

11.1.2.1 /ㄴ/음 첨가의 교육 방안

앞에서도 말한 바와 같이 /ㄴ/음 첨가 현상은 발음에는 영향을 주지만 앞에서 언급한 '앞니, 윗니, 아랫니'등과 같은 몇몇 낱말을 제외하고는 표기에는 반영이 되지 않기 때문에 한국어를 배우는 외국인들이 많은 어려움을 겪는다. 이러한 경우 /ㄴ/음 첨가가 일어나는 환경을 알도록 하는 일이 중요하다. 교사는 /ㄴ/음 첨가가 일어나는 원리를 설명하기 전에 해당하는 낱말을 제시하고 먼저 학습자들에게 읽고 발음을 써 보도록 하여 나중에 올바른 발음과 대조하도록 한다.

/ㄴ/음 첨가의 원리는 아래와 같은 표를 이용하여 조건을 하나씩 따져가면서 교육하는 방법이 좋다. 아래의 조건을 모두 충족시키는 경우에만 /ㄴ/음 첨가 현상이 일어난다.

조건＼낱말	밥이	먹이	나무이름	집앞	맨입
조건 ①	×	×	√	√	√
조건 ②	√	√	×	√	√
조건 ③	√	√	√	√	√
결과	적용불가	적용불가	적용불가	적용불가	[맨닙]

조건 ① : 합성어 또는 파생어인가?(단, 문법적 파생은 안 됨.)
조건 ② : 앞말에 받침이 있는가?
조건 ③ : 뒷말이 '이, 야, 여, 요, 유'로 시작하는가?

이와 같은 활동을 할 때 유의할 점은 처음에는 '한여름, 맨입'과 같이 순수하게 /ㄴ/음 첨가만 일어나는 낱말을 먼저 연습하고, '서울역, 꽃잎' 등과 같이 다른 음운현상과 복합적으로 일어나는 낱말은 뒤에 하도록 한다는 것이다.

이러한 원리 학습이 끝나면 해당하는 낱말을 이용해 반복적으로 연습하도록 한다. 다만, 조건을 다 충족시키더라도 예외적인 낱말은 해당 낱말이 나올 때 가르쳐 주도록 한다.

11.1.2.1 /ㄴ/음 첨가 교육의 활동 유형

■ 원리 학습 전 활동

이 활동은 /ㄴ/음 첨가 현상의 원리를 학습하기 전에 낱말이 실제로 어떻게 발음되는지 학습자로 하여금 예측하게 해보는 활동이다. 이를 통해 교사는 원리 학습 전 단계에서 학습자가 /ㄴ/음 첨가 현상이 일어나는 낱말을 어떻게 인지하고 있는지를 파악할 수 있어서 학습자의 학습 동기를 유발시켜 보다 효율적인 학습이 이루어지도록 유도할 수 있다. 이 때 교사는 학습자의 학습 수준이나 인지 정도를 고려하여 아래에 제시하는 활동 유형들을 모두 연습시켜도 좋고 적절한 유형을 선별하여 연습시켜도 좋다.

1. 낱말 읽고 발음하기

교사가 /ㄴ/음 첨가 현상이 일어나는 낱말과 그렇지 않은 낱말을 학습자에게 제시하고 이를 발음하여 구별해 보게 하는 활동이다.

그림일기	서울역	논일	눈인사	휘발유

2. 발음나는 대로 쓰기

교사가 /ㄴ/음 첨가 현상이 일어나는 낱말이 적힌 그림 카드를 제시하면 학습자가 예측되는 발음을 그대로 써 보는 활동이다. 이 때 교사는 낱말의 발음을 학습자의 공책에 쓰게 하여도 좋고, 학습자의 성취도를 고려하여 칠판에 나와 써보게 해도 좋다.

콩잎	부엌일	색연필	맨입	늦여름

3. 예측하여 발음하기

교사가 /ㄴ/음 첨가 현상이 일어나는 낱말이 적힌 그림 카드를 제시하면 학습자가 예측되는 발음을 실제로 발음해 보는 활동이다.

낯익은	콩엿	솜이불	가랑잎	직행열차

4. 게임 활동 : 낱말 찾기 게임 … 누가누가 많이 찾나? (조별활동)

교사는 학생들을 3명~5명 정도 조를 짜서 나누고 /ㄴ/음 첨가 현상이 일어나는 낱말 카드와 그렇지 않은 낱말 카드를 여러 장 칠판에 붙여 놓는다. 그리고 /ㄴ/음 첨가 현상이 일어나는 낱말(혹은 일어나지 않는 낱말)을 떼어내게 한다. 이 때 가장 많이 모은 학생이 이긴다.

물엿	그림일기	안개	국수	임금	사랑니
꽃잎	인기	아침밥	눈인사	백로	답요

■ 원리 학습 후 활동

원리 학습 전 활동이 끝나고 원리 학습이 이루어진 다음에는 교사가 아래와 같은 원리 학습 후 활동을 통해 학습자의 학습 이해도를 확인하고 또한 학습자 스스로도 자신의 학습 정도를 확인할 수 있도록 한다.

1. 낱말 읽기

교사는 /ㄴ/음 첨가 현상이 일어나는 낱말을 학습자들에게 제시하여 연습시킨다. 이 때 교사는 학습자들에게 낱말의 발음을 적게 할 수도 있다.

(1) /ㄴ/음 첨가 외에 다른 음운 현상이 일어나지 않는 경우

어떤 일	맨입	논일	한여름	서른여섯	식용유

(2) /ㄹ/ 받침 뒤에서 /ㄴ/가 유음화되어 발음되는 경우

솔잎	열여덟	할 일	물엿	서울역	휘발유

(3) /ㄴ/가 앞 자음과 동화를 일으키는 경우

속잎	낯익은	꽃잎	부엌일	색연필

2. 문장 읽기

'낱말 읽기'에서 연습한 낱말들을 문장 차원에서 연습하여 실제 발화에서도 자연스럽게 발음할 수 있도록 하는 활동이다. 개별 낱말을 연습할 때는 학습자들이 주의해서 발음하기 때문에 오류가 많이 발생하지 않지만 문장 차원에서는 오류를 일으키기 쉽기 때문에 문장 내에서 정확한 발음을 할 수 있도록 교사는 주의해서 연습시켜야 한다.

(1) 거기에 **식용유**를 사용하면 어떻게 합니까?

(2) **앞일**을 걱정하지 마세요.

(3) **늦여름** 장마가 오래도 가는구나.

(4) **사랑니**가 나느라고 **잇몸**이 부었다.

(5) **무슨 약**인지 **물약**만 가지고 왔어요.

3. 텍스트 읽기

교사는 낱말이나 문장 차원에서 연습한 것을 바탕으로 학습자들에게 재미있는 동화나 짧은 텍스트 자료를 읽게 함으로써 자연스런 발음을 구사할 수 있도록 지도한다. 이 때 교사는 지도하고자 하는 음운현상을 고려하여 텍스트 자료를 제시해야 한다.

 오늘 아침에 일어나서 보니 꽃밭에 장미꽃이 활짝 피어 있었어요. **꽃잎**이 너무 예뻐서 도화지에 **색연필**로 그림을 그렸지요. **한여름** 아침, 이슬 맺힌 장미꽃의 모습을 **못 잊을** 거예요.

11.2 /ㅅ/음 첨가

11.2.1 /ㅅ/음 첨가의 원리

/ㅅ/음 첨가와 관련된 <표준 발음법>을 보면 아래와 같다.

제30항 사이시옷이 붙은 낱말은 다음과 같이 발음한다.

1. 'ㄱ, ㄷ, ㅂ, ㅅ, ㅈ'으로 시작하는 낱말 앞에 사이시옷이 올 때는 이들 자음만을 된소리로 발음하는 것을 원칙으로 하되, 사이시옷을 [ㄷ]으로 발음하는 것도 허용된다.

   냇가[내ː까/낻ː까]   샛길[새ː낄/샏ː낄]   빨랫돌[빨래똘/빨랟똘]
   콧등[코뜽/콛뜽]   깃발[기빨/긷빨]   대팻밥[대ː패빱/대ː팯빱]
   햇살[해쌀/핻쌀]   뱃속[배쏙/밷쏙]   뱃전[배쩐/밷쩐]
   고갯짓[고개찓/고갣찓]

2. 사이시옷 뒤에 'ㄴ, ㅁ'이 결합되는 경우에는 [ㄴ]으로 발음한다.

   콧날[콛날 → 콘날]   아랫니[아랟니 → 아랜니]
   툇마루[퇻ː마루 → 퇸ː마루]   뱃머리[밷머리 → 밴머리]

3. 사이시옷 뒤에 '이' 음이 결합되는 경우에는 [ㄴㄴ]으로 발음한다.

   베갯잇[베갣닏 → 베갠닏]   깻잎[깯닙 → 깬닙]
   나뭇잎[나묻닙 → 나문닙]   도리깻열[도리깯녈 → 도리깬녈]
   뒷윷[뒫ː늍 → 뒨ː늍]

이 절은 소위 말하는 사이시옷에 대한 것으로, 두 낱말 사이에 /ㅅ/음이 첨가되는 현상을 보여준다. /ㅅ/음의 첨가는 앞의 /ㄴ/음 첨가와 함께 사잇소리 현상의 일종이다. 사잇소리 현상이란, 두 낱말 사이에 어떤 소리가 들어가 소리의 변동이 일어나는 현상이다.

<제30항>은 사이시옷이 들어가는 경우의 발음을 세 가지로 말하고 있는데, 첫째는 사이시옷 다음에 경음화가 되는 경우(제30항 1), 둘째는 사이시옷이 /ㄴ, ㅁ/ 앞에서 /ㄴ/로 발음되는 경우(제30항 2), 셋째는 '이' 음 앞에서 /ㄴ/가 첨가되는 경우(제30항 3)이다. 발음 면에서만 본다면 이 세 가지는 이미 앞에서 다룬 내용이다. <제30항>의 경우는 필수적 경음화에서 다루었고 <제30항 2>의 경우와 <제30항 3>의 경우는 각각 비음화와 /ㄴ/음 첨가에서 다루었다. 따라서 여기에서는 단순히 사이시옷의 발음에 대해서만 언급하기보다는 사이시옷이 들어가는 환경과 연결하여 살펴보도록 한다.

먼저 <제30항 1>의 경우부터 살펴보도록 한다. 이 경우는 합성명사 중에서 앞의 말이 모음으로 끝나고 뒷말의 첫소리가 된소리로 발음되는 경우이다. 예를 들어, '빨랫돌'과 같은 말은 '빨래'라는 말과 '돌'이라는 말이 합성된 것인데, 두 말이 합쳐지는 과정에서 '돌'의 /ㄷ/가 된소리로 발음된다. 그런데 '빨래'라는 말은 모음으로 끝났기 때문에 뒤 소리를 반드시 된소리로 발음하게 하지는 않는다. 즉, 앞장에서 다룬 수의적 경음화(또는 사잇소리 경음화)와 같은 것이다. 앞에서 언급하였듯이, 한국어에서 무성음(/ㅎ/ 제외) 다음에 오는 평음은 반드시 경음으로 발음되지만, 나머지의 경우에는 경음화가 일어날 수도 있고 일어나지 않을 수도 있는 수의적인 현상이다. 모음으로 끝나는 말 다음에 나타나는 경음화도 이와 마찬가지이다. 예를 들어, '바다 + 가'라는 말은 뒷말이 된소리로 발음되지 않는 [바다가]라도 발음될 수 있고 된소리로 발음되는 [바다까/바닫까]로도 발음될 수 있다. 그리고 '시가'라는 낱말도 '버스는 어느 새 시가를 빠져 나와 국도를 향해 달렸다'에서는 [시가]로 발음되지만, '이 집의 시가는 1억 원 정도 된다'에서는 [시까]로 발음된다. <한글 맞춤법> <제30항>에 따르면, 이와 같이 합성어 중에서 앞말이 모음으로 끝나고 뒷말의 첫소리가 된소리로 발음되는 경우에는 사이시옷을 적는다고 규정하고 있다(단, 한자어끼리의 결합에서는 원칙적으로 사이시옷을 적지 않는다. 따라서 한자어인 '시가'는 사이시옷을 적지 않는다.). 따라서 위 <표준 발음법> <제30항 1>에 제시된 낱말들은 뒷말의 첫소리를 된소리로 발음한다. 다만, 첨가된 사이시옷은 원래부터 음소로 존재했던 소리가 아니라(더욱이 첨가된 소리가 /ㅅ/라는 근거도 없다. 다만 약속으로 /ㅅ/를 쓴 것뿐이다.) 된소리 발음을 위하여 인위적으로 첨가한 것이기 때문에 받침으로 인정하지 않는 것이 원칙이다. 따라서 <표준 발음법>에서는 뒷말의 자음만을 된소리로 발음하는 것을 원칙으로 하면서, 사이시옷을

[ㄷ]로 발음하는 것도 허용하고 있다. 이에 따라 '냇가'는 [내까]로 발음하는 것을 원칙으로 하되, [낻까]로 발음하는 것도 허용된다. 이에 해당하는 낱말들이 된소리로 발음되는 과정을 보면 아래와 같다.

(1)   바다 + 가   기 + 발
/ㅅ/음 첨가   바닷가   깃발
경음화   바다까/바닫까   기빨/긷빨

여기서 잠깐!

〈한글 맞춤법〉의 사잇소리 규정

제30항 사이시옷은 다음과 같은 경우에 받치어 적는다.

1. 순 우리말로 된 합성어로서 앞말이 모음으로 끝난 경우
   (1) 뒷말의 첫소리가 된소리로 나는 것
   (2) 뒷말의 첫소리 'ㄴ, ㅁ' 앞에서 'ㄴ' 소리가 덧나는 것
   (3) 뒷말의 첫소리 모음 앞에서 'ㄴㄴ' 소리가 덧나는 것

2. 순 우리말과 한자어로 된 합성어로서 앞말이 모음으로 끝난 경우
   (1) 뒷말의 첫소리가 된소리로 나는 것
   (2) 뒷말의 첫소리 'ㄴ, ㅁ' 앞에서 'ㄴ' 소리가 덧나는 것
   (3) 뒷말의 첫소리 모음 앞에서 'ㄴㄴ' 소리가 덧나는 것

3. 두 음절로 된 다음의 한자어(곳간, 셋방, 숫자, 찻간, 툇간, 횟수)

다음으로, <제30항 2>를 살펴보도록 한다. 이 규정에 의하면, '콧날, 뱃머리'와 같이 사이시옷 뒤에 /ㄴ, ㅁ/가 결합하는 경우에는 각각 [콘날, 밴머리]처럼 [ㄴ]로 발음한다. 이 경우에도 앞말이 모음으로 끝나고 뒷말이 /ㄴ, ㅁ/로 시작하는 합성어들이 모두 이와 같은 현상

이 일어나는 것은 아니다. 예를 들어, '포도나무, 소머리'와 같은 말은 같은 환경에서도 /ㄴ/ 소리가 덧나지 않는다. 위 <한글 맞춤법>에 따르면, 이와 같은 환경에서 /ㄴ/ 소리가 덧나는 경우에는 사이시옷을 적는다. 따라서 합성어로서 앞말이 모음으로 끝나고 뒷말의 첫소리 /ㄴ, ㅁ/ 앞에서 /ㄴ/ 소리가 덧나는 것은 사이시옷을 적고, 사이시옷은 [ㄴ]로 발음한다. 첨가된 /ㅅ/가 [ㄴ]로 발음되는 과정을 보면 아래와 같다.

(2)	코 + 날	배 +머리
/ㅅ/음 첨가	콧날	뱃머리
중화	콛날	뱓머리
비음화	콘날	밴머리

즉, 먼저 두 합성어 사이에 /ㅅ/가 첨가되고, '콧, 뱃'의 받침 /ㅅ/가 [ㄷ]로 중화된 후 뒤에 오는 비음 /ㄴ/ 또는 /ㅁ/의 영향을 받아 비음으로 발음되는 비음화의 과정을 거치는 것으로 해석한다.

마지막으로, <제30항 3>에 대해 살펴보도록 한다. 이 규정에 의하면, '깻잎, 뒷윷'과 같이 사이시옷 뒤에 '이' 음(보다 정확히는 '이, 야, 여, 요, 유')이 오는 경우에는 각각 [깬닙, 뒨뉻]처럼 [ㄴㄴ]로 발음한다. 이러한 낱말들이 발음되는 과정을 보면 아래와 같다.

(3)	깨 + 잎	뒤 +윷
/ㅅ/음 첨가	깻잎	뒷윷
중화·/ㄴ/음 첨가	깬닙	뒫뉻
비음화	깬닙	뒨뉻

이 경우는 앞에서 다룬 /ㄴ/음의 첨가와 밀접한 관련을 갖는다. /ㄴ/음 첨가 규정에 의하면, 합성어 및 파생어에서, 앞 낱말이나 접두사의 끝이 자음이고 뒤 낱말이나 접미사의 첫 음절이 '이, 야, 여, 요, 유'인 경우에는, /ㄴ/음을 첨가하여 [니, 냐, 녀, 뇨, 뉴]로 발음한다. <제30항 3>의 규정이 /ㄴ/음 첨가와 다른 점은 크게 두 가지로, 첫째는 앞말의 끝이 자음이

아닌 모음으로 끝난다는 것이고, 둘째는 파생어의 경우는 제외하고 합성어만 인정한다는 것이다. 이 두 가지는 특별한 것이 아니라, 사이시옷의 용법이 그러하기 때문이다. 위 사이시옷 규정을 보면, 사이시옷은 앞말이 모음으로 끝난 합성어(보다 정확하게는 합성명사)의 경우로 국한하고 있다.

11.2.2 /ㅅ/음 첨가의 교육 방안과 활동 유형

11.2.2.1 /ㅅ/음 첨가의 교육 방안

/ㅅ/음 첨가에 대한 이론적이고 원리적인 면은 복잡하지만, 그것이 표기법에 반영되기 때문에 발음 자체는 앞에서 살펴본 몇 가지 음운현상과 크게 다를 바가 없다.

첫째, <제30항 1>의 내용은 사이시옷이 붙은 말은 뒤 음절의 첫소리만을 된소리로 발음하는 것을 원칙으로 하되, 사이시옷을 [ㄷ]로 발음해도 좋다는 것이다. 즉, 이것은 앞에서 살펴본 필수적 경음화의 발음교육 방안과 크게 다르지 않다. 다만, '연못가'와 같이 필수적 경음화의 경우 [연몯까]처럼 앞 음절의 받침을 반드시 중화하여 발음하는 데 비해, '바닷가'처럼 사이시옷이 붙은 경우는 [바다까]를 원칙으로 [바닫까]라고 해도 좋다.

둘째, <제30항 2>의 내용은 사이시옷 다음의 음절이 /ㄴ/나 /ㅁ/로 시작하는 말일 경우에는 사이시옷을 [ㄴ]로 발음한다는 것이다. 이것은 비음화의 내용과 동일하다.

셋째, <제30항 3>의 내용은 사이시옷 다음의 음절이 '이'를 포함하고 있을 경우에는 [ㄴㄴ]로 발음한다는 것이다. 즉, 사이시옷은 [ㄴ]로, 그리고 그 다음 음절의 첫소리에는 /ㄴ/음을 첨가하여 발음하라는 것이다. 이것은 앞에서 본 /ㄴ/음 첨가 현상과 동일하다.

따라서 /ㅅ/음이 첨가된 낱말의 발음은 각각 필수적 경음화, 비음화, /ㄴ/음 첨가의 교육 방안을 그대로 적용하면 된다.

11.2.2.2 /ㅅ/음 첨가 교육의 활동 유형

■ 원리 학습 전 활동

이 활동은 /ㅅ/음 첨가 현상의 원리를 학습하기 전에 낱말이 실제로 어떻게 발음되는지 학습자로 하여금 예측하게 해보는 활동이다. 이를 통해 교사는 원리 학습 전 단계에서 학습자가 /ㅅ/음 첨가 현상이 일어나는 낱말을 어떻게 인지하고 있는지를 파악할 수 있고, 또 학습자의 학습 동기를 유발시켜 보다 효율적인 학습이 이루어지도록 유도할 수 있다. 이 때 교사는 학습자의 학습 수준이나 인지 정도를 고려하여 아래에 제시하는 활동 유형들을 모두 연습시켜도 좋고 적절한 유형을 선별하여 연습시켜도 좋다.

1. 낱말 읽기

/ㅅ/음이 첨가되는 낱말과 그렇지 않은 낱말을 교사가 제시하면 학습자가 낱말을 발음해 보고 둘의 차이를 예상해 보는 활동이다.

| 나뭇잎 | 햇살 | 냇가 | 내가 | 깃발 |

2. 발음나는 대로 쓰기

교사가 /ㅅ/음 첨가 현상이 일어나는 낱말이 적힌 그림 카드를 제시하면 학습자가 예측되는 발음을 그대로 써 보는 활동이다. 이 때 교사는 낱말의 발음을 학습자의 공책에 쓰게 하여도 좋고 학습자의 성취도를 고려하여 칠판에 나와 써보게 해도 좋다.

| 뱃속 | 콧등 | 샛길 | 빨랫돌 | 촛불 |

3. 예측하여 발음하기

교사가 /ㅅ/음 첨가 현상이 일어나는 낱말이 적힌 그림 카드를 제시하면 학습자가 예측되는 발음을 실제로 발음해 보는 활동이다.

뱃머리   깻잎   나뭇잎   햇빛   빗물

4. 게임 활동 : 낱말 찾기 게임 … 누가누가 많이 찾나? (조별활동)

교사는 학생들을 3명~5명 정도 조를 짜서 나누고 /ㅅ/음 첨가 현상이 일어나는 낱말 카드와 그렇지 않은 낱말 카드를 여러 장 칠판에 붙여 놓는다. 그리고 /ㅅ/음 첨가 현상이 일어나는 낱말(혹은 일어나지 않는 낱말)을 떼어내게 한다. 이 때 가장 많이 모은 학생이 이긴다.

뱃머리   안개   나뭇잎   잇몸   시냇가

밤일   사랑이   꽃잎   아침밥   인기

첫여름   아랫목

■ 원리 학습 후 활동

원리 학습 전 활동이 끝나고 원리 학습이 이루어진 다음에는 교사가 아래와 같은 원리 학습 후 활동을 통해 학습자의 학습 이해도를 확인하고 또한 학습자 스스로도 자신의 학습 정도를 확인할 수 있도록 한다.

1. 낱말 읽기

낱말 읽기를 통해서 /ㅅ/음 첨가를 연습한다. 이 때 교사는 학습자들에게 낱말의 발음을 적게 하여 쓰기 활동을 병행하여 지도할 수도 있다.

(1) 사이시옷이 /ㄱ,ㄷ,ㅂ,ㅅ,ㅈ/ 앞에 오는 경우

| 깃발 | 촛불 | 햇빛 | 콧등 | 뱃속 | 냇가 |

(2) 사이시옷이 [ㄴ]로 발음되는 경우

| 잇몸 | 빗물 | 뒷모양 | 아랫목 | 콧날 | 깻잎 |

2. 문장 읽기

'낱말 읽기'에서 연습한 낱말들이 들어있는 문장을 연습하여 실제 발화에서도 자연스럽게 발음할 수 있도록 하는 활동이다. 개별 낱말을 연습할 때는 학습자들이 주의해서 발음하기 때문에 오류가 많이 발생하지 않지만 문장 차원에서는 오류를 일으키기 쉽기 때문에 문장 내에서 정확한 발음을 할 수 있도록 교사는 주의해서 연습시켜야 한다.

(1) **촛불**에 손을 대었어요.

(2) **바닷가**에 앉아 **햇볕**을 쬐고 싶다.

(3) **나뭇잎**이 바람에 떨어져 **냇가**에 쌓였어요.

(4) **아랫니**가 아파서 병원에 갑니다.

(5) **빗물**이 **콧등**에 떨어져 흘러요.

제 **12** 장

기타의 음운현상 Ⅰ : 모음조화와 모음충돌회피

    이 장에서는 <표준 발음법>에 나타나 있지 않은 음운현상에 대해 살펴보고자 한다. <표준 발음법>에 나타나 있지 않은 음운현상이란, 음운현상이 표기법에 반영이 되어 자칫 한국어에 그러한 음운현상이 없는 것처럼 보이는 것들을 말한다. 모음조화, 모음충돌회피를 위한 모음축약, 모음탈락, 자음삽입, 그리고 용언의 불규칙 활용과 같은 것들이 이에 해당한다. 아래에서 차례대로 하나씩 살펴보도록 한다.

12.1 모음조화

12.1.1 모음조화의 원리

    한국어는 예부터 모음조화 현상이 있었다. 모음조화란 하나의 낱말 안에 같은 성질을 가진 모음끼리 어울리는 것으로, 알타이 어에 속하는 언어들의 공통적인 특징이다. 알타이 어에 나타나는 모음조화는 대체로 전설모음과 후설모음으로 나뉘는 구개적 모음조화인데, 고대 한국어도 그러한 구개적 모음조화를 가졌던 것으로 보인다. 그러나 후기 중세 한국어에 와서 대대적인 모음추이 현상이 일어나서 모음체계에 많은 변동이 일어나게 되었다. 이 시기 이후부터 지금까지 양성모음과 음성모음으로 나뉘는 모음조화를 보인다. 한국어의 양성모음과 음성모음에 의한 모음조화는 매우 특이한 현상으로 다른 언어의 모음조화에서는 쉽게 찾아볼 수 없다. 현대 한국어에서의 양성모음과 음성모음은 아래와 같다.

(1) 양성모음과 음성모음
 가. 양성모음 : ㅏ, ㅗ, ㅘ
 나. 음성모음 : 양성모음을 제외한 모든 모음

한국어에서 모음조화는 대개 용언의 어간과 어미 사이에서, 그리고 의성어와 의태어에서 볼 수 있다. 그 예로는 아래와 같다.

(2) 모음조화
 가. 용언의 어간과 어미

양성모음의 조화	음성모음의 조화
막 + 아	먹 + 어
잡 + 았 + 다	접 + 었 + 다
놓 + 아	죽 + 어
좁 + 았 + 다	뜯 + 었 + 다
자 + 아 → 자	서 + 어 → 서
오 + 았 + 다 → 왔다	크 + 었 + 다 → 컸다

 나. 의성어·의태어

양성모음의 조화	음성모음의 조화
모락모락	무럭무럭
알록달록	얼룩덜룩
소곤소곤	수군수군
활활	훨훨
꼴깍꼴깍	꿀꺽꿀꺽

위에서 보는 대로 용언 어간의 마지막 모음이 양성모음이면 어미 '-어(서)/아(서)' 또는 '-었/았-' 중에서 양성모음을 가진 '-아(서)'나 '-았-'을 택하고, 용언 어간의 마지막 모음이 음성모음이면 그 반대로 '-어(서)'나 '-었-'을 택한다. 현대 한국어에는 '오/우'의 어미가 없으므로 이에 해당하는 예는 없으며, 다른 어미에서는 모음조화가 없다. 한편, 의성어나 의태어에서는 어간과 어미에서의 모음조화보다는 좀 더 다양하게 나타나 양성모음과 음성모음의 조화를 잘 볼 수 있다.

그러나 위의 모음조화 규칙에 어긋나는 것이 있다. 첫째, '바쁘(다), 기쁘(다), 모르(다), 기르(다)'와 같이 /ㅡ/ 모음으로 끝나는 2음절 이상의 어간의 경우에는 아래와 같이 /ㅡ/ 모음을 갖는 음절이 아닌 그 앞 음절의 모음의 성격에 따라 어미를 결정한다.

(3)   가. 바쁘 + 아 → 바빠   모르 + 았 + 다 → 몰랐다
       나. 기쁘 + 어 → 기뻐   부르 + 었 + 다 → 불렀다

(3)의 예를 보면 모두 마지막 모음이 /ㅡ/이다. 만약 (2가)에 적용한 규칙을 그대로 적용한다면, (3)의 예들은 모두 어미를 '-어'나 '-었-'을 택하여야 한다. 그러나 (3)에서 보듯이 실제로는 그렇지가 않다. 이것은 마지막 /ㅡ/ 모음이 모음조화에 투명하기 때문이다. 다시 말해, 아래에서 볼 수 있듯이, 한국어에서 /ㅡ/ 모음은 다른 모음을 만나게 되면 탈락하는 성질을 가지고 있다. 그리하여 (3가)와 같은 경우에 '바쁘 + -어/아' 또는 '모르 + -었/았-'이 되는데, 어간의 마지막 모음인 /ㅡ/가 모음으로 시작하는 어미를 만나게 된다. 이 때 /ㅡ/ 모음이 탈락한다. (3나)의 경우도 마찬가지다.

(4)   가. 바쁘 + 어/아   모르 + 었/았 + 다
       나. 기쁘 + 어/아   부르 + 었/았 + 다

이렇게 되면 첫 음절의 모음이 어간의 마지막 모음이 된다. 결국 (4가)의 경우에는 양성모음 /ㅏ/와 /ㅗ/가 마지막 모음이 되고, (4나)의 경우에는 음성모음 /ㅣ/ 또는 /ㅜ/가 마지막 모음이 된다. 어미 '-어/아'와 '-었/았-'은 바로 이 모음들에 의해 결정이 되는바, (4가)의 경우에는 양성모음의 어미가, (4나)의 경우에는 음성모음의 어미가 선택되어 (3)과 같은

결과가 된다.

(5)

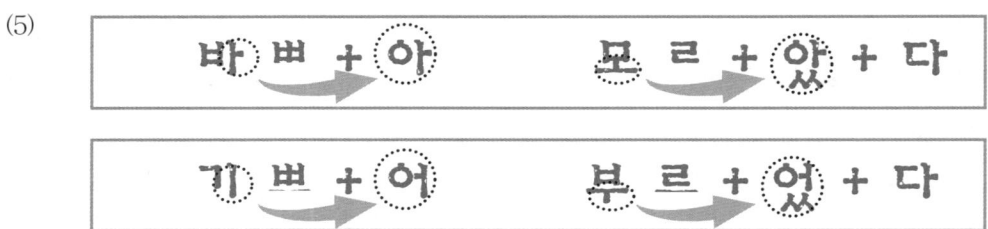

여기서 잠깐!

'-어'형과 '-아'형 어미 중 어느 것이 기본인가?

이것을 알기 위해서는 '크(다), 쓰(다), 뜨(다)'와 같이 어간이 단음절이면서 /ㅡ/로 끝나는 경우를 살펴볼 필요가 있다. 이들 어간에 어미 '-어(서)/아(서)'나 '-었/았-'을 결합하면 예외 없이 음성모음의 어미와 결합하여 '커, 써, 떠', '컸다, 썼다. 떴다'로 실현된다. 이러한 현상이 시사하는 바는 어미 '-어(서)/아(서)'와 '-었/았-' 중에서 기본이되는 것은 음성모음을 가진 형태라는 것이다. 즉, /ㅡ/ 모음이 다른 모음을 만나게 되어 탈락함으로써 어간에는 아무런 모음이 없게 되는 상태에서 취해지는 어미가 음성모음의 형태임을 통해 우리는 '-어(서)'와 '-었-'이 기본이 됨을 알 수 있다.

둘째, '하다'라는 말은 매우 독특하여 '-어(서)/아(서)'가 아닌 '-여(서)'를 택하고, '-었/았-'이 아닌 '-였-'을 택하여, '하여(서), 하였다'로 실현된다. 이것은 뒤에서 다룰 불규칙 활용의 하나이다.

셋째, 과거를 나타내는 선어말 어미 '-었/았-' 뒤에 다시 동일한 어미가 올 때에는 항상 '-었-'을 사용한다. 그리하여 '막았었다, 잡았었다, 먹었었다, 접었었다'와 같이 실현된다.

그런데 현대 한국어에서 모음조화는 필수적인 것이 아니다. 의성어나 의태어를 볼 때 '깡충깡충, 오순도순'과 같이 모음조화에 어긋나는 것이 있으며, '간질간질'과 '근질근질', '보글보글'과 '부글부글'처럼 부분적인 모음조화를 보이는 것도 있다.

🔖 **여기서 잠깐!**

모음조화와 '막어, 잡어'

현대 한국어의 용언을 볼 때, 모음조화가 점차적으로 파괴되어 가고 있음을 볼 수 있다. 예를 들어, '아름답(다)'에 어미 '-어/아'를 결합할 때 '아름다와'가 아닌 '아름다워'로 실현된다. 그리고 일상 구어에서는 '막아, 잡아'보다는 '막어, 잡어' 등과 같은 말로 사용된다. 이러한 현상을 음운론적 관점에서 보면, 어미 '-어'가 어간의 양성모음의 영향을 받아 '-아'로 실현되는 현상에서 점차 어간의 힘이 어미에 미치지 못하여 '-아'로 바뀌지 못하고 원래의 어미인 '-어' 그대로 남아 있는 것으로 설명할 수 있다. 즉, 위에서 언급한 대로 어미의 경우 기본은 음성모음이 되고, 어간의 모음이 양성모음일 때 어미의 모음도 양성모음으로 바뀌는데, 현대 한국어에서는 어간의 어미에 대한 영향력이 약해져서 음성모음의 어미를 양성으로 바꾸지 못하는 것이다. 다만, 이유가 분명하지는 않지만, 어간의 모음이 /ㅗ/일 때는 일상 구어에서도 아직 양성모음을 택한다. 이런 이유로 '막어, 잡어'는 가능하지만, '*좋어, *높어'는 가능하지 않다. 결론적으로, 현대 한국어에도 모음조화는 존재하지만 점점 약해져 가고 있음은 분명하다.

12.1.2 모음조화의 교육 방안과 활동 유형

12.1.2.1 모음조화의 교육 방안

한국어에서 모음조화 현상이 일어나는 낱말들은 '막아, 먹어' 등과 같이 음운 현상이 적용된 상태, 즉 발음 나는 대로 표기되므로 글자대로 발음하도록 하면 된다. 따라서 발음 그 자체보다는 모음조화가 적용되는 어휘 부류와, 그 어휘 부류 중에서 예외적인 낱말들에 대한 학습이 필요하다.

앞에서 언급한 대로 한국어는 모음조화를 가진 다른 언어와 큰 차이점이 있다. 그것은 바로 양성모음과 음성모음의 조화이다. 따라서 무엇보다 먼저 외국인 학습자들에게 두 종류의 모음을 구분해 주어야 한다.

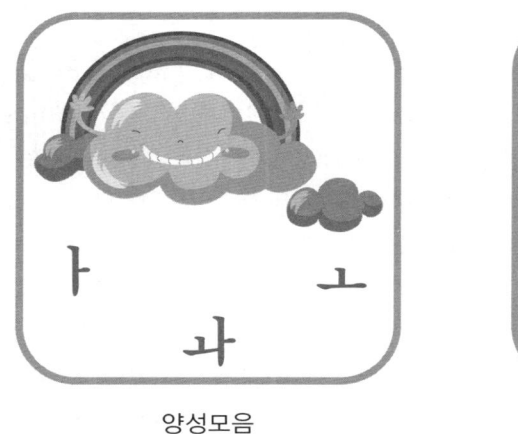

양성모음

음성모음

다음으로 모음조화가 적용되는 어휘 범주에 대해 알려 주도록 한다. 즉, 한국어의 모음조화는 다른 말에는 적용이 안 되며, 오직 용언의 어간과 '-어/아' 형 어미 사이, 그리고 의성어·의태어의 경우에만 국한하여 나타남을 주지시킨다. 먼저 용언의 경우는 어간의 마지막 모음의 성격(양성모음 vs 음성모음)에 따라 '-어' 형 어미와 '-아' 형 어미가 결정됨을 알려 준다. 어간의 마지막 모음이 양성모음인 경우에는 '-아' 형 어미를, 어간의 마지막 모음이 음성모음인 경우에는 '-어' 형 어미를 택하도록 한다.

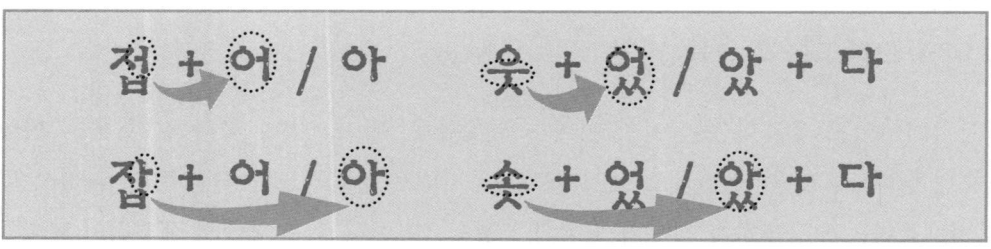

한편, 의성어·의태어는 외국인들이 알기 어려우므로 나올 때마다 하나씩 설명해 주는 것이 좋다. 그리고 의성어·의태어의 경우에는 단순히 낱말만을 제시하는 것보다는 아래와 같이 관련된 어휘나 문맥과 함께 제시하여 그 느낌까지 알도록 하는 것이 좋다. 즉, 양성모음은 밝고 가볍고 작은 느낌을 주며, 음성모음은 어둡고, 무겁고 큰 느낌을 준다는 사실을 알도록 한다.

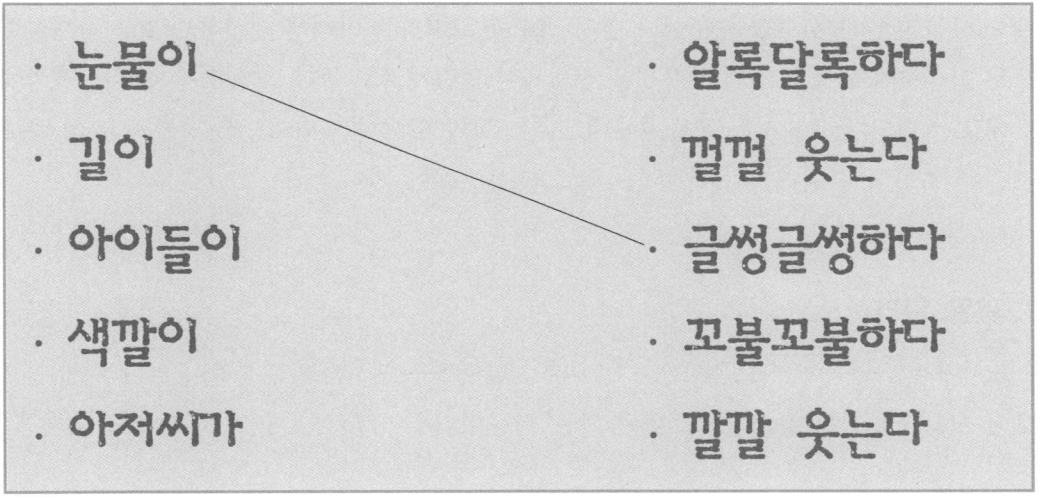

그러나 용언의 어간과 어미, 의성어·의태어의 경우에도 모음조화의 예외가 있으므로 이에 대한 교육도 필요하다. 용언의 어간과 어미 사이의 모음조화에 예외가 되는 것은 'ㅂ' 불규칙 용언의 경우와 어간의 말음이 /ㅡ/인 경우 두 가지이다. 앞에서 본 대로 'ㅂ' 불규칙 용언의 경우 '도와, 고와'를 제외하고는 모두 '-어' 형 어미를 취한다. 이 때 /ㅂ/는 /ㅗ/ 가 아닌 /ㅜ/로 실현되어 어미와 결합하여 /ㅝ/로 발음된다는 사실을 주지시키도록 한다. 그리고 어간 말음이 /ㅡ/ 모음인 경우에는 선행 음절의 모음에 의해 결정된다. 단, 단음절의 경우에는 '-어' 형 어미를 취함을 주지시키도록 한다. 한편, 의성어·의태어에 나타나는 모음조화의 예외는 어휘적인 것이므로 해당하는 낱말이 나올 때마다 교육하도록 한다.

12.1.2.2 모음조화 교육의 활동 유형

■ 원리 학습 전 활동

이 활동은 모음조화 현상의 원리를 학습하기 전에 낱말을 실제로 발음해 봄으로써 학습자로 하여금 그 원리를 예측하게 해 보는 활동이다. 이를 통해 교사는 원리 학습 전 단계에서 학습자의 학습 동기를 유발시켜 보다 효율적인 학습이 이루어지도록 유도할 수 있다. 이때 교사는 학습자의 학습 수준이나 인지 정도를 고려하여 아래에 제시하는 활동 유형들을 모두 연습시켜도 좋고 적절한 유형을 선별하여 연습시켜도 좋다. 모음조화 현상은 표기에 그대로 반영되므로 교사는 학습자에게 모음조화가 일어나는 낱말들을 충분히 보여 주고 모음이 조화되는 원리를 예측할 수 있도록 유도해야 한다.

1. 낱말 읽기

교사가 학습자들에게 모음조화가 일어나는 낱말들을 제시하고 반복하여 읽어 보게 함으로써 모음조화 현상을 예측해 보게 하는 활동이다.

| 소곤소곤 | 바빠 | 깎아 | 졸졸 | 살랑살랑 |

■ 원리 학습 후 활동

원리 학습 전 활동이 끝나고 원리 학습이 이루어진 다음에는 교사가 다음과 같은 원리 학습 후 활동을 통해 학습자의 학습 이해도를 확인하고 또한 학습자 스스로도 자신의 학습 정도를 확인할 수 있도록 한다.

1. 쓰기

　　교사가 학습자에게 먼저 모음조화가 지켜지는 낱말들을 제시한 다음 용언의 어간 다음에 오게 될 알맞은 어미를 골라 쓰게 한다. 그런 다음 완성된 문장을 큰 소리로 읽게 한다.

제시 낱말 … 좁다, 먹다, 좋다, 　　　　　 젊다, 받다 등 **연결 어미** … -아서/어서	(1) 길이 좁(　　) 지나갈 수가 없었어요.
	(2) 너무 많이 먹(　) 배가 아파요.
	(3) 기분이 좋(　　) 노래가 나와요.
	(4) 아직 젊(　)서 그 정도는 문제없어요.
	(5) 성적을 잘 받(　)서 기뻤어요.

2. 낱말 찾기

　　교사가 모음조화가 지켜지는 경우와 그렇지 않은 경우의 두 가지 형태를 제시하면 학습자는 맞는 낱말을 찾아 밑줄을 긋는다.

　(1) 꽃이 무척 (아름다워요/아름다와요)

　(2) 지금은 (바뻐/바빠/바쁘어/바쁘아) 전화를 할 수가 없어요.

　(3) 철수는 열심히 (공부하여/공부하어/공부하아) 우등생이 되었어요.

　(4) 토끼가 (깡총깡총/깡충깡충) 뛰어 가요

　(5) 시냇물이 (졸졸/줄줄) 흘러가요.

2. 게임 활동

① 낱말 찾기 게임 … 누가 누가 빨리 찾나? (조별활동)

학습자들을 3명~5명 정도 조를 짜서 나누고 수업 시간에 배운 낱말을 준비하되 오류가 있는 낱말도 여러 장 섞어 놓는다. 그리고 교사가 칠판에 낱말을 적으면 학습자들은 바르게 적힌 카드를 집는다. 가장 많이 모은 학생이 이긴다. 이 때 교사는 학습자에게 (1)에서처럼 모음조화가 지켜지는 경우와 (2)에서처럼 모음조화가 지켜지지 않는 경우를 구분하여 연습시키는 것이 좋다.

(1)
| 깎아 | 깎어 | 하여 | 하아 | 바빠 | 바뻐 |
| 바쁘어 | 하어 | 졸졸 | 졸줄 | 졸질 | 졸즐 |

(2)
깡총껑충	오똑이	오뜩이	꼬볼꼬볼
꼬불꼬불	꼬볼꾸불	깡충깡충	오딱이
오뚝이	깡총깡총	꾸불꾸불	껑총껑총

② 짝 찾기 게임 … 내 짝을 찾아라.

교사는 2명~3명의 학습자들을 한 조로 나눈다. 앞의 게임에서 사용했던 같은 카드 중에서 모음조화가 지켜지는 낱말들을 모아 가지런히 정리해 엎어 놓는다. 카드의 양은 많을수록 좋다. 이때 한 명씩 순서를 바꾸어 가며 두 장의 카드만을 뒤집어 볼 수 있도록 한다. 바른 짝을 찾은 사람이 두 장을 모두 가져온다. 이 때 가장 많이 모은 학생이 이긴다.

| 기쁘다 | 아름다와 | 기빠 | 아름다워 | 아름답다 | 기뻐 |

| 좋아 | 울어 | 울다 | 좋어 | 좋다 | 울아 |

12.2 모음충돌회피

대부분의 언어가 갖는 매우 특이한 성격 중의 하나가 모음이 연속되는 것을 피하는 것이다. 다시 말해 모음충돌회피(hiatus)인 것이다. 이것은 두 모음이 연속되면 자음과 모음이 차례로 연결되는 것보다 발음이나 청취가 어렵게 되는 음성적 이유 때문이다.

한국어에서 두 모음이 충돌할 때 그것을 회피하는 전략으로 크게 세 가지가 있다. 하나는 두 모음을 합쳐 이중모음으로 만드는 축약이고, 다른 하나는 두 모음 중 하나를 탈락시키는 것이다. 그리고 마지막으로, 두 모음 사이에 자음을 넣는 것이다. 이 세 가지 방법은 모두 두 모음이 나란히 있는 것을 피하기 위한 전략이다. 먼저 모음축약부터 살펴보도록 한다.

12.2.1 모음충돌회피의 원리

12.2.1.1 모음축약

모음축약은 위에서 말한 것처럼, 두 모음을 합하여 하나의 이중모음으로 만드는 것이다. 편의상 장모음의 표시는 생략한다.

(5) 가. 이기 + 어 → 이겨   디디 + 어 → 디뎌

            비비 + 었 +다 → 비볐다   피 + 었 + 다 → 폈다

        나. 주 + 어 →줘   가두 + 어 → 가둬

            춤추 + 었 +다 → 춤췄다   바꾸 + 었 +다 → 바꿨다

        다. 고 + 아 → 과   꼬 + 아 → 꽈

            오 + 았 +다 → 왔다   보 + 았 + 다 → 봤다

        라. 되 + 어 → 돼   쇠 + 었 + 다 → 쇘다

            뵈 + 어 → 봬   괴 + 었 + 다 → 괬다

위에서 보는 것과 같이 한국어에서 /ㅣ, ㅜ, ㅗ, ㅚ/로 끝나는 어간은 뒤에 오는 어미 '-어(서)/아(서)' 또는 '-었/았-'과 결합하여 이중모음을 형성한다. 그러나 낱말에 따라 이중모음화가 수의적으로 이루어지는 경우도 있고 필수적으로 이루어지는 경우도 있다. 어간이 /ㅣ/ 모음인 경우에는 대체로 '피(다), 기(다), 띠(다)' 등과 같이 1음절 어간의 경우는 '피어~펴, 기어~겨, 띠어~뗘'가 가능하지만, '비비(다), 바꾸(다)'와 같이 2음절 이상의 어간에서는 이중모음화된 것만 가능한 경우가 많다.

어간이 /ㅜ/나 /ㅗ/ 모음인 경우에는 음절수와는 관계없이 대체로 두 가지 형태가 모두 가능하다. 다만, '오(다), 채우(다), 배우(다), 싸우(다)' 등과 같이 어간의 마지막 음절이 모음으로 시작하는 경우에는 이중모음화가 필수적이어서 '*오아, *채우어, *배우어, *싸우어' 와 같은 형태는 불가능하고, '와, 채워, 배워, 싸워' 등의 이중모음화된 형태만 가능하다. 어간이 /ㅚ/ 모음인 경우에는 두 가지 형태 모두 가능하다.

여기서 한 가지 언급해 둘 것은 '쉬(다), 바뀌(다), 쥐(다)' 등과 같이 어간 말에 /ㅟ/ 모음을 가지고 있는 경우이다. 이러한 경우에는 일상 구어에서는 두 모음이 축약되어 /ㅝ/ 모음의 [쉬, 바꿔, 쥐]와 같이 발음되지만, 이러한 글자를 사용하지 않으므로 표기법으로 나타낼 수는 없다.

12.2.1.2 모음탈락

모음탈락에는 크게 '一' 탈락, 'ㅣ' 탈락, 그리고 'ㅓ/ㅏ' 탈락의 세 가지가 있다.

① '一' 탈락

모음 탈락 중 가장 보편적인 것이 '一' 탈락이다. 'ㅓ/ㅏ' 탈락은 대체로 수의적으로 일어나지만, '一' 탈락은 거의 모든 경우에 필수적으로 일어난다. 특별히 용언의 어간과 어미가 결합할 때에는 불규칙 활용의 경우를 제외하고는 예외 없이 적용된다. 즉, /一/ 모음은 다른 모음을 만나면 항상 탈락한다. 그리고 이것은 표기법에 반영된다.

(6)   가. 크 + 어/아 → 커   쓰 + 어/아 → 써
         담그 + 어/아 → 담가   따르 + 어/아 → 따라

        나. 보 + (으)면 → 보면   오 + (으)니 → 오니
         뛰 + (으)므로 → 뛰므로   가 + (으)면서 → 가면서

(6가)의 경우는 /一/ 모음으로 끝나는 어간과 모음으로 시작하는 어미가 결합하는 경우이고, (6나)의 경우는 /一/ 탈락으로 보느냐 /一/ 삽입으로 보느냐에 따라 달라지는데, 탈락설의 입장에서 보면 모음으로 끝난 어간과 /一/ 계열의 어미가 결합할 때 어미의 모음 /一/가 탈락하는 것이 된다.

한편, 명사의 경우는 조금 다르게 나타난다.

(7)   가. 그 + 에게 → 그에게   버스 + 에 → 버스에
        나. 바다 + (으)로 → 바다로   위 + (으)로 → 위로

(7가)에서 보듯이 /一/ 모음으로 끝난 명사는 뒤에 모음으로 시작하는 조사가 오더라도 /一/ 모음이 탈락하지 않는다. 이것은 한국어의 명사는 불변화사라는 특징 때문이다. 즉,

한국어의 명사는 어떤 경우에도 형태가 바뀌지 않는다. 한편, (7나)의 경우는 (6나)와 마찬가지로, 탈락설의 관점에서 보면, '으' 계열 조사가 모음으로 끝난 명사와 결합할 때 '으'를 탈락하는 것이 된다.

② 'ㅣ' 탈락

'ㅣ' 탈락은 제8장에서 본 내용으로, '가져[가저], 다쳐[다처]'와 같이 구개음 /ㅈ, ㅉ, ㅊ/ 다음에서 /ㅣ/ 계 이중모음이 단모음으로 발음되는 것을 말한다. 엄격히 말하면, '가지(다), 다치(다)'와 같은 낱말들은 어간의 마지막 음절에 /ㅣ/ 모음을 가지고 있기 때문에 위에서 본 '이기 + 어 → 이겨, 비비 + 었 + 다 → 비볐다'와 같이 이중모음화가 먼저 일어난다. 그러한 상황에서 /ㅣ/ 탈락이 이루어지는 것은 제8장에서 언급한 대로 구개음 /ㅈ, ㅉ, ㅊ/ 안에 /ㅣ/ 모음이 내재되어 있기 때문이다. 이 현상을 'ㅡ' 탈락과 같이 어간 말음인 /ㅣ/와 어미 '-어'가 만나 어간 말음이 탈락하는 것으로도 설명할 수 있지만, '웃겨, 디뎌, 펴(←피어)' 등이 *[웃거, 디더, 퍼]로 발음되지 않음을 볼 때 설득력이 없다고 하겠다. /ㅣ/ 탈락은 발음상의 문제일 뿐 표기법에는 반영되지 않는다.

③ 'ㅓ/ㅏ' 탈락

어미 'ㅓ/ㅏ'의 탈락은 일상 구어에서 아주 흔히 일어나는 현상이다. 예를 들어, '집에 가'의 경우, '가'는 '가 + 아'에서 어미 '-아'가 탈락한 것이다. 그리고 '잘 지내'와 같은 경우 '지내'는 '지내 + 어'에서 어미 '-어'가 탈락한 것이다. 문제는 어떤 모음 다음에서 어미 '-어/아'의 탈락이 이루어지는가 하는 것인데, 위에서 본 모음축약이 일어나는 /ㅣ, ㅜ, ㅗ, ㅚ, ㅟ/의 다섯 모음과, 탈락이 일어나는 /ㅡ/ 모음을 제외한 모든 모음에서 일어난다. 즉, 10개의 단모음 중 위의 여섯 개의 모음을 제외한 나머지 네 개의 모음이 어간 말에 오면 뒤에 결합하는 어미 '-어/아'는 대체로 수의적으로 탈락한다. 그 예를 보면 다음과 같다.

(8)   가. 가 + 아 → 가(*가아)   만나 + 아라 → 만나라(*만나어라)

         나. 서 + 어 → 서(*서어)   건너 + 어라 → 건너라(*건너어라)

         다. 깨 + 어 → 깨(깨어)   내 + 어라 → 내라(내어라)

         라. 떼 + 어 → 떼(떼어)   설레 + 어서 → 설레서(설레어서)

위 (8가, 나)를 보면 어간 말 모음이 어미와 동일하게 /ㅏ/ 또는 /ㅓ/인 경우에는 '-어/아' 탈락이 필수적으로 일어나지만, 나머지 경우에는 탈락이 수의적으로 일어난다. 그러나 일상 구어에서는 대부분 탈락한 형태를 많이 사용하며, 특별히 명령형 어미 '-어/아'와 결합할 때는 '군인이 *되어, 바람 *쐬어, 돈 *내어'와 같은 것은 허용되지 않으며 오직 탈락한 형태만 가능하다. 이렇게 탈락한 것은 표기법에 반영이 된다.

한편, 모음축약에서 본 '되어 → 돼'와 같은 경우는 '되'의 발음과 '돼'의 발음이 현실적으로 차이가 없다고 한다면 표기상으로는 모음축약이 되겠지만 발음상으로는 탈락으로 볼 수도 있다.

그리고 (8다, 라)의 경우 '깨어, 내었다, 떼어, 설레어서'와 '되어'의 경우는 [깨여, 내였다, 떼여, 설레여서, 되여] 등과 같이 발음될 수 있다. 이러한 현상은 두 가지의 설명이 가능한데, 하나는 /ㅐ, ㅔ, ㅚ/에 들어있는 /ㅣ/ 모음이 뒤의 모음에 영향을 준 것으로 해석하는 것이고, 다른 하나는 뒤에서 볼 반자음 /y/의 삽입으로 해석하는것이다.

12.2.1.3 자음삽입

모음충돌회피를 위한 마지막 방법으로 두 모음 사이에 자음 또는 반자음을 삽입하는 음운 현상이 있다. 아래와 같은 경우가 여기에 해당한다.

(9)   가. 해원 + 아 → 해원아   해림 + 아 → 해림아

         나. 민규 + /y/ + 아 → 민규야   민수 + /y/ + 아 → 민수야

(9가)는 자음으로 끝난 사람의 이름에 호격조사 '아'를 결합한 경우이고, (9나)는 모음으로 끝난 사람의 이름에 호격조사 '아'를 결합한 경우이다. 그런데 (9나)에서는 '아'가 아닌 '야'로

실현되었다. 이것은 모음끼리 나란히 있는 것을 막기 위해 반자음 /y/를 두 모음 사이에 넣은 것이다.

그리고 매우 특수한 경우이긴 하지만, 모음으로 끝나는 동물의 이름에다 '새끼'를 뜻하는 '아지'를 결합할 때 '송아지, 망아지'와 같이 두 모음 사이에 /ㅇ/를 넣는 것도 모음충돌회피를 위한 것이라 할 수 있다.

12.2.2 모음충돌회피의 교육 방안과 활동 유형

12.2.2.1 모음충돌회피의 교육 방안

한국어에서 모음충돌이 일어나는 낱말들은 대체로 이를 회피하기 위한 모음축약, 모음탈락, 자음삽입 등의 음운현상이 적용된 상태로 표기가 된다. 따라서 교사는 학습자들이 모음충돌회피 현상이 적용된 낱말이 나올 때마다 표기된 낱말대로 정확하게 발음할 수 있도록 충분히 연습하게 해야 한다. 모음탈락 중 'ㅡ' 모음탈락은 다른 모음을 만나면 필수적으로 탈락되고 또 표기법에도 그대로 반영되기 때문에 학습자들은 큰 어려움 없이 학습할 수 있지만 'ㅣ' 모음탈락이나 'ㅏ/ㅓ' 모음탈락의 경우는 탈락 현상이 수의적일 뿐만 아니라 표기법에 반영되지 않는 경우도 있으므로 지도에 각별히 유의해야 한다. 모음 축약의 경우나 자음삽입의 경우 또한 마찬가지다. 그러므로 교사는 이러한 현상들이 일어나는 환경을 충분히 이해시켜 학습자들이 발음을 할 때나 표기를 할 때 오류를 일으키지 않도록 해야 한다.

모음축약의 경우 아래와 같이 표로 제시하여 학습자들이 한 눈에 축약 현상을 볼 수 있게 하는 방법도 유용하다. 이 때 대부분의 경우 글자의 모양에 맞게 합쳐지므로 그 방법을 이용하면 효과적이다.

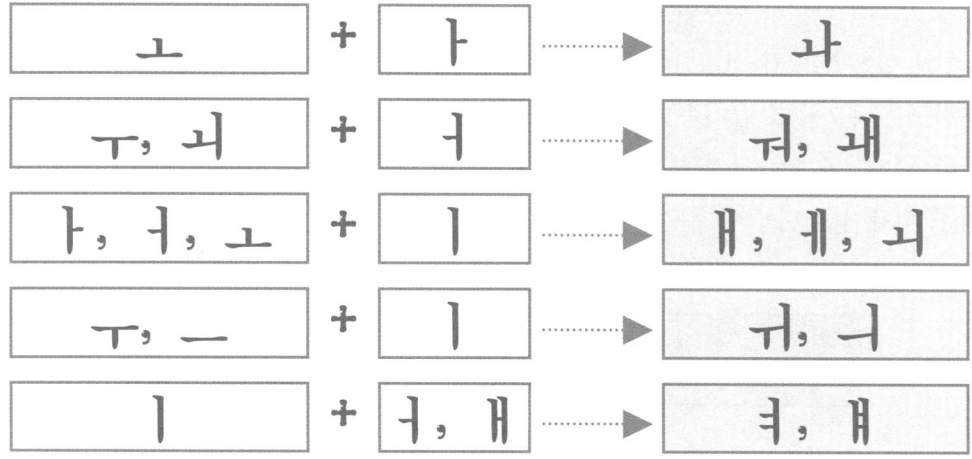

이 때 교사는 '보아'에서의 '보'처럼 모음이 자음과 함께 결합하여 음절을 이룬 경우에는 '보아'와 '봐'와 같이 모음축약이 선택적으로 일어나지만 모음이 단독으로 음절을 구성하고 있는 경우에는 반드시 축약이 일어나야 한다는 것을 학습자에게 주지시켜야 한다. 즉 '오아'는 불가능하고, '와'만 가능하다. '눈이 와요, 영화를 봐요/보아요'와 같은 문장을 이용하여 유의미적 활동을 통한 발음 연습을 실시하면 좋다.

모음탈락의 경우에는 먼저 /ㅡ/ 모음으로 끝나는 어간 뒤에 모음으로 시작하는 어미가 올 경우 어간의 /ㅡ/모음이 탈락한다는 것을 학습시킨다. 이 때 교사는 아래와 같이 낱말 카드를 활용하여 탈락되는 현상을 그림으로 설명하면 좋다.

그러나 용언의 경우 '쓰므로, 오니까, 울면'과 '먹으면, 잡으니까, 먹을'과 같은 구별이나 체언의 경우 '바다로, 돌로' 등과 '산으로, 집으로'와 같은 구별을 외국인들에게 지도할 때에는 탈락보다는 받침의 유무에 따른 선택으로 설명해 주는 게 더 쉽다. 즉, 받침이 없거나 /ㄹ/ 받침이면 어미 '-므로, -니까, -면, -ㄹ'이나 조사 '-로, -로서' 등이 선택되고, /ㄹ/

받침을 제외한 받침이 있으면 어미 '-으므로, -으니까, 으면, -을'이나 조사 '-으로, -으로서' 등 '으'가 있는 어미가 선택된다고 가르치는 편이 외국인 학습자들이 이해하기가 더 쉽다.

또한 /ㅏ/나 /ㅓ/로 끝나는 어간 뒤에 '-어/아'로 시작하는 어미가 올 경우 /ㅏ/, /ㅓ/가 탈락한다는 것을 학습시킬 때는 특별히 /ㅏ, ㅓ/가 탈락한 어형만이 표기상에 나타난다는 것에 주의해야 한다.

그리고 /ㅐ/, /ㅔ/로 끝나는 어간 뒤에 '-어'로 시작하는 어미가 올 때도 어미의 /ㅓ/가 탈락하며 이 경우에는 /ㅓ/가 탈락하기 전 어형과 탈락한 어형 둘 다 표기가 가능하다는 것에 주의하여 지도해야 한다.

꺼내 + 어서 ⇨ 꺼내어서

꺼내 + 어서 ⇨ 꺼내서

자음 삽입의 경우에는 사람의 이름에 호격 조사 '아'가 결합하는 경우를 예로 들어 사람의 이름이 자음으로 끝난 경우에는 그대로 '아'로 발음되지만 모음으로 끝난 경우에는 반자음 /y/를 삽입하여 '야'로 발음된다는 것을 주지시킨다.

민호 + /y/ + 아 ⇨ 민호야

학습자들이 모음축약이나 모음탈락, 그리고 자음삽입에 어느 정도 익숙해질 때까지 여러 가지 색깔이나 기호를 이용하여 눈에 띄는 판서를 하거나 그림이 그려진 낱말 카드와 같은 학습 도구를 활용하여 지도하는 방법이 학습 효과를 높일 수 있다.

12.2.2.2 모음충돌회피 교육의 활동 유형

■ 원리 학습 전 활동

이 활동은 모음충돌회피 현상의 원리를 학습하기 전에 낱말을 실제로 발음해 봄으로써 학습자로 하여금 그 원리를 예측하게 해 보는 활동이다. 이를 통해 교사는 원리 학습 전 단계에서 학습자의 학습 동기를 유발시켜 보다 효율적인 학습이 이루어지도록 유도할 수 있다. 이 때 교사는 학습자의 학습 수준이나 인지 정도를 고려하여 아래에 제시하는 활동 연습 유형들을 모두 연습시켜도 좋고 적절한 유형을 선별하여 연습시켜도 좋다. 모음충돌회 피 현상은 표기에 그대로 반영되므로 교사는 학습자에게 낱말을 충분히 보여 주고 모음충돌 회피의 원리를 예측할 수 있도록 유도해야 한다.

1. 낱말 읽기

교사가 학습자들에게 모음충돌회피 현상이 일어나는 낱말들을 제시하고 학습자로 하여 금 반복하여 읽게 하는 활동이다.

| 이겨 | 커 | 보면 | 써서 | 민호야 |

■ 원리 학습 후 활동

원리 학습 전 활동이 끝나고 원리 학습이 이루어진 다음에는 교사가 아래와 같은 원리 학습 후 활동을 통해 학습자의 학습 이해도를 확인하고 또한 학습자 스스로도 자신의 학습 정도를 확인할 수 있도록 한다.

1. 낱말 찾기

교사는 학습자에게 모음충돌이 일어나는 낱말들을 제시하고 이를 회피하기 위한 현상이 적용된 낱말을 찾아내게 하는 활동을 한다.

(1) **되어**　① 되어　② 되여　③ 돼　④ 뒈

(2) **보았다**　① 봤다　② 뵀다　③ 보었다　④ 보앴다

(3) **따르어**　① 따르여　② 따러　③ 따라　④ 딸어

2. 문장 읽고 쓰기

교사는 모음충돌이 일어나는 낱말을 학습자들에게 제시한 후 그 낱말을 찾게 하여 모음축약, 모음탈락, 자음삽입 등을 연습시킨다. 그런 다음 교사는 발음에 유의하여 해당하는 낱말 또는 문장 전체를 큰 소리로 읽게 한다.

(1) 영호가 식당에서 비빔밥을 **비비었다**.

➠ ＿＿＿＿＿＿＿＿＿＿＿＿＿＿＿＿＿＿＿＿＿

(2) 철수는 영희를 만나러 중국에서 **오았다**.

➠ ＿＿＿＿＿＿＿＿＿＿＿＿＿＿＿＿＿＿＿＿＿

(3) 빨리 학교에 **가아서** 선생님을 만나야해요.

▐▐▐▶ _____

(4) 여기에 글씨를 **쓰어요**.

▐▐▐▶ _____

(5) **민규아**, 많이 보고 싶구나.

▐▐▐▶ _____

3. 문장 읽기

　교사가 모음충돌회피 현상이 일어나는 낱말이 들어 있는 문장을 반복해서 읽게 하여 학습자로 하여금 그 원리를 인지하게 하는 활동이다.

(1) 하늘에서 하얀 눈이 **와요**.

(2) 우리 **애가** 친구들을 좋아해요.

(3) 신호등 앞에 **서서** 선생님을 기다렸습니다.

(4) 정직한 사람이 **돼야** 한다.

(5) 지금은 **바빠서** 복사실에 갈 수 없다.

제 13 장

기타의 음운현상 Ⅱ : 불규칙 활용

이 장에서는 <표준 발음법>에 나타나 있지 않은 음운현상 중 불규칙 활용에 대해 살펴보고자 한다.

13.1 불규칙 활용의 원리

용언이 활용할 때 어간이나 어미가 형태가 변하는 경우가 있다. 예를 들어, '걷다'라는 말은 낱말에 따라 두 가지의 다른 모습을 보인다.

(1) 가. 걷다(돈을 ~)   걷고   걷지   걷어   걷으니
　　 나. 걷다(걸음을 ~)   걷고   걷지   걸어   걸으니

(1가)의 경우를 보면 어떤 어미와 결합해도 어간 받침 /ㄷ/의 형태가 변함이 없는데 반해, (1나)의 경우에는 환경에 따라 어간의 받침 /ㄷ/가 변하기도 하고 변하지 않기도 한다. (1가)의 '걷다(돈을 ~)'는 규칙 활용하는 낱말이고, (1나)의 '걷다(걸음을~)'는 불규칙 활용하는 낱말이다. 그리고 '걸어, 걸으니'처럼 형태의 변화가 있는 것을 불규칙 활용이라 한다.

그리고 불규칙 활용에는 (1나)와 같이 어간이 불규칙 활용하는 경우도 있지만 어미가 불규칙 활용하는 경우도 있다. 다음을 보자.

(2)   가. 가다   가고   가지   가(가+아)   갔다(가+았+다)
       나. 서다   서고   서지   서(가+어)   섰다(서+었+다)
       다. 하다   하고   하지   하여(하+여)   하였다(하+였+다)

(2)의 낱말들은 '-다, -고, -지'와 같은 어미를 택함에 있어서는 차이가 없으나, '-어/아' 형 어미를 택함에 있어서는 차이를 보인다. 그런데 (2가)와 (2나)의 경우는 앞에서 설명한 모음조화에 의해 설명이 된다. 즉, 어간의 모음이 양성모음인 경우에는 어미 '-아'를 택하고, 어간의 모음이 음성모음인 경우에는 어미 '-어'를 택한다. 그리고 이러한 원칙은 모든 낱말에 그대로 적용된다. 그러나 (2다)의 '하다'의 경우에는 어간이 양성모음임에도 불구하고, '-야'가 아닌 '-여'를 택하고 있다. 그리고 이 어미 '-여'는 *가여, *서여, *잡여, *접여 등에서와 같이 다른 낱말과는 결합하지 못하고, 오직 '하다' 또는 '공부하다'처럼 '하다'가 결합한 낱말에만 사용된다. 이와 같은 것을 어미의 불규칙 활용이라 한다. 참고로 '먹여, 죽여' 등과 같은 말은 '먹이어, 죽이어'의 준말이다. 그러나 '하여'는 *하이어'의 준말이 아니다. '오너라'의 어미 '너라'도 마찬가지여서, 오직 '오다'와만 결합할 뿐 다른 낱말과는 결합하지 못하여 *막너라, *먹너라'와 같은 말은 존재하지 않는다.

한국어의 불규칙 활용은 결합하는 어미에 따라 달라지는데, 한국어의 어미는 아래와 같이 세 가지로 나눌 수 있다.

(3) 한국어 어미의 분류

어미의 분류	예
자음으로 시작하는 어미	-고, -게, -지, -는, -니, -도록
모음으로 시작하는 어미	-어/아, -어서/아서, -었/았/였-
'으' 계열 어미	-(으)며, -(으)니, -(으)므로, -(으)려고

불규칙 활용이 일어나는 환경은 어미의 첫소리가 자음이 아닌 모음의 경우에 한해서이다. 따라서 '걷다, 걷고, 걷지, 아름답다, 아름답고, 아름답지'에서와 같이 자음으로 시작하는 어미(이하 '자음 어미')와 결합할 때에는 불규칙 활용은 일어나지 않는다. 그리고 '걸어, 걸어서, 걸었다, 아름다워, 아름다워서, 아름다웠다'에서와 같이 모음으로 시작하는 어미(이하 '모음 어미')가 결합할 때에는 불규칙 활용 용언들은 반드시 불규칙 활용을 한다. '으' 계열 어미가 결합할 때에는 낱말에 따라 달라진다. '으' 계열 어미는 '가며, 울며'에서와 같이 어간의 마지막 소리가 모음이거나 /ㄹ/인 경우에는 '으'가 나타나지 않으며, '먹으며, 잡으며'에서와 같이 어간의 마지막 소리가 /ㄹ/가 아닌 다른 자음인 경우에는 '으'가 나타난다. 그리하여 전자의 경우에는 자음으로 시작하는 어미가 되고 후자의 경우에는 모음으로 시작하는 어미가 된다. 따라서 어간과 결합할 때 '으'가 나타나는 경우에 한하여 불규칙 활용을 한다. 그리하여 '걷 + 으며 → 걸으며'의 경우에는 불규칙 활용을 하지만, 또 다른 불규칙 활용 낱말인 '흐르다'의 경우는 '흐르 + 며'로 실현되어 불규칙 활용하지 않는다.

 여기서 잠깐!

/ㄹ/의 모음적 성격

/ㄹ/ 음성적인 면에서 자음이면서도 모음의 성격을 가지고 있어 '으' 계열의 조사나 어미와 결합할 때 모음으로 끝난 체언이나 용언과 같이 '으'가 나타나지 않는다.

1. 자음(/ㄹ/ 제외)으로 끝나는 체언이나 용언의 경우
   : 집으로, 산으로, 먹으러, 웃으면, 잡으니
2. 모음으로 끝나는 체언이나 용언의 경우 : 바다로, 거리로, 자러, 만지면, 뛰므로
3. /ㄹ/로 끝나는 체언이나 용언의 경우 : 들로, 길로, 풀러, 울면

이제 위의 어미 분류를 바탕으로 한국어의 불규칙 활용의 모습을 살펴보도록 한다. 한국어 모어 화자들을 위한 설명에서는 불규칙 활용을 어간만 변하는 경우, 어미만 변하는

경우, 어간과 어미 모두 변하는 경우의 세 가지로 나누어 설명하는 것이 일반적이지만, 여기에서는 한국어 학습자들의 편의를 위해 비슷한 성격의 것 또는 혼동을 주기 쉬운 것을 하나로 묶어 설명하도록 한다. 그리고 불규칙 활용은 표기법에 반영이 되기 때문에 외국인 화자라도 잘못 읽는 경우는 거의 없다.

13.1.1 'ㄷ, ㅂ, ㅅ' 불규칙 활용

먼저 'ㄷ' 불규칙 활용, 'ㅂ' 불규칙 활용, 'ㅅ' 불규칙 활용의 세 가지를 살펴보도록 한다. 이 세 가지 경우의 공통점은 어간이 자음 어미와 결합할 때에는 불규칙 활용이 일어나지 않고 모음 어미나 '으' 계열 어미와 결합할 때에만 불규칙 활용을 한다는 것이다. '으' 계열 어미와 결합할 때에도 불규칙 활용을 하는 경우는 이 세 가지와 'ㅎ' 불규칙 활용밖에 없는데 그 이유는 이들 어간의 마지막 소리가 자음(/ㄹ/ 제외)으로 끝났기 때문에, /으/ 계열 어미와 결합할 때 반드시 /으/가 나타나기 때문이다. 즉, 모음으로 시작하는 어미가 되기 때문이다.

① 'ㄷ' 불규칙 활용

'ㄷ' 불규칙 활용은 아래에서와 같이 어간이 /ㄷ/로 끝나는 동사 어간 다음에 모음 어미 또는 '으' 계열 어미가 결합할 때 /ㄷ/가 /ㄹ/로 실현된다. 형용사 중에는 이에 해당하는 낱말이 없다.

활용 어미	자음 어미	모음 어미	'으'계열 어미
걷다(규칙 활용)	(돈을) 걷고	(돈을) 걷어	(돈을) 걷으니
걷다(불규칙 활용)	(걸음을) 걷고	(걸음을) 걸어	(걸음을) 걸으니

(4)   'ㄷ' 규칙 활용 용언과 불규칙 활용 용언

　　가. 규칙 활용 : 닫다, 묻다(땅에 ~), 믿다, 쏟다, 얻다 등

　　나. 불규칙 활용 : 걷다, 깨닫다, 듣다, 묻다(선생님께 ~), 싣다, 일컫다 등

(4가)는 규칙 활용 동사로서 어떤 어미와 결합해도 /ㄷ/는 변함이 없다. 그러나 (4나)는 불규칙 활용 동사로서 '들어, 물으니'와 같이 모음 어미나 '으' 계열 어미와 결합할 때에는 받침 /ㄷ/가 /ㄹ/로만 실현된다.

/ㄷ/와 /ㄹ/는 음성적으로 매우 밀접한 관계를 갖는 소리이다. 불규칙 활용의 경우뿐만 아니라, '설 → 섣달, 술 → 숟가락, 바느질 → 반짇고리' 등과 같은 경우에도 /ㄷ/와 /ㄹ/의 밀접한 관계를 알 수 있으며, 제1장에서 언급한 대로 미국 영어의 'water, city'의 /t/가 [ɾ]로 발음되는 것을 통해서도 두 소리 사이의 상관관계를 알 수 있다.

② 'ㅂ' 불규칙 활용

'ㅂ' 불규칙 활용은 아래에서와 같이 어간이 /ㅂ/로 끝나는 동사나 형용사 어간 다음에 모음 어미 또는 '으'계열 어미가 결합할 때 /ㅂ/가 '우' 또는 '오'로 실현된다. 그리고 모음 어미와 결합할 때에는 '우' 또는 '오'가 어미 '-어/아'와 결합하여 '워' 또는 '와'로 나타난다.

활용＼어미	자음 어미	모음 어미	'으'계열 어미
좁다(규칙 활용)	좁고	좁아	좁으니
춥다(불규칙 활용)	춥고	추워	추우니
돕다(불규칙 활용)	돕고	도와	도우니

(5)   'ㅂ' 규칙 활용 용언과 불규칙 활용 용언

　　가. 규칙 활용 : 입다, 잡다, 접다, 씹다, 뽑다, 좁다 등

　　나. 불규칙 활용 : 곱다, 돕다, 눕다, 굽다, 줍다, 덥다, 춥다, -답다, -롭다, -스럽다 등

(5가)는 규칙 활용 용언으로서 어떤 어미와 결합해도 /ㅂ/는 변함이 없다. 그러나 (5나)는 불규칙 활용 용언으로서 모음 어미나 '으' 계열 어미와 결합할 때에는 '주워, 향기로워, 더우니, 누우니'와 같이 받침 /ㅂ/가 '우'로 실현된다. 단, '돕다'와 '곱다' 또한 '으' 계열 어미와 결합할 때에는 '도우니, 고우며'와 같이 '우'로 실현되는데, 다만 모음 어미인 '-어/아'와 결합할 때에는 '도와, 고와'처럼 '오'로 실현된다.

/ㅂ/와 /ㅜ/는 음성적으로 매우 밀접한 관계를 갖는 소리이다. /ㅂ/는 양순음이고, /ㅜ/는 원순모음으로 둘다 입술과 관련된 특징을 가진 소리이다. /ㅜ/ 소리를 내다 입술만 다물면 양순음이 된다. 역사적으로 볼 때, 현대 한국어의 '물, 불, 풀'과 같은 말은 모두 '믈, 블, 플'에서 온 말이다. 이것은 양순음에 있는 원순성(/ㅜ/)이 투명한 모음인 /ㅡ/를 탈락시키고 그 자리에 /ㅜ/가 들어간 결과이다.

위에서 '곱다, 돕다'가 모음 어미를 만날 때 /ㅂ/가 '오'로 실현된다고 하였는데, 정확히 말하면 이 경우에도 '오'가 아닌 '우'로 실현된 것이다. 그것은 '으' 계열 어미와 결합할 때 '돕 + (으)며 →도우며, 곱 + (으)니 → 고우니' 등과 같이 /ㅂ/가 '오'가 아닌 '우'로 실현된다는 것을 통해서 알 수 있다. '돕다, 곱다'의 /ㅂ/가 '오'로 실현되는 경우는 어미 '-아(서)' 또는 '-았-'과 같은 모음 어미가 결합할 때뿐이다. 이런 면에서 볼 때, '돕 + 아, 곱 + 아'도 '오 + 아'가 아닌 '우 + 아'인 것으로, 발음대로 표기하면 '도와, 고와'가 아니라 '도워, 고워'이다. 다만, 한글에서 이러한 글자를 사용하지 않으므로 '도와, 고와'로 표기하는 것이다.

 여기서 잠깐!

에콰도르, 쿠알라룸푸르

에콰도르(Ecuador) 공화국은 남아메리카에 있는 나라 이름이며, 쿠알라룸푸르(Kuala Lumpur)는 말레이시아 수도 이름이다. 이 이름들은 모두 /ㅘ/ 모음을 가지고 있는데 이것을 길게 발음하면 각각 [에쿠아도르], [쿠알라룸푸르]로 실현된다. 여기서 'ㅘ = ㅜ + ㅏ'라는 것을 다시 한 번 확인할 수 있다.

'어리석고 험상궂은 데가 있다'는 의미를 가진 '우악살스럽다'의 준말은 무엇일까?
왁살스럽다

③ 'ㅅ' 불규칙 활용

'ㅅ' 불규칙 활용은 아래에서와 같이 어간이 /ㅅ/로 끝나는 동사나 형용사 어간 다음에 모음어미 또는 '으' 계열 어미가 결합할 때 /ㅅ/가 탈락한다.

활용 어미	자음 어미	모음 어미	'으'계열 어미
솟대(규칙 활용)	솟고	솟아	솟으니
긋대(불규칙 활용)	긋고	그어	그으니

(6)　'ㅅ' 규칙 활용 용언과 불규칙 활용 용언
　　가. 규칙 활용 : 벗다, 빗다, 빼앗다, 씻다, 솟다 등
　　나. 불규칙 활용 : 긋다, 낫다, 붓다, 잇다, 젓다, 짓다 등

(6가)는 규칙 활용 용언으로서 어떤 어미와 결합해도 /ㅅ/는 변함이 없다. 그러나 (6나)는 불규칙 활용용언으로서 '이어, 지으니'와 같이 모음 어미나 '으' 계열 어미와 결합할 때에는 받침 /ㅅ/가 탈락한다.

지금까지 'ㄷ' 불규칙 활용, 'ㅂ' 불규칙 활용, 'ㅅ' 불규칙 활용의 세 경우를 살펴보았다. 이들은 모두 어간 마지막 자음이 불규칙 활용을 하는 경우로, 모음 어미나 '으' 계열 어미와 결합할 때 불규칙 활용을 한다. 한 가지 덧붙인다면, 이 세 가지 불규칙 활용을 하는 용언 중 1음절 어간의 경우에는 대부분이 장모음인데, 불규칙 활용을 할 때에는 단모음으로 바뀐다. 예를 들어, '걷다[걷:따], 걷고[걷:꼬]'처럼 자음 어미와 결합할 때에는 장모음을 유지하지만, 모음 어미나 '으' 계열 어미와 결합할 때에는 '걸어[거러], 걸으니[거르니]'처럼

단모음으로 발음된다. 이에 예외적인 것으로는 '듣다'와 '웃다'가 있다. '듣다'는 원래 단모음의 낱말인데도 불규칙 활용을 하며, '웃다'는 원래 장모음의 낱말인데도 불규칙 활용을 하지 않는다.

 **어기서 잠깐!**

> **불규칙 활용을 잘못 적용한 경우**
>
> 우리는 일상 생활에서 '차에 물건을 [실코] 간다'라든지 '그 사실을 [깨달코] 나니', '라면이 [뿔코]', '휴지를 [주서서] 버렸다'와 같은 말을 자주 사용한다. 그런데 '싣다, 깨닫다, 붇다'는 'ㄷ' 불규칙 활용 용언으로 모음 어미나 '으' 계열 어미와 결합한 경우에는 불규칙 활용하지만, 자음 어미와 결합할 경우에는 각각 '싣고[싣꼬], 깨닫고[깨닫꼬], 붇고[붇꼬]'로 실현된다. 그리고 '줍다'는 'ㅂ' 불규칙 활용 용언이므로 [주서서]가 아니라 '주워서[주워서]'로 발음해야 한다.

13.1.2 '르, 러' 불규칙 활용

'르' 불규칙 활용과 '러' 불규칙 활용은 활용의 실제적인 모습은 다르지만 환경이 동일하다는 공통점을 갖는다. 즉, 어간이 '-르'로 끝나고, 모음 어미와 결합할 때에만 불규칙 활용한다. 이들이 '으' 계열 어미와 결합할 때 불규칙 활용하지 않는 것은 어간의 마지막 소리가 모음이어서 /으/가 나타나지 않기 때문이다. 이들 활용의 구체적인 모습을 보면 아래와 같다. 이해를 돕기 위하여 /ㅡ/탈락도 함께 비교하도록 한다.

활용 어미	자음 어미	모음 어미	'으'계열 어미
따르다('―' 탈락 활용)	따르고	따르니	따라
다르다('르' 불규칙 활용)	다르고	다르니	달라
푸르다('러' 불규칙 활용)	푸르고	푸르니	푸르러

위의 표에서 볼 수 있듯이 자음 어미와 '으' 계열 어미가 결합할 때에는 세 가지 경우에 차이가 없다. 즉, 어간과 어미의 형태에 변함이 없다. 그러나 모음 어미와 결합할 때에는 세 경우 모두 형태가 다르다. 먼저 /―/ 탈락의 경우를 보면 어간의 마지막 모음인 /―/가 탈락한다. 이것은 앞에서 설명한 바와 같이 뒤에 다른 모음이 오기 때문이다. 한편, /르/ 불규칙 활용을 하는 '다르다'의 경우에는 두 가지 변화가 일어난다. 첫째는 어간의 마지막 모음인 /―/ 모음이 탈락하는 것이고, 둘째는 어간에 /ㄹ/가 하나 덧생겨 하나는 앞 음절의 받침으로, 다른 하나는 뒤 음절의 첫소리로 실현된다. 즉, [ㄹ리]의 형태를 갖게 된다. 이런 점에서 '들르 + 어 → 들러'와 같이 원래 /ㄹ/ 받침이 둘인 낱말은 '르' 불규칙 용언이 아니라 /―/ 탈락 용언이 된다. 마지막으로, '러' 불규칙 활용을 하는 '푸르 + 어'의 경우에는 어간은 변함이 없는데 어미만 '어'가 아닌 '러'로 실현된다. 한국어에서 '-어/아'가 '-러'로 실현되는 경우는 '푸르다, 이르다(至), 누르다(黃)' 정도뿐이다. 이들은 모두 '러' 불규칙 활용 용언이다. '르' 불규칙 활용 용언과 '러' 불규칙 활용 용언을 보면 아래와 같다.

(7)   가. '르' 불규칙 활용 용언 : 가르다, 고르다, 기르다, 나르다, 다르다, 마르다, 바르다, 사르다, 오르다, 자르다, 지르다 등

        나. '러' 불규칙 활용 용언 : 누르다, 이르다(至), 푸르다 등

13.1.3 '여', 'ㅎ' 불규칙 활용

'여' 불규칙 활용은 '공부하다, 사랑하다' 등과 같이 '하다'가 붙는 용언에서 일어나며, 'ㅎ' 불규칙 활용은 '까맣다, 동그랗다' 등과 같이 어간이 /ㅎ/로 끝나는 형용사에서 일어난다. '여' 불규칙 활용은 모음 어미와 결합할 때에만 불규칙 활용하는 반면, 'ㅎ' 불규칙 활용은 모음 어미는 물론이고 '으' 계열 어미와 결합할 때에도 불규칙 활용한다는 점에서 차이가 난다.

활용＼어미	자음 어미	모음 어미	'으'계열 어미
일하다('여' 불규칙 활용)	일하고	일하여(일해)	일하니
까맣다('ㅎ' 불규칙 활용)	까맣고	까매	까마니

먼저 '여' 불규칙 활용의 경우를 보면, 앞에서 언급한 대로 모음 어미 '-어/아' 대신에 '-여'를 택하여, '-여, 여서, -였-'으로 실현된다. 그리고 이들은 어간과 합쳐진 준말의 경우에 '해, 해서, 했-'으로 실현된다. 즉, 준말은 어간 모음에 /ㅣ/만 더한 형태, 즉 '하 + ㅣ → 해'가 된다.

'ㅎ' 불규칙 활용의 경우, 어간이 모음 어미나 '으' 계열 어미와 결합할 때 공통적으로 어간의 /ㅎ/가 탈락한다. 이것은 제7장 받침의 발음에서 본 것과 같이 /ㅎ/가 유성음(여기서는 '모음') 사이에서 탈락한 것이다. 그리고 /ㅎ/가 탈락한 다음에는 아래에서 보는 것과 같이 모음충돌회피를 위하여 어미 '으'가 탈락한다. 이것이 '으' 계열 어미와 결합할 때의 모습이다.

까맣 + 으니 ──▶ 까맣으니('ㅎ' 탈락)

──▶ 까마으니('으' 탈락) ──▶ 까마니

다음으로, 'ㅎ' 불규칙 활용 어간과 모음 어미가 결합하는 경우에는 /ㅎ/ 탈락과 더불어 어미의 변화가 일어난다. 그런데 /ㅎ/ 탈락은 '으' 계열 어미의 경우와 마찬가지로 모음 사이에서의 /ㅎ/의 음성적 특성에 기인한 것이다. 특이한 것은 어미의 변화인데, 이것은 위의 '하 + ㅣ → 해'와 같이 /ㅎ/가 탈락한 어간 다음에 /ㅣ/를 더하면 된다. 즉, '까마 + ㅣ → 까매, 하야 + ㅣ → 하얘, 허여 + ㅣ → 허예, 퍼러 + ㅣ → 퍼레'와 같이 되고, '까맸습니다. 파랬습니다'와 같이 된다.

하얗 + -어/아 ──▶ 하야ㅎㅣ ('ㅎ' 탈락) ──▶ 하얘

허옇 + -어/아 ──▶ 허여ㅎㅣ ('ㅎ' 탈락) ──▶ 허예

이렇게 어간 다음에 '-어/아' 대신 /ㅣ/를 붙이는 경향은 '바라(다)'의 일상 구어 '나는 네가 행복하길 바래'와 같은 경우에도 나타난다. 그러나 이 경우에는 표준 발음으로 인정받지 못하고 있다. 'ㅎ' 불규칙 활용은 /ㅎ/ 받침을 가진 형용사 중 '좋다'를 제외한 모든 형용사에서 일어난다.

(8) 'ㅎ' 불규칙 활용 용언
    가. /ㅎ/ 받침을 가진 색채 형용사(까맣다, 노랗다, 빨갛다 등)
    나. 그렇다, 동그랗다 등

13.1.4 '르' 탈락

불규칙 활용은 아니지만 어간의 형태가 변하는 것으로 '르' 탈락이 있다. '르' 탈락은
앞에서 본 '一' 탈락과 함께 한국어에서 규칙 활용이면서도 어간의 형태가 변한다. 이들을
규칙 활용이라고 하는 것은 모든 낱말이 예외 없이 모두 적용이 되기 때문이다. 예를 들어,
/르/를 어간 말음으로 갖는 모든 낱말은 어미 '-는'과 결합하면 예외 없이 어간의 /르/가
탈락한다(예 : 울+는→우는). 그리고 무엇보다 '르' 탈락의 환경은 위에서 본 불규칙 활용의
경우와는 판이하게 다르다. 즉, '르' 탈락은 위에서 본 것처럼 어미의 종류에 따라 달라지는
것이 아니라, 어미의 첫소리에 따라 달라져 아래와 같은 소리로 시작하는 어미가 오면
/르/가 탈락한다.

(9) '르' 탈락을 일으키는 어미[1]
   가. '-ㄴ'으로 시작하는 어미
   나. '-(으)ㄴ'으로 시작하는 어미
   다. '-(으)시-'
   라. '-(스)ㅂ니다, -(스)ㅂ니까'
   마. '-(으)ㄹ'

/르/는 음성적으로 다른 자음과는 다른 몇 가지 특성을 갖는다. 첫째, 제8장에서 언급한
것처럼 /르/는 /ㄴ/와는 절대 연결되지 못하여, 한국어에서는 그 어떠한 경우에도 [르ㄴ]으
로 발음되는 경우가 없다. 즉, 한국어에서는 /르/와 /ㄴ/가 연결되면 어떠한 방법을 써서라도
그러한 연결을 피하려고 한다. 거기에는 두 가지 방법이 있는데, 하나는 '소나무, 버드나무,
아드님, 따님'처럼 /르/을 탈락시키는 것이고, 다른 하나는 '줄넘기[줄럼끼], 달님[달림],
찰나[찰라]'처럼 뒤의 /ㄴ/를 [르]로 발음하는 것이다. 한국어에서는 주로 전자의 방법을
사용하는데, (9가)의 어미들이 이에 해당한다. 즉, /르/를 말음으로 하는 용언의 어간 다음에

---

1) 어간 말음 /르/는 어미 '-오'와 결합할 때에도 탈락한다(예: 왜 우오?). 그러나 이러한 어미는 외국인
   들은 거의 사용하지 않기 때문에 논의에서 제외한다.

/-ㄴ/으로 시작하는 어미가 오면 아래와 같이 /ㄹ/는 탈락한다.

(10)   /ㄴ/로 시작하는 어미와 결합하는 경우

　　　　　울 + 는 → 우는　　　　　풀 + 는 → 푸는

　　　　　울 + 니 → 우니　　　　　풀 + 니 → 푸니

여기서 한 가지 덧붙이고자 하는 것은, 위에서도 언급한 바와 같이 어간 말음 /ㄹ/는 마치 모음으로 끝난 낱말처럼 행동하여 '으' 계열 어미 앞에서 '으'가 실현되지 않는다. 따라서 '-(으)ㄴ'과 같은 어미도 결국 /ㄴ/로 시작하는 어미와 같은 결과를 가져온다. (9나)의 어미들이 이에 해당하여 아래와 같이 실현된다.

(11)   /-(으)ㄴ/로 시작하는 어미와 결합하는 경우

　　　　　울 + (으)니까 → 우니까　　　　　풀 + (으)니까 → 푸니까

　　　　　울 + (으)ㄴ → 운　　　　　풀 + (으)ㄴ → 푼

/ㄹ/는 /ㅅ/와도 잘 연결되지 않는 경우가 많다. 위의 [ㄹㄴ]의 제약이 언어 일반적인 현상이라면, [ㄹㅅ]의 제약은 한국어의 특징이라 할 수 있다. '불 + 삽 → 부삽, 활 + 살 → 화살, 말 + 소 → 마소'와 같은 경우가 그에 해당한다. (9다, 라)의 어미들이 이에 해당한다고 할 수 있다. 다만, (9라)의 경우는 하나의 과정이 더 있는데 /ㄹ/가 탈락한 결과 모음으로 끝난 형태가 되었다는 것이다. 그런데 '-(스)ㅂ니다, -(스)ㅂ니까'와 같은 어미들은 어간의 말음이 자음인가 모음인가에 따라 두 가지 다른 형태를 갖는다.

(12)   가. 자음으로 끝난 어간 다음 : -습니다, -습니까

　　　　　먹-습니다　　　　　찾-습니다

　　　　나. 모음으로 끝난 어간 다음 : -ㅂ니다, -ㅂ니까

　　　　　가 -ㅂ니다　　　　　오-ㅂ니까

따라서 어간 말음에 /ㄹ/를 갖는 용언들은 결국 (12나)에서와 같은 '-ㅂ니다, -ㅂ니까'와 같은 형태의 어미를 취하여, '웁니다, 품니까'와 같이 실현된다.

끝으로, 어미 '-(으)ㄹ'과 결합하는 경우이다. 이 경우에도 /ㄹ/가 갖는 모음적 특성으로 '으'는 실현되지 않는다. 그 결과 아래와 같은 모습이 된다.

(13)   /-(으)ㄹ/로 시작하는 어미와 결합하는 경우

　　　　울 + ㄹ　　　　　　풀 + ㄹ　　　　　널 + ㄹ　　　　　　열 + ㄹ

위와 같은 경우 발음이 불가능하다. 발음을 가능하게 하기 위해서는 두 가지 방법이 있다. 하나는 다시 '으'를 살려 [울을 (일), 풀을 (문제), 널을 (빨래), 열을 (문)]처럼 발음하는 것이고, 다른 하나는 두 /ㄹ/ 중 하나를 없애 [울 (일), 풀 (문제), 널 (빨래), 열 (문)]처럼 발음하는 방법이다. 그러나 이미 전 단계에서 '으'를 탈락하였기 때문에 후자의 경우를 표준발음으로 한다.

13.2 불규칙 활용의 교육 방안과 활동 유형

13.2.1 불규칙 활용의 교육 방안

불규칙 활용은 용언이 활용한 상태로 표기가 되기 때문에 교사는 외국인 학습자들이 오류를 일으키지 않도록 개별 자음과 모음에 유의해서 표기된 대로 발음지도를 하면 된다. 그런데 불규칙 활용을 이해하여 이를 실제 언어 생활에서 사용할 수 있게 되기까지는 결코 쉽지 않다. 따라서 여기에서는 발음 지도의 차원에서 한 단계 더 나아가 불규칙 활용을 효율적으로 가르칠 수 있는 방안을 함께 제시하도록 한다.

불규칙 활용을 하는 용언인 '걷다, 묻다, 듣다' 등은 한국어 학습의 초기에 많이 사용되는

낱말이다. 규칙과 불규칙이 나란히 있는 어간의 경우(예를 들어, (커튼을) 걷다 : (다리로) 걷다, (땅에) 묻다 : (친구에게) 묻다)만 보더라도 규칙보다는 불규칙 용언이 일상생활에서 더 자주 된다. 이런 이유로 외국인 학습자들에게 자칫하면 한국어에서 /ㄷ/로 끝나는 모든 동사는 모음으로 시작하는 어미가 연결될 경우 [ㄹ]로 바뀌고, /ㅂ/는 [ㅜ] 또는 [ㅗ]로 바뀐다는 식으로 인식되어 과잉일반화(overgeneralization)하는 오류를 낳을 수 있다. 그러므로 특별히 주의하여 지도해야 한다.

불규칙 활용을 가르칠 경우에도 학습자들이 불규칙 활용에 어느 정도 익숙해질 때까지 여러 가지 색깔이나 기호를 이용하여 눈에 띄는 판서를 하거나 그림이 그려진 낱말 카드와 같은 학습 도구를 활용하여 지도하는 방법이 학습 효과를 높일 수 있다.

예를 들어 'ㄷ' 불규칙 용언의 경우 어간에 모음 어미나 '으' 계열 어미가 연결될 때 받침에 있는 /ㄷ/가 [ㄹ]로 소리 나는 것을 아래와 같이 그림으로 제시하면 시각적 효과를 높일 수 있어 학습자들이 훨씬 수월하게 배울 수 있다. 그런 다음 '걷-어[걸어], 듣-어[들어]' 등과 같은 낱말을 제시하면서 불규칙 활용이 적용되어 발음되는 낱말의 바뀌는 음을 빨간색 등의 펜으로 표시하여 학습자들이 인지할 수 있도록 한다.

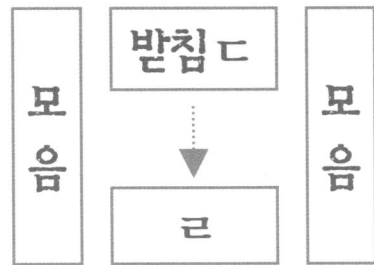 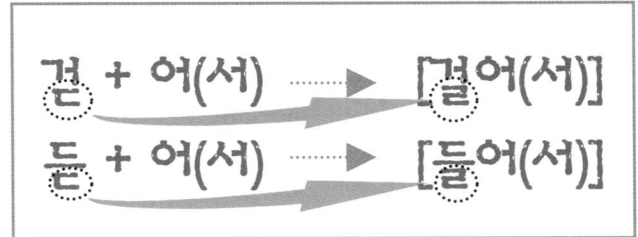

'ㅂ' 불규칙 용언의 경우도 어간에 모음으로 시작하는 어미가 연결될 때 받침에 있는 /ㅂ/가 [ㅜ] 또는 [ㅗ]로 바뀌는 것을 위와 같은 방법으로 제시하여 설명하면 학습의 효율성을 높일 수 있다. '곱-아(서)[고와서], 덥-어(서)[더워서]' 등과 같은 낱말을 제시하면서 불규칙 활용이 적용되어 발음되는 낱말의 바뀌는 음을 빨간색 등의 펜으로 표시하여 학습자들이 인지할 수 있도록 한다.

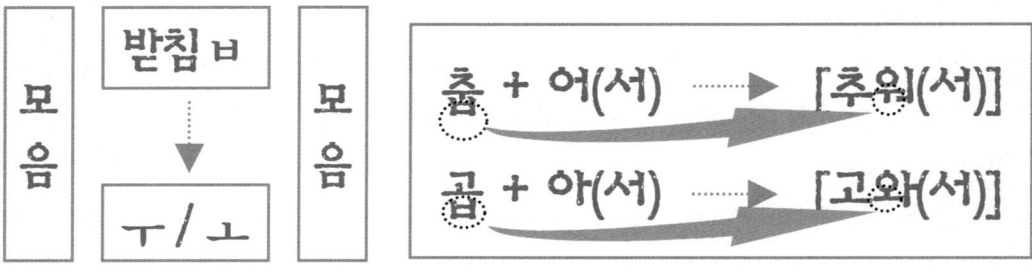

'ㅅ' 불규칙 활용의 경우에도 위에서 제시한 것과 같이 가르치면 효율적이다.

이러한 교육과 함께 무엇보다 중요한 것은 원리 학습이다. 물론 어떤 낱말이 규칙인지 불규칙인지는 어휘적인 문제이므로 학습자들 스스로 익혀야 한다. 먼저 'ㄷ' 불규칙 활용, 'ㅂ' 불규칙 활용, 'ㅅ' 불규칙 활용의 경우부터 살펴보도록 하자.

① 'ㄷ, ㅂ, ㅅ' 불규칙 활용의 경우

이 세 가지 불규칙 활용을 보이는 낱말 중 대표적인 것은 아래와 같다.

불규칙 활용	예
'ㄷ' 불규칙 활용	걷다, 듣다, (질문을) 묻다, 싣다, 붇다, 깨닫다, 일컫다 등
'ㅂ' 불규칙 활용	굽다, 눕다, 돕다, 줍다, (얼굴이) 곱다, 덥다, 맵다, 밉다, 쉽다, 춥다, 가깝다, 가렵다, 가볍다, 가엽다, 고맙다, 괴롭다, 귀엽다, 그립다, 놀랍다, 더럽다, 두껍다, 두렵다, 뜨겁다, 무겁다, 무섭다, 반갑다, 부럽다, 사납다, 서럽다, 싱겁다, 아깝다, 아쉽다, 어둡다, 어렵다, 외롭다, 우습다, 즐겁다, 지겹다, 차갑다, 간지럽다, 까다롭다, 날카롭다, 너그럽다, 미끄럽다, 부끄럽다, 부드럽다, 시끄럽다, 어지럽다, 징그럽다 등
'ㅅ' 불규칙 활용	굿다, (병이) 낫다, (~보다) 낫다, 붓다, 잇다, 젓다, 짓다 등

이들 낱말들은 앞에서 말한 바와 같이 모음 어미나 '으' 계열 어미와 만날 때 다음과 같은 변화를 보인다.

불규칙	바뀌기 전	환경	바뀐 후
'ㄷ' 불규칙 활용	ㄷ		ㄹ
'ㅂ' 불규칙 활용	ㅂ	모음 / '으' 계열 어미	우 (단, '돕다, 곱다'는 모음 어미와 만날 때 '오'로 실현되고 '뵙다, 여쭙다'는 /ㅂ/가 탈락한다)
'ㅅ' 불규칙 활용	ㅅ		∅

이러한 낱말 익히기와 원리 학습이 끝나면 아래와 같은 표를 이용하여 하나씩 확인 학습을 하도록 한다. 편의상 'ㅂ' 불규칙의 경우만 예로 보인다. 아래의 세 가지 조건을 충족시키면 /ㅂ/를 /우/로 바꾸도록 한다. 단, '돕다'와 '곱다'의 경우는 모음 어미가 연결될 때 '오'로 실현되고 '뵙다, 여쭙다'의 경우는 /ㅂ/가 탈락하므로 이들 낱말의 경우는 따로 교육하도록 한다.

조건 \ 낱말	짚+어	좁+아	덥+고	반갑+어	돕+으면
조건 ①	×	√	√	√	√
조건 ②	×	×	√	√	√
조건 ③	×	√	×	√	√
결과	적용불가	적용불가	적용불가	[반가워]	[도우면]

조건 ① : 받침이 /ㅂ/인가?
조건 ② : 'ㅂ' 불규칙 활용에 속하는 낱말인가?
조건 ③ : 어미가 모음 어미 또는 '으' 계열 어미인가?

이러한 원리 학습이 끝나면 해당하는 낱말을 이용하여 반복적으로 연습하도록 한다. 'ㄷ' 불규칙 활용과 'ㅅ' 불규칙 활용 또한 위와 같은 방법으로 지도하면 된다.

② '르, 러' 불규칙 활용의 경우

이 불규칙 활용을 보이는 낱말 중 대표적인 것은 아래와 같다.

불규칙 활용	예
'르' 불규칙 활용	고르다, 구르다, 기르다, 나르다, 누르다, 마르다, 모르다, 바르다, 오르다, 이르다, 자르다, 조르다, 흐르다, 가파르다, 머무르다, 무찌르다, 문지르다, 서두르다, 어지르다, 저지르다, 주무르다, 타이르다, 휘두르다, 그르다, 다르다, 빠르다, 게으르다, 목마르다, 올바르다 등
'러' 불규칙 활용	이르다, 누르다, 푸르다

이들 낱말들은 앞에서 말한 바와 같이 모음 어미와 만날 때 다음과 같은 변화를 보인다. 설명의 편의상 실제 낱말을 이용하여 제시한다.

불규칙	바뀌기 전	환경	바뀐 후
'르' 불규칙 활용	고르 구르	모음 어미	골라 굴러
'러' 불규칙 활용	푸르		푸르러

이러한 낱말 익히기와 원리 학습이 끝나면 아래와 같은 표를 이용하여 하나씩 확인 학습을 하도록 한다. '르' 불규칙의 경우 아래의 네 가지 조건을 충족시키면 '르 + 어/아'를 '르러/르라'로 바꾸도록 한다. 단, '러' 불규칙 용언은 그 수가 매우 제한되어 있으므로 따로 교육하도록 한다.

조건＼낱말	이루+어	들르+어	따르+아	다르+으니	빠르+아서
조건 ①	×	√	√	√	√
조건 ②	×	×	√	√	√
조건 ③	×	×	×	√	√
조건 ④	√	√	√	×	√
결과	적용불가	적용불가	적용불가	적용불가	[빨라서]

조건 ① : 어간말 음절이 '르'인가?

조건 ② : '르' 앞 음절에 받침이 없는가?

조건 ③ : '르' 불규칙 활용에 속하는 낱말인가?

조건 ④ : 어미가 모음 어미인가?

이러한 원리 학습이 끝나면 해당하는 낱말을 이용하여 반복적으로 연습하도록 한다.

③ '여, ㅎ' 불규칙 활용의 경우

이 불규칙 활용을 보이는 낱말 중 대표적인 것은 아래와 같다.

불규칙 활용	예
'여' 불규칙 활용	'공부하다, 노래하다, 청소하다, 행복하다. 사랑하다, 일하다, 착하다, 대답하다, 못하다, 시원하다' 등과 같이 '하다'가 붙는 용언
'ㅎ' 불규칙 활용	'하얗다, 빨갛다, 노랗다, 파랗다, 동그랗다, 그렇다, 커다랗다' 등과 같이 어간이 /ㅎ/로 끝나는 형용사(단, '좋다'는 제외)

이러한 어휘 익히기와 원리 학습이 끝나면 아래와 같은 표를 이용하여 하나씩 확인 학습을 하도록 한다. 먼저 'ㅎ' 불규칙 활용의 경우 아래의 세 가지 조건을 충족시키면 어간말음

절의 /ㅎ/를 탈락시킨 다음 뒤에 오는 어미에 따라 'ㅐ/ㅔ'로 바꾸거나 '으'를 탈락시키도록
한다.

조건＼낱말	곱+아	좋+아	노랗+고	하얗+아	빨갛+으면
조건 ①	×	√	√	√	√
조건 ②	×	×	√	√	√
조건 ③	√	√	×	√	√
결과	적용불가	적용불가	적용불가	[하얘]	[빨가니]

조건 ① : 받침이 /ㅎ/인 형용사인가?

조건 ② : 'ㅎ' 불규칙 활용에 속하는 낱말인가?

조건 ③ : 어미가 모음 어미 또는 '으' 계열 어미인가?

'여' 불규칙 활용의 경우에는 비교적 간단하여 먼저 '하다'가 붙는 용언을 제시하고 어간
'하-' 뒤에 모음 어미가 연결될 때 모음 어미를 '-여'로 바꾸면 된다는 것을 인지시키면
된다.

이러한 원리 학습이 끝나면 해당하는 낱말을 이용하여 반복적으로 연습하도록 한다.

④ 'ㄹ' 탈락의 경우

'ㄹ' 탈락은 규칙 활용이면서도 어간의 형태가 변한다. 'ㄹ' 탈락을 보이는 낱말 중 대표적
인 것은 아래와 같다.

규칙 활용	예
'ㄹ' 탈락	갈다, 걸다, 달다, 빌다, 멀다, 울다, 풀다, 열다, 널다, 가늘다, 돌다, 만들다, 흔들다, 떠들다, 이끌다, 부풀다 등

이 낱말들은 앞에서 보인 불규칙 활용의 경우와는 다르게 위에서 제시한 어미군이 아니라 어미의 첫소리에 따라 활용의 형태가 달라진다. 이 낱말들은 'ㄴ, -(으)ㄴ로 시작하는 어미, ㅂ니다, -(스)ㅂ니까, -(으)ㄹ, -(으)ㄴ'와 같은 어미를 만날 때 다음과 같은 변화를 보인다.

규칙 활용	바뀌기 전	환경		바뀐 후
'ㄹ' 탈락	ㄹ	-(으)ㄴ	-(으)시-	Ø
		-(스)ㅂ니다(까)	-(으)ㄹ	

이러한 어휘 익히기와 원리 학습이 끝나면 아래와 같은 표를 이용하여 하나씩 확인 학습을 하도록 한다. 아래의 세 가지 조건을 충족시키면 어간말음절의 /ㄹ/를 탈락시키도록 한다.

조건 \ 낱말	날+고	오+는	울+는	놀+-ㅂ니다
조건 ①	√	×	√	√
조건 ②	×	×	√	√
조건 ③	×	√	√	√
결과	적용불가	적용불가	[우는]	[놉니다]

조건 ① : 받침이 /ㄹ/인 낱말인가?
조건 ② : 'ㄹ' 탈락에 속하는 낱말인가?
조건 ③ : 어미가 '-ㄴ(은), -(스)ㅂ니다, -(스)ㅂ니까, -(으)ㄹ' 중의 하나인가?

이러한 원리 학습이 끝나면 해당하는 낱말을 이용하여 반복적으로 연습하도록 한다.

13.2.2 불규칙 활용 교육의 활동 유형

■ 원리 학습 전 활동

이 활동은 불규칙 활용의 원리를 학습하기 전에 낱말을 실제로 발음해 봄으로써 학습자로 하여금 그 원리를 예측하게 해 보는 활동이다. 이를 통해 교사는 원리 학습 전 단계에서 학습자의 학습 동기를 유발시켜 보다 효율적인 학습이 이루어지도록 유도할 수 있다. 이 때 교사는 학습자의 학습 수준이나 인지 정도를 고려하여 아래에 제시하는 활동 유형들을 모두 연습시켜도 좋고 적절한 유형을 선별하여 연습시켜도 좋다. 불규칙 활용은 표기에 그대로 반영되므로 교사는 학습자에게 제시어를 충분히 보여 주고 그 원리를 예측할 수 있도록 유도해야 한다.

1. 낱말 짝 짓기

교사가 학습자에게 불규칙 활용이 일어나는 낱말의 기본형과 그 활용형을 제시하고 서로 연관되는 것끼리 짝을 지어보게 하는 활동이다. 활용형을 제시할 때는 잘못된 활용형을 함께 제시하여 원리 학습 후에 오류를 스스로 수정할 수 있도록 한다.

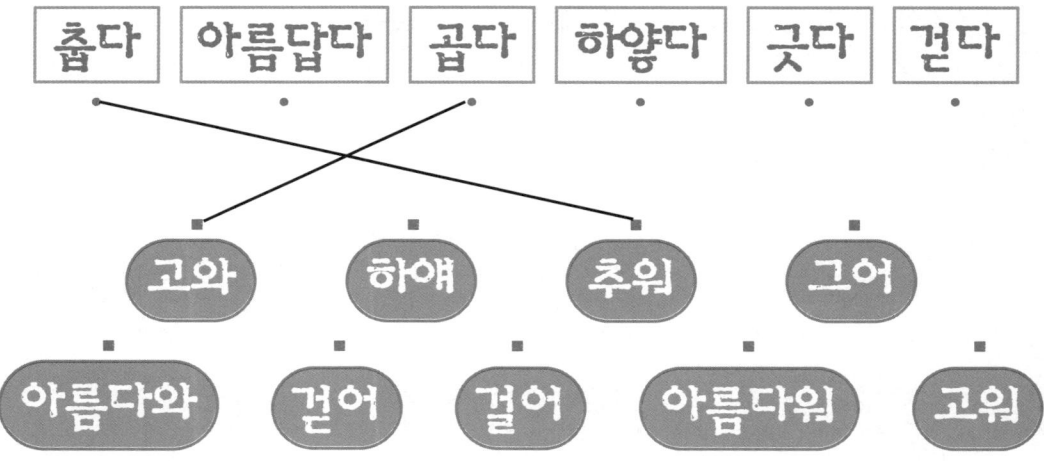

■ 원리 학습 후 활동

원리 학습 전 활동이 끝나고 원리 학습이 이루어진 다음에는 교사가 아래와 같은 원리 학습 후 활동을 통해 학습자의 학습 이해도를 확인하고 또한 학습자 스스로도 자신의 학습 정도를 확인할 수 있도록 한다.

1. 문장 읽기

교사는 불규칙 활용을 하는 낱말들이 들어 있는 문장을 제시하여 정확하게 발음하여 읽을 수 있도록 지도한다.

(1) 저는 마음이 **아름다운** 사람이 좋아요.

(2) 불쌍한 사람을 **도와**주어야 해요.

(3) 길을 잘 **몰라서** 경찰에게 물어 보았어요.

(4) 얼굴이 **까마니** 꼭 까마귀 같아요.

(5) 그 아기는 집에 **이르러**서야 울음을 그쳤어요.

(6) 우유를 잔에 **부어라**.

(7) 빨리 **걸어야** 약속 시간에 늦지 않아요.

2. 쓰기

교사가 학습자에게 불규칙 활용이 일어나는 낱말과 이에 연결되는 어미가 있는 표를 제시하고 그 표를 정확하게 완성하도록 함으로써 불규칙 활용을 인지하게 하는 활동이다.

용언 \ 어미	-고	-어(서)/아(서)
굽다	굽고	구워서
춥다		
짓다		
얻다		
오르다		
노래하다		
새파랗다		

3. 글짓기

① 짧은 문장 만들기

교사는 불규칙 활용이 일어나는 낱말들을 몇 개 제시하고 이들을 넣어 짧은 문장을 만들게 한다. 그리고 학습자가 만든 문장을 발표하게 한다. 이 활동은 중급 이상의 학습자에게 유용한 활동이다.

| 고맙다 | 붓다 | 이르다 | 푸르다 | 노랗다 | 일하다 | 기르다 | 솟다 |

(1) _____

(2) _____

(3) _____

나. 편지 쓰기

교사가 불규칙 활용이 일어나는 낱말들을 제시하고 학습자로 하여금 이 낱말들이 들어가는 편지를 쓰게 한다.

_____께

_____올림

바른소리 CD

국립국어원에서 2003년에 선보여 지금까지 세계 약 40여 개국에 대략 3만개 이상 무료로 배포된 '바른소리'는 외국인이 한국어의 발음을 스스로 익힐 수 있도록 만들어진 한 장짜리 멀티미디어 CD이다. 현재는 새로운 버전을 개발 중에 있어 이 책에서 소개하는 영문판 1.2 버전을 더 이상 배포하지 않는다. 대신 국립국어원 홈페이지(http://www.korean.go.kr/hangeul/cpron/main.htm)에서 연습문제를 제외한 나머지 내용을 인터넷에서 학습할 수 있다.

'바른소리' CD는 멀티미디어의 장점을 살려서 화면 오른쪽 위에 성우의 입모양을 동영상으로 제공하고 있어 한국어 모국어 화자와 직접 대면할 수 없는 해외 거주 학습자들에게 유용하게 쓰일 수 있다. 또한 사용자의 목소리를 녹음하여 성우의 음성 파형과 비교하여 목표음에 가까운 소리를 낼 수 있도록 가시적인 학습 정보를 제공한다.

'바른소리'의 내적 구성 요소로서는 자음과 모음의 각 음소별 변이음을 자세히 익힐 수 있도록 되어 있고, 낱말이 결합될 때 일어나는 음소의 변동에 대해서도 체계적으로 다루고 있다. 이를 위해 실례가 들어 있는 483개의 낱말이 활용되며, 음소별 변이음 이외에도 기초적인 억양이 들어간 문장 53개(평서문 16개, 의문문 15개, 명령문 13개, 청유문 9개)를 추가로 제시하고 있다. 최근 외국어로서의 한국어 발음교육 방법이 다양하게 개발되고 있으나 억양에 대한 연구는 미흡한 실정으로 한국어 억양의 패턴을 문장 유형별로 구분하여 연습할 수 있도록 구성한 것은 '바른소리' CD의 가장 큰 장점이라고 할 수 있다.

1. 이용 환경과 사용법

　<그림 1>과 <그림 2>에서 볼 수 있는 것처럼 '바른소리'는 CD의 형태로 되어 있고, Window 98, ME NT4, 2000, XP의 운영 체계에서 작동하며 매킨토시 컴퓨터에서는 사용할 수 없다. 권장되는 컴퓨터 환경은 펜티엄 Ⅱ 이상의 중앙 처리 장치, 64메가바이트 이상의 램, 32배속 이상의 시디롬 드라이브, 1024*768 이상의 해상도를 갖춘 모니터, 사운드 카드, 마이크 등이다. '바른소리'를 시디롬 드라이브에 넣게 되면 즉시 프로그램이 실행되고 초기 화면이 나타나게 된다. 만약 프로그램이 실행되지 않으면 윈도즈 탐색기 등을 이용하여 'lesson.exe'를 더블 클릭하여 실행시킬 수 있다.

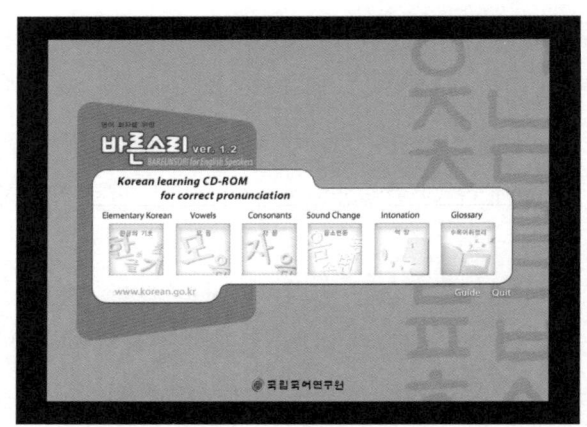

　성공적으로 설치되었다면 오른쪽과 같은 초기 화면(그림1)에서 '한글의 기초', '모음', '자음', '음소 변동', '억양', '수록 어휘 정리' 등의 메뉴를 볼 수 있다. 'Guide' 아이콘은 기본적인 이용 방법을 설명하고 있으며, '바른소리'를 끝내고 싶다면 어느 화면에서건 'Quit'를 클릭하면 된다.

〈그림 1〉 '바른소리'의 초기 화면

2 각 장의 내용

2.1 한글의 기초(Elementary Korean)

　초기 화면에서 맨 왼쪽에 있는 메뉴인 '한글의 기초'는 한국어의 발음을 배울 때 유용하게 이용되는 우리 고유 문자 한글에 대해 간략히 소개하고 있는 곳이다. 여기에는 글자의 이름, 음절 조합 원리 등이 설명되어 있다.

2.2 모음

　'모음'(Vowels)을 클릭하면 오른쪽 화면(그림 2)이 나타난다. 이 화면의 상단에는 '음소별로 익히기'(Learning by Phonemes)가 있어서 각 모음을 클릭하면 개별 모음 28개를 익힐 수 있다. 그 아래에는 '비슷한 모음 비교'(Comparing Similar Vowels)가 있는데 학습자들이 비슷하게 인지할 수 있는 모음들을 서로 비교해 놓아 그 차이를 알아보는 데 용이하다.

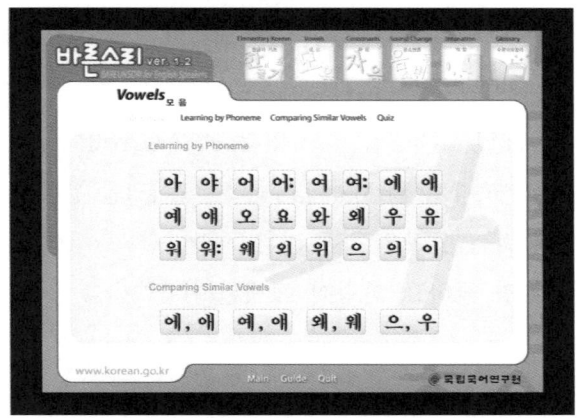

〈그림 2〉 '모음'편의 초기 화면

① 음소별

　오른쪽 〈그림 3〉은 모음 /ㅏ/를 제시하고 있는 화면이다. 각 모음별로 낱말이 세 개씩 등장하는데, 마우스 포인터가 낱말 위에 위치할 때 영어로 된 뜻풀이가 나타난다. 그리고 각 낱말을 클릭하면 해당 낱말의 발음이 스피커로 나오게 되어 있다. 위의 그림에서 알 수 있듯이 각 모음은 낱말별로 각각

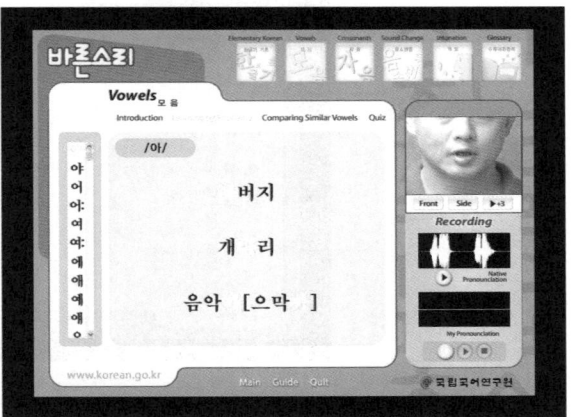

〈그림 3〉 모음 /아/ 익히기

다른 음절에 위치하고 있다. 이것은 유럽의 강세 언어와 달리 한국어에서는 분절음적 환경
별로 또 음절 위치에 따라 모음 음가에 변화가 거의 없기 때문이다(/의/는 여기에서 예외가
된다).

'바른소리'에서 활용하고 있는 발음 기호는 한글이기 때문에 표기와 발음 기호가 같은
경우를 빼면 '음악가'에서처럼 한글 발음 기호를 볼 수 있다. 동영상 아래의 'Front' 아이콘은
정면의 입모양, 'Side'는 측면의 입모양, '+3'은 정면-측면-정면의 연속 동작을 볼 수 있다.
그 아래에 있는 'Recording' 부분은 성우의 음성 파형과 사용자 자신의 음성 파형을 비교해
볼 수 있는 기능을 담고 있다. 즉 'Native Pronunciation'은 성우의 파형으로서 비교의 목표
가 되고, 'My Pronunciation'은 마이크를 통해서 녹음된 사용자의 파형을 보여주게 된다.
녹음하는 방법은 적색 버튼을 클릭한 후 마이크에 대고 약 5초 이내에 말을 마치면 된다.
그러면 곧바로 파형이 표시된다.

② 비교

'비슷한 모음 견주기'(Comparing Similar Vowels)에 들어가면 아래와 같은 화면(그림
4)이 나온다. 여기에서는 네 쌍의 모음이 비교되고 있는데, 역시 실제적인 낱말을 통해서
음가의 차이를 느낄 수 있도록 하고 있다. 여기에서는 입모양과 녹음 기능이 구현되지
않았다.

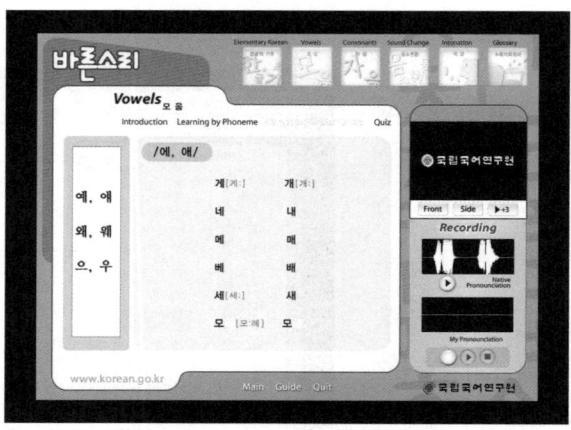

〈그림 4〉 모음 간 비교

③ 퀴즈

'모음' 편의 마지막에는 퀴즈가 마련되어 있으며 그 화면의 모습은 오른쪽과 같다(그림 5). 우선 문제를 읽고 나서 보기의 스피커 아이콘을 눌러서 소리를 확인한다. 그리고 답으로 생각되는 것의 빈 동그라미를 클릭하여 표시를 남긴다. 정답 확인은 화면 오른쪽의 'Check'를 클릭한다. 그러면 정답이 별도의 색깔로 표시되고, 'Score'를 누르면 자기의 점수를 알 수 있다.

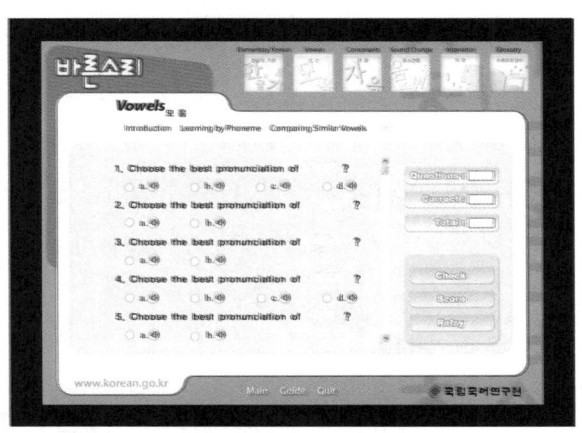

〈그림 5〉 '모음'편의 퀴즈

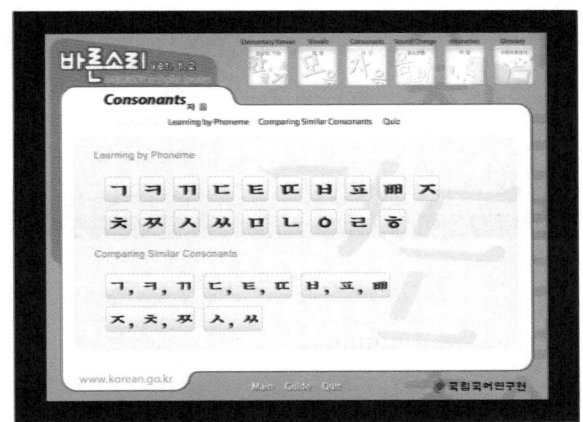

〈그림 6〉 '자음'편의 초기 화면

2.3 자음

'자음' 편의 초기 화면은 왼쪽의 <그림 6>과 같고, 그 구성은 '모음' 편의 초기 화면과 다르지 않다. 퀴즈 또한 마찬가지다.

① 음소별

자음은 19개의 음소를 변이음 환경에 맞추어 제시하였다. 한국어의 모음 변이음은 대체로 한 가지로 고정되어 있는 편이어서 단순히 음절 위치를 달리하여 각 모음을 제시하였다. 그러나 자음은 달라 특히 파열음과 파찰음 계열은 분절음적 환경과 운율적 환경에 따라 자음의 변이음이 분화되어 있다.

② 비교

한국어의 파열음, 파찰음, 마찰음은 유럽 어 등과는 달리 유성과 무성의 대립이 아닌 기식 정도의 대립으로 구조화되어 있다. 따라서 이것들의 정확한 음가를 익히기에 그리 쉽지 않다. 이런 점에 주목하여 '비슷한 자음 견주기'(Comparing Similar Consonants)를 구성하였다. 그러나 환경별, 위치별 변이음을 망라하여 비교하지는 않았고, 어두 위치에서 나는 대표음을 위주로 비교할 수 있게 하였다.

2.4 음소 변동

'음소변동'(Sound Change) 편은 13 가지 자음 음소와 1가지 모음 음소가 환경에 따라 모습을 바꾸는 현상을 소개하는 장이다. 여기서도 '음소별로 익히기'에서처럼 어떤 환경에서 어떻게 바뀌는지를 제시하고 있기 때문에 사용자가 그 내용을 체계적으로 더욱 쉽게 익힐 수 있다.

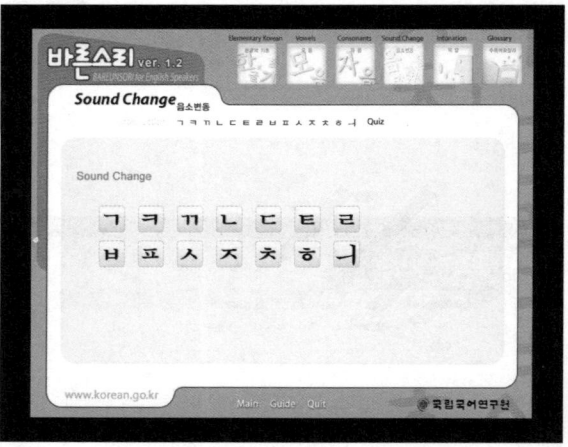

〈그림 7〉 '음소변동'편의 초기 화면

2.5 억양

어떤 언어이든 분절음이 모여서 어휘를 이루고, 어휘들이 모여서 어휘를 넘어서는 표현을 만들어낸다. 이런 표현들은 언어마다 일정한 운율, 즉 억양이 얹혀서 발화된다. 따라서 어떤 언어의 발음을 익힌다고 할 때 음소별 변이음만 익히는 것이 전부가 아니다. 이런 점에서 '바른소리'에서는 한국어의 기초적인 억양이 들어간 문장 53개(평서문 16개, 의문문 15개, 명령문 13개, 청유문 9개)를 추가로 제시하였다.

'억양'(Intonation) 편에서는 각 문장별로 남성과 여성 각 한 명씩의 발화를 담았다. 그렇다고 해서 이 발화가 한국어의 표준 혹은 대표 발화는 아니다. 이론적으로는 무한대의 억양이

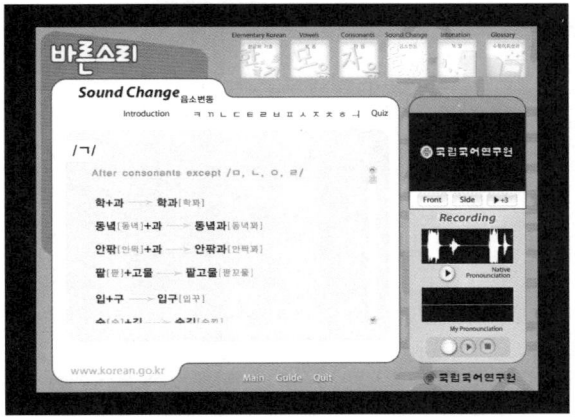

〈그림 8〉 /ㄱ/의 변동

그 문장에 실릴 수 있기 때문이다. 따라서 교사는 각 문장의 발화가 어떤 뉘앙스를 전달하는 것인지를 설명해 줄 필요가 있다. 독학을 하는 학습자로서는 이러한 정보를 '바른소리'에서 알 수는 없으나, 자기의 언어나 다른 언어와는 다른 한국어의 독특한 면을 체험할 수는 있을 것이다.

2.6 수록 어휘 목록

'바른소리'의 맨 마지막 순서는 '수록 어휘 정리(Glossary)'이다. 여기에는 '바른소리'의 각 장에서 등장했던 모든 어휘들이 가나다 순서로 실려 있다. 그래서 첫소리 글자 순서로 전체를 볼 수도 있고 또 검색창에 찾고자 하는 어휘를 넣어서 그 어휘를 찾아볼 수도 있다. 검색 결과 나온 어휘와 마우스로 선택된 어휘에 대해서는 오른쪽 창에 영어로 된 뜻풀이가 나타난다.

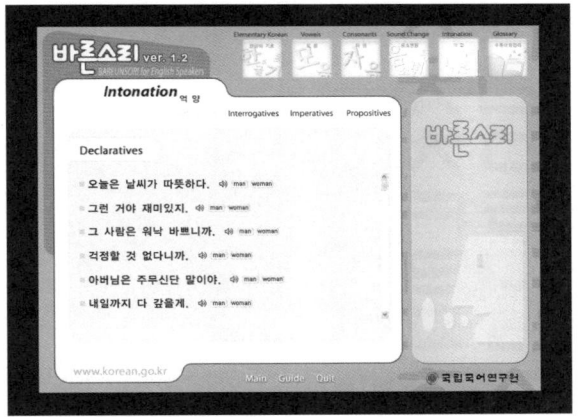

〈그림 9〉 억양 – 평서문 편

'바른소리'는 세밀한 발음을 익히도록 되어 있어 어휘 수준이 중급인 학습자들을 위한 것이었으나 실제로는 초급 학습자들이 많이 사용하고 있다.

표준어 규정 (문교부 고시 제88-2호, 1988. 1. 19.) 제2부(표준 발음법)

제1장 총 칙

제1항 표준 발음법은 표준어의 실제 발음을 따르되, 국어의 전통성과 합리성을 고려하여 정함을 원칙으로 한다.

제2장 자음과 모음

제2항 표준어의 자음은 다음 19개로 한다.

ㄱ ㄲ ㄴ ㄷ ㄸ ㄹ ㅁ ㅂ ㅃ ㅅ ㅆ ㅇ ㅈ ㅉ ㅊ ㅋ ㅌ ㅍ ㅎ

제3항 표준어의 모음은 다음 21개로 한다.

ㅏ ㅐ ㅑ ㅒ ㅓ ㅔ ㅕ ㅖ ㅗ ㅘ ㅙ
ㅚ ㅛ ㅜ ㅝ ㅞ ㅟ ㅠ ㅡ ㅢ ㅣ

제4항 'ㅏ ㅐ ㅓ ㅔ ㅗ ㅚ ㅜ ㅟ ㅡ ㅣ'는 단모음(單母音)으로 발음한다.

[붙임] 'ㅚ ㅟ'는 이중모음으로 발음할 수 있다.

제5항 'ㅑ ㅒ ㅕ ㅖ ㅘ ㅙ ㅛ ㅝ ㅞ ㅠ ㅢ'는 이중모음으로 발음한다.

다만 1. 용언의 활용형에 나타나는 '져, 쪄, 쳐'는 [저, 쩌, 처]로 발음한다.

가지어→가져[가저]　　　　　찌어→쪄[쩌]　　　　　다치어→다쳐[다처]

다만 2. '예, 례' 이외의 'ㅖ'는 [ㅔ]로도 발음한다.

계집[계:집/게:집]　　　　　　　계시다[계:시다/게:시다]
시계[시계/시게](時計)　　　　　연계[연계/연게](連繫)
메별[메별/메별](袂別)　　　　　개폐[개폐/개페](開閉)
혜택[혜:택/헤:택](惠澤)　　　　　지혜[지혜/지혜](智慧)

다만 3. 자음을 첫소리로 가지고 있는 음절의 'ㅢ'는 [ㅣ]로 발음한다.

늴리리　　　　닁큼　　　　무늬　　　　띄어쓰기　　　　씌어
티어　　　　　희어　　　　희떱다　　　희망　　　　　유희

다만 4. 낱말의 첫음절 이외의 '의'는 [ㅣ]로, 조사 '의'는 [ㅔ]로 발음함도 허용한다.

주의[주의/주이]   협의[혀븨/혀비]
우리의[우리의/우리에]   강의의[강ː의의/강ː이에]

제3장 소리의 길이

제6항 모음의 장단을 구별하여 발음하되, 낱말의 첫 음절에서만 긴소리가 나타나는 것을
     원칙으로 한다.

(1) 눈보라[눈ː보라]   말씨[말ː씨]   밤나무[밤ː나무]
    많다[만ː타]   멀리[멀ː리]   벌리다[벌ː리다]
(2) 첫눈[천눈]   참말[참말]   쌍동밤[쌍동밤]
    수많이[수ː마니]   눈멀다[눈멀다]   떠벌리다[떠벌리다]

다만 합성어의 경우에는 둘째 음절 이하에서도 분명한 긴소리를 인정한다.

반신반의[반ː신바ː늬/반ː신바ː니]   재삼재사[재ː삼재ː사]

[붙임] 용언의 단음절 어간에 어미 '-아/-어'가 결합되어 한 음절로 축약되는 경우에도 긴소
     리로 발음한다.

보아 → 봐[봐ː]   기어 → 겨[겨ː]   되어 → 돼[돼ː]
두어 → 둬[둬ː]   하여 → 해[해ː]

다만, '오아 → 와, 지어 → 져, 찌어 → 쪄, 치어 → 쳐' 등은 긴소리로 발음하지 않는다.

제7항 긴소리를 가진 음절이라도, 다음과 같은 경우에는 짧게 발음한다.

1. 단음절인 용언 어간에 모음으로 시작된 어미가 결합되는 경우

감다[감ː따]-감으니[가므니]   밟다[밥ː따]-밟으면[발브면]
신다[신ː따]-신어[시너]   알다[알ː다]-알아[아라]

다만, 다음과 같은 경우는 예외적이다.

끌다[끌ː다]-끌어[끄ː러]   떫다[떨ː따]-떫은[떨ː븐]
벌다[벌ː다]-벌어[버ː러]   썰다[썰ː다]-썰어[써ː러]
없다[업ː따]-없으니[업ː쓰니]

2. 용언 어간에 피동, 사동의 접미사가 결합되는 경우

감다[감ː따]-감기다[감기다]   꼬다[꼬ː다]-꼬이다[꼬이다]
밟다[밥ː따]-밟히다[발피다]

다만, 다음과 같은 경우에는 예외적이다.

    끌리다[끌:리다]   벌리다[벌:리다]   없애다[업:쌔다]

[붙임] 다음과 같은 합성어에서는 본디의 길이에 관계없이 짧게 발음한다.

    밀-물   썰-물   쏜-살-같이   작은-아버지

제 4 장 받침의 발음

제8항 받침소리로는 'ㄱ, ㄴ, ㄷ, ㄹ, ㅁ, ㅂ, ㅇ'의 7개 자음만 발음한다.

제9항 받침 'ㄲ, ㅋ', 'ㅅ, ㅆ, ㅈ, ㅊ, ㅌ', 'ㅍ'은 어말 또는 자음 앞에서 각각 대표음 [ㄱ, ㄷ, ㅂ]으로 발음한다.

닦다[닥따]	키읔[키윽]	키읔과[키윽꽈]	옷[옫]
웃다[욷:따]	있다[읻따]	젖[젇]	빚다[빋따]
꽃[꼳]	쫓다[쫃따]	솥[솓]	뱉다[밷:따]
앞[압]	덮다[덥따]		

제10항 겹받침 'ㄳ', 'ㄵ', 'ㄼ, ㄽ, ㄾ', 'ㅄ'은 어말 또는 자음 앞에서 각각 [ㄱ, ㄴ, ㄹ, ㅂ]으로 발음한다.

넋[넉]	넋과[넉꽈]	앉다[안따]	여덟[여덜]	넓다[널따]
외곬[외골]	핥다[할따]	값[갑]	없다[업:따]	

다만, '밟-'은 자음 앞에서는 [밥]으로 발음하고, '넓-'은 다음과 같은 경우에 [넙]으로 발음한다.

밟다[밥:따]	밟소[밥:쏘]	밟지[밥:찌]
밟는[밥:는→밤:는]	밟게[밥:께]	밟고[밥:꼬]
넓-죽하다[넙쭈카다]	넓-둥글다[넙뚱글다]	

제11항 겹받침 'ㄺ, ㄻ, ㄿ'은 어말 또는 자음 앞에서 각각 [ㄱ, ㅁ, ㅂ]으로 발음한다.

닭[닥]	흙과[흑꽈]	맑다[막따]	늙지[늑찌]
삶[삼:]	젊다[점:따]	읊고[읍꼬]	읊다[읍따]

다만, 용언의 어간 말음 'ㄺ'은 'ㄱ' 앞에서 [ㄹ]로 발음한다.

    맑게[말께]   묽고[물꼬]   얽거나[얼꺼나]

제12항 받침 'ㅎ'의 발음은 다음과 같다.

1. 'ㅎ(ㄶ, ㅀ)' 뒤에 'ㄱ, ㄷ, ㅈ'이 결합되는 경우에는, 뒤 음절 첫소리와 합쳐져 [ㅋ, ㅌ, ㅊ]로 발음한다.

놓고[노코]   좋던[조:턴]   쌓지[싸치]
많고[만:코]   않던[안턴]   닳지[달치]

[붙임 1] 받침 'ㄱ(ㄹ), ㄷ, ㅂ(ㄼ), ㅈ(ㄵ)'이 뒤 음절 첫소리 'ㅎ'과 결합되는 경우에도, 역시 두 음을 합쳐서 [ㅋ, ㅌ, ㅍ, ㅊ]으로 발음한다.

각하[가카]   먹히다[머키다]   밝히다[발키다]
맏형[마텽]   좁히다[조피다]   넓히다[널피다]
꽂히다[꼬치다]   앉히다[안치다]

[붙임 2] 규정에 따라 'ㄷ'으로 발음되는 'ㅅ, ㅈ, ㅊ, ㅌ'의 경우에도 이에 준한다.

옷 한 벌[오탄벌]   낮 한때[나탄때]
꽃 한 송이[꼬탄송이]   숱하다[수타다]

2. 'ㅎ(ㄶ, ㅀ)' 뒤에 'ㅅ'이 결합되는 경우에는, 'ㅅ'을 [ㅆ]으로 발음한다.

닿소[다쏘]   많소[만:쏘]   싫소[실쏘]

3. 'ㅎ' 뒤에 'ㄴ'이 결합되는 경우에는, [ㄴ]으로 발음한다.

놓는[논는]   쌓네[싼네]

[붙임] 'ㄶ, ㅀ' 뒤에 'ㄴ'이 결합되는 경우에는, 'ㅎ'을 발음하지 않는다.

않네[안네]   않는[안는]   뚫네[뚤네→뚤레]   뚫는[뚤는→뚤른]

4. 'ㅎ(ㄶ, ㅀ)' 뒤에 모음으로 시작된 어미나 접미사가 결합되는 경우에는, 'ㅎ'을 발음하지 않는다.

낳은[나은]   놓아[노아]   쌓이다[싸이다]   많아[마:나]
않은[아는]   닳아[다라]   싫어도[시러도]

제13항 홑받침이나 쌍받침이 모음으로 시작된 조사나 어미, 접미사와 결합되는 경우에는, 제 음가대로 뒤 음절 첫소리로 옮겨 발음한다.

깎아[까까]　　　　옷이[오시]　　　　있어[이써]　　　　낮이[나지]
꽂아[꼬자]　　　　꽃을[꼬츨]　　　　쫓아[쪼차]　　　　밭에[바테]
앞으로[아프로]　　덮이다[더피다]

제14항 겹받침이 모음으로 시작된 조사나 어미, 접미사와 결합되는 경우에는, 뒤엣것만을
　　　　뒤 음절 첫소리로 옮겨 발음한다.(이 경우, 'ㅅ'은 된소리로 발음함.)

넋이[넉씨]　　　앉아[안자]　　　닭을[달글]　　　젊어[절머]　　　곬이[골씨]
핥아[할타]　　　읊어[을퍼]　　　값을[갑쓸]　　　없어[업:써]

제15항 받침 뒤에 모음 'ㅏ, ㅓ, ㅗ, ㅜ, ㅟ'들로 시작되는 실질 형태소가 연결되는 경우에
　　　　는, 대표음으로 바꾸어서 뒤 음절 첫소리로 옮겨 발음한다.

밭 아래[바다래]　　　늪앞[느밥]　　　　젖어미[저더미]　　　맛없다[마덥다]
겉옷[거돋]　　　　　헛웃음[허두슴]　　꽃 위[꼬뒤]

다만, '맛있다, 멋있다'는 [마싣따], [머싣따]로도 발음할 수 있다.

[붙임] 겹받침의 경우에는 그 중 하나만을 옮겨 발음한다.

넋 없다[너겁따]　　　닭 앞에[다가페]　　　값어치[가버치]　　　값있는[가빈는]

제16항 한글 자모의 이름은 그 받침소리를 연음하되, 'ㄷ, ㅈ, ㅊ, ㅋ, ㅌ, ㅍ, ㅎ'의 경우에
　　　　는 특별히 다음과 같이 발음한다.

디귿이[디그시]　　　　　디귿을[디그슬]　　　　　디귿에[디그세]
지읒이[지으시]　　　　　지읒을[지으슬]　　　　　지읒에[지으세]
치읓이[치으시]　　　　　치읓을[치으슬]　　　　　치읓에[치으세]
키읔이[키으기]　　　　　키읔을[키으글]　　　　　키읔에[키으게]
티읕이[티으시]　　　　　티읕을[티으슬]　　　　　티읕에[티으세]
피읖이[피으비]　　　　　피읖을[피으블]　　　　　피읖에[피으베]
히읗이[히으시]　　　　　히읗을[히으슬]　　　　　히읗에[히으세]

제 5 장 소리의 동화

제17항 받침 'ㄷ, ㅌ(ㄾ)'이 조사나 접미사의 모음 'ㅣ'와 결합되는 경우에는, [ㅈ, ㅊ]으로 바
　　　　꾸어서 뒤 음절 첫소리로 옮겨 발음한다.

곧이듣다[고지듣따]　　　굳이[구지]　　　　　　미닫이[미다지]
땀받이[땀바지]　　　　　밭이[바치]　　　　　　벼훑이[벼훌치]

[붙임] 'ㄷ' 뒤에 접미사 '히'가 결합되어 '티'를 이루는 것은 [치]로 발음한다.

굳히다[구치다] 닫히다[다치다] 묻히다[무치다]

제18항 받침 'ㄱ(ㄲ, ㅋ, ㄳ, ㄺ), ㄷ(ㅅ, ㅆ, ㅈ, ㅊ, ㅌ, ㅎ), ㅂ(ㅍ, ㄼ, ㄿ, ㅄ)'은 'ㄴ, ㅁ' 앞에서 [ㅇ, ㄴ, ㅁ]으로 발음한다.

먹는[멍는] 국물[궁물] 깎는[깡는] 키읔만[키응만]
몫몫이[몽목씨] 긁는[긍는] 흙만[흥만] 닫는[단는]
짓는[진:는] 옷맵시[온맵시] 있는[인는] 맞는[만는]
젖멍울[전멍울] 쫓는[쫀는] 꽃망울[꼰망울] 붙는[분는]
놓는[논는] 잡는[잠는] 밥물[밤물] 앞마당[암마당]
밟는[밤:는] 읊는[음는] 없는[엄:는] 값매다[감매다]

[붙임] 두 낱말을 이어서 한 마디로 발음하는 경우에는 이와 같다.

책 넣는다[챙넌는다] 흙 말리다[흥말리다] 옷 맞추다[온마추다]
밥 먹는다[밤멍는다] 값 매기다[감매기다]

제19항 받침 'ㅁ, ㅇ' 뒤에 연결되는 'ㄹ'은 [ㄴ]으로 발음한다.

담력[담:녁] 침략[침냑] 강릉[강능]
항로[항:노] 대통령[대:통녕]

[붙임] 받침 'ㄱ, ㅂ' 뒤에 연결되는 'ㄹ'도 [ㄴ]으로 발음한다.

막론[막논→망논] 백리[백니→뱅니] 협력[협녁→혐녁] 십리[십니→심니]

제20항 'ㄴ'은 'ㄹ'의 앞이나 뒤에서 [ㄹ]로 발음한다.

(1) 난로[날:로] 신라[실라] 천리[철리]
광한루[광:할루] 대관령[대:괄령]

(2) 칼날[칼랄] 물난리[물랄리] 줄넘기[줄럼끼] 할른지[할른지]

[붙임] 첫소리 'ㄴ'이 'ㅀ', 'ㄾ' 뒤에 연결되는 경우에도 이에 준한다.

닳는[달른] 뚫는[뚤른] 핥네[할레]

다만, 다음과 같은 낱말들은 'ㄹ'을 [ㄴ]으로 발음한다.

의견란[의:견난] 임진란[임:진난] 생산량[생산냥] 결단력[결딴녁]
공권력[공꿘녁] 동원령[동:원녕] 상견례[상견녜] 횡단로[횡단노]
이원론[이:원논] 입원료[이붠뇨] 구근류[구근뉴]

제21항 위에서 지적한 이외의 자음 동화는 인정하지 않는다.

감기[감:기](×[강:기])　　　옷감[옫깜](×[옥깜])　　　있고[읻꼬](×[익꼬])
꽃길[꼳낄](×[꼭낄])　　　젖먹이[전머기](×[점머기])　　문법[문뻡](×[뭄뻡])
꽃밭[꼳빧](×[꼽빧])

제22항 다음과 같은 용언의 어미는 [어]로 발음함을 원칙으로 하되, [여]로 발음함도 허용
　　　한다.

피어[피어/피여]　　　　　　　　　　되어[되어/되여]

[붙임] '이오, 아니오'도 이에 준하여 [이요, 아니요]로 발음함을 허용한다.

제 6 장 된소리되기

제23항 받침 'ㄱ(ㄲ, ㅋ, ㄳ, ㄺ), ㄷ(ㅅ, ㅆ, ㅈ, ㅊ, ㅌ), ㅂ(ㅍ, ㄼ, ㄿ, ㅄ)' 뒤에 연결되는
　　　'ㄱ, ㄷ, ㅂ, ㅅ, ㅈ'은 된소리로 발음한다.

국밥[국빱]　　　　깎다[깍따]　　　　넋받이[넉빠지]　　　삯돈[삭똔]
닭장[닥짱]　　　　칡범[칙뺌]　　　　뻗대다[뻗때다]　　　옷고름[옫꼬름]
있던[읻떤]　　　　꽂고[꼳꼬]　　　　꽃다발[꼳따발]　　　낯설다[낟썰다]
밭갈이[받까리]　　솥전[솓쩐]　　　　곱돌[곱똘]　　　　　덮개[덥깨]
옆집[엽찝]　　　　넓죽하다[넙쭈카다] 읊조리다[읍쪼리다] 값지다[갑찌다]

제24항 어간 받침 'ㄴ(ㄵ), ㅁ(ㄻ)' 뒤에 결합되는 어미의 첫소리 'ㄱ, ㄷ, ㅅ, ㅈ'은 된소리로
　　　발음한다.

신고[신:꼬]　　　　껴안다[껴안따]　　앉고[안꼬]　　　　　엇다[언따]
삼고[삼:꼬]　　　　더듬지[더듬찌]　　닮고[담:꼬]　　　　　젊지[점:찌]

다만, 피동, 사동의 접미사 '-기-'는 된소리로 발음하지 않는다.

안기다　　　　　　감기다　　　　　　굶기다　　　　　　옮기다

제25항 어간 받침 'ㄼ, ㄾ' 뒤에 결합되는 어미의 첫소리 'ㄱ, ㄷ, ㅅ, ㅈ'은 된소리로 발음
　　　한다.

넓게[널께]　　　　핥다[할따]　　　　훑소[훌쏘]　　　　떫지[떨찌]

제26항 한자어에서, 'ㄹ' 받침 뒤에 결합되는 'ㄷ, ㅅ, ㅈ'은 된소리로 발음한다.

갈등[갈뜽]	발동[발똥]	절도[절또]	말살[말쌀]
불소(弗素)[불쏘]	일시[일씨]	갈증[갈쯩]	물질[물찔]
발전[발쩐]	몰상식[몰쌍식]	불세출[불쎄출]	

다만, 같은 한자가 겹쳐진 낱말의 경우에는 된소리로 발음하지 않는다.

　　　　허허실실[허허실실](虛虛實實)　　　　　　　절절-하다[절절하다](切切-)

제27항 관형사형 '-(으)ㄹ' 뒤에 연결되는 'ㄱ, ㄷ, ㅂ, ㅅ, ㅈ'은 된소리로 발음한다.

할 것을[할꺼슬]	갈 데가[갈떼가]	할 바를[할빠를]
할 수는[할쑤는]	할 적에[할쩌게]	갈 곳[갈꼳]
할 도리[할또리]	만날 사람[만날싸람]	

다만, 끊어서 말할 적에는 예사소리로 발음한다.

[붙임] '-(으)ㄹ'로 시작되는 어미의 경우에도 이에 준한다.

할걸[할껄]	할밖에[할빠께]	할세라[할쎄라]
할수록[할쑤록]	할지라도[할찌라도]	할지언정[할찌언정]
할진대[할찐대]		

제28항 표기상으로는 사이시옷이 없더라도, 관형격 기능을 지니는 사이시옷이 있어야 할 (휴지가 성립되는) 합성어의 경우에는, 뒤 낱말의 첫소리 'ㄱ, ㄷ, ㅂ, ㅅ, ㅈ'을 된 소리로 발음한다.

문-고리[문꼬리]	눈-동자[눈똥자]	신-바람[신빠람]	산-새[산쌔]
손-재주[손째주]	길-가[길까]	물-동이[물똥이]	발-바닥[발빠닥]
굴-속[굴:쏙]	술-잔[술짠]	바람-결[바람껼]	그믐-달[그믐딸]
아침-밥[아침빱]	잠-자리[잠짜리]	강-가[강까]	초승-달[초승딸]
등-불[등뿔]	창-살[창쌀]	강-줄기[강쭐기]	

제 7 장　소리의 첨가

제29항 합성어 및 파생어에서, 앞 낱말이나 접두사의 끝이 자음이고 뒤 낱말이나 접미사 의 첫 음절이 '이, 야, 여, 요, 유'인 경우에는, 'ㄴ'소리를 첨가하여 [니, 냐, 녀, 뇨, 뉴]로 발음한다.

솜-이불[솜니불]	홑-이불[혼니불]	막-일[망닐]
삯일[상닐]	맨-입[맨닙]	꽃-잎[꼰닙]
내복-약[내:봉냑]	한-여름[한녀름]	남존-여비[남존녀비]

신-여성[신녀성]	색-연필[생년필]	직행-열차[지캥녈차]
늑막-염[능망념]	콩-엿[콩녇]	담-요[담:뇨]
눈-요기[눈뇨기]	영업-용[영엄뇽]	식용-유[시굥뉴]
국민-윤리[궁민뉼리]	밤-윷[밤:뉻]	

다만, 다음과 같은 말들은 'ㄴ' 소리를 첨가하여 발음하되, 표기대로 발음할 수 있다.

이죽-이죽[이중니죽/이주기죽]　야금-야금[야금냐금/야그먀금]

검열[검:녈/거:멸]　　　　　　　 욜랑-욜랑[욜랑뇰랑/욜랑욜랑]

금융[금늉/그뮹]

[붙임 1] 'ㄹ' 받침 뒤에 첨가되는 'ㄴ' 소리는 [ㄹ]로 발음한다.

들-일[들:릴]	솔-잎[솔립]	설-익다[설릭따]
물-약[물략]	불-여우[불려우]	서울-역[서울력]
물-엿[물렫]	휘발-유[휘발류]	유들-유들[유들류들]

[붙임 2] 두 낱말을 이어서 한 마디로 발음하는 경우에는 이에 준한다.

한 일[한닐]	옷 입다[온닙따]	서른여섯[서른녀섣]
3연대[삼년대]	먹은 엿[머근녇]	할 일[할릴]
잘 입다[잘립따]	스물여섯[스물려섣]	1연대[일련대]
먹을 엿[머글렫]		

다만, 다음과 같은 낱말에서는 'ㄴ(ㄹ)' 소리를 첨가하여 발음하지 않는다.

6·25[유기오]　　　3·1절[사밀쩔]　　　송별연[송:벼련]　　　등용-문[등용문]

제30항 사이시옷이 붙은 낱말은 다음과 같이 발음한다.

1. 'ㄱ, ㄷ, ㅂ, ㅅ, ㅈ'으로 시작하는 낱말 앞에 사이시옷이 올 때는 이들 자음만을 된소리로 발음하는 것을 원칙으로 하되, 사이시옷을 [ㄷ]으로 발음하는 것도 허용한다.

냇가[내:까/낻:까]	샛길[새:낄/샏:낄]	빨랫돌[빨래똘/빨랟똘]
콧등[코뜽/콛뜽]	깃발[기빨/긷빨]	대팻밥[대:패빱/대:팯빱]
햇살[해쌀/핻쌀]	뱃속[배쏙/밷쏙]	뱃전[배쩐/밷쩐]
고갯짓[고개찓/고갣찓]		

2. 사이시옷 뒤에 'ㄴ, ㅁ'이 결합되는 경우에는 [ㄴ]으로 발음한다.

콧날[콛날→콘날]　　　　　　　　아랫니[아랟니→아랜니]

툇마루[퇻:마루→퇸:마루]   뱃머리[밷머리→밴머리]

3. 사이시옷 뒤에 '이' 소리가 결합되는 경우에는 [ㄴㄴ]으로 발음한다.

베갯잇[베갣닏→베갠닏]   깻잎[깯닙→깬닙]
나뭇잎[나묻닙→나문닙]   도리깻열[도리깯녈→도리깬녈]
뒷윷[뒫:뉻→뒨:뉻]

◆ 참/고/문/헌/

강옥미(2003), "한국어 음운론", 태학사.

고려대 민족문화연구소 한국어문화연수부 편(1991), "한국어 발음 연습 1, 2", 고려대학교 민족문화연구소, 고려대 출판부.

고영진(2004), "영어발음 이론과 실제", 한국문화사.

구희산(1998), "영어음성학", 한국문화사.

국립국어원(2005), "외국인을 위한 한국어 문법 1, 2", 커뮤티케이션 북스.

김기섭(1997), "영어음운학응용", 한국문화사.

김기섭·임운(2002), "음향분석과 영어발음교육", 한국문화사.

김선정(1999), '영어 모국어 화자를 위한 한국어 발음교육방안', "한국어교육" 10-2, 국제한국어교육학회.

김선정(1996), '개정지배음운론 개관', "언어학" 19, 한국언어학회.

김선정(1999), '인접성 조건과 한국어 음운교육', "현대문법연구" 18, 현대문법학회.

김선정(1999), '지배음운론에서 본 한국어 중화현상', "언어과학연구" 16, 언어과학회.

김선정(2003), '어말 음절구조의 특성과 한국어 교육적 접근', "언어과학연구" 24, 언어과학회.

김선정(2004), '숙달도 향상을 위한 한국어 파닉스 연구 : 인지언어학적 접근', "언어과학연구" 29. 언어과학회.

김선정(2005), '한국어 발음교육', "외국어로서의 한국어교육학", 한국방송통신대학교출판부.

김선정(2005), '차용어에 관한 지배음운론적 접근', "언어와 언어학" 35, 한국외국어대학교 언어연구소.

김선정(2005), 'Umlaut between Korean and Mongolian', "Comparative Korean Studies" 13, 국제비교한국학회.

김선정·허용(1999), '승인제약조건과 한국어 모음체계', "언어학" 25, 한국언어학회.

김선정·허용(2005), '발음교육의 연구사와 변천사', "한국어교육론" 2, 한신문화사.

김용범(2003), "영어발음 학습의 맥 : 한국인을 위한 영어음성학", 한국문화사.

남기심·이상억·홍재성 외(1999), "외국인을 위한 한국어 교육의 방법과 실제", 한국방송 통신대학교출판부.

다락원 출판부(1997), "히어링·스피킹 3주 완성", (주)다락원.

배주채(2003), "한국어의 발음", 삼경문화사.

백문식(2005), "우리말 표준발음연습", 박이정.

신지영(2000), "말소리의 이해", 한국문화사.

신지영·차재은(2003), "우리말 소리의 체계", 한국문화사.

안수웅(2000), "영어 발음을 위한 영어 음성학 음운론", 한국문화사.

연세대학교 한국어학당(1995), "한국어 발음", 연세대학교 출판부.

오문경(2004), '외국인 학습자의 한국어 발음에 대한 이론적 고찰과 교육방안', 한국외국 어대 교육대학원 석사학위논문.

윤여범(2002), "초등영어 발음 교육론", 한국문화사.

이경희·정명숙(1999), '일본인을 위한 한국어 파열음의 발음 및 인지교육', "한국어교육" 10-2, 국제한국어교육학회.

이기문 외(1990), "국어 음운론", 학연사.

이문규(2004), "국어교육을 위한 현대국어 음운론", 한국문화사.

이신숙·초미희 역(2003), "영어 음성·음운론 개설", 한국문화사.

이승환·안승신(1997), "영어음성학", 한국방송통신대학교 출판부.

이 향(2002), '중국어권 학습자를 위한 발음 교재 개발 방안', 이화여대 대학원 석사학위논문.

이현복(1998), "한국어 표준발음", 교육과학사.

이호영(1996), "국어음성학", 태학사.

전나영(1993), '외국인을 위한 한국어 발음 지도', "말", 18-1. 연세대학교 한국어학당.

최명옥(2004), "국어 음운론", 태학사.

한재영 외(2003), "한국어 발음교육", 한림출판사.

한종임(2001), "영어음성학과 발음지도", 한국문화사.

허용(2003), '한국어교육을 위한 중간언어 음운론 기초연구', "언어과학연구" 25, 언어과
학회.

허용(2003), ''ㅡ'모음의 기저구조와 음운론적 해석에 대한 연구 : 어두와 어말에서의
분포를 중심으로', "언어과학연구" 27, 언어과학회.

허용(2004), '중간언어 음운론에서의 간섭현상에 대한 대조언어학적 고찰', "한국어교육"
15-1, 국제한국어교육학회.

허용(2004), '중간언어 음운론을 위한 모음 연구', "이중언어학" 24, 이중언어학회.

허용(2004), '한국어 자음동화에 대한 지배음운론적 접근', "언어와 언어학" 34, 한국외국
어대학교 언어연구소.

허용(2004), '중간언어 음운론에서의 간섭현상에 대한 대조언어학적 고찰', "한국어 교육"
15 - 1, 국제한국어교육학회.

허용(2005), '한국어 화자의 영어 발음에 나타나는 간섭현상에 대한 중간언어 음운론적
고찰', "이중언어학" 28, 이중언어학회.

허용(2005), '한국어교육을 위한 음운론', "외국어로서의 한국어학", 한국방송통신대학교
출판부.

허용(2006), '모음교체 현상의 보편성 연구 : 영어, 아랍어, 한국어를 중심으로', "이중언어
학" 30, 이중언어학회.

허용·김선정 역(2005), "음운론 이해", 동인.

허용·오문경(2005), "즐거운 한국어 수업을 위한 교실활동 100", 박이정.

허용 외(2003), "한국어교육을 위한 한국어 문법론", 한국문화사.

허용 외(2005), "외국어로서의 한국어교육학 개론", 박이정.

Cunningham, S. & P. Moor(1999), *New Headway Pronunciation Course*, Oxford University Press.

Celce-Murcia, M., Brinton, D. & J. Goodwin(1996), *Teaching pronunciation,* Cambridge University Press.

Dale, P. & L. Poms(1999), *English Pronunciation for International Students,* Prentice Hall, Inc.

Gary, N. & J. Gary(1981), *Talking may be dangerous to your linguistic health,* IRAL, XIX-1.

Hewings, M. & S. Goldstein(1998), *Pronunciation plus: practice through interaction: student's book,* Cambridge University Press.

Jun, Sun-Ah(1993), *The Phonetics and Phonology of Korean Prosody,* Ph. D. dissertation, The Ohio State University.

Lane, L.(1993), *Focus on Pronunciation: Principles and Practice for Effective Communication,* Addison-Wesley Publishing Company, Inc.

Lane, L.(1997), *Basics in pronunciation,* Addison-Wesley Longman.

Morley, J.(1994), *Pronunciation pedagogy and theory: New directions, new views,* Alexandria, VA:TESOL.

◆ 찾/아/보/기/

■ 지은이

● 허용(Heo Yong)은 SOAS, University of London에서 언어학 석사, 박사 학위를 취득했다. 현재 한국외국어대학교 사범대학 한국어교육과 교수로 재직하고 있다. 논저로는 『음운론 이해』(공저), 『외국어로서의 한국어교육학 개론』(공저), 『외국인을 위한 한국어 문법 1, 2』(공저), 『즐거운 한국어 수업을 위한 교실 활동 100』(공저), 「한국어교육을 위한 음운론」 외 다수가 있다.

● 김선정(Kim Seon Jung)은 SOAS, University of London에서 언어학 석사, 박사 학위를 취득했다. 현재 계명대학교 인문대학 한국문화정보학과 교수로 재직하고 있다. 논저로는 『음운론 이해』(공저), 『외국어로서의 한국어교육학 개론』(공저), 『외국어로서의 한국어교육학』(공저), 「어말 음절구조의 특성과 한국어교육적 접근」, 「숙달도 향상을 위한 한국어 파닉스 연구」 외 다수가 있다.

외국어로서의
한국어 발음교육론

초판 1쇄 발행 2006년 8월 26일
초판 18쇄 발행 2024년 3월 25일

지은이 허 용 · 김선정
펴낸이 박찬익
펴낸곳 ㈜박이정 **주소** 경기도 하남시 조정대로45 미사센텀비즈 8층 F827호
전화 031)792-1193, 1195 **팩스** 02)928-4683 **홈페이지** www.pjbook.com
이메일 pijbook@naver.com **등록** 2014년 8월 22일 제2020-000029호

ISBN 89-7878-877-7 (93710)